Windows 10

Sehen und Können

Ignatz Schels

Markt+Technik

ISBN 978-3-945384-58-9

Espenpark 1a
90559 Burgthann

Produktmanagement Christian Braun, Burkhardt Lühr
Herstellung Jutta Brunemann, j.brunemann@mut.de
Einbandgestaltung David Haberkamp
Coverfoto © klickerminth – Fotolia.com
Satz inpunkt[w]o, Haiger, www.inpunktwo.de
Druck Media-Print, Paderborn
Printed in Germany

Liebe Leserin, lieber Leser,

herzlich willkommen bei *Bild für Bild* für Windows 10. Mit diesem Buch werden Sie Ihr neues Betriebssystem spielend einfach kennenlernen. In zwölf Kapiteln zeige ich Ihnen die wichtigsten Werkzeuge sowie die nützlichsten Tools und gebe Ihnen viele Hinweise und Tipps, die das Arbeiten mit Windows 10 einfacher machen.

»Sehen und Können« heißt das bewährte Konzept, und nach diesem finden Sie auf jeder Seite Bilder und Schritt-für-Schritt-Anleitungen, die alle Themen auf den Punkt bringen und leicht nachvollziehbar sind.

Ob mit dem Desktop-PC, dem Notebook oder mit dem Tablet – *Bild für Bild* liefert immer die passende Beschreibung. Lesen Sie Ihr Buch Seite für Seite oder suchen Sie gezielt über das Inhaltsverzeichnis oder das Stichwortregister. *Bild für Bild* leitet Sie sicher durch alle Bereiche Ihres Betriebssystems Windows 10.

Ich freue mich, Ihnen Bild für Bild für Windows 10 präsentieren zu dürfen, und wünsche Ihnen viel Spaß und viel Erfolg beim Lesen und Ausprobieren!

Ihr Autor Ignatz Schels

1 Windows 10: der Start 9

2 Einstellungen 33

3 Windows-Apps und -Programme 67

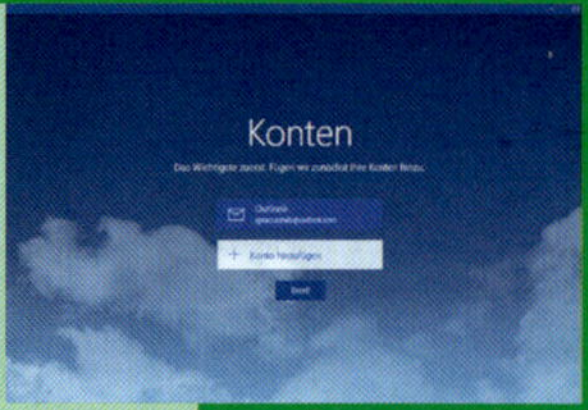

4 Info-Apps und App-Store 99

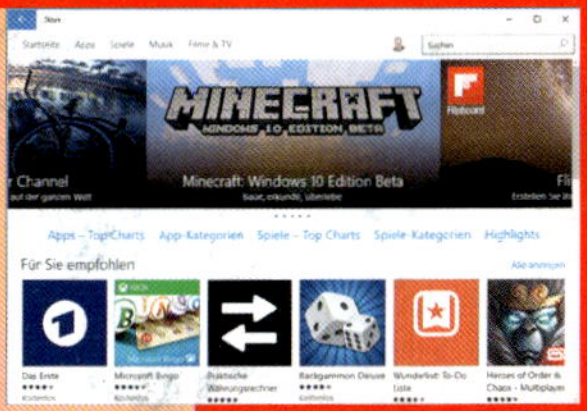

5 Der Desktop 123

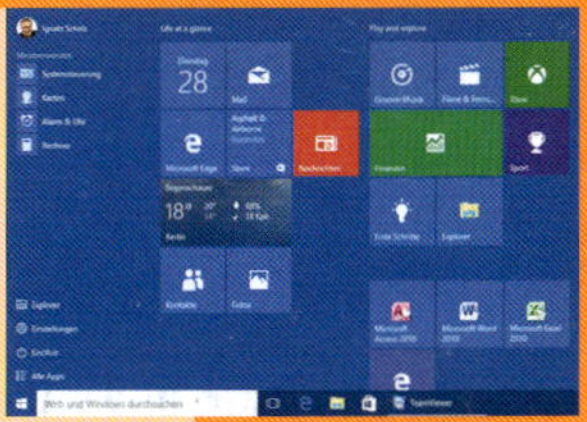

6 Das Computersystem 153

10 Sicherheit, Datenschutz und Konten 255

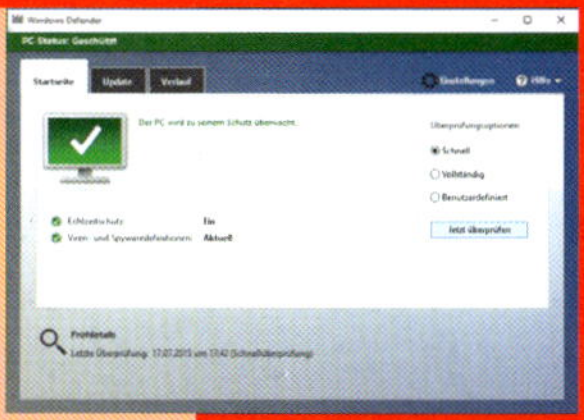

11 Nützliches Zubehör 287

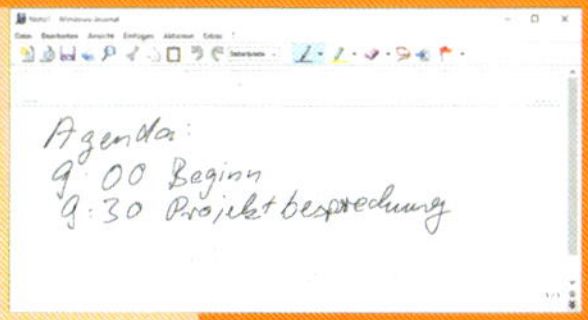

12 Systemsteuerung spezial 321

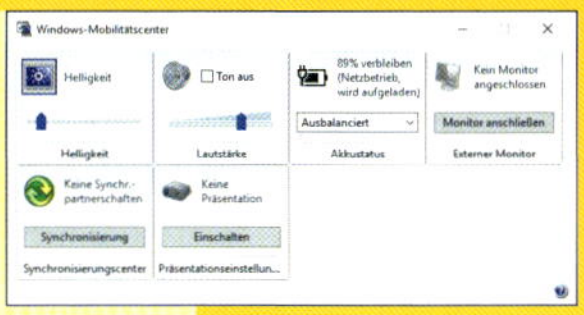

Lexikon 349

Windows 10: der Start

1

Start

1

2

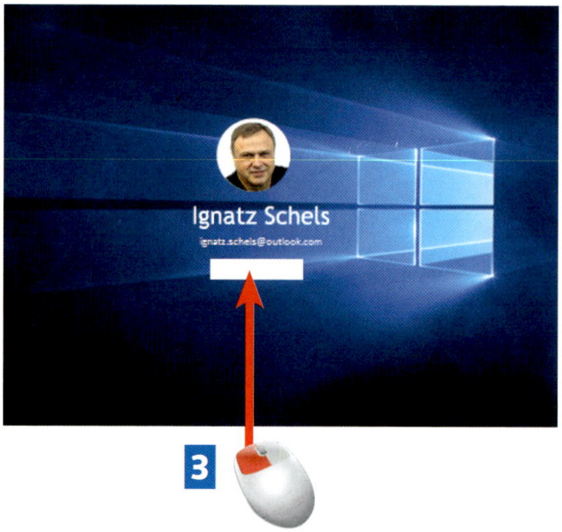

3

1 Schalten Sie Ihren Computer oder das Tablet ein.

2 Der Sperrbildschirm mit Uhrzeit und Datum erscheint. Klicken Sie ihn an, drücken Sie eine Taste oder wischen Sie von unten nach oben.

3 Jetzt wird das Konto angezeigt, das Sie bei der Installation angelegt hatten. Klicken Sie in das Anmeldefeld.

Windows 10 präsentiert nach dem Start zuerst den Sperr- und dann den Startbildschirm mit Datum und Uhrzeit. Melden Sie sich mit Ihrem Konto an, das Sie bei der Installation angelegt haben oder das beim Update übernommen wurde.

WISSEN

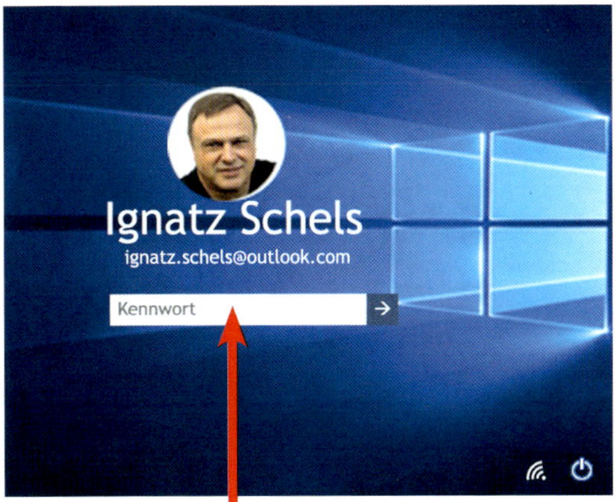

5

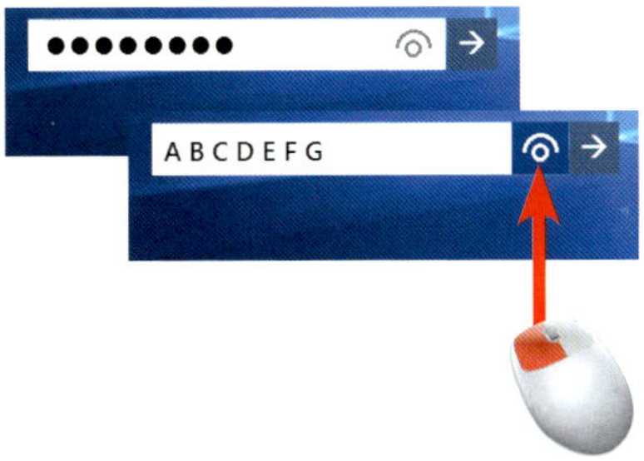

4

6

4 Geben Sie Ihr Kennwort ein. Falls weitere Anmeldeoptionen gesetzt sind, können Sie sich auch mit Bildcode oder PIN anmelden.

5 Klicken Sie beim Eingeben des Kennworts auf das Symbol mit dem Auge, wird das Kennwort angezeigt.

6 Windows 10 wird gestartet, klicken Sie auf das Startsymbol unten links.

Ende

HINWEIS

Wenn mehrere Benutzerkonten angelegt sind, klicken oder tippen Sie das passende Konto an und geben das Kennwort ein.

TIPP

Kennwort vergessen? Achten Sie auf den Kennworthinweis, der erscheint, wenn Sie ein falsches Kennwort eingeben.

Start

2

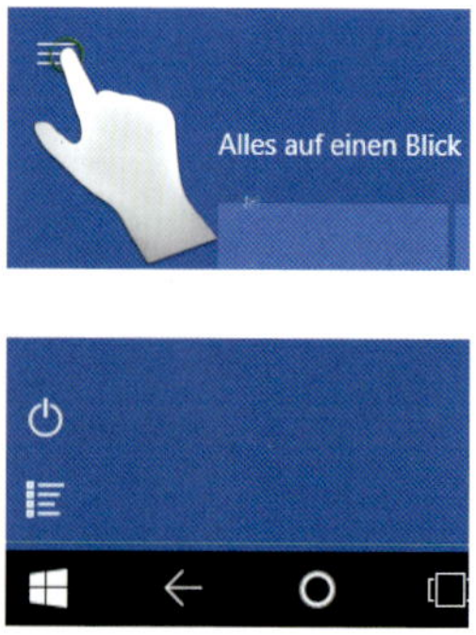

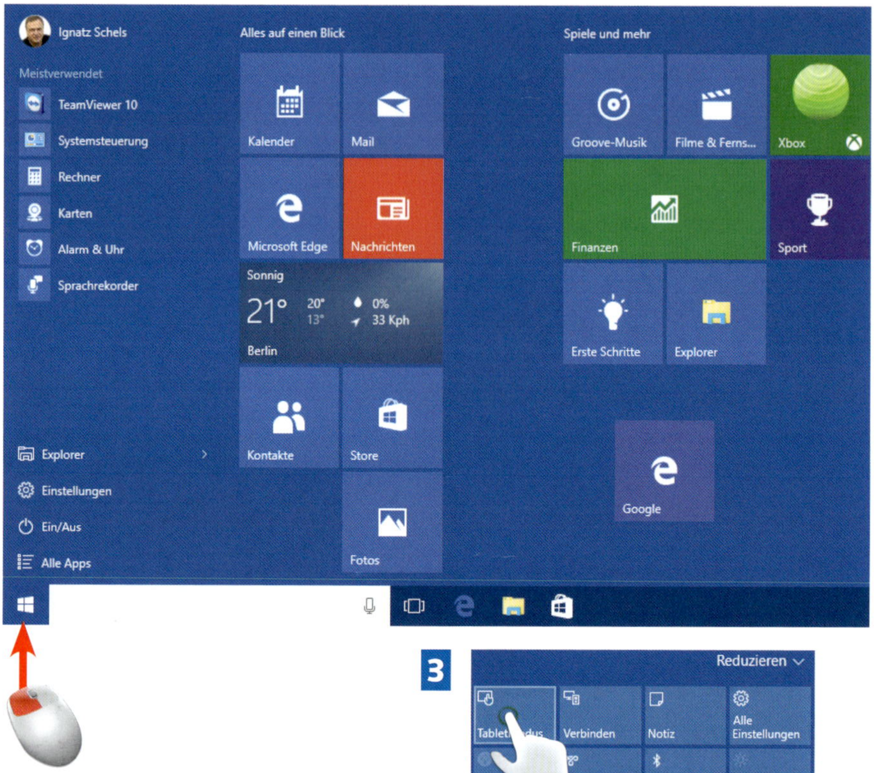

1

3

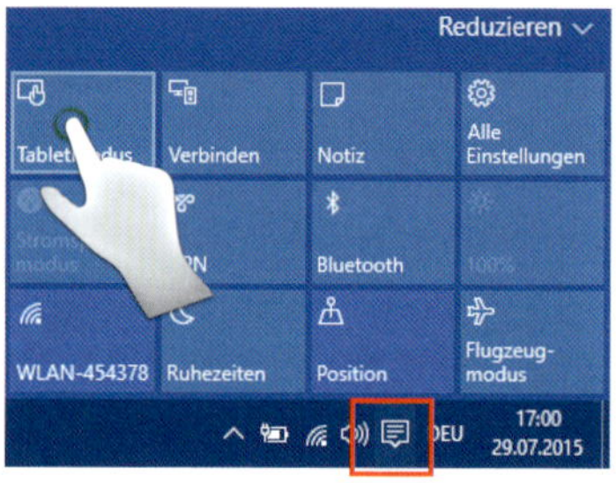

1 Das Startmenü öffnet sich nach dem Klick auf das Startsymbol.

2 Im Tabletmodus tippen Sie links oben auf das Symbol, um das Startmenü zu aktivieren.

3 Öffnen Sie das Info-Center in der Taskleiste, schalten Sie hier den Tabletmodus ein oder aus.

Das Startmenü ist Ihre Schaltzentrale für Windows 10, hier finden Sie Symbole für alle Apps und Programme sowie alle Dienstprogramme und Tools, die Windows 10 anbietet.

WISSEN

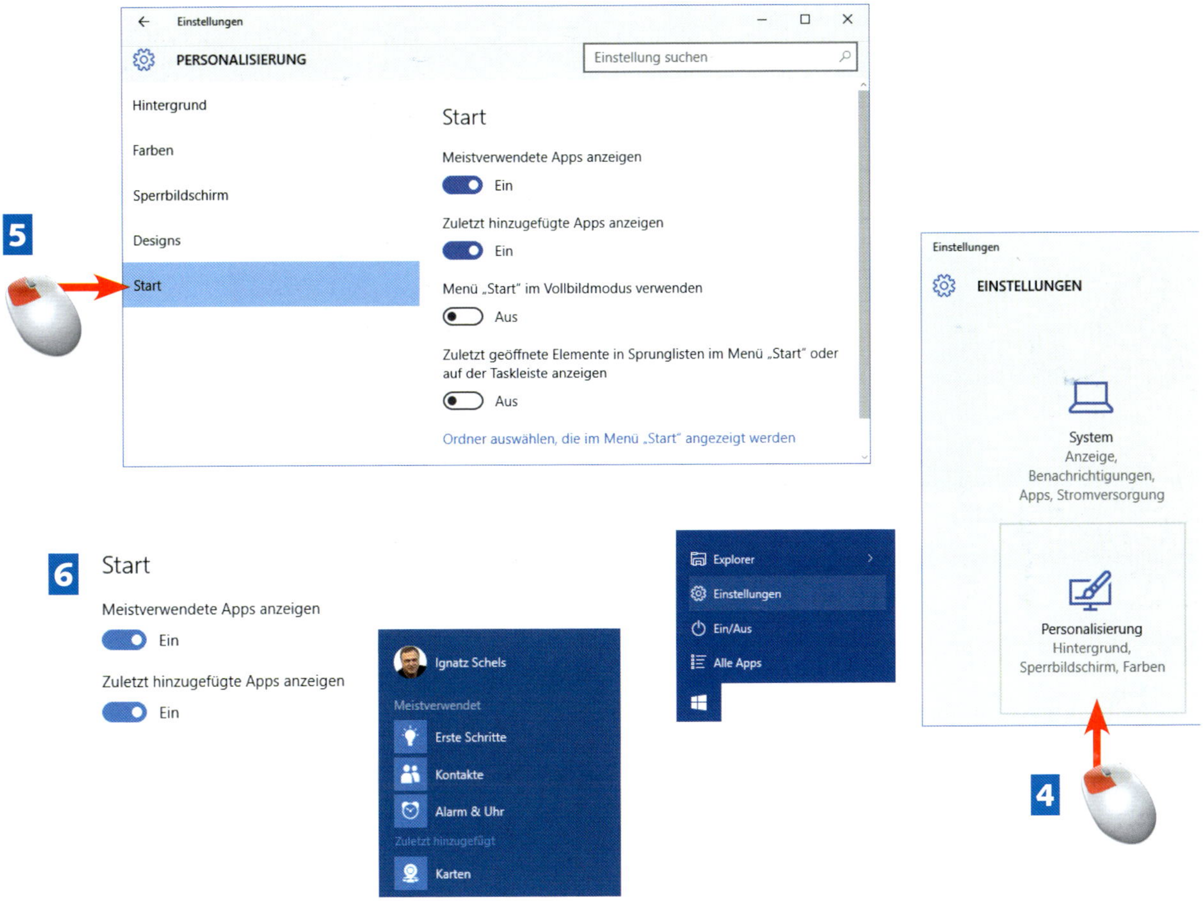

4 Wählen Sie *Start/Einstellungen* und aktivieren Sie die Kategorie *Personalisierung*.

5 Klicken Sie auf *Start*, um das Startmenü zu konfigurieren.

6 Diese Apps werden im oberen Teil des Startmenüs angezeigt, wenn Sie die Schalter aktiviert lassen.

Das Startmenü konfigurieren Sie über die *Einstellungen*. Legen Sie fest, was alles automatisch angezeigt wird.

HINWEIS

Der Tabletmodus ist automatisch aktiviert, wenn Windows 10 auf einem Tablet installiert wird.

HINWEIS

7

Menü „Start“ im Vollbildmodus verwenden

Ein

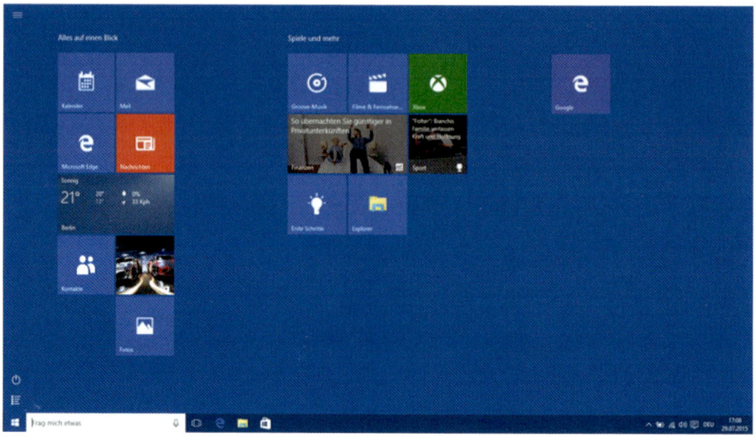

Ordner auswählen, die im Menü „Start“ angezeigt werden

9

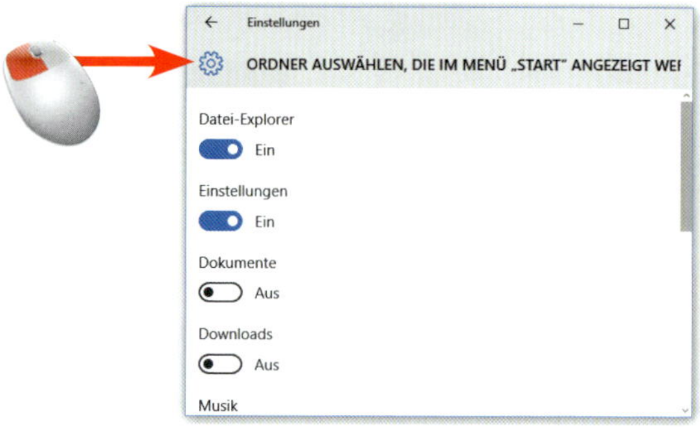

8

Zuletzt geöffnete Elemente in Sprunglisten im Menü „Start“ oder auf der Taskleiste anzeigen

Ein

7 Im Vollbildmodus deckt das Startmenü den ganzen Bildschirm ab, so wie in der Vorgängerversion Windows 8.

8 Damit sehen Sie die Apps, mit denen Sie zuletzt gearbeitet hatten, im Startmenü und in der Taskleiste.

9 Wählen Sie mit dieser Option die Ordner aus, die im Startmenü angezeigt werden.

Ob das Startmenü die meistverwendeten oder zuletzt besuchten Apps und Orte anzeigt, bestimmen Sie in den *Personalisierung*-Einstellungen. Definieren Sie in diesen auch Farbe und Hintergrund des Startmenüs.

WISSEN

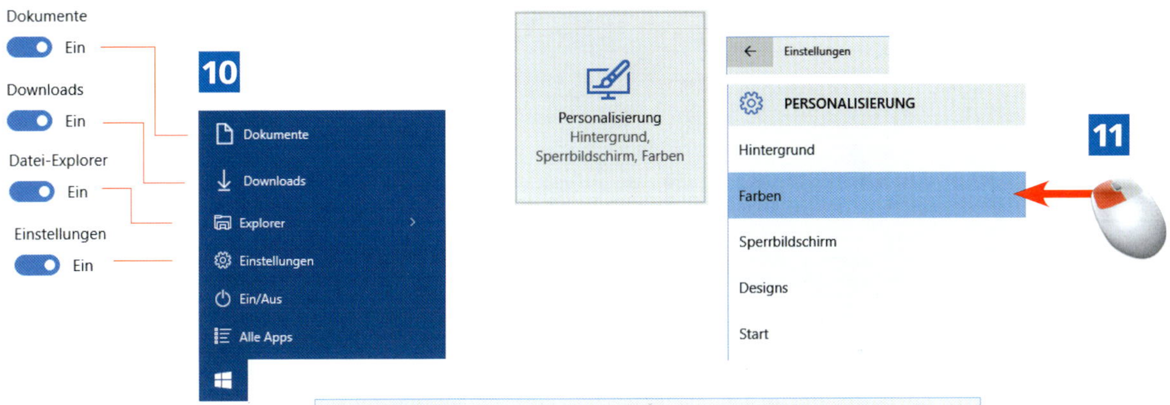

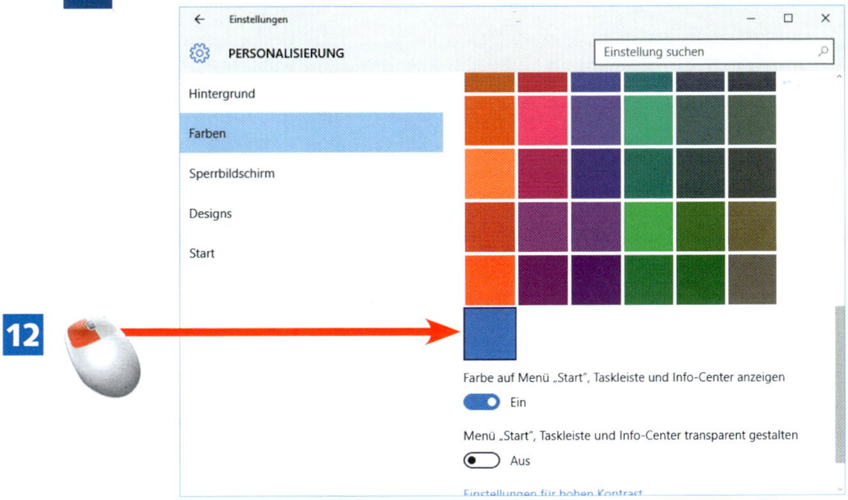

10 Schalten Sie weitere Ordner ein, erscheinen diese direkt über dem Startsymbol zur Auswahl.

11 Schalten Sie zurück zu den *Personalisierung*-Einstellungen und wählen Sie *Farben*.

12 Hier stellen Sie die Hintergrundfarbe für das Startmenü ein und bestimmen, ob dieses transparent gestaltet werden soll.

Ende

Wenn das Startmenü transparent gestaltet wird, scheint der Desktop-Hintergrund durch, wenn keine App dazwischen liegt.

HINWEIS

Der schnellste Aufruf für das Startmenü: Drücken Sie die ⊞-Taste.

TIPP

Start

1

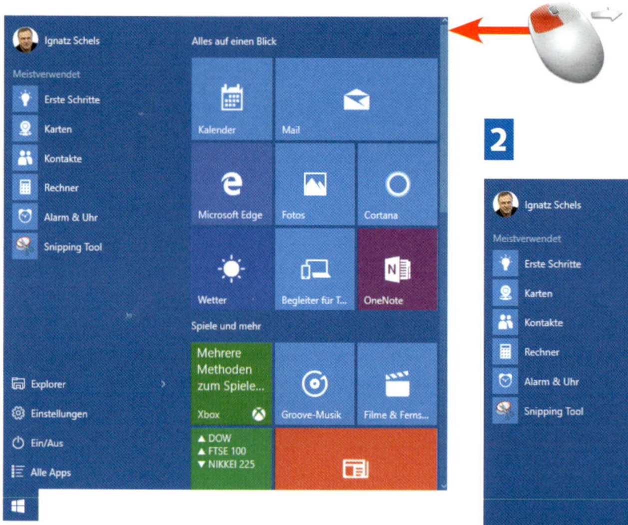

2

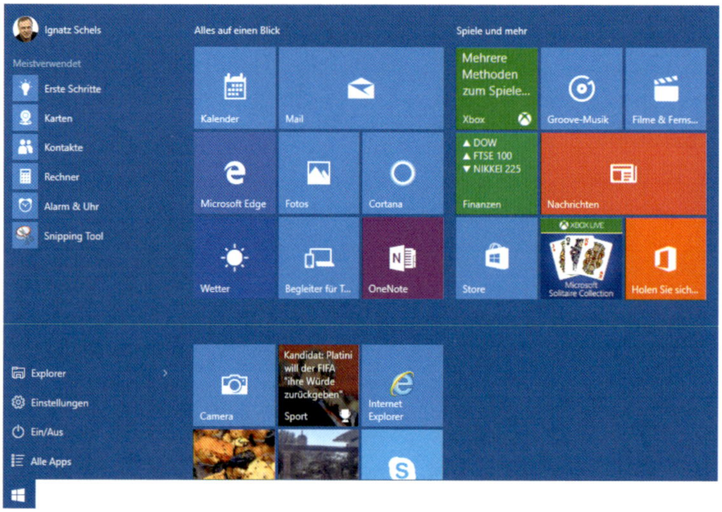

3

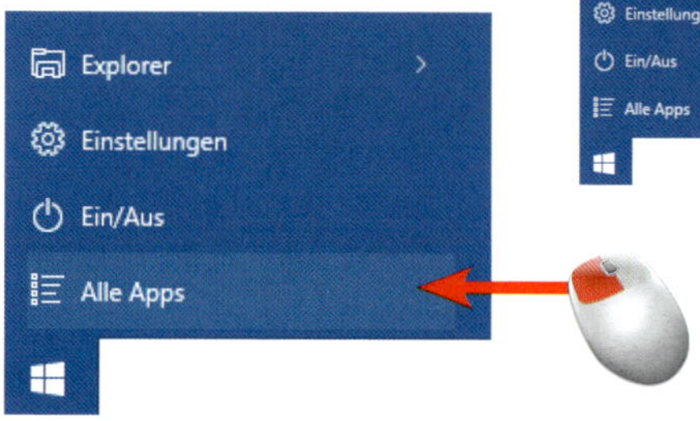

1 Das Startmenü zeigt zunächst nur eine Reihe von App-Kacheln an. Ziehen Sie die rechte oder obere Randleiste, ...

2 ...und blenden Sie so viele Kacheln ein, wie Sie im Startmenü sehen möchten.

3 Schalten Sie um auf *Alle Apps*, ...

Das Startmenü hat zwei Ansichten: die Standardansicht mit vordefinierten Ordnern und meistverwendeten Apps sowie die Ansicht *Alle Apps*.

WISSEN

4

5

6

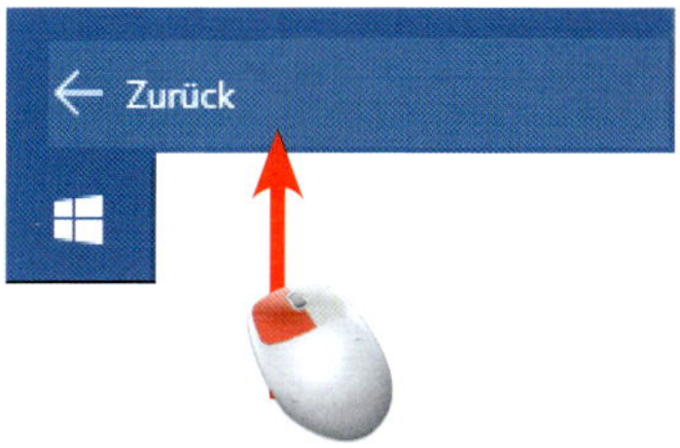

4 ... bietet das Startmenü eine alphabetisch sortierte Liste mit allen Apps.

5 App-Gruppen sind an einem Pfeil rechts erkennbar, klicken Sie ihn an, um die Gruppe zu öffnen oder zu schließen.

6 Mit *Zurück* schalten Sie wieder zurück auf die Normalansicht.

Ende

Rollen Sie mit der Maus durch die Apps-Liste, zeigen Sie auf *Alle Apps* oder auf die Kacheln und drehen Sie am Mausrad.

HINWEIS

Start

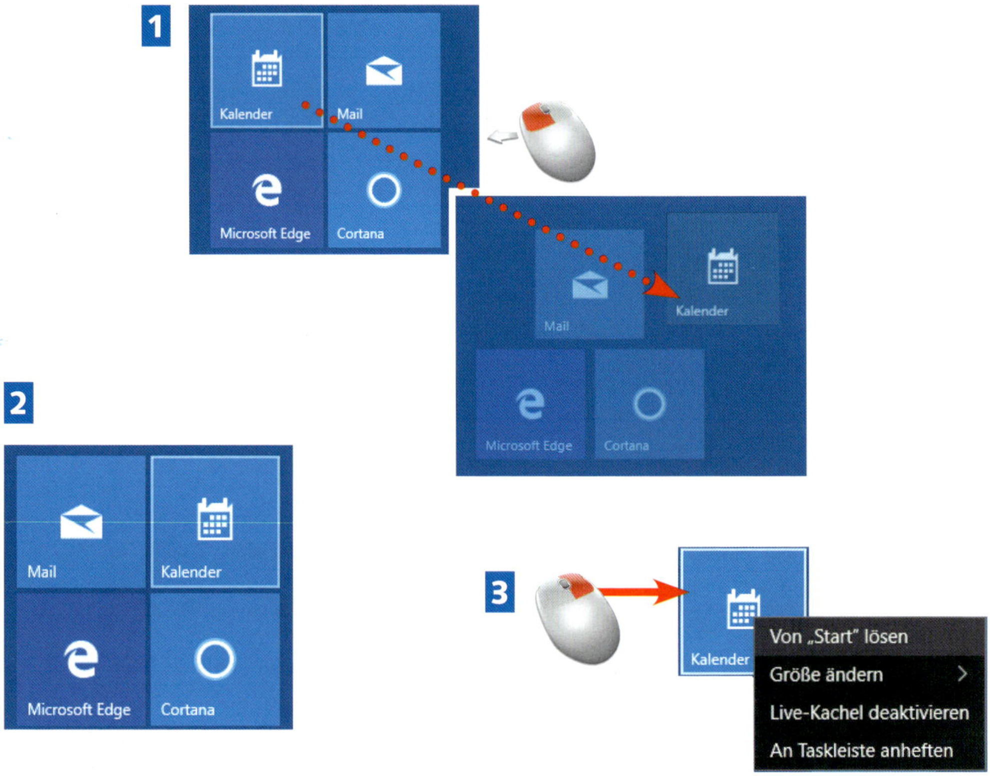

1 Zeigen Sie auf eine Kachel im Startmenü, halten Sie die Maustaste gedrückt. Ziehen Sie die Kachel, ...

2 ... und setzen Sie sie an der neuen Position ab. Die restlichen Kacheln ordnen sich entsprechend neu an.

3 Um eine Kachel aus dem Startmenü zu entfernen, öffnen Sie das Kontextmenü und wählen *Von „Start" lösen*.

Ordnen Sie Ihre Apps auf dem Startmenü an, wie Sie wollen, ziehen Sie sie einfach auf dem Bildschirm herum. Und falls das Chaos zu groß wird, löschen Sie wieder, was Sie nicht brauchen.

WISSEN

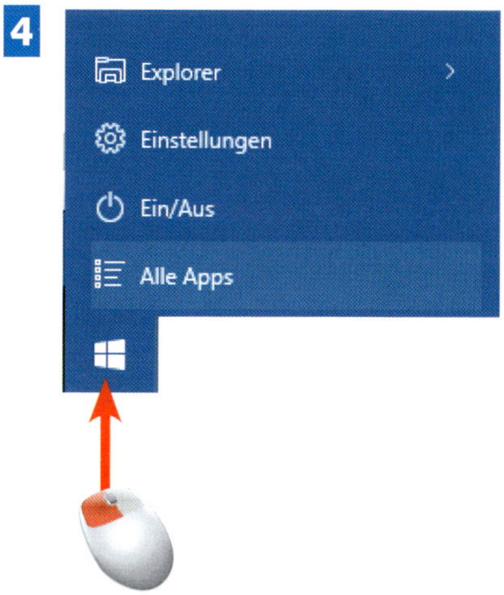

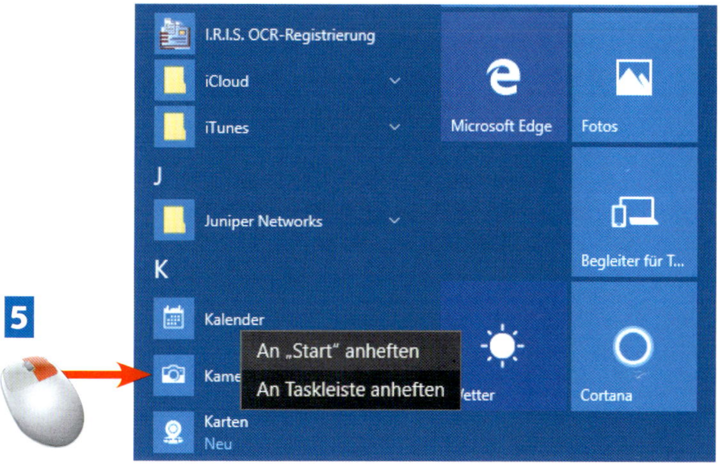

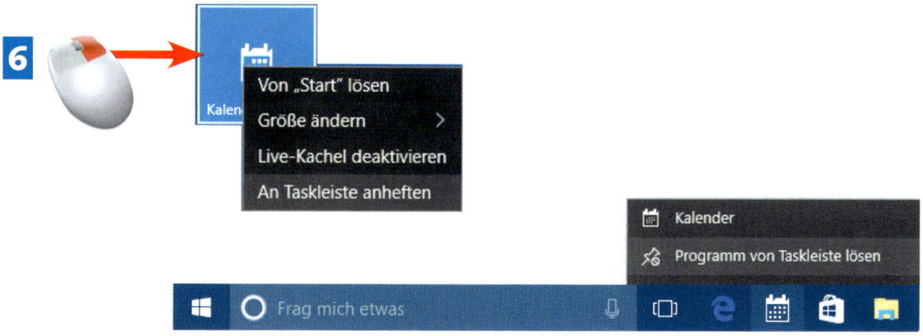

4 Klicken Sie auf das Startsymbol und öffnen Sie die Ansicht *Alle Apps*.

5 Klicken Sie eine App mit der rechten Maustaste an, können Sie diese mit *An „Start" anheften* wieder als Kachel anzeigen lassen.

6 Mit *An Taskleiste anheften* erscheint die App als Symbol in der Taskleiste. Auch aus dieser lässt sie sich wieder über das Kontextmenü lösen.

Große Windows-Programme bieten im Kontextmenü auch die Option *Deinstallieren* an. Damit entfernen Sie aber das Programm, nicht nur die Kachel.

HINWEIS

Für das Kontextmenü brauchen Sie die rechte Maustaste. Auf dem Tablet tippen und halten sie, bis das Kontextmenü erscheint.

HINWEIS

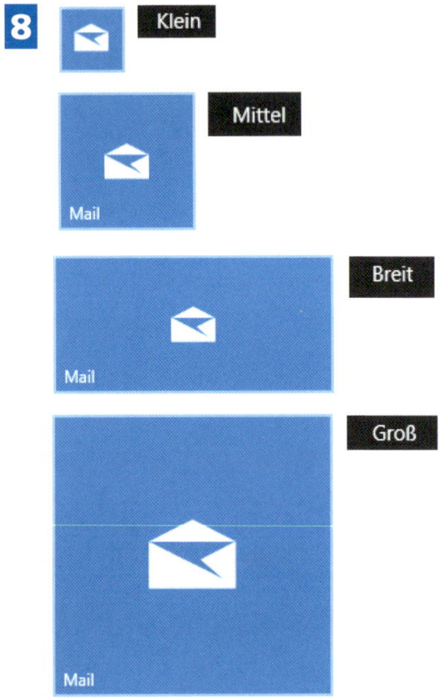

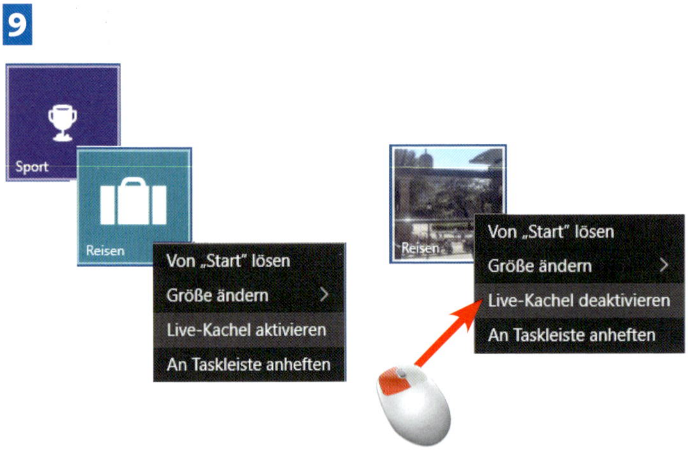

7 Die Größe der Kachel ändern Sie über das Kontextmenü. Klicken Sie auf *Größe ändern*.

8 Vier Größen stehen zur Auswahl, wählen Sie eine passende Größe aus.

9 Wenn Sie auf der Kachel eine Live-Vorschau des Inhalts sehen wollen, aktivieren Sie diese über das Kontextmenü.

Kacheln in allen Größen, gruppiert und mit Live-Vorschau des Inhalts – Windows 10 lässt keine Gestaltungswünsche für einen bunten Startbildschirm offen.

WISSEN

10

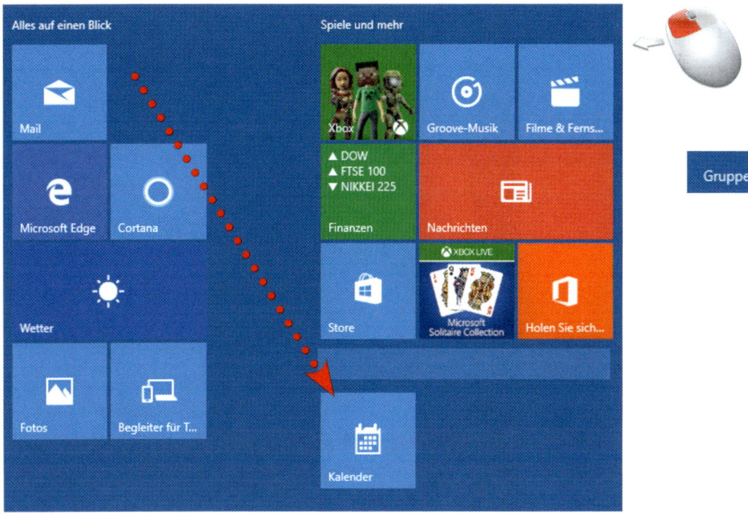

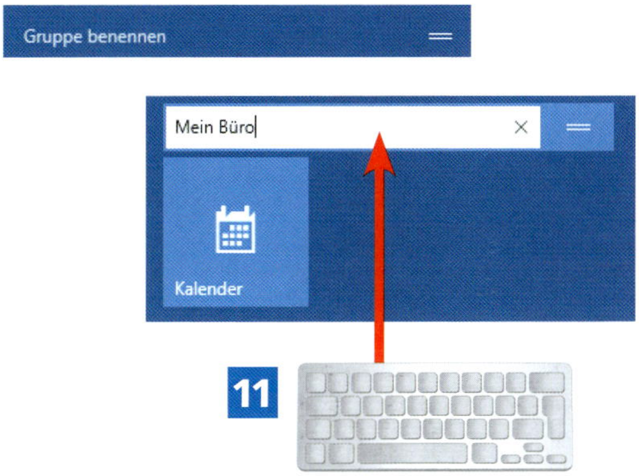

11

12

10 Ziehen Sie eine Kachel an eine leere Position im Startbildschirm, um eine Gruppe zu erstellen.

11 Ein Klick auf das Feld mit dem Gruppennamen – und Sie können diesen eingeben ...

12 ... oder bei bestehenden Gruppen neu erfassen oder überschreiben.

Ende

Nicht alle Größen sind für alle Apps verfügbar. Auch die Live-Vorschau beschränkt sich nur auf Standard-Apps.

HINWEIS

Die Gruppe wird gelöscht, wenn die letzte Kachel aus der Gruppe entfernt wird.

TIPP

Mit dem X-Symbol rechts am Gruppennamen löschen Sie diesen wieder. Wenn das Feld leer ist, wird kein Gruppenname angezeigt.

HINWEIS

Start

1

2

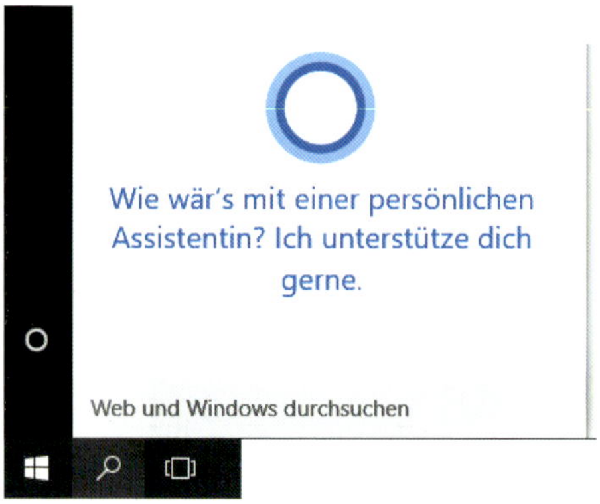

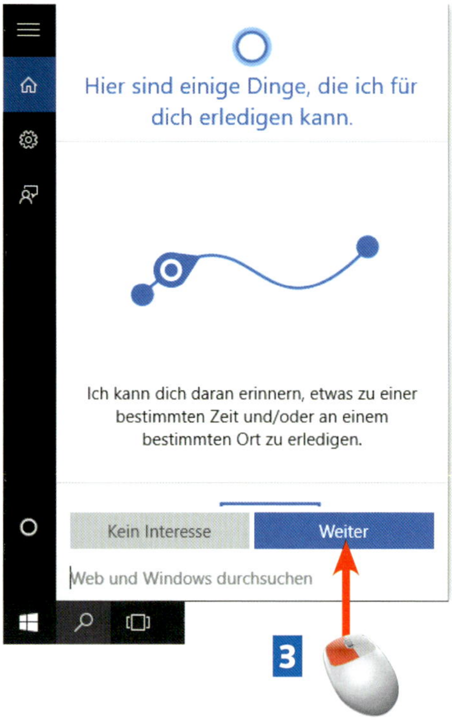

3

1 Klicken Sie für den ersten Kontakt in das Suchfeld neben dem Startmenü.

2 Cortana antwortet zum ersten Mal ...

3 ... und beschreibt, was sie tun kann. Klicken Sie auf *Weiter*.

Was Smartphones schon lange können, kann Windows 10 jetzt auch: Ein intelligenter Assistent begleitet den Anwender, merkt sich seine Termine und erinnert ihn an diese und kann noch wesentlich mehr. Cortana heißt die Dame.

WISSEN

4

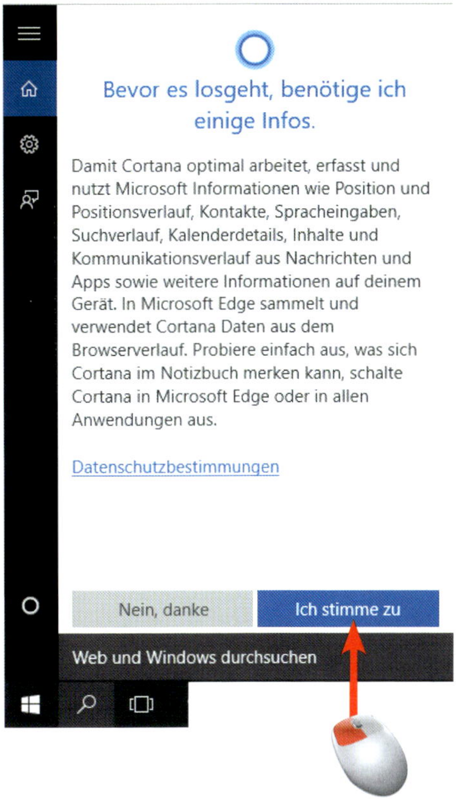

5

6

4 Hier müssen Sie zulassen, dass Cortana persönliche Informationen speichert. Klicken Sie auf *Ich stimme zu*.

5 Geben Sie einen persönlichen Namen ein, mit dem Cortana Sie in Zukunft anspricht.

6 Das war es schon, Cortana ist startklar. Sie können die erste Frage in das Suchfeld eingeben.

Der persönliche Name lässt sich jederzeit ändern.

HINWEIS

Das Suchfeld kann natürlich nach wie vor zur Suche nach Windows-Elementen, zum Beispiel Ordner oder Dateien, verwendet werden, auch wenn Cortana es belegt.

HINWEIS

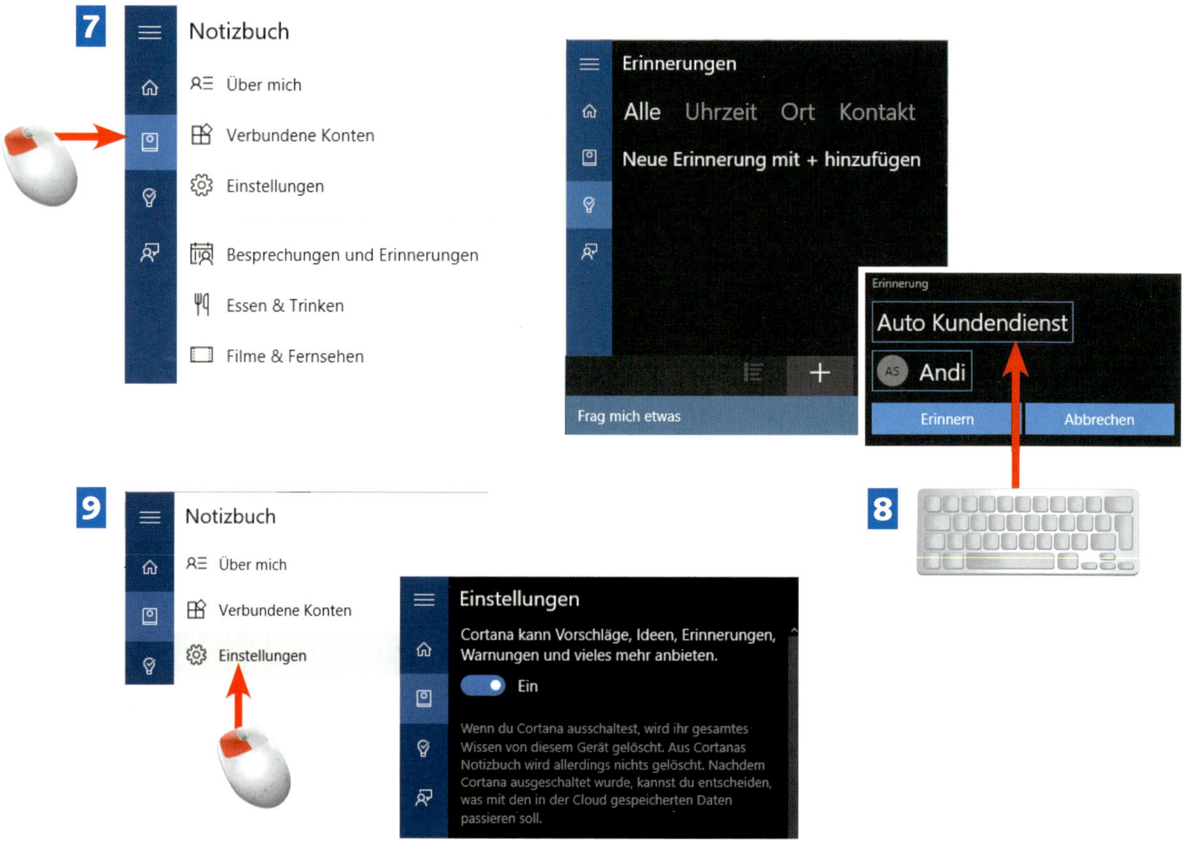

7 Öffnen Sie Cortana und klicken Sie auf das Symbol links oben für die *Einstellungen*. Klicken Sie auf *Notizen*.

8 Unter *Erinnerungen* speichern Sie ab, woran Cortana Sie erinnern soll. Geben Sie Kontakte und Termine mit an.

9 In den *Einstellungen* finden Sie den Ein-/Ausschalter für Cortana.

Konfigurieren Sie Cortana über die *Einstellungen* und nutzen Sie das Cortana-Menü, um Erinnerungen und Notizen einzustellen oder Details zu Reisen, Wetter u. a. festzuhalten.

WISSEN

10

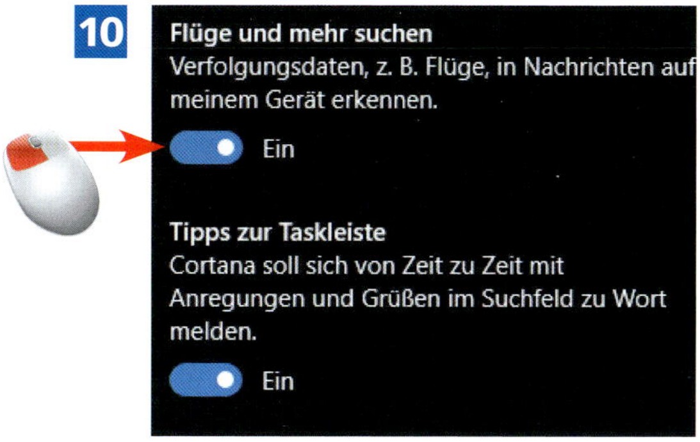

12

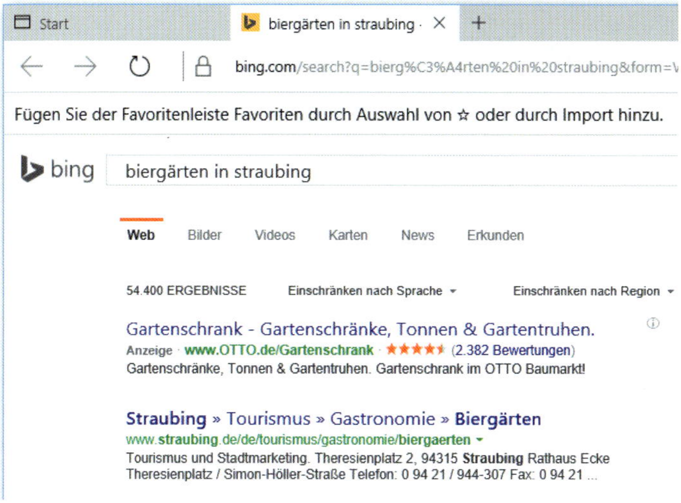

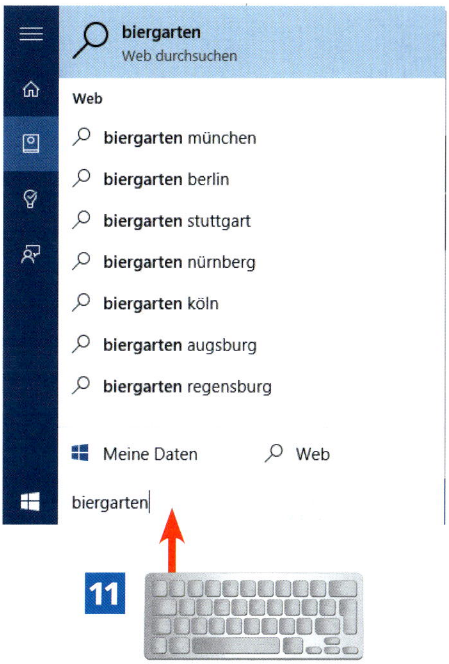

11

10 Schalten Sie diese Schalter ein, wenn Cortana Informationen zu gebuchten Flügen suchen und sich ab und zu mit einem Tipp in der Taskleiste melden soll.

11 Geben Sie einen Suchbegriff in das Suchfeld ein. Bis zur Bestätigung erhalten Sie schon Vorschläge. Suchen Sie wahlweise unter *Meine Daten* oder mit *Web* im Internet.

12 Bestätigen Sie mit ↵ oder klicken Sie eine Fundstelle an. Cortana präsentiert die Ergebnisse im Browser Edge mit der Suchmaschine Bing.

Ende

In den Einstellungen zur Wetter-App legen Sie die Städte fest, für die das aktuelle Wetter gesucht wird. Für Nachrichten können Sie Lieblingsorte und Themen einrichten.

HINWEIS

Unter *Finanzen* fügen Sie die Indizes Ihres Aktiendepots hinzu, die Cortana nachverfolgen soll.

HINWEIS

Start

1

3

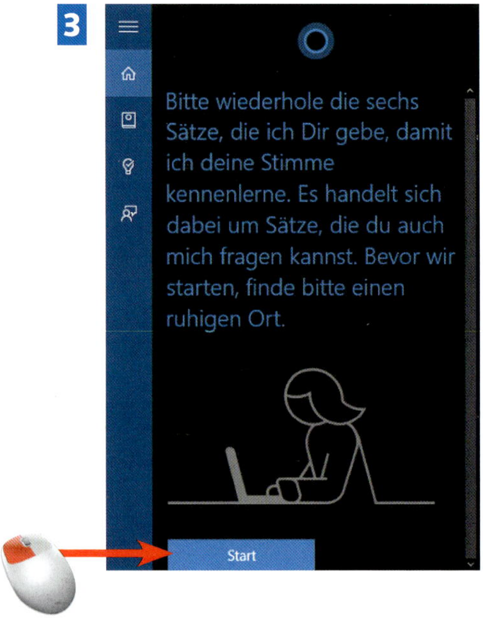

2

1 Schalten Sie diese Option in den *Einstellungen* von Cortana ein, reagiert sie zukünftig auf diesen Zuruf.

2 Cortana muss aber vorher Ihre Stimme erlernen, klicken Sie auf die Schaltfläche *Meine Stimme erlernen*.

3 Klicken Sie auf *Start* und beantworten Sie die nächsten Sätze.

Schneller und bequemer als das Eintippen von Suchbegriffen ist die Sprachsteuerung. Zuerst müssen Sie Cortana allerdings an Ihre Stimme gewöhnen, aber dann genügt ein kurzes *Hey Cortana*, und Ihr sprachgesteuerter Assistent hört aufmerksam zu.

WISSEN

4

5

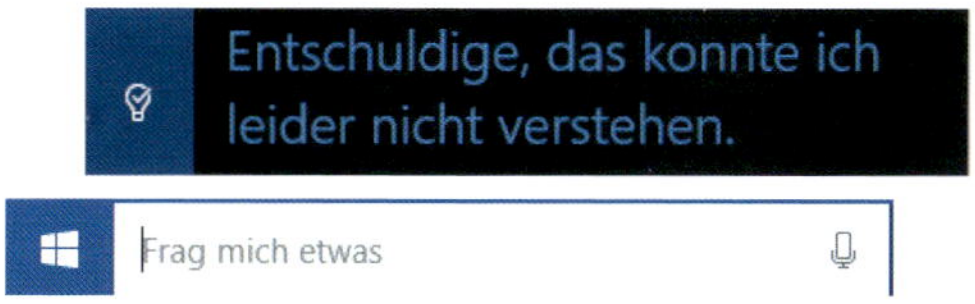

6

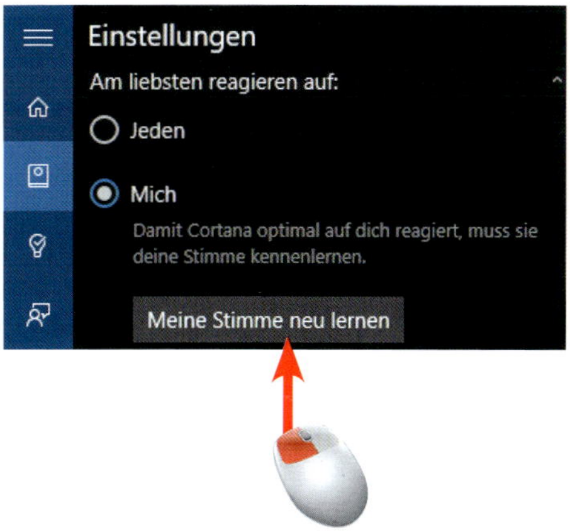

4 Wenn alle Sätze trainiert sind, erscheint eine Abschlussmeldung, und Sie können starten. Klicken Sie auf das Mikrofonsymbol oder sagen Sie *Hey Cortana*.

5 Versteht Cortana Sie trotz Sprachtraining nicht, sollten Sie das Training wiederholen. Öffnen Sie die *Einstellungen* ...

6 ... und klicken Sie auf *Meine Stimme neu lernen*.

Ende

Cortana präsentiert so lange Trainingssätze, bis sie Ihre Stimme gut erkennt.

HINWEIS

Start

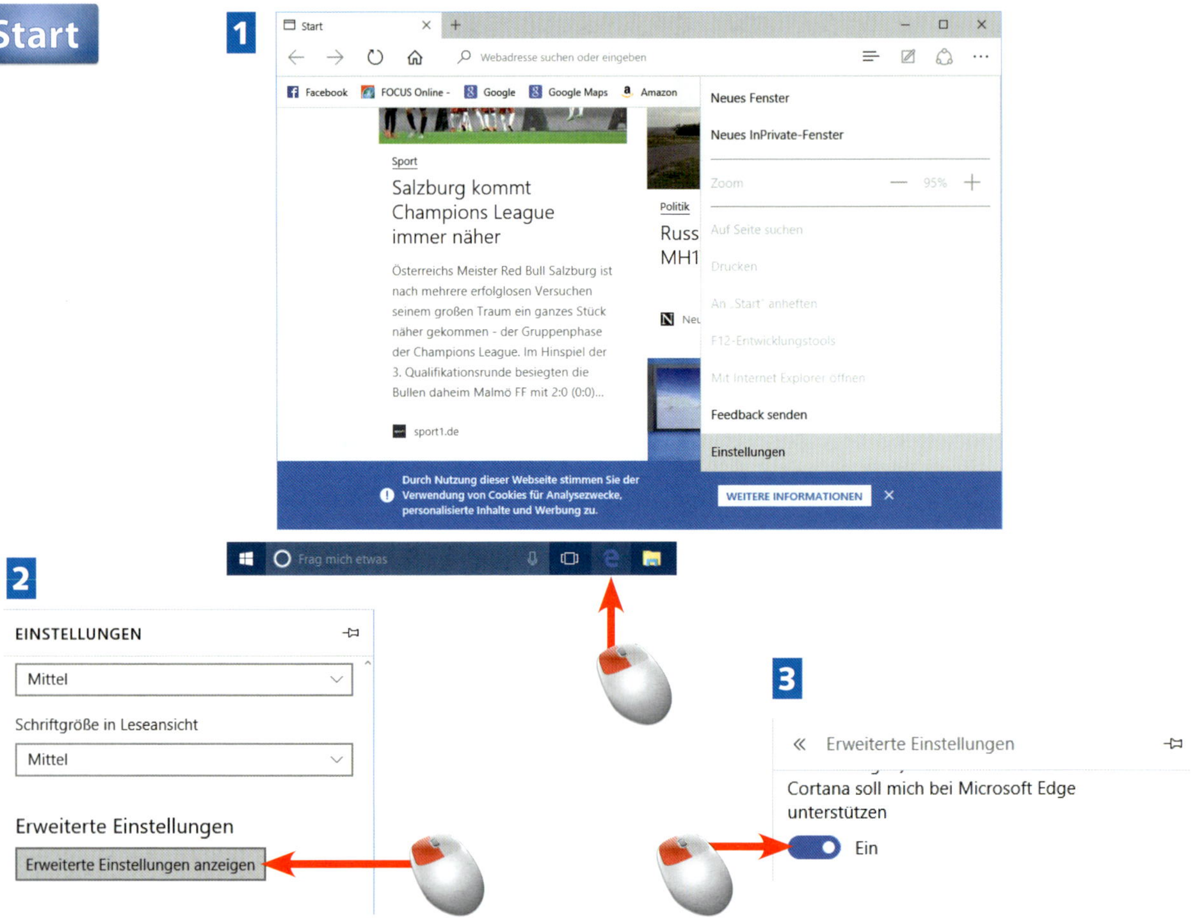

1 Starten Sie Microsoft Edge, den Windows-10-Browser, über das Symbol in der Taskleiste.

2 Klicken Sie auf *Einstellungen* und wählen Sie *Erweiterte Einstellungen*.

3 Schalten Sie diese Option ein, wenn Cortana Sie in Zukunft mit dem Browser Edge unterstützen soll.

Cortana und der Windows-10-Browser Microsoft Edge sind ein ideales Paar. Schalten Sie den Suchassistenten als Option ein, können Sie zu allem, was Sie beim Surfen im Netz finden, Cortana befragen und weitere Informationen abrufen.

WISSEN

4

5

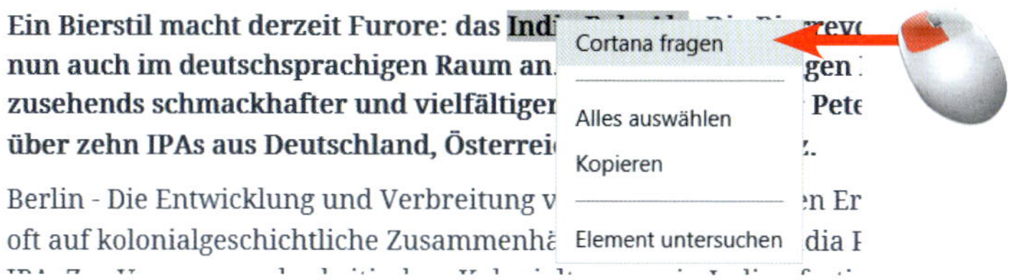

6

4 Surfen Sie anschließend im Internet oder öffnen Sie eine Seite aus der Leseliste, markieren Sie einen Suchbegriff.

5 Klicken Sie mit der rechten Maustaste in die Markierung und wählen Sie *Cortana fragen*.

6 Cortana präsentiert Ihnen Informationen zur markierten Textstelle in einem Infofenster am rechten Rand.

Ende

Zum Markieren einer Textstelle ziehen Sie die Maus mit gedrückter linker Maustaste über den Text. Auf dem Tablet ziehen Sie mit dem Finger über den Text und halten den Finger anschließend auf der Markierung gedrückt, bis Cortana erscheint.

HINWEIS

Die Infoleiste von Cortana können Sie per Klick auf die Pinnnadel auf der Seite fixieren.

TIPP

Start

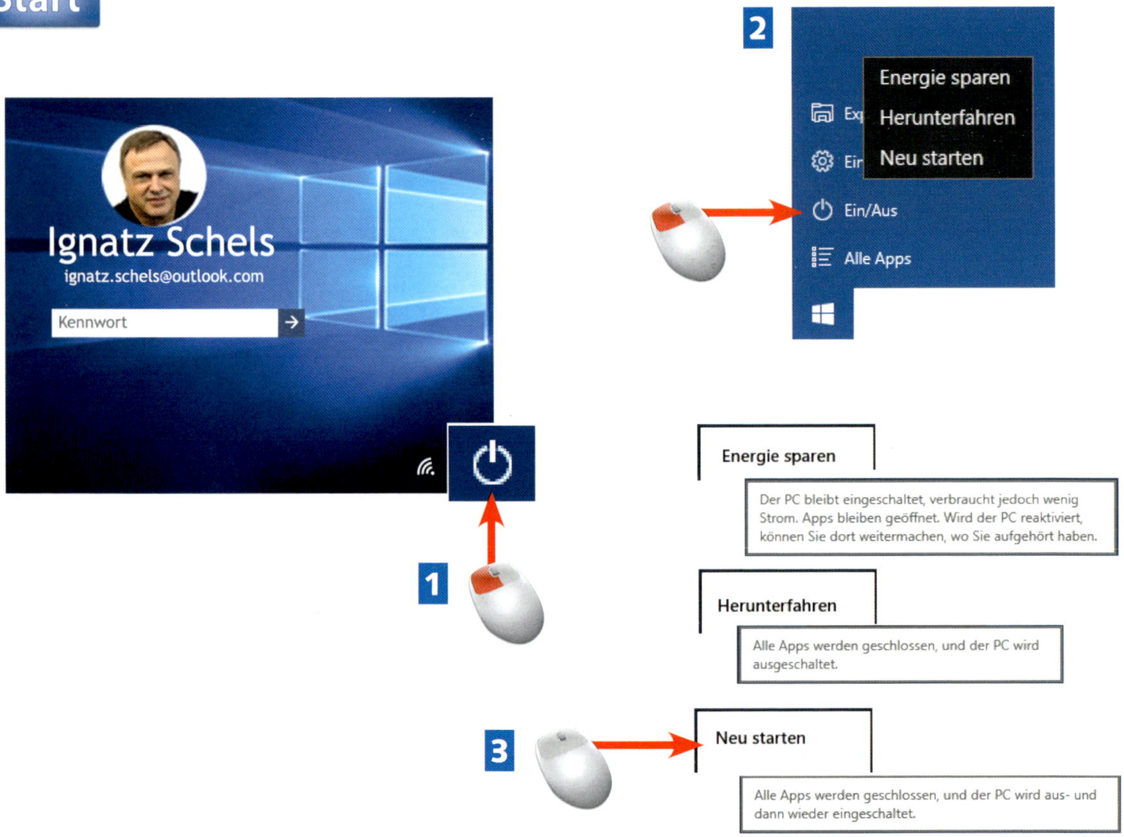

1 Die erste Möglichkeit, Windows 10 zu beenden, bietet schon der Sperrbildschirm. Klicken Sie auf das Symbol rechts unten.

2 Zum Beenden eines aktiven Windows-Fensters öffnen Sie das Startmenü und klicken auf *Ein/Aus*. Drei Optionen stehen zur Auswahl.

3 Zeigen Sie auf eine Option, erhalten Sie einen kurzen Hilfetext dazu.

Gönnen Sie sich und Ihrem Computer eine Pause, schalten Sie Windows 10 ab. Oder schicken Sie den Computer wenigstens in den Energiesparmodus. Oder melden Sie nur Ihr Konto ab. Sie haben die Wahl.

WISSEN

4

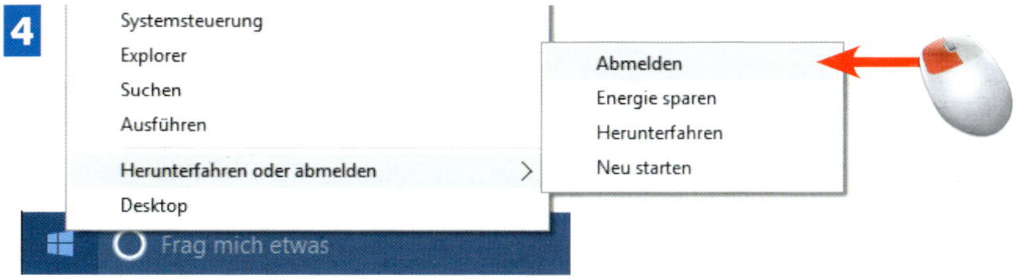

5

6

4 Wenn Sie sich nur von Ihrem Konto abmelden wollen, öffnen Sie das Kontextmenü des Startsymbols und wählen *Herunterfahren oder abmelden*.

5 Wenn noch Apps mit nicht gespeicherten Daten offen sind, erhalten Sie eine Meldung. Schließen Sie die Apps, bevor Sie Windows 10 beenden.

6 Wenn alle Apps geschlossen sind, fährt das System herunter oder – wenn Sie sich nur abgemeldet hatten – schaltet auf den Sperrbildschirm.

Ende

HINWEIS

Wenn Sie eine Meldung erhalten, dass eine App das Schließen verhindert, und *Trotzdem herunterfahren* anklicken, können wertvolle Daten verloren gehen. Sehen Sie lieber noch einmal nach.

TIPP

Mit Alt+F4 erhalten Sie einen Abmeldedialog, in dem Sie auch noch den Benutzer wechseln können.

Einstellungen

2

Start

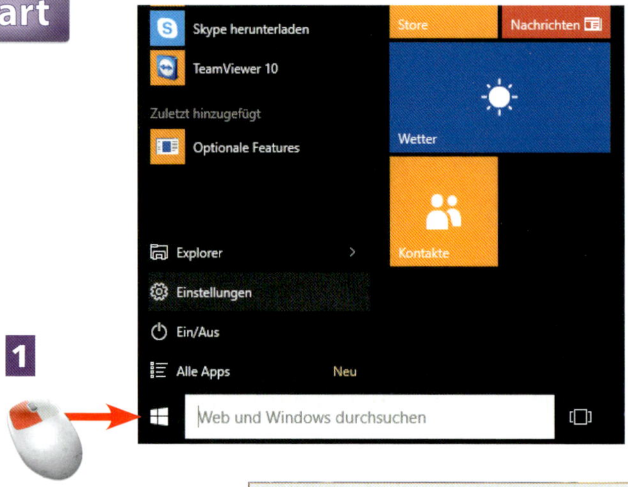

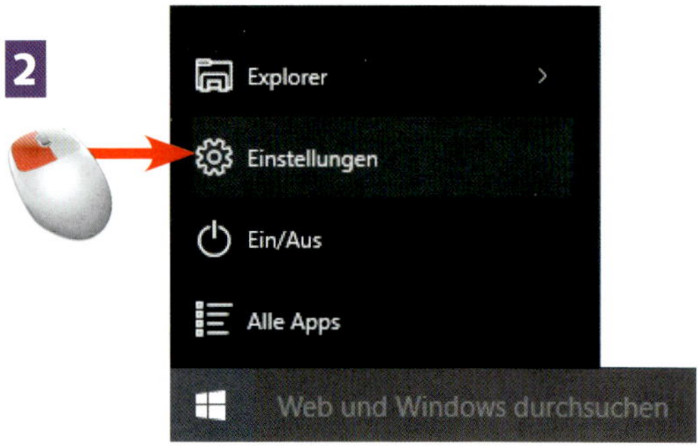

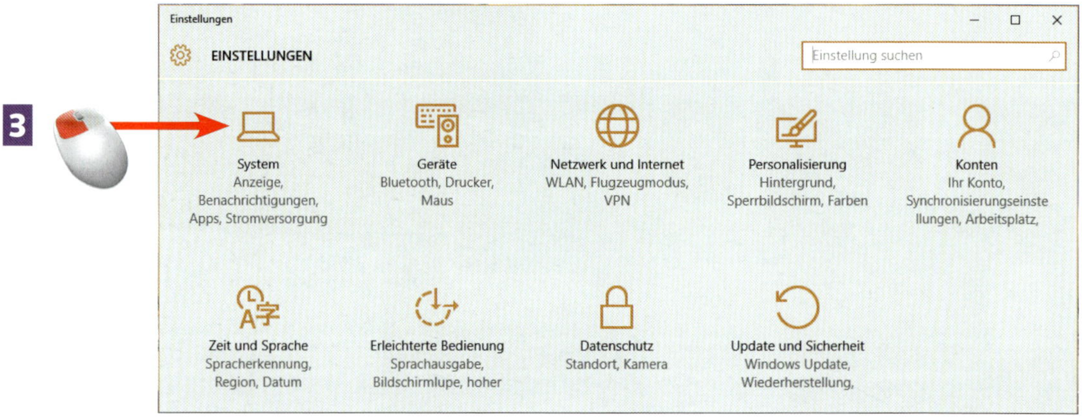

1 Öffnen Sie das Startmenü von Windows 10 mit einem Klick auf das Symbol links unten in der Taskleiste.

2 Aktivieren Sie die *Einstellungen* im Startmenü.

3 Das Fenster bietet Symbole für die wichtigsten Einstellungen an. Klicken Sie ein Symbol an, ...

Hier finden Sie die wichtigsten Einstellungen für Windows 10. Richten Sie Ihren Start- und Sperrbildschirm ein und passen Sie Benutzerkonten an. Ein schnelles Suchfeld erleichtert die Suche nach der passenden Einstellung.

WISSEN

5

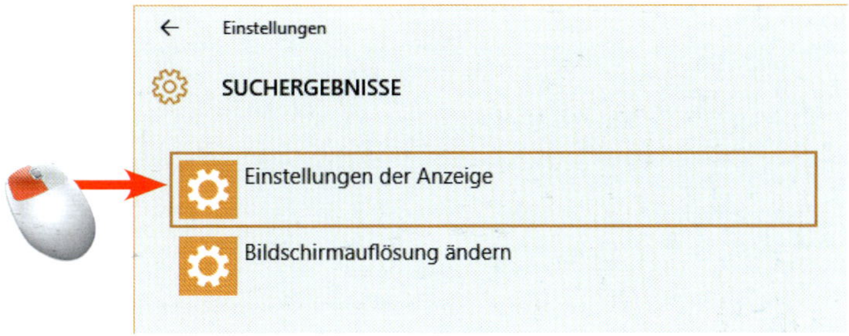

6

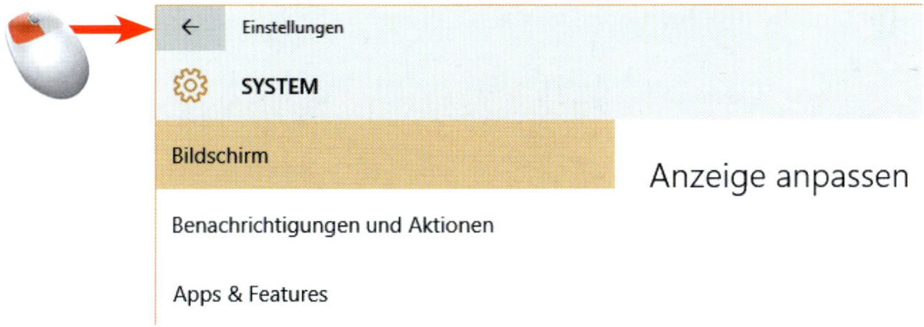

4 ... oder geben Sie einen Suchbegriff in das Suchfeld ein.

5 Die Suchergebnisse werden sofort angezeigt, Sie können eine Einstellung anklicken.

6 Ein Klick auf das Pfeilsymbol links oben schaltet zurück auf das Fenster mit allen Einstellungen.

Ende

HINWEIS

In den *Einstellungen* sind nicht alle, aber die wichtigsten Systemeinstellungen für Bildschirm, Benutzer und Sicherheit zu finden. Eine Komplettübersicht bietet die Systemsteuerung.

TIPP

Klicken Sie mit der rechten Maustaste auf den Desktop, finden Sie unter *Anzeigeeinstellungen* und *Anpassen* zwei Einstellungen für den Bildschirm.

Start

1

2

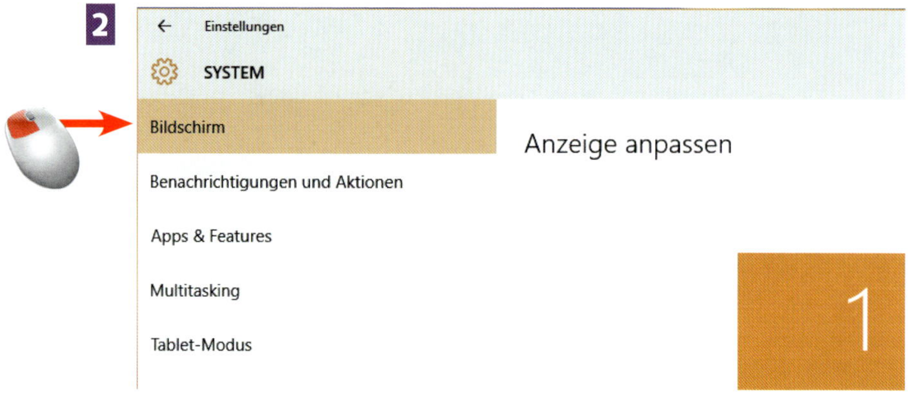

3

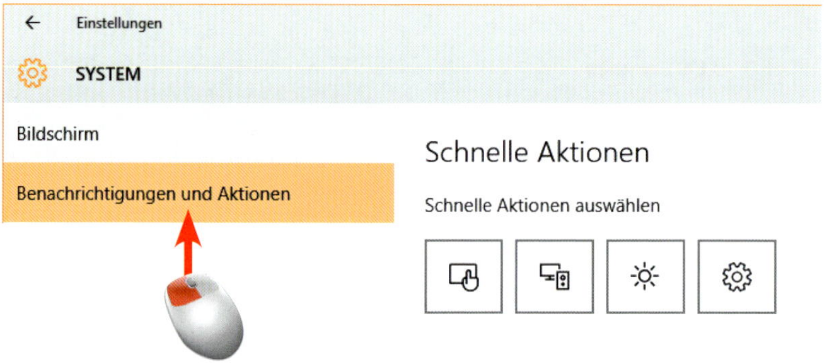

1 Die *System*-Einstellungen beziehen sich auf das Computersystem allgemein.

2 Passen Sie hier die Textgröße von Bildschirmelementen an und ändern Sie die Ausrichtung sowie die Helligkeit des Monitors.

3 Hier bestimmen Sie, was im Info-Center rechts unten unter dem Symbol *Benachrichtigungen* angezeigt wird.

Die Systemeinstellungen sind eine bunte Mischung aus Bildschirmanpassung, Desktop-Gestaltung, Energiesparoptionen und bieten eine Übersicht über alle installierten Apps und Windows-Programme.

WISSEN

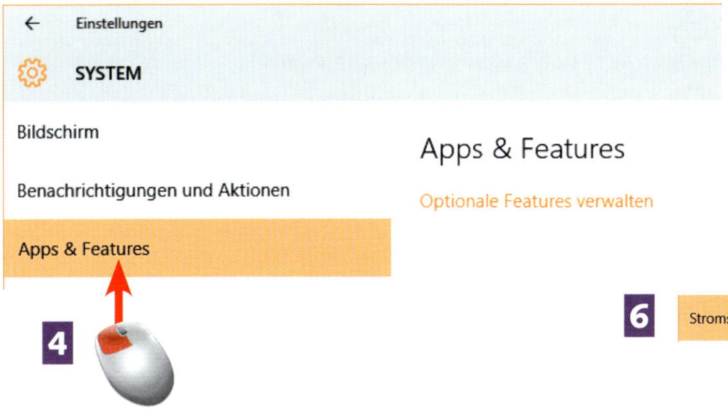

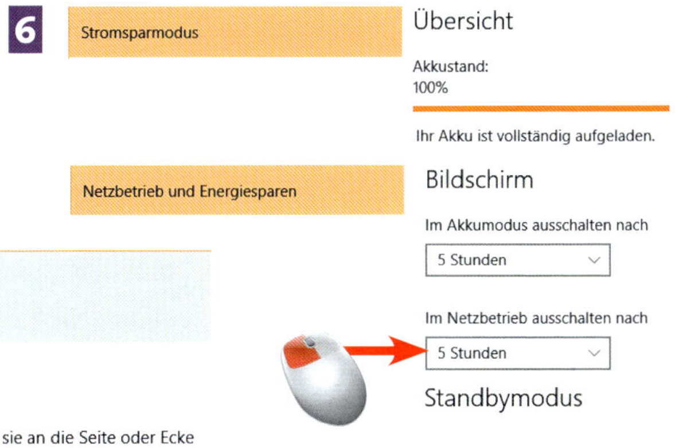

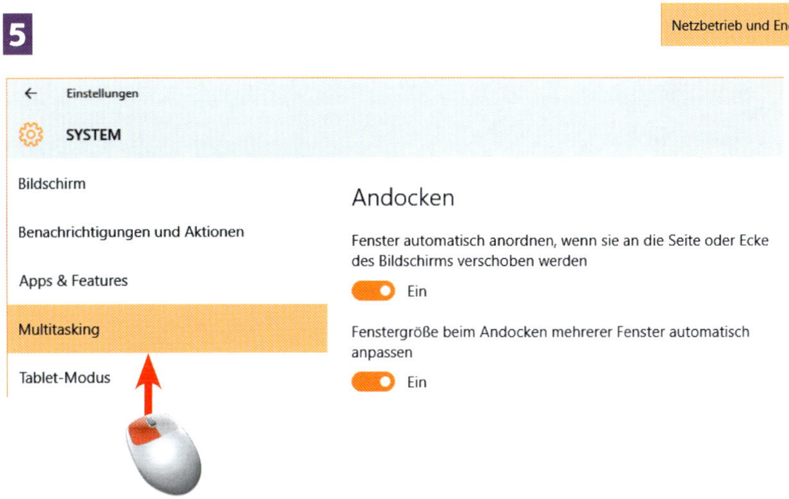

4 Diese Liste zeigt alle installierten Apps (Programme) an und bietet die Möglichkeit, einzelne Apps zu deinstallieren.

5 Multitasking regelt das Verhalten von Fenstern, wenn sie auf dem Desktop verschoben oder angedockt werden.

6 Lassen Sie den aktuellen Akkustand anzeigen und bestimmen Sie in den Energiesparoptionen, wann sich der Bildschirm im jeweiligen Modus abschaltet.

HINWEIS

Im Tablet-Modus bleiben die Startmenü-Symbole stehen, ziehen Sie das *Einstellungen*-Fenster einfach mit dem Finger nach unten, um es zu schließen.

TIPP

Zusätzliche Energieeinstellungen zeigt die vollständigen Energieoptionen aus der Systemsteuerung an.

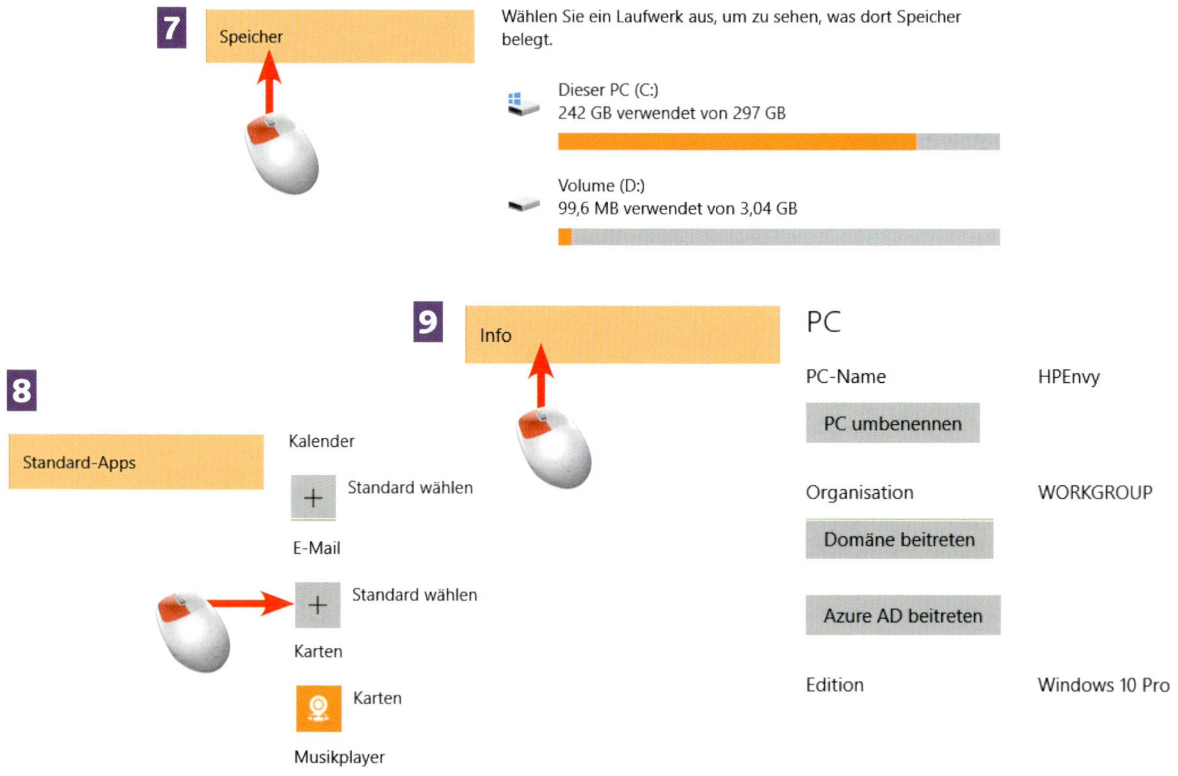

7 Listen Sie mit einem Klick auf *Speicher* alle Laufwerke auf und sehen Sie sich deren Speicherverbrauch an.

8 Hier definieren Sie, welche Programme mit den Kacheln von *Kalender* und *Webbrowser* aktiviert werden.

9 *Info* zeigt den Namen Ihres Computers, die Windows-Version sowie die Zugehörigkeit zu einer Domäne an.

Informationen über das System, den PC mit Prozessor und Taktfrequenz und viele weitere Einstellungen finden Sie unter dem Einstellungssymbol *System*.

WISSEN

10

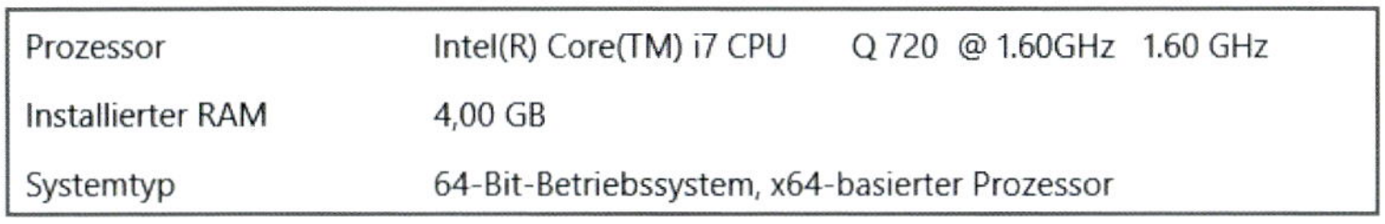

Prozessor	Intel(R) Core(TM) i7 CPU	Q 720 @ 1.60GHz 1.60 GHz
Installierter RAM	4,00 GB	
Systemtyp	64-Bit-Betriebssystem, x64-basierter Prozessor	

11

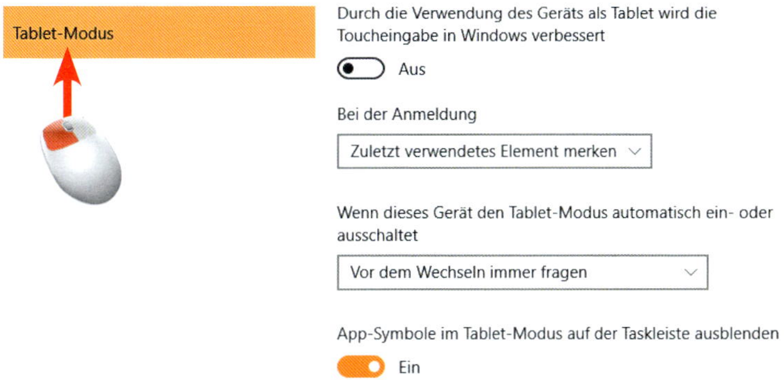

12

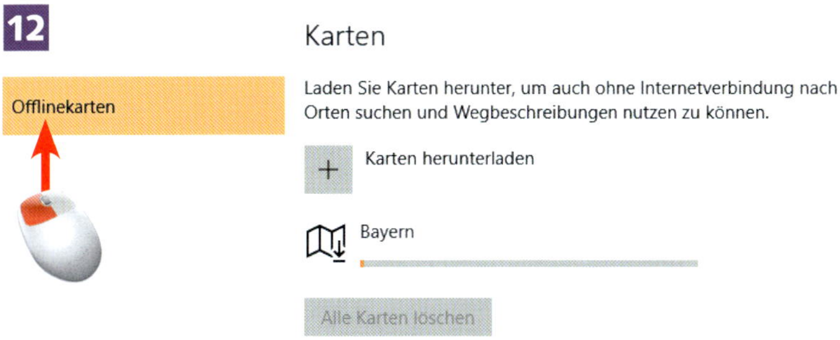

10 Hier sehen Sie den Prozessortyp, die Taktfrequenz, die Größe des Arbeitsspeichers (RAM) und den Systemtyp (32 Bit oder 64 Bit).

11 Schalten Sie den *Tablet-Modus* ein, wenn Sie Windows 10 auf einem Tablet- oder einem Hybrid-PC einsetzen.

12 Laden Sie hier Kartenmaterial, das mit der App *Karten* angezeigt wird. Diese Karten können auch offline genutzt werden.

Ende

HINWEIS

Klicken Sie unter *Speicher* auf ein Laufwerk, erhalten Sie eine Liste über die Speicherbelegung und können einzelne Komponenten löschen.

TIPP

Unter *Speichern/Orte speichern* können Sie festlegen, worauf Windows bei Downloads und Dateispeicheraktionen zugreift.

Start

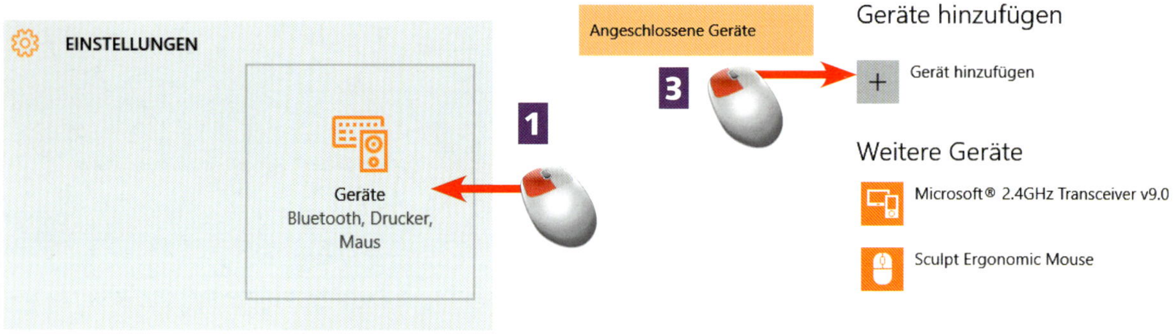

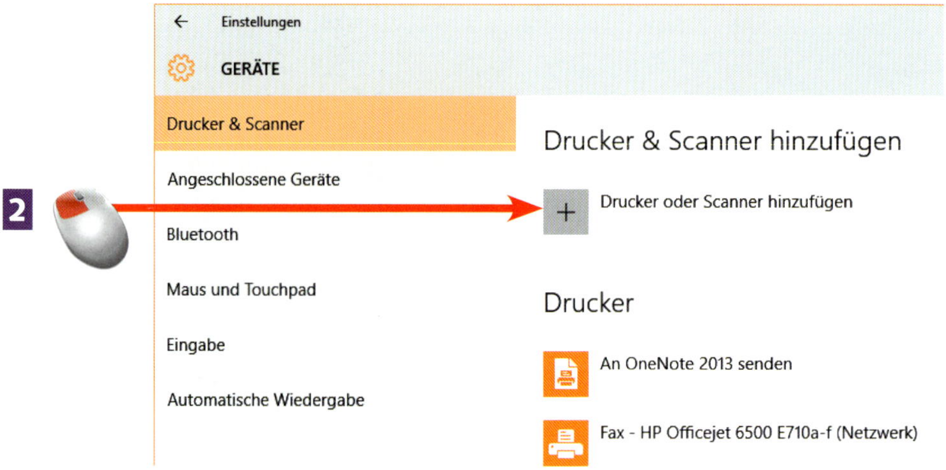

1 Einstellungen für Geräte, lokal oder über das Netzwerk angeschlossen, finden Sie unter diesem Symbol.

2 Fügen Sie einen neuen Drucker oder Scanner hinzu oder klicken Sie ein Gerät an und wählen Sie *Gerät entfernen*.

3 Hier können Sie weitere Geräte wie Tastaturen, Mäuse, Hi-Fi- und TV-Geräte über HDMI- oder USB-Anschluss hinzufügen.

Auch die Geräteeinstellungen bieten nur die wichtigsten Elemente aus der Systemsteuerung. Nutzen Sie diese für schnelle Reparaturen oder auf Tablets, für ausführliche Installationen gehen Sie in die Systemsteuerung.

WISSEN

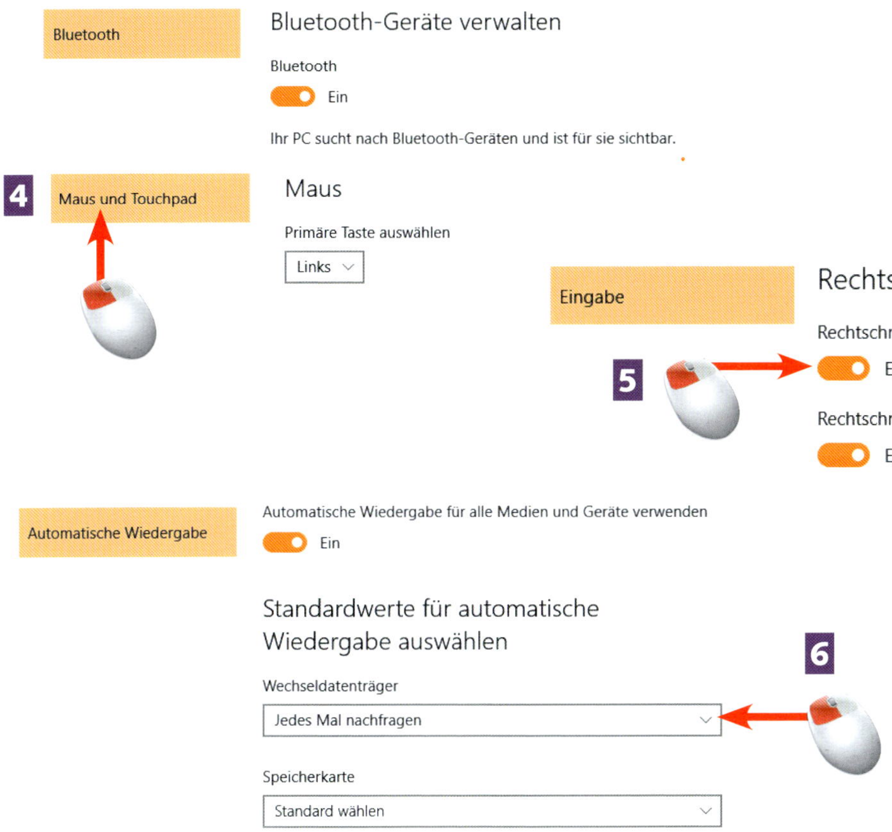

4 Installieren Sie Geräte über Bluetooth oder Mäuse und Tastaturen über den USB-Anschluss.

5 Wenn Sie mit Apps arbeiten, die Texteingaben erfordern, korrigiert und kennzeichnet diese Einstellung automatisch Rechtschreibfehler.

6 Was nach Anschluss eines USB-Sticks, einer externen Festplatte oder einer Speicherkarte passiert, regeln Sie mit diesen Einstellungen.

Ende

HINWEIS

Die Computermaus wird in der Regel beim ersten Anschluss ein Installationsprogramm starten, online oder von einer Begleit-CD. Nutzen Sie diese statt der Einstellungen hier.

TIPP

Ausführliche Anleitungen zur Geräteinstallation finden Sie in Kapitel 6.

TIPP

Schalten Sie Bluetooth ein, meldet sich Windows 10 auf Ihrem Bluetooth-fähigen Gerät und Sie können es installieren.

Start

1

2

3

1 Unter diesem Symbol finden Sie die wichtigsten Verbindungseinstellungen für Netzwerk und Internet.

2 Schalten Sie hier *WiFi* ein, sehen Sie alle WLANs in Reichweite. Markieren Sie ein WLAN und wählen Sie *Verbinden* oder *Trennen*.

3 Der *Flugzeugmodus* schaltet alle aktiven Verbindungen ab, ohne sie zu trennen. Nutzen Sie ihn für WLANs oder Bluetooth-Geräte.

Über *Netzwerk und Internet* überprüfen Sie schnell Ihre Internetverbindung per WLAN oder Ethernet oder richten diese ein. Der praktische Flugzeugmodus schaltet alle Verbindungen ab, ohne sie zu deinstallieren.

WISSEN

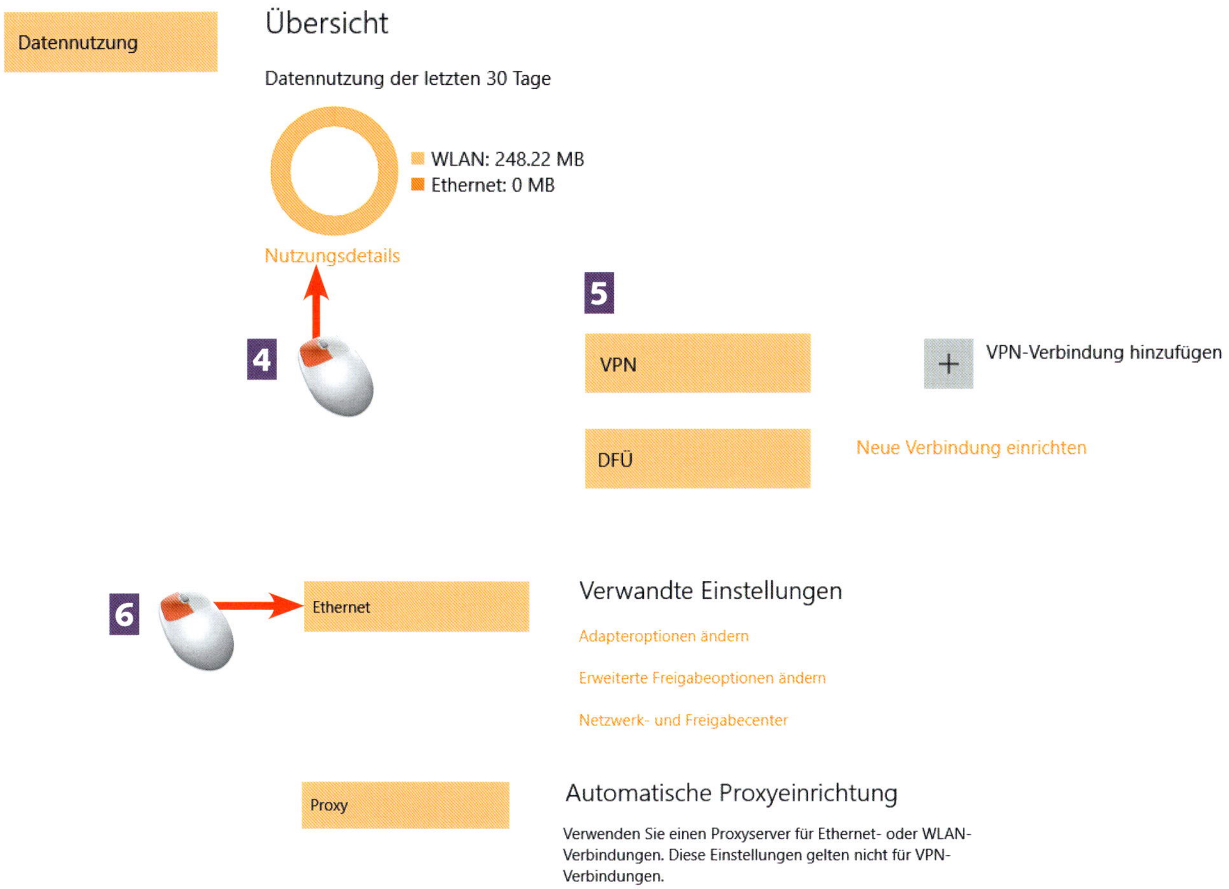

4 Hier sehen Sie, wie viele MByte die letzten 30 Tage über WLAN oder Ethernet übertragen wurden.

5 Mit *VPN* können Sie sich in ein Firmennetz einwählen, *DFÜ* verwaltet Einwählverbindungen über Modems.

6 Wenn Sie eine Kabelverbindung haben, verwalten Sie diese über *Ethernet*, den Proxyserver stellen Sie über *Proxy* ein.

Ende

Wi-Fi: **Wi**reless **Fi**delity, wird als Synonym für WLANs benutzt, ist aber eine Bezeichnung für einen IEEE-Standard für Funknetzwerke.

FACHWORT

In den *Nutzungsdetails* der Datennutzung sehen Sie, welche Apps die meisten MByte im Netzwerk verbraten.

TIPP

Proxyserver sind Verbindungsrechner im Intranet oder Internet.

FACHWORT

Start

1

3

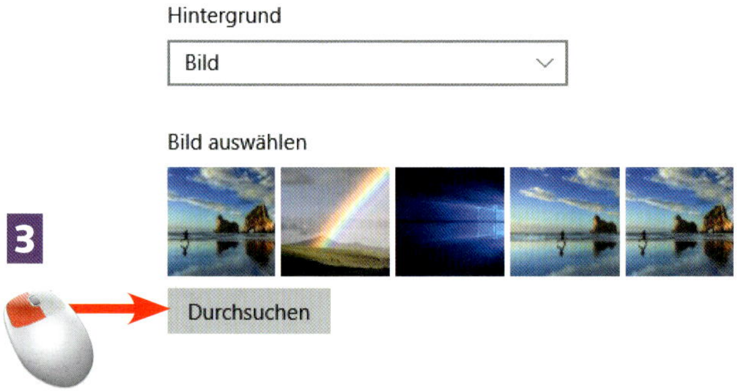

2

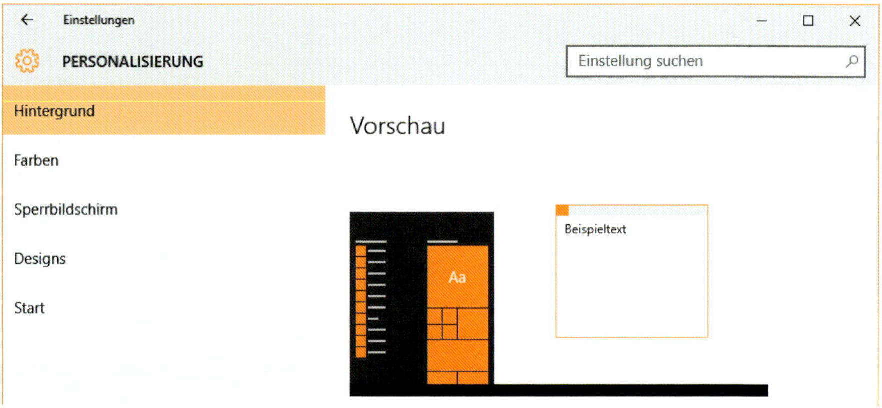

1 Alle *Einstellungen* für die Benutzeranmeldung und die Bildschirmgestaltung finden Sie unter diesem Symbol.

2 Hier können Sie den Hintergrund gestalten. Die Vorschau zeigt, wie Hintergrund, Startmenü und Fenster derzeit aussehen.

3 Für ein anderes Hintergrundbild klicken Sie auf eine Bildvorschau oder auf *Durchsuchen*, um eine Bilddatei zu wählen.

Gestalten Sie Ihren ganz persönlichen Desktop-Hintergrund mit einem schönen Bild aus der Windows-Bibliothek, einer eigenen Aufnahme oder einer Diashow mit wechselnden Bildern in einem von Ihnen festgelegten Zeitintervall.

WISSEN

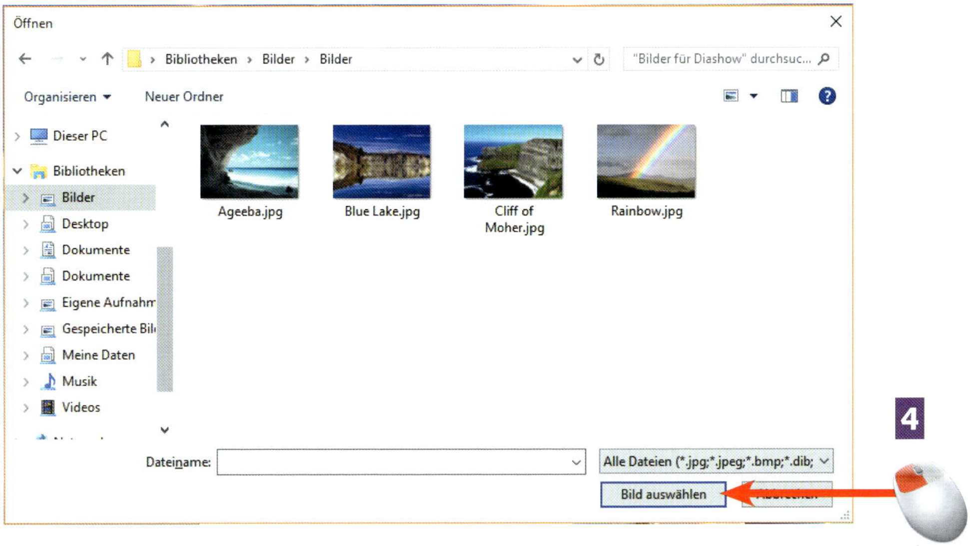

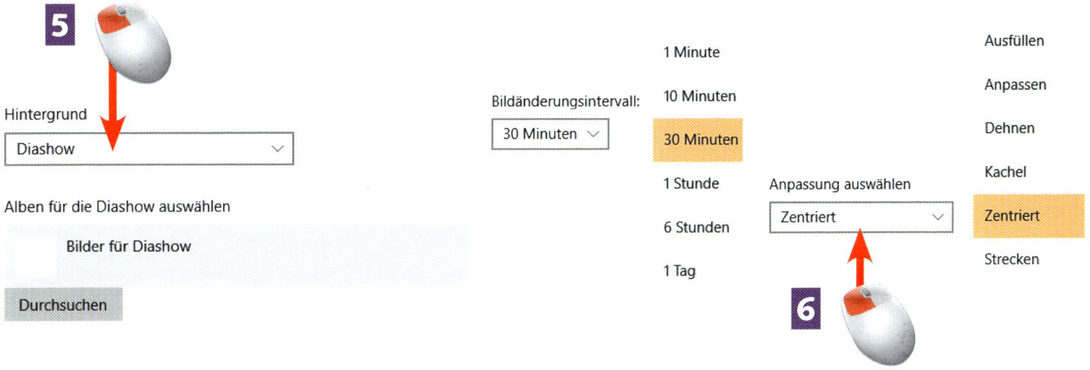

4 Markieren Sie das gewünschte Bild und klicken Sie auf *Bild auswählen*.

5 Schalten Sie um auf *Diashow*, wenn Sie mehrere Bilder mit Bildwechsel sehen wollen.

6 Ändern Sie hier das Intervall für den Bildwechsel, und wählen Sie die Anzeigeart für die Bilder.

Ende

Die Bilder für die Diashow sollten Sie vorher in einem Ordner zusammengefasst haben. Verknüpfungen sind auch erlaubt. Über das Kontextmenü auf dem Desktop können Sie die Diashow testen (*Nächster Desktophintergrund*).

HINWEIS

Die Anpassung *Zentriert* ist die Standardeinstellung für Bilder in Normalgröße. Wenn die Bilder zu klein sind, wählen Sie *Ausfüllen*.

TIPP

Start

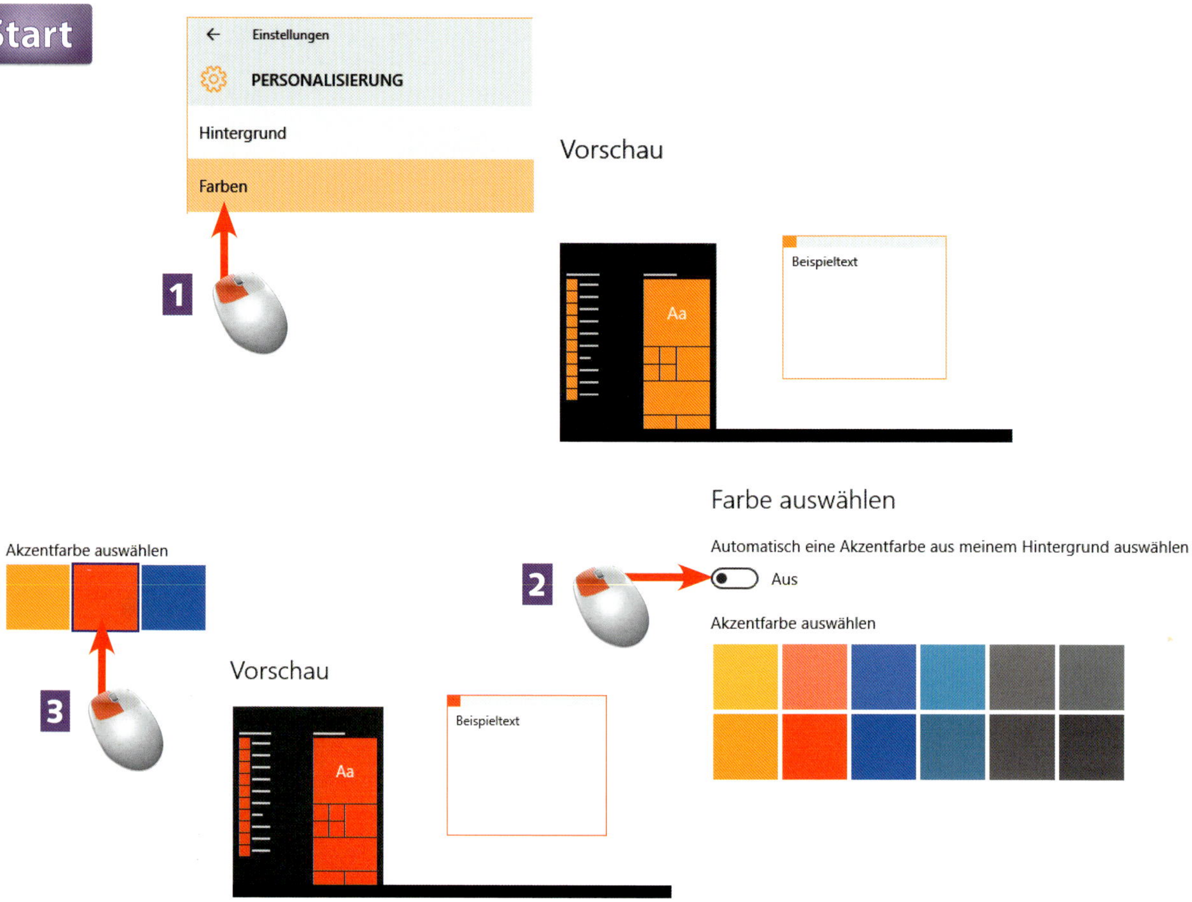

1 Schalten Sie um auf *Farben*, um die Farbgestaltung für das Startmenü, die Taskleiste sowie die Fenster zu ändern.

2 Schalten Sie die automatische Akzentfarbe aus, können Sie eine Farbe aus der Palette markieren ...

3 ... und damit die Startmenüelemente, die Kachelhintergründe und die Farbe der Fensterelemente ändern.

Windows 10 ist bunt. Zahlreiche Akzentfarben stehen vorgemischt zur Auswahl, sie passen sich mit der Auswahl eines Designs an. Sie können aber auch Ihre eigene Lieblingsfarbe wählen und damit Startmenü, Taskleiste und das Info-Center rechts unten einfärben.

WISSEN

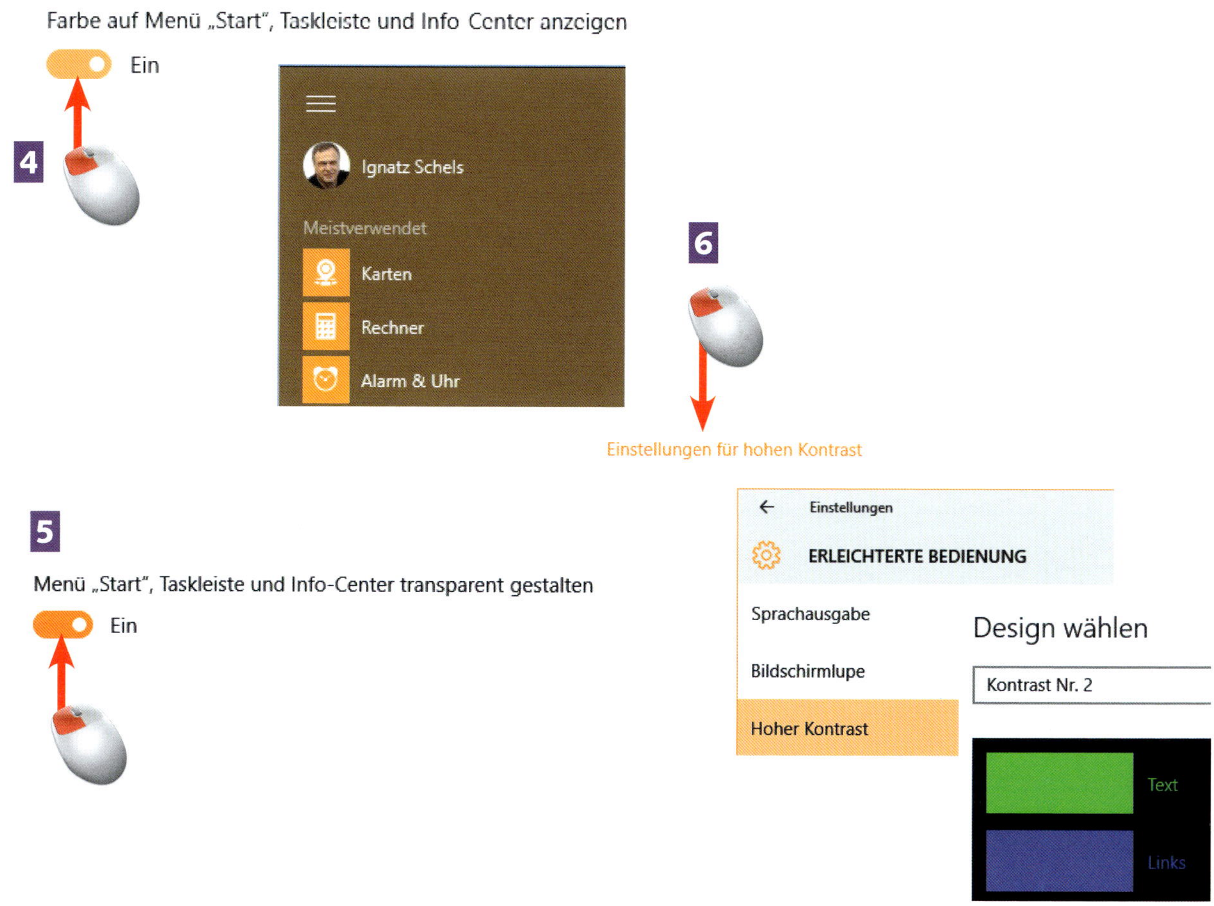

4 Mit dieser Option transferieren Sie die gewählte Farbe auch auf den Hintergrund des Startmenüs, die Taskleiste und das Info-Center.

5 Schalten Sie diese Option ein, wenn Sie Startmenü, Taskleiste und Info-Center transparent gestalten möchten.

6 Die *Einstellungen für hohen Kontrast* bieten sehbehinderten Anwendern die Möglichkeit, stärkere Kontrastfarben einzurichten.

Ende

Wenn Sie die Farbe für das Startmenü ausschalten, wird dieses automatisch schwarz.

HINWEIS

Mit der Zuweisung eines Designs schalten Sie die individuelle Farbgebung ab. Ihre persönliche Farbgestaltung lässt sich aber unter *Design* als Design speichern.

TIPP

Start

1

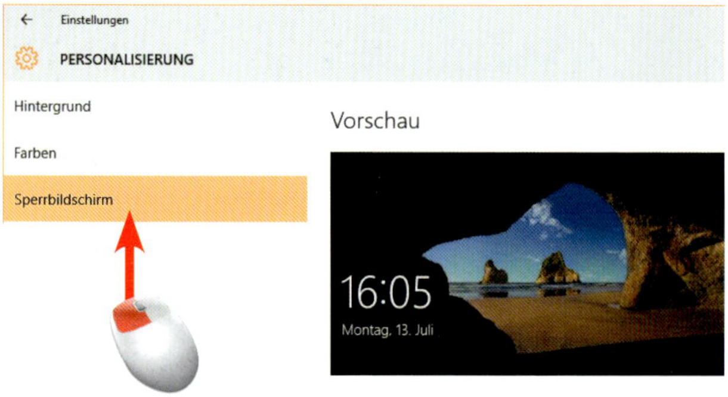

2

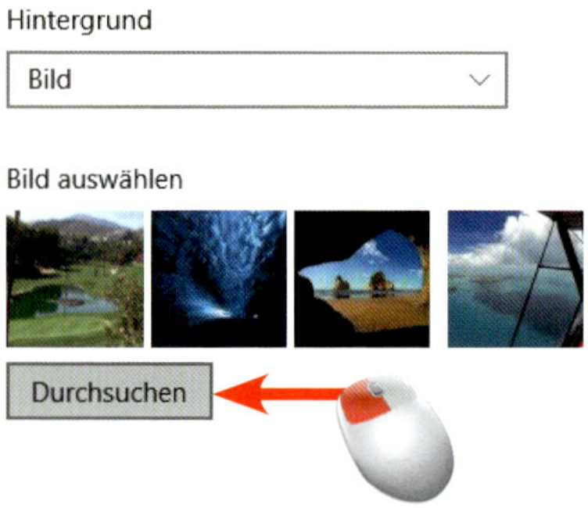

3

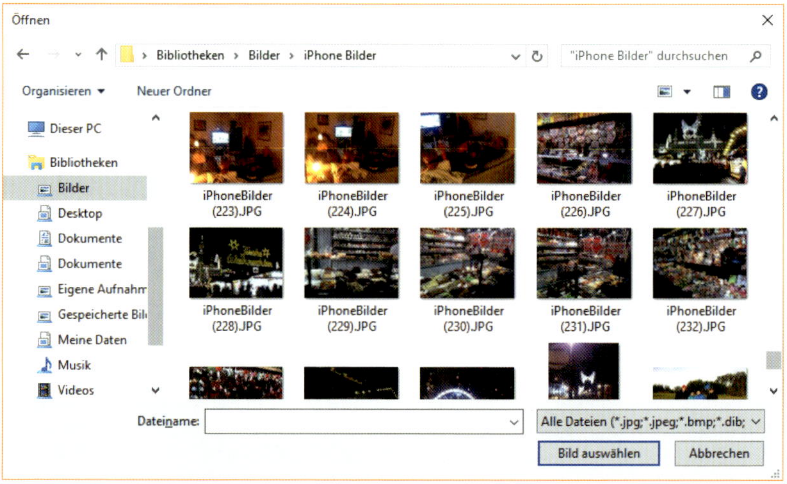

1 Unter dieser Option wird der aktuelle Sperrbildschirm in der Vorschau angezeigt.

2 Wählen Sie als Hintergrund eines der angebotenen Windows-Bilder oder klicken Sie auf *Durchsuchen*, ...

3 ... und holen Sie ein Bild Ihrer Wahl aus einem beliebigen Ordner auf Ihrem PC.

Sperrbildschirm heißt das Bild, das nach dem Einschalten und vor dem Anmelden des Benutzers oder beim Wechsel eines Benutzerkontos angezeigt wird. Gestalten Sie ihn mit einem schönen Hintergrund und lassen Sie sich gleich wichtige Informationen über Apps anzeigen.

WISSEN

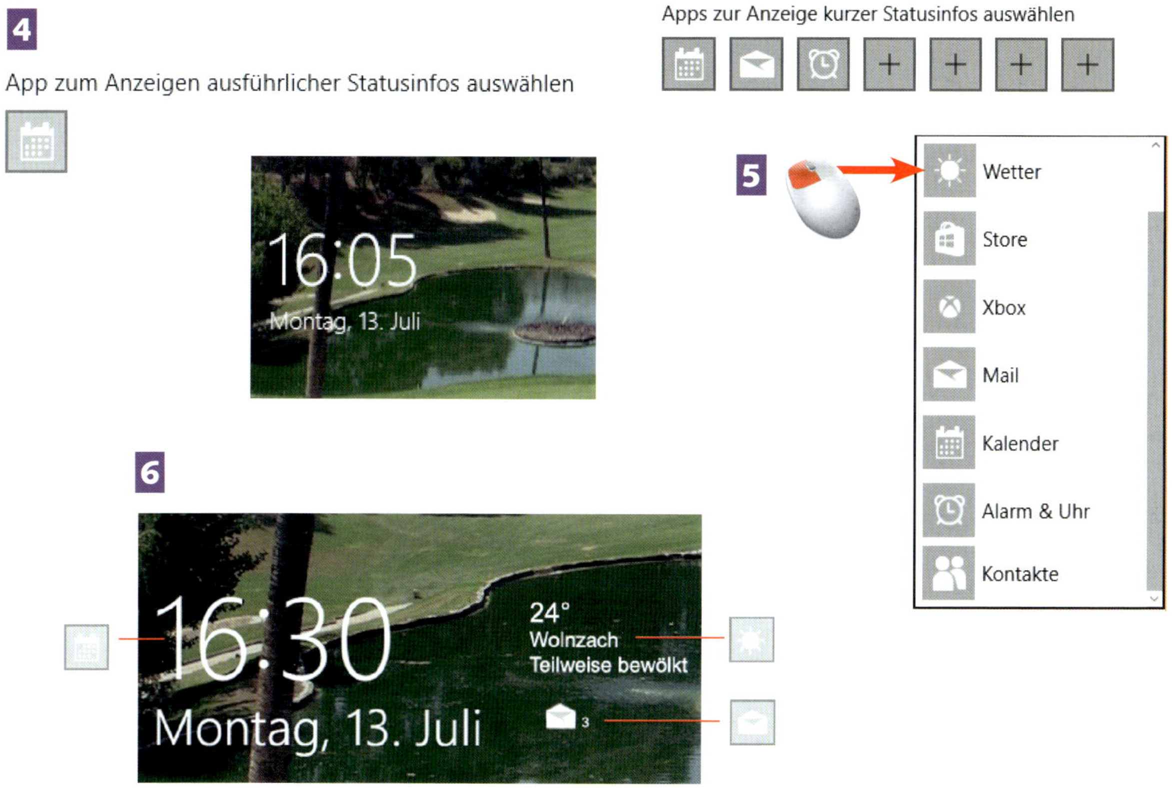

4 Standardmäßig wird die Kalender-App für die große Hauptanzeige genutzt, Sie können allerdings auch eine andere App einschalten.

5 Holen Sie zusätzliche Statusinformationen wie Wetter, Mails oder Kontakte auf den Sperrbildschirm.

6 Die Informationen werden angezeigt, sobald der Sperrbildschirm aktiv ist.

Ende

Statusinformationen auf dem Sperrbildschirm wie eingegangene Mails beziehen sich auf den zuletzt angemeldeten Benutzer.

HINWEIS

Der Sperrbildschirm lässt sich auch mit einer Diashow schmücken. Schalten Sie unter *Sperrbildschirm/Hintergrund* darauf um.

TIPP

Start

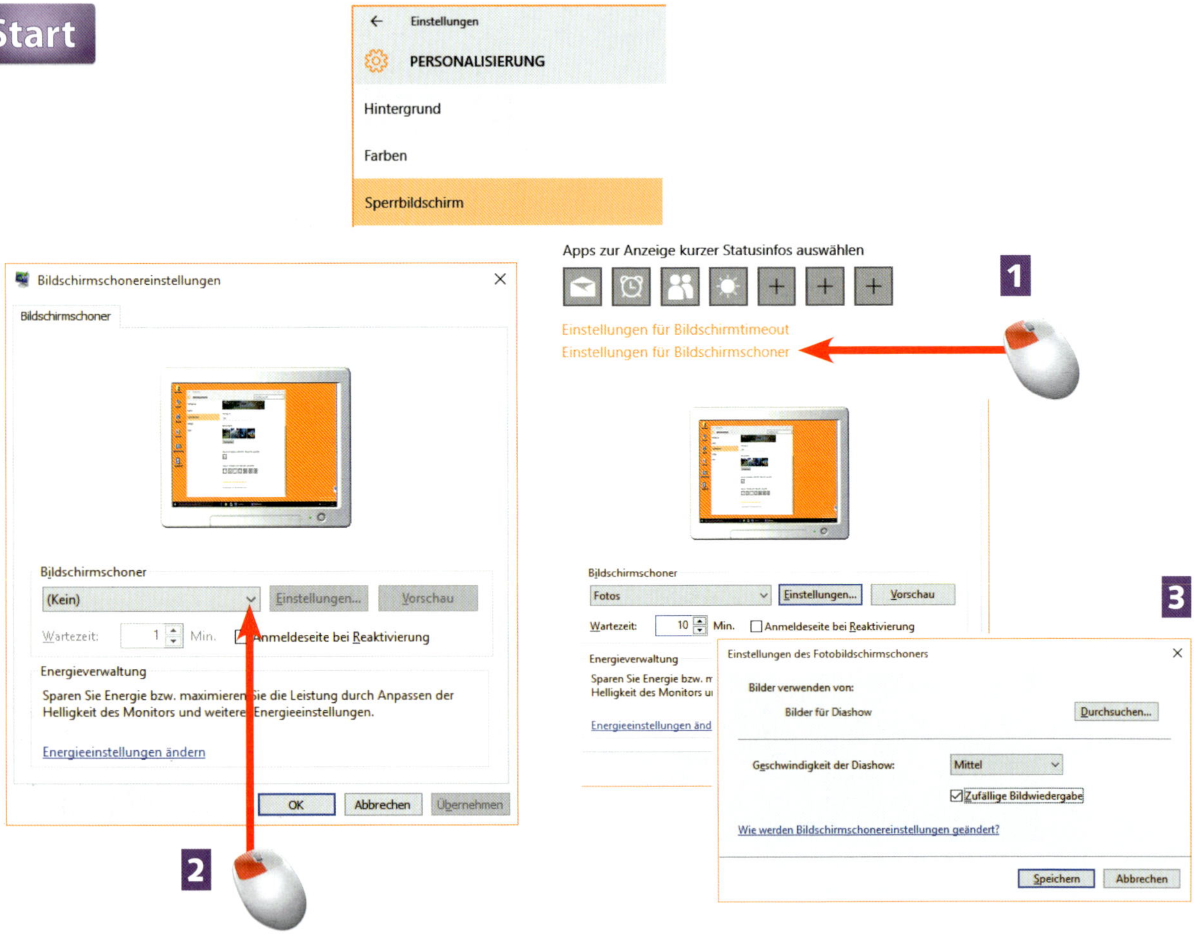

1 In den *Einstellungen* für den Sperrbildschirm finden Sie auch eine Option für den Bildschirmschoner.

2 Klicken Sie auf den Listenpfeil unter *Bildschirmschoner*, um ein Element auszuwählen.

3 Entscheiden Sie sich für *Fotos*, bieten die *Einstellungen* die Auswahl des Bilderordners und die Geschwindigkeitsangabe für eine Diashow an.

Der Bildschirmschoner schaltet den Bildschirm ab, wenn Tastatur oder Maus eine bestimmte vom Benutzer einstellbare Wartezeit nicht aktiv wurden. Stellen Sie die Option *Anmeldung bei Reaktivierung* ein, bietet er einen nützlichen Kennwortschutz für Ihre Abwesenheit vom Rechner.

WISSEN

4

5

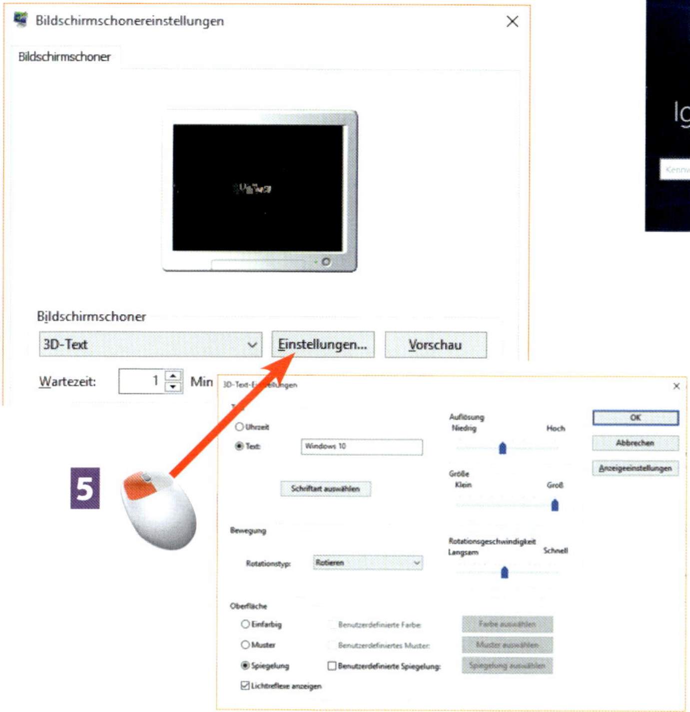

6

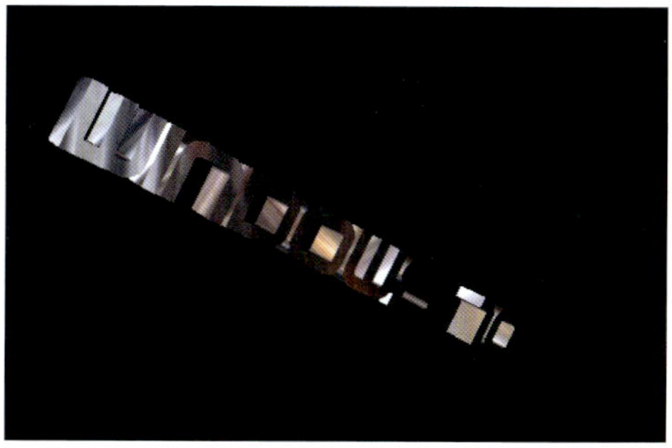

4 Stellen Sie die Wartezeit bis zur Aktivierung des Bildschirmschoners ein und haken Sie diese Option für eine erneute Anmeldung an.

5 Interessante Effekte liefert der Bildschirmschoner *3D-Text*. Klicken Sie auf *Einstellungen*.

6 Das Ergebnis: Dreidimensionale Schriftzüge mit Rotation, Muster und Spiegelung.

Ende

Mit dem Link *Energieeinstellungen ändern* wählen Sie die Energieoptionen, die zum Bildschirmschoner passen.

Klicken Sie auf *Vorschau*, um den eingestellten Bildschirmschoner zu testen.

HINWEIS

TIPP

Start

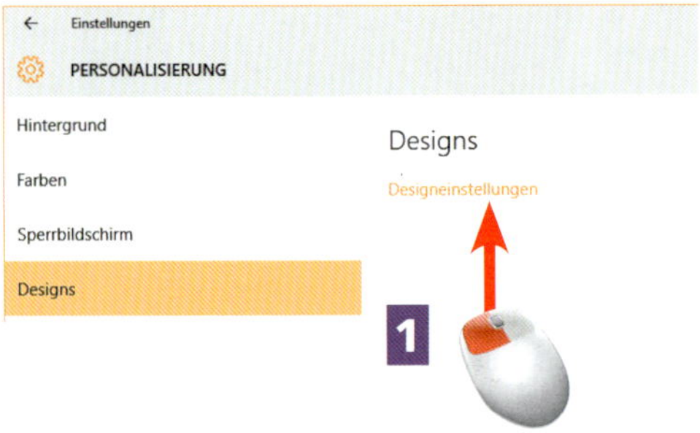

1

2

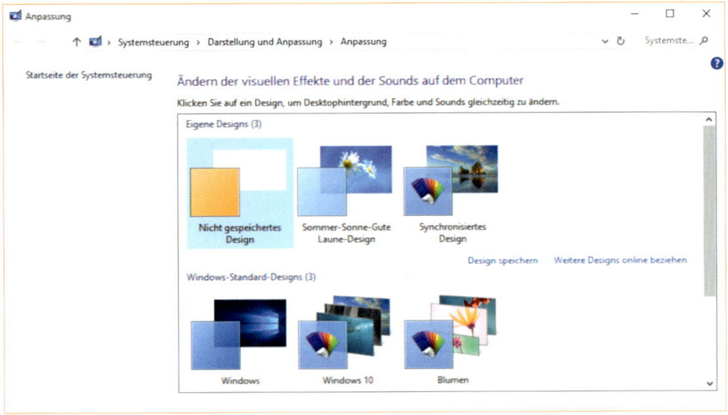

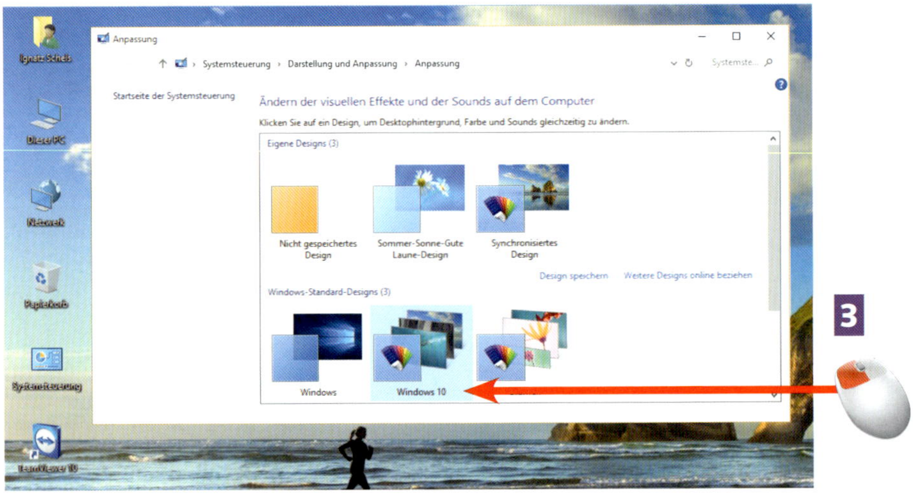

3

1 Wählen Sie *Einstellungen/Personalisierung/Designs* und klicken Sie auf *Designeinstellungen*.

2 In der ersten Reihe finden Sie Ihre eigenen Designs und synchronisierte Designs.

3 Mit einem Klick auf ein Windows-Standarddesign weisen Sie dieses sofort dem Desktop zu.

Designs sind Pakete mit Desktop-Formatierungen für Hintergrund, Farben, Sounds und Bildschirmschoner. Speichern Sie Ihre Auswahl als Design ab oder nutzen Sie die vordefinierten Windows-10-Designs.

WISSEN

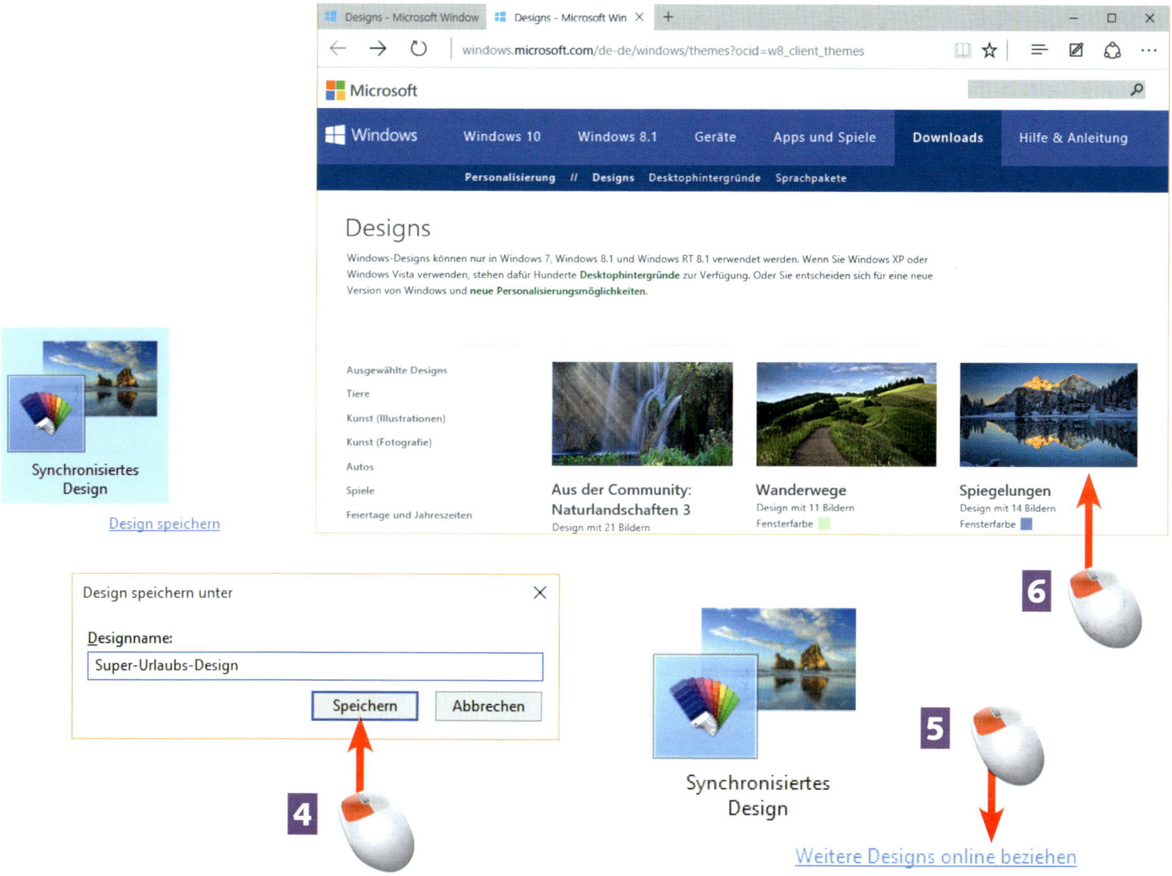

4 Mit *Design speichern* legen Sie ein Design als Datei ab. Geben Sie einen Dateinamen ein, die Dateiendung wird automatisch zugewiesen.

5 Sie können weitere Designs online beziehen, klicken Sie dazu auf den entsprechenden Link.

6 Auf der Internetseite *Windows.microsoft.com* finden Sie eine große Auswahl an Designs. Markieren Sie ein Design und klicken Sie auf *Design herunterladen*.

Ende

HINWEIS

Verwenden Sie ein synchronisiertes Design, wenn Sie dieses auf allen Geräten sehen wollen, auf denen Sie mit Ihrem Konto angemeldet sind. Die Synchronisierung finden Sie unter *Konten*.

TIPP

Klicken Sie mit der rechten Maustaste in ein Design und wählen Sie *Design löschen*, wenn Sie es entfernen wollen.

Start

1

2

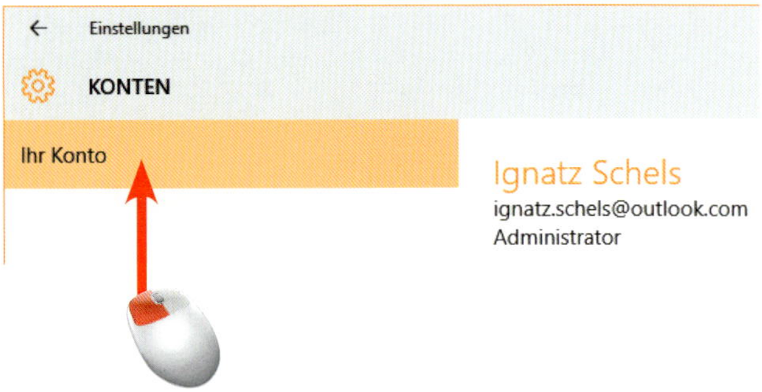

Mein Microsoft-Konto verwalten

3

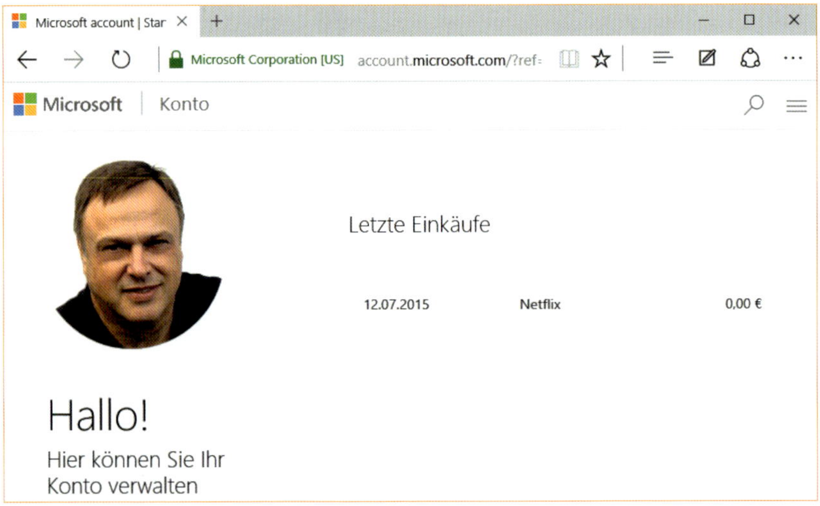

1 Klicken Sie auf *Einstellungen/Konten*, um die Kontoeinstellungen zu ändern.

2 Unter *Ihr Konto* sehen Sie Ihren Kontonamen und den Kontotyp (Administrator oder Gast).

3 Klicken Sie auf *Mein Microsoft-Konto verwalten* für den Onlinezugriff auf Ihr Microsoft-Konto in einem Browserfenster.

Das eigene Konto verwalten, Kennwort oder Kontobild ändern oder zu einem lokalen Konto wechseln, das bietet dieses Symbol in den *Einstellungen* an.

WISSEN

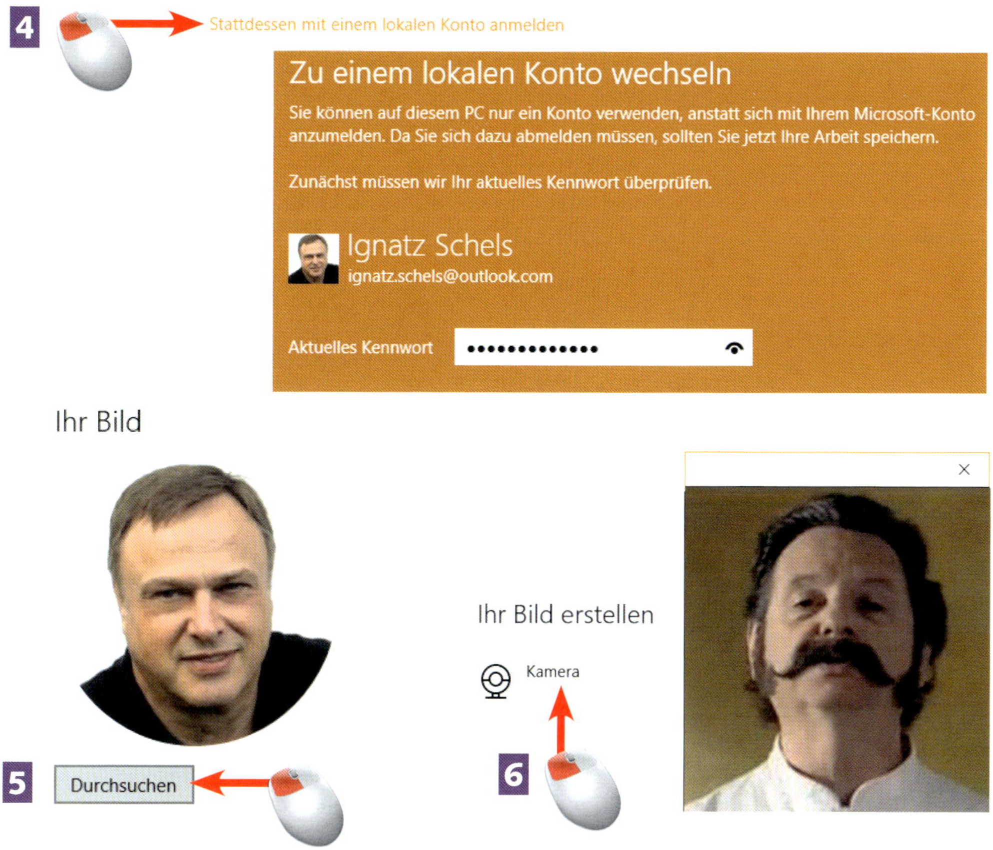

4 Alternativ zum Microsoft-Konto können Sie hier zu einem lokalen Konto wechseln oder ein solches erstellen.

5 Ihr Kontobild ändern Sie hier, klicken Sie auf *Durchsuchen* für eine gespeicherte Bilddatei, …

6 … oder aktivieren Sie die Kamera und knipsen Sie Ihr neues Benutzerkontobild selbst.

Ende

HINWEIS

Ausführliche Anleitungen zu den Benutzerkonten finden Sie in Kapitel 10.

TIPP

Klicken Sie auf das Symbol für ein Kamerabild, werden Sie gefragt, ob die Kamera externen Apps den Zugriff erlauben darf. Klicken Sie auf *Ja*.

Start

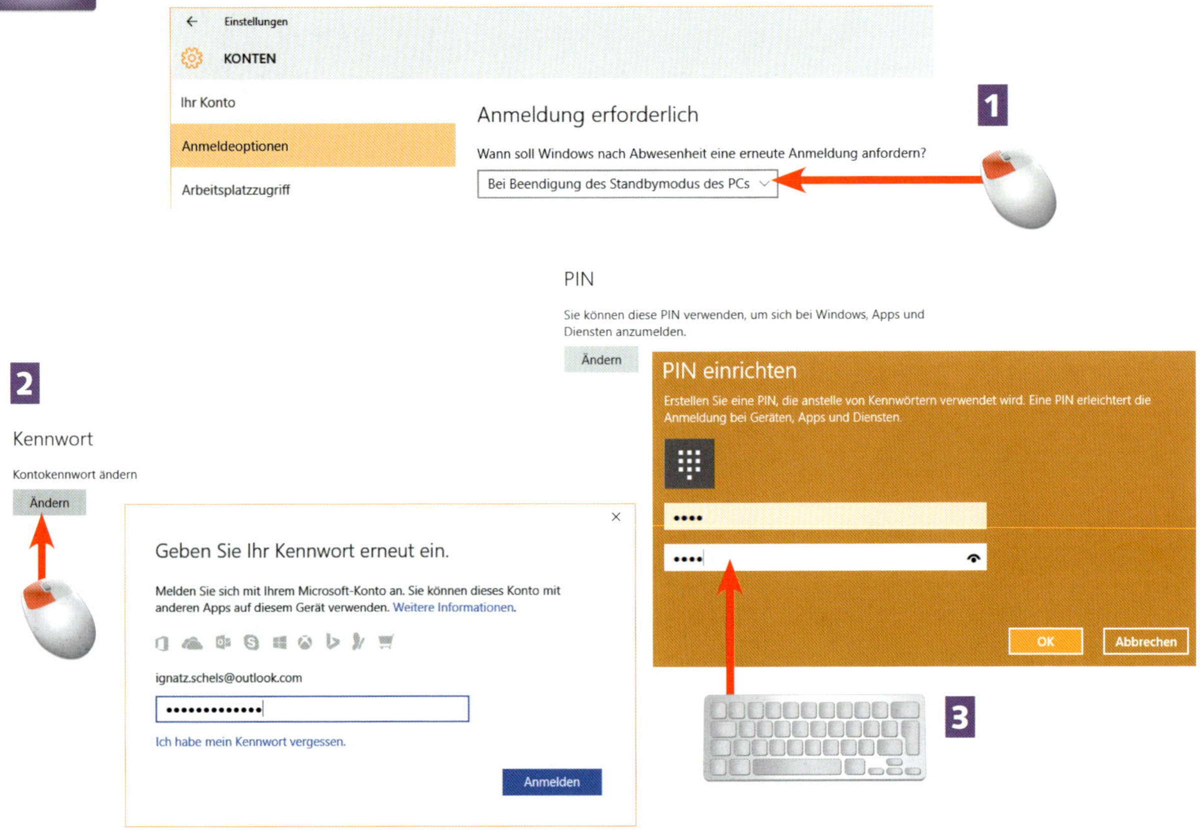

1 Geben Sie hier an, wann Windows 10 die Anmeldeinformationen aktiviert.

2 Um das Kennwort des Kontos zu ändern, klicken Sie hier auf *Ändern*.

3 Alternativ zum Kennwort richten Sie hier eine vierstellige PIN ein.

Sie haben drei Möglichkeiten, sich bei Windows 10 anzumelden: Mit einem Kennwort, mit einer vierstelligen PIN oder mit einem Bildcode. Suchen Sie sich die komfortabelste und sicherste Anmeldeform aus.

WISSEN

4

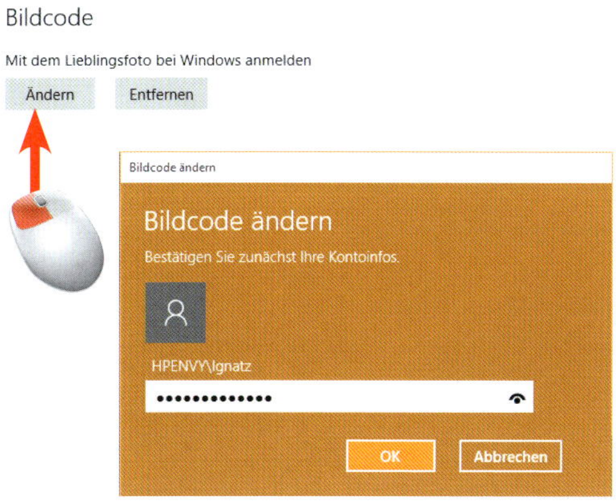

5

6

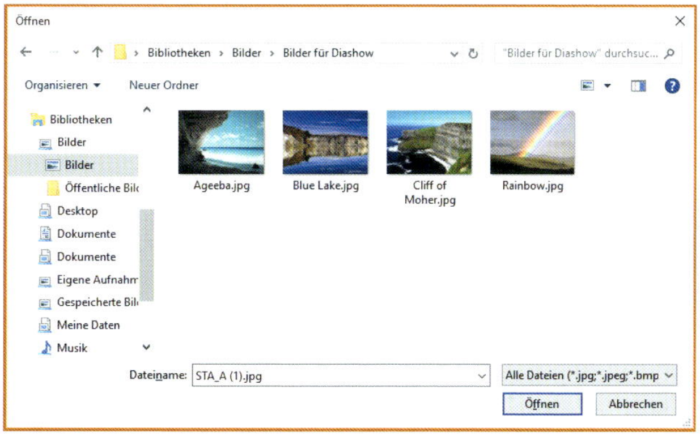

4 Mit dieser Option können Sie einen Bildcode auf einem Foto erstellen und sich mit diesem anmelden.

5 Haben Sie bereits ein Bild ausgesucht, können Sie dieses weiterverwenden.

6 Klicken Sie auf *Neues Bild wählen* und suchen Sie eine passende Bilddatei in Ihren Bilderordnern.

Für den Bildcode können Sie jedes gespeicherte Bild verwenden. Kopieren Sie dieses aber vorher in einen Bilderordner.

HINWEIS

7

8

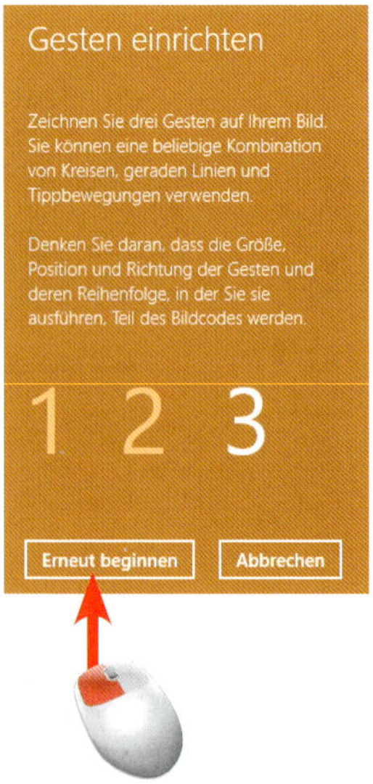

9

7 Zeichnen Sie drei Gesten in das Bild. Sie können abwechselnd Linien oder Kreise ziehen oder einfach irgendwohin klicken.

8 Wiederholen Sie zur Sicherheit die drei Gesten. Falls es nicht klappt, klicken Sie auf *Erneut beginnen*.

9 Sind die Gesten zweimal richtig, wird der Bildcode eingerichtet. Klicken Sie auf *Fertig stellen*.

Zeichnen Sie einen Bildcode, der nicht einfach zu entdecken, aber doch einfach zu reproduzieren ist. Aber – es kann nichts schiefgehen, zur Not können Sie sich auch wieder mit PIN oder Kennwort anmelden.

WISSEN

10

12

11

10 Bei der nächsten Anmeldung mit Ihrem Konto erhalten Sie jetzt Ihr Bild anstelle von Kennwort- oder PIN-Eingabe.

11 Über die Anmeldeoptionen wechseln Sie jederzeit zu den anderen Optionen (PIN oder Kennwort).

12 Die Anmeldeoptionen stehen Ihnen jetzt auch auf dem Sperrbildschirm zur Verfügung.

Ende

Mit der Maus sollten Sie erfahrungsmäßig kleine Kreise ziehen oder nur klicken. Wenn Sie einen Bildcode ändern, rufen Sie den alten Bildcode vorher noch einmal mit *Wiedergabe* auf.

TIPP

Nach fünf Fehlversuchen mit dem Bildcode schaltet die Anmeldung automatisch auf die Kennworteingabe um.

TIPP

Start

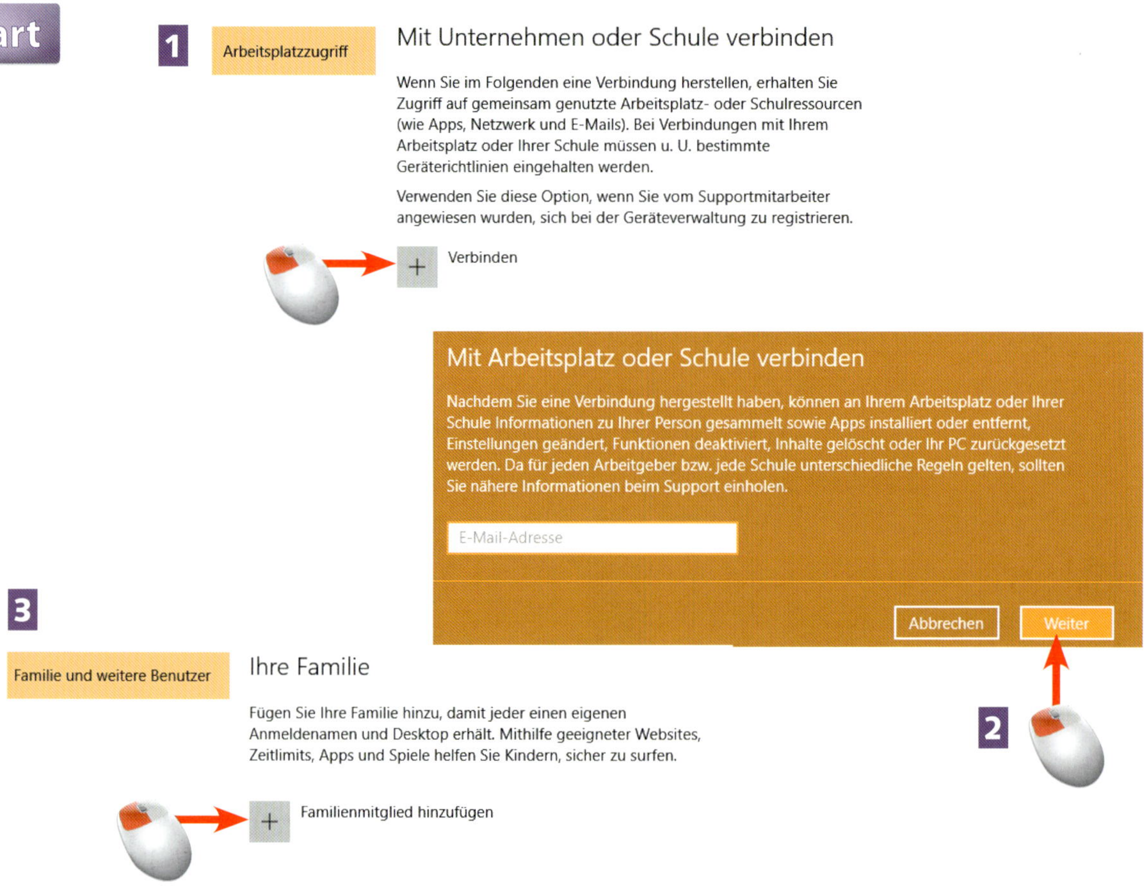

1 Schalten Sie um auf *Arbeitsplatzzugriff* und klicken Sie auf *Verbinden*.

2 Geben Sie Ihre Mailadresse ein. Windows 10 wird die Verbindung suchen und bei Erfolg herstellen.

3 Unter *Familie und weitere Benutzer* richten Sie Konten für Familienmitglieder oder Freunde ein.

Mit dem Arbeitsplatzzugriff bauen Sie eine Verbindung zu einem externen Server auf, dazu genügt Ihre Mailadresse, die diesen Server enthält. Richten Sie außerdem Verbindungen für Familienmitglieder oder andere Vertrauenspersonen ein.

WISSEN

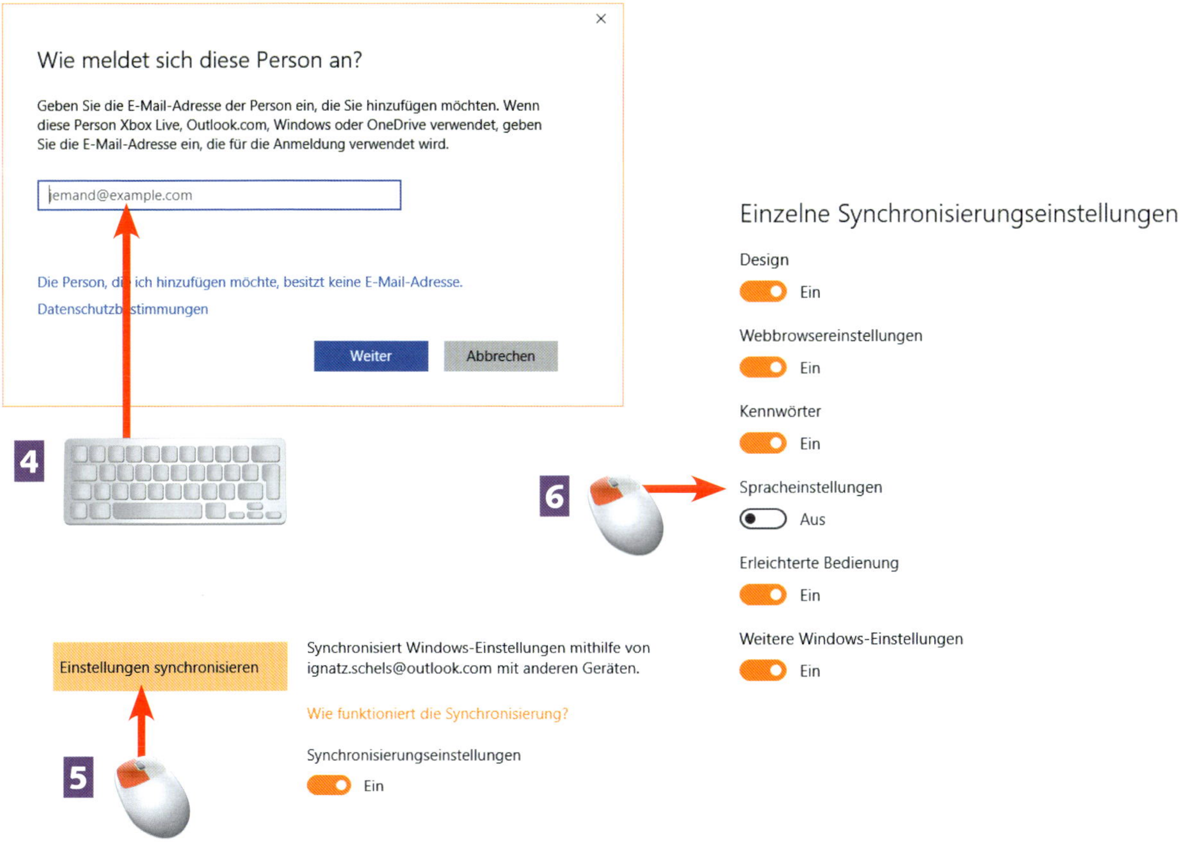

4 Geben Sie die Anmeldeinformationen der Person ein. Wenn sie noch kein Konto hat, können Sie hier ein Konto für sie erstellen.

5 Schalten Sie diese Einstellungen ein, wenn Sie Ihre Kontoeinstellungen auf allen Geräten synchronisieren wollen.

6 Hier können Sie einzelne Synchronisierungsoptionen, zum Beispiel für Kennwörter oder Sprachen, ausschalten.

Ende

Das Synchronisieren der Kontoeinstellungen funktioniert natürlich nur mit einem nicht lokalen Konto, da die Einstellungen online verwaltet werden müssen.

HINWEIS

Für Kinder als Familienmitglieder gibt es ganz spezielle Sicherheitseinstellungen (siehe Kapitel 10).

TIPP

Start

1

2

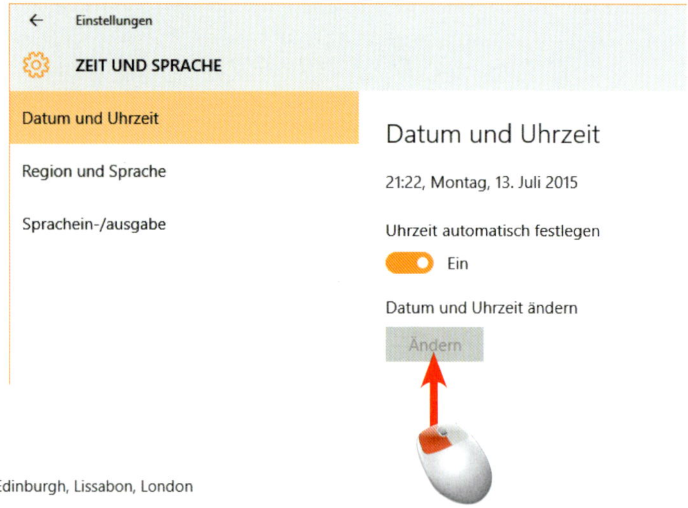

3

1 Datum und Uhrzeit, Anwendersprache und regionale Windows-Anpassungen finden Sie unter diesem Einstellungssymbol.

2 Lassen Sie Datum und Uhrzeit automatisch festlegen oder klicken Sie auf *Ändern*.

3 Stellen Sie die passende Zeitzone ein und sorgen Sie dafür, dass die Uhr automatisch an die Sommerzeit angepasst wird.

Datum und Uhrzeit zeigt Windows laufend rechts unten in der Taskleiste an. Die Information, wie spät es ist, holt sich das Betriebssystem aus dem BIOS des Computers.

WISSEN

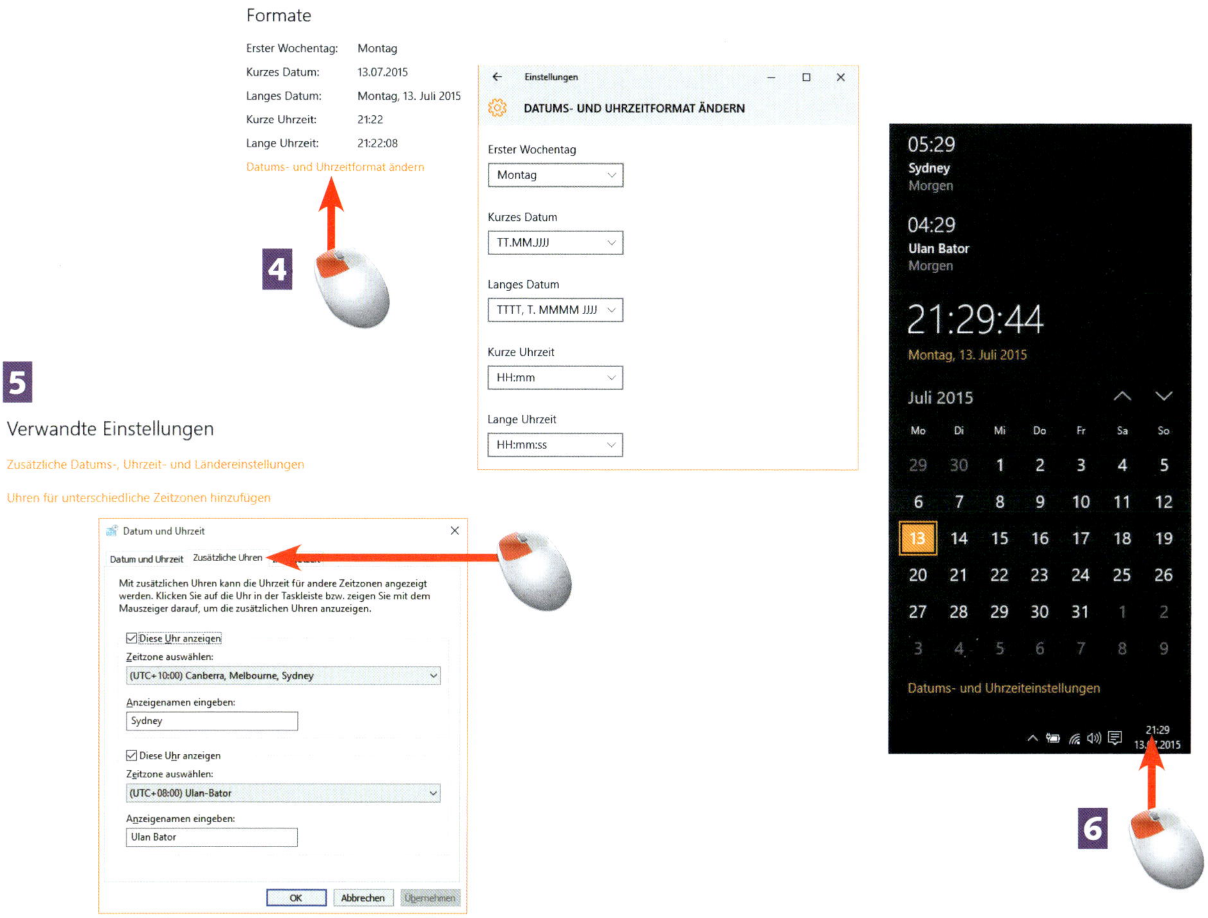

4 Datums- und Zeitformate sind für Apps und Programme (zum Beispiel Excel) wichtig, stellen Sie diese hier richtig ein.

5 Hier können Sie noch ganz detaillierte Einstellungen vornehmen und bis zu zwei zusätzliche Uhren in unterschiedlichen Zeitzonen einrichten.

6 Die Uhren werden sichtbar, wenn Sie auf die rechts unten in der Taskleiste angezeigte Uhrzeit klicken.

Damit die Zeit auch korrekt bleibt, wird sie permanent aus einem Internetzeitgeber abgerufen (Registerkarte *Internetzeit* in den erweiterten Einstellungen).

HINWEIS

Passen Sie die Währungszeichen für das Land an, in dem Sie arbeiten. In der Schweiz wird z. B. ein Apostroph als Tausenderzeichen verwendet.

TIPP

BIOS (Basic Input/Output System): auf der Hauptplatine installierte Firmware.

FACHWORT

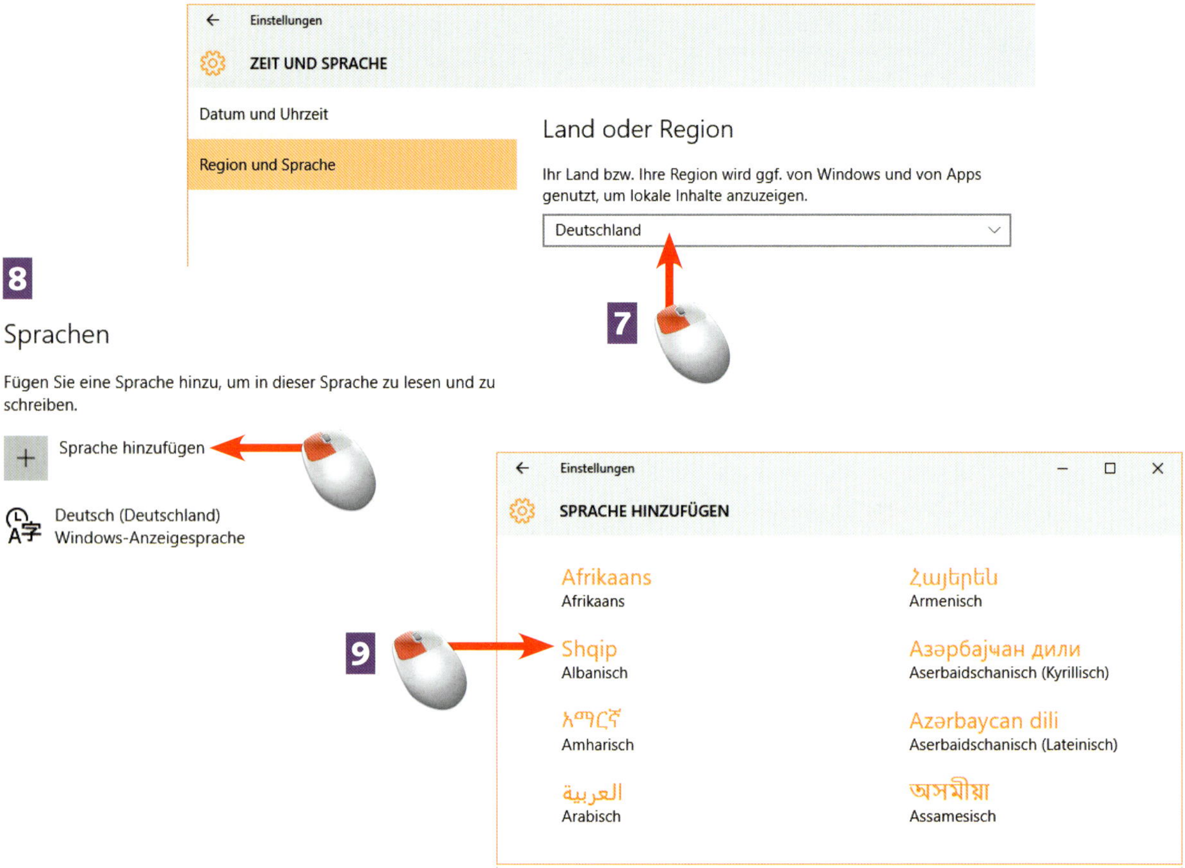

7 Wählen Sie unter *Region und Sprache* das Land, dessen Regionaleinstellungen für Windows und für Apps maßgeblich sind.

8 Unter *Sprachen* finden Sie eine große Auswahl zusätzlicher Sprachen. Installieren Sie weitere Windows-Sprachen mit *Sprache hinzufügen*.

9 Markieren Sie die gewünschte Sprache, ...

Die regionalen Einstellungen (Land, Sprache) werden schon bei der Installation von Windows 10 aus dem System übernommen und abgefragt. Hier können Sie sie bei Bedarf ändern und weitere Sprachen hinzufügen. Und damit die Sprachassistentin Cortana Sie versteht, trainieren Sie mit ihr Ihre Sprache und richten das Mikrofon ein.

WISSEN

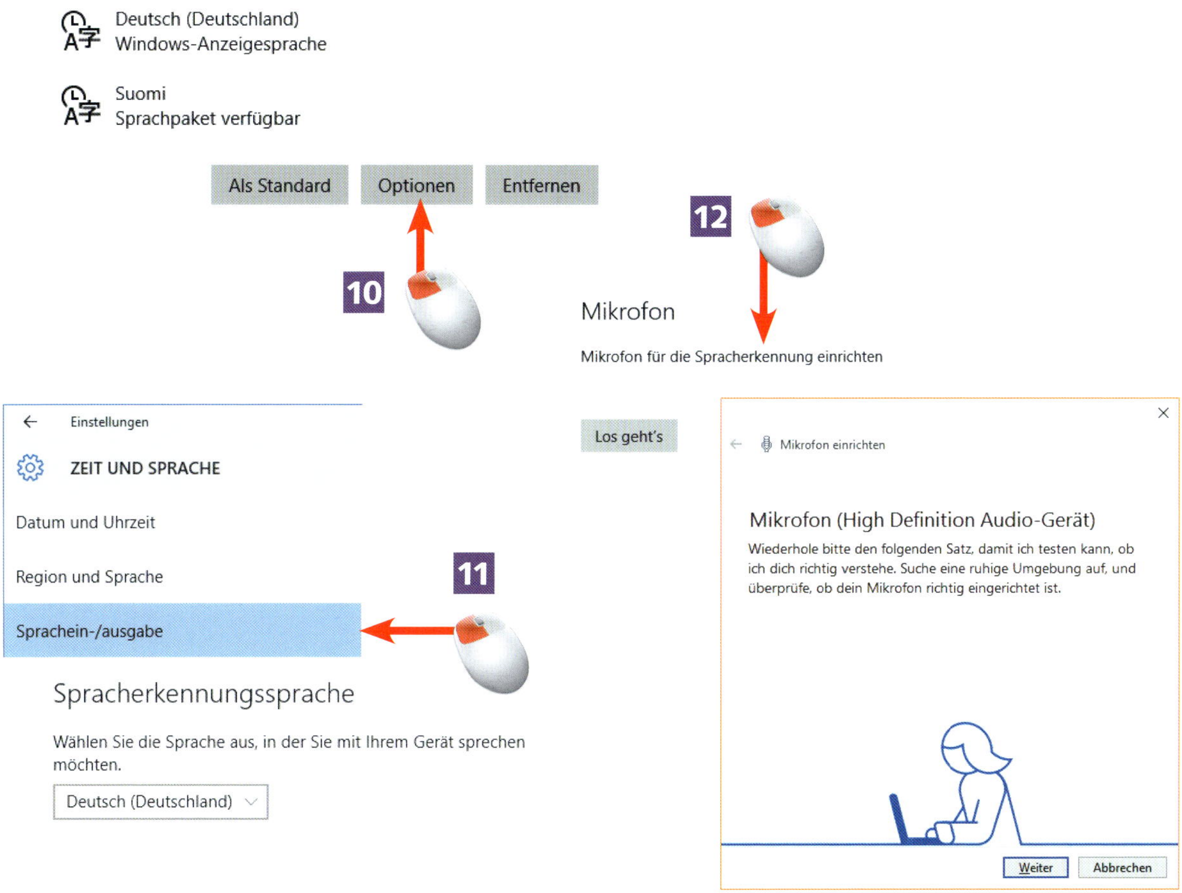

10 ... und installieren Sie unter *Optionen* das Sprachpaket, falls es verfügbar ist.

11 Wählen Sie *Sprachein-/ausgabe*, um die Sprache und die Stimme der Spracherkennungssoftware zu bestimmen.

12 Richten Sie für Cortana, die Sprachassistentin, das Mikrofon ein. Dazu wird ein kleines Sprachtraining gestartet.

Ende

Cortana starten Sie per Klick auf *Web und Windows durchsuchen* in der Taskleiste. Vor dem ersten Kontakt müssen Sie die Sprachassistentin in einigen wenigen Schritten einrichten.

HINWEIS

Windows-Apps und -Programme

3

Start

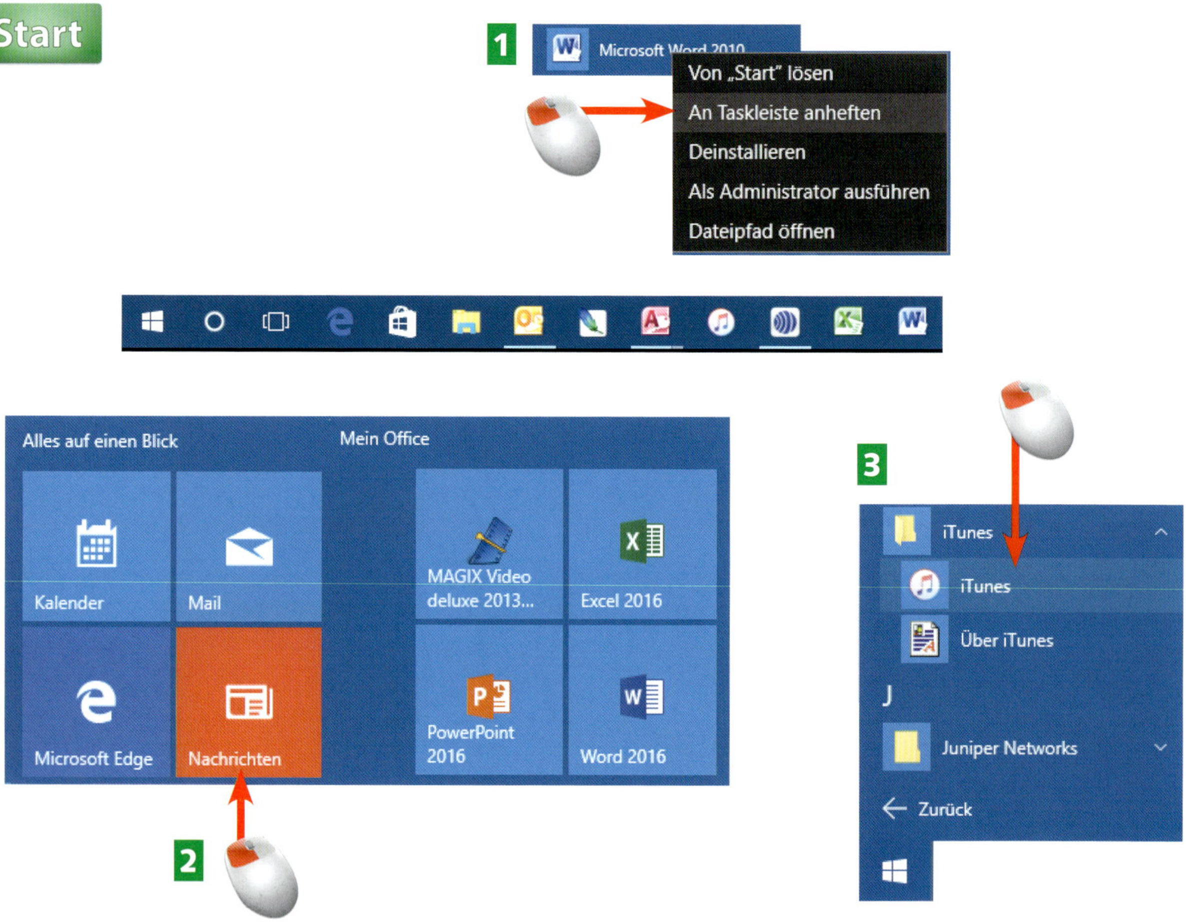

1 Am schnellsten starten Sie Apps über die Symbole in der Taskleiste. Holen Sie so viele wie möglich in die Taskleiste.

2 Die Kacheln im Startmenü bieten ebenfalls einen Programmstart mit einem Klick.

3 Zum Start einer App aus dem Startmenü müssen Sie meistens schon blättern, aber auch dann genügt ein Klick.

Unter Windows 10 heißen alle Programme Apps, auch diejenigen, die nachträglich installiert sind. Um Apps zu starten, bietet das Betriebssystem mindestens vier Varianten.

WISSEN

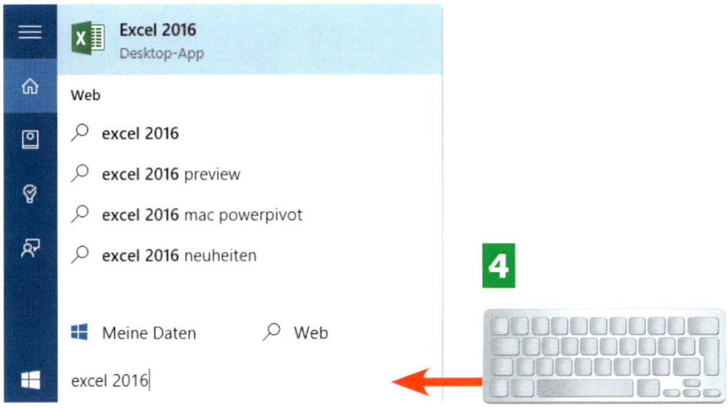

5

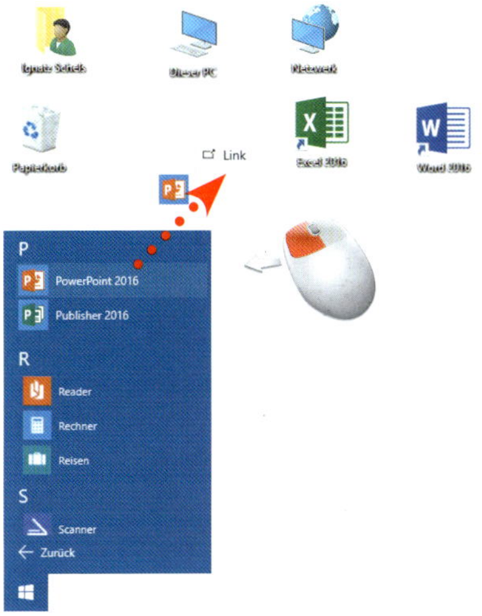

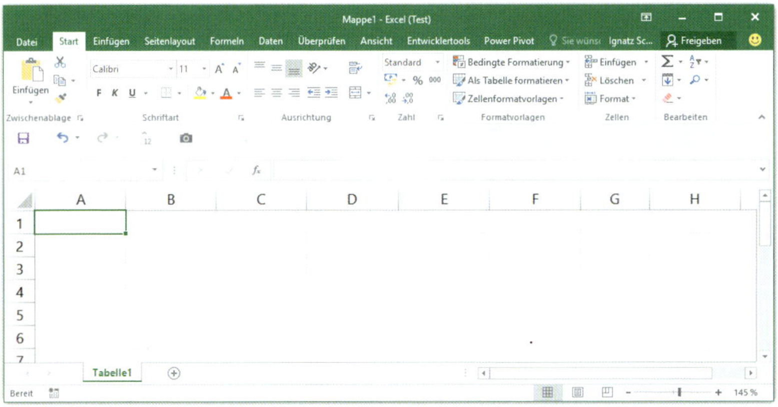

6

4 Bevor Sie lange suchen: Lassen Sie Cortana nach der App suchen. Geben Sie einen Teil des Namens ein und starten Sie das Suchergebnis.

5 Starten Sie Apps lieber über Desktop-Symbole, ziehen Sie Links aus dem Startmenü auf den Desktop.

6 Die App ist gestartet, die Taskleiste zeigt den Status (aktiv) über eine kleine Farbleiste an.

Ende

Sollte eine App einmal »abstürzen«, drücken Sie Strg+Alt+Entf und aktivieren den Task-Manager. Hier können Sie nicht mehr aktive Prozesse beenden. Aber Achtung – die Daten sind verloren!

HINWEIS

Mit Alt+⇆ sehen Sie, was alles offen ist. Schließen Sie Apps, die Sie nicht brauchen, das entlastet das System.

TIPP

Start

1

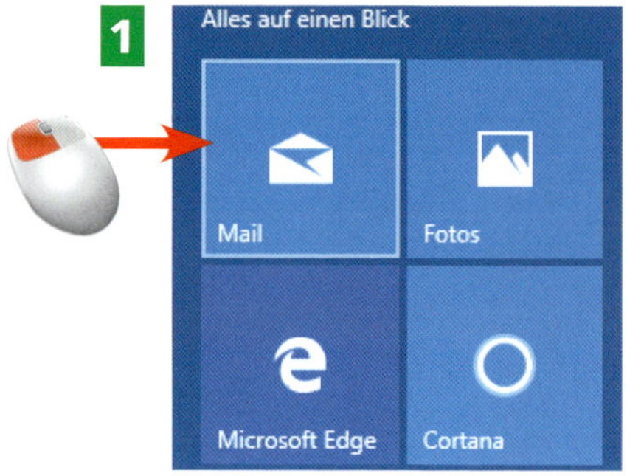

2

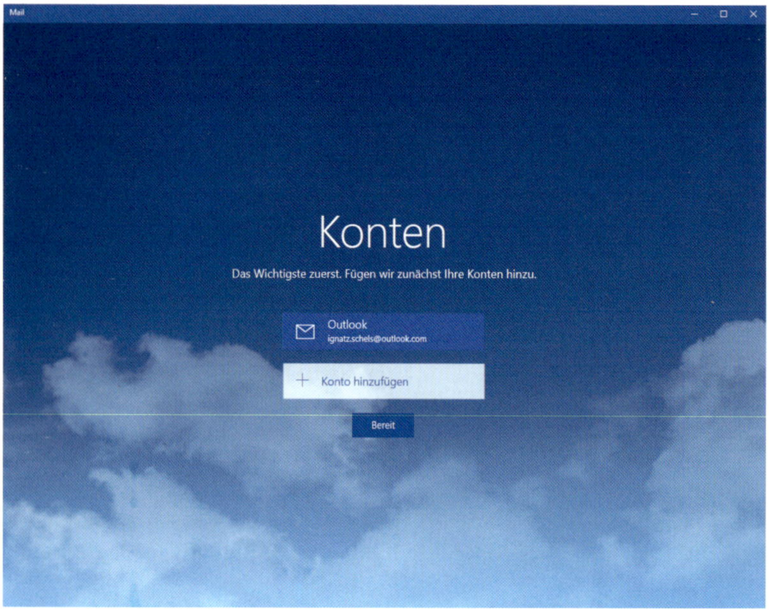

3

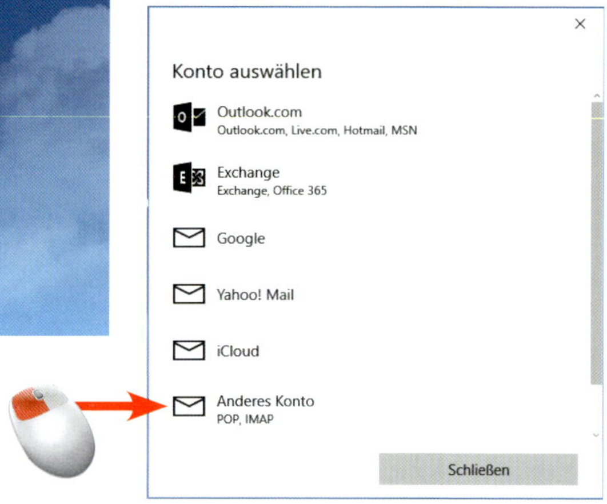

1 Starten Sie die Mail-App aus dem Startbildschirm.

2 Fügen Sie Ihre Mailkonten hinzu, klicken Sie auf das Plussymbol *Konto hinzufügen*.

3 Wählen Sie den Kontotyp und geben Sie im nächsten Schritt Ihre Kontodaten ein.

Die Anzeige der Mails auf dem Sperrbildschirm regeln Sie in den *Einstellungen* unter *Anpassen*.

Mit der Mail-App können Sie auch Mails aus anderen Mailkonten abholen, zum Beispiel von Gmail oder Exchange. Verbinden Sie einfach das externe Konto mit Ihrem Microsoft-Konto.

WISSEN

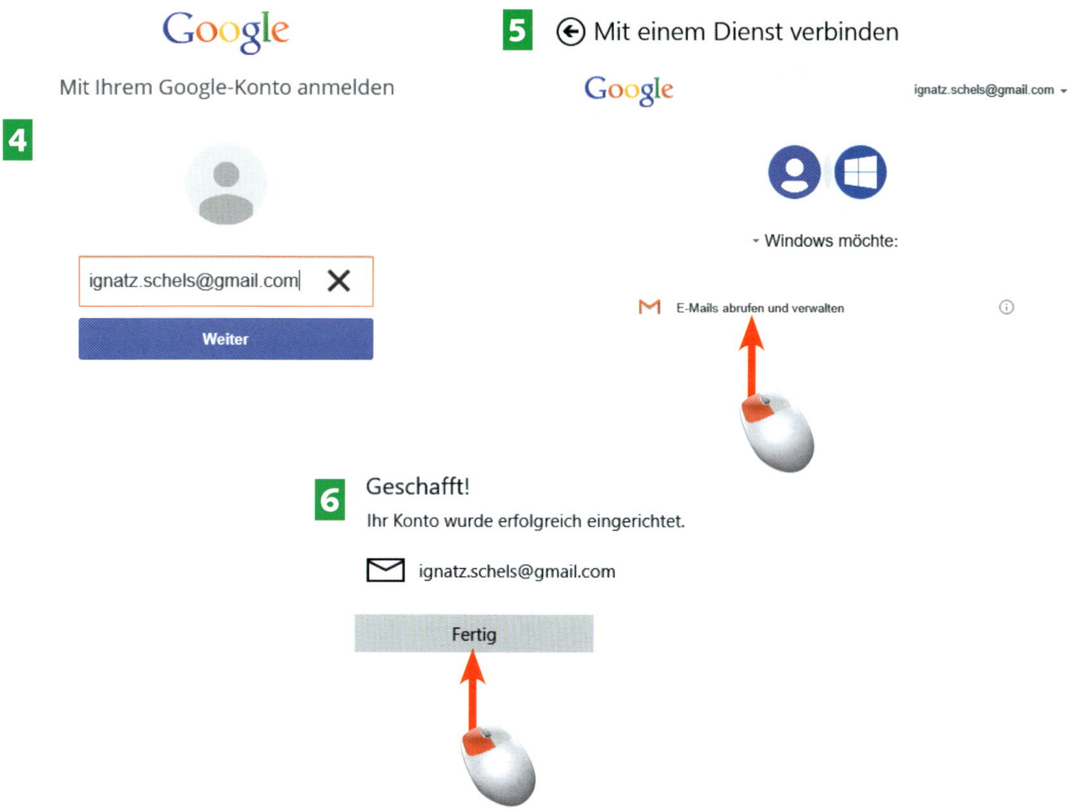

4 Holen Sie alle Ihre Konten in die App.

5 Bestätigen Sie die Frage, ob Windows sich mit dem Dienst verbinden darf, damit die Mail-App Ihre Mails abholen kann.

6 Bestätigen Sie mit *Fertig*, wenn alle Mailkonten eingerichtet sind.

Aus dem Google-Konto überträgt die Mail-App auch benutzerdefinierte Ordner und Kontakte.

TIPP

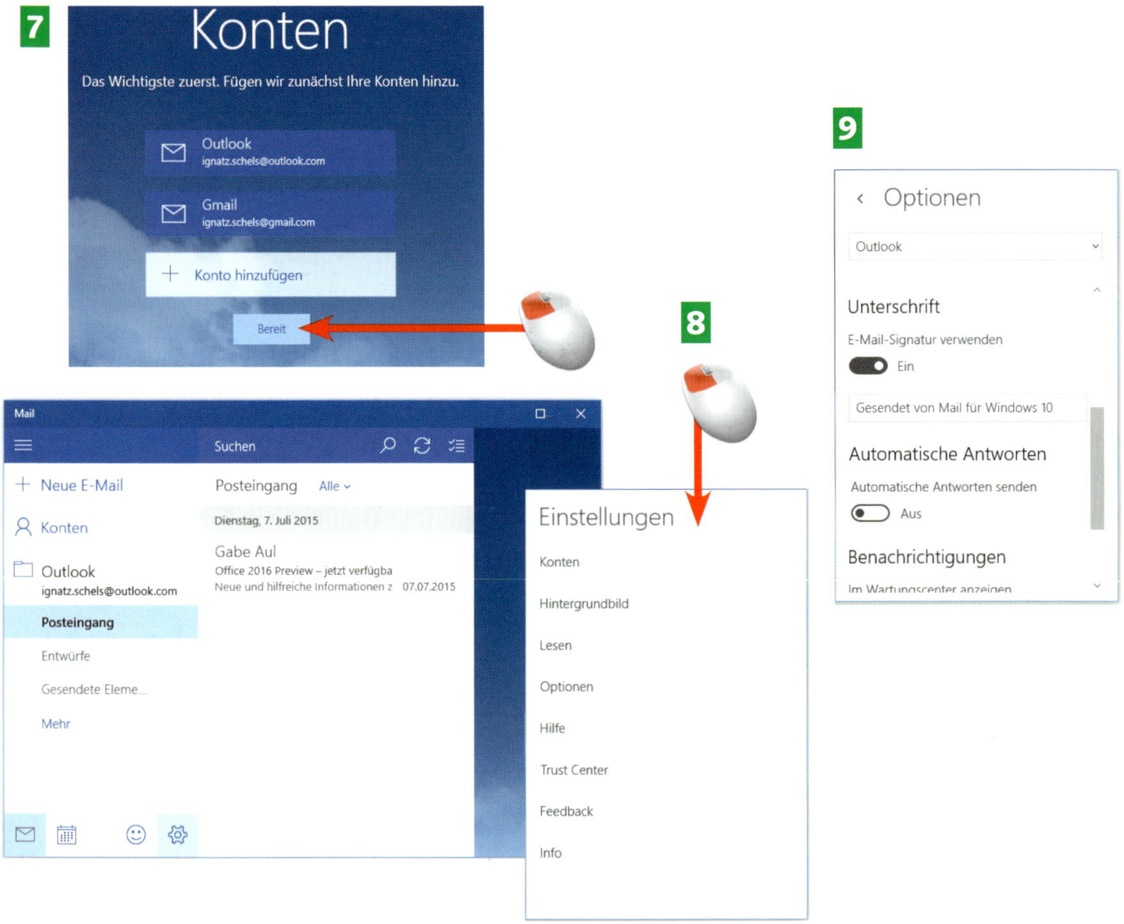

7 Klicken Sie auf *Bereit*, um Microsoft Mail zu starten.

8 In den *Einstellungen* können Sie die Konten überprüfen, neue Konten hinzufügen und das Hintergrundbild ändern.

9 Unter *Optionen* finden Sie die automatische Signatur, einen Auto-Responder und die Benachrichtigungsoption für das Info-Center.

Die elektronische Post erledigen Sie mit der App *Mail*. Schreiben Sie Mails, beantworten Sie eingehende Mails oder speichern Sie Mails als Entwürfe ab.

WISSEN

10

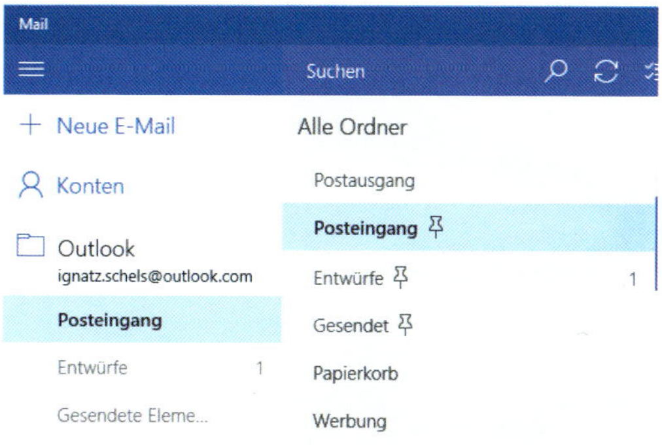

11

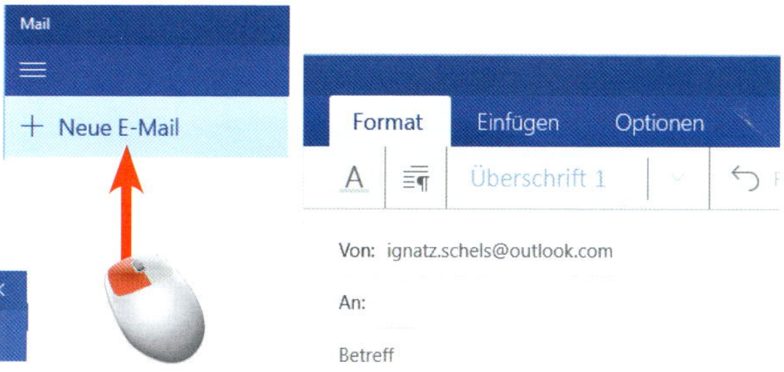

12

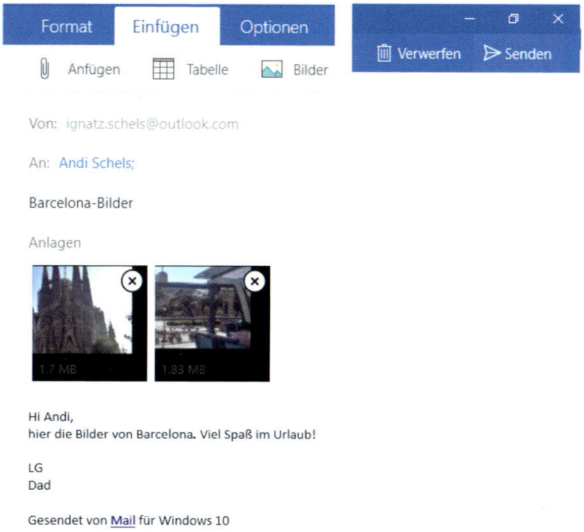

10 Empfangene Mails landen im Posteingang, gesendete Mails werden ebenso gespeichert wie gelöschte.

11 Klicken Sie auf *Neue E-Mail*, geben Sie unter *An* den Empfänger an, tragen Sie den *Betreff* und den Mailtext ein.

12 Unter *Einfügen* können Sie Dateien, Bilder, Tabellen oder Links einfügen. Klicken Sie zum Abschluss auf *Senden*.

Ende

Klicken oder tippen Sie auf das Pluszeichen neben *An* oder *Cc*, können Sie den Empfänger aus den Kontakten abholen. Mehrere Empfänger trennen Sie mit einem Semikolon (;).

HINWEIS

Cc ist die Abkürzung für **C**arbon **C**opy – hier können Sie weitere Empfänger der Nachricht eintragen.

FACHWORT

Neue Nachrichten bleiben so lange im Postausgang, bis sie vom Server gesendet wurden.

HINWEIS

Start

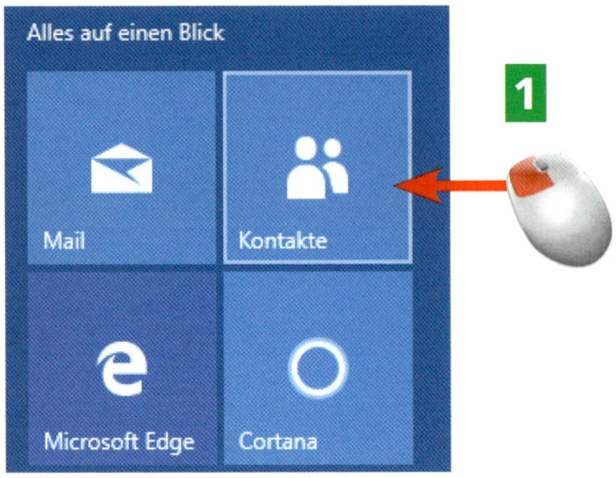

1

2 KONTAKTE +

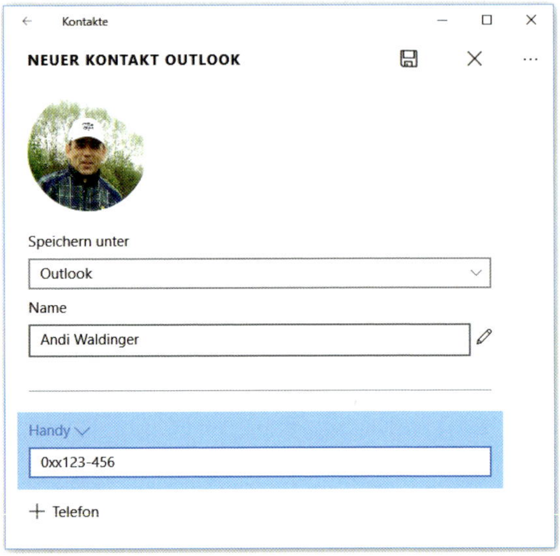

3

+

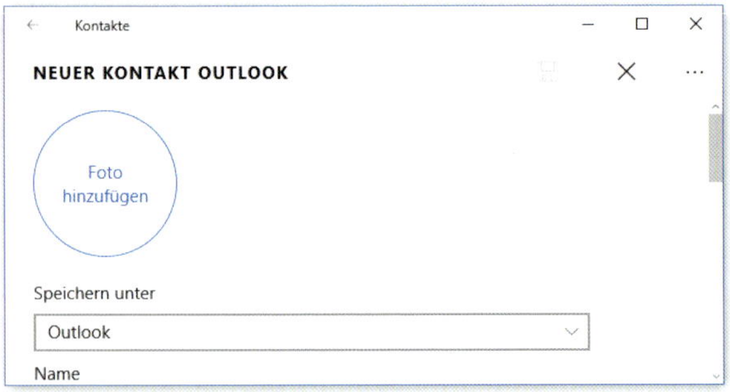

1 Klicken Sie im Startbildschirm auf die App *Kontakte*.

2 Ihre Kontakte werden angezeigt, blättern Sie nach unten und markieren Sie einen Kontakt.

3 Klicken Sie auf das Pluszeichen, um einen neuen Kontakt anzulegen. Holen Sie ein Foto aus Ihrer Fotosammlung und geben Sie die Kontaktdaten ein.

Die App *Kontakte* speichert Ihre persönlichen Kontakte. Sie können neue Kontakte anlegen, alle Kontakte verwalten und Kontakte aufrufen, um diesen Mails zu schreiben oder Einladungen zu Terminen zu senden.

WISSEN

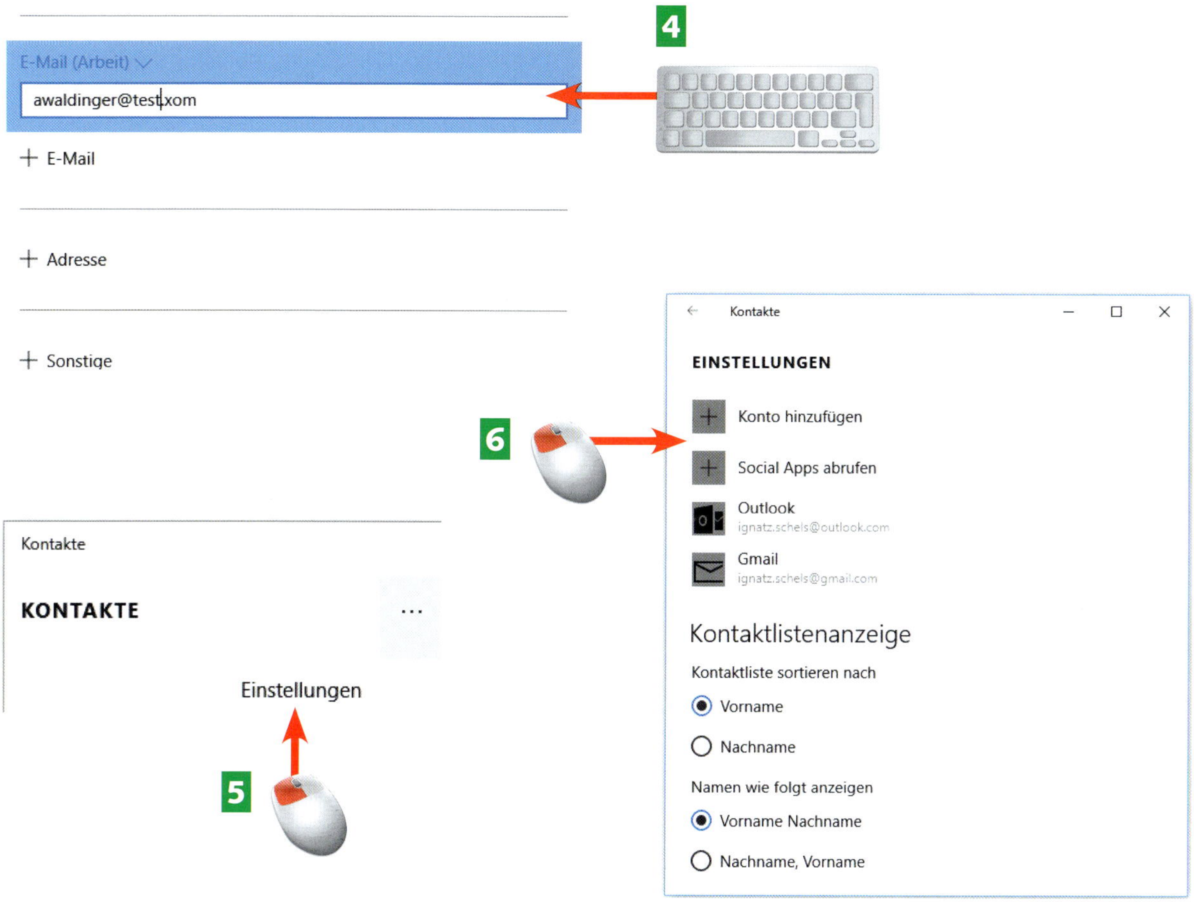

4 Tragen Sie auch die Telefonnummer, E-Mail-Adresse und die Postadresse des neuen Kontaktes ein. Speichern Sie die Angaben mit einem Klick auf das Diskettensymbol.

5 Klicken Sie auf das Symbol *Weitere Infos* und wählen Sie *Einstellungen*.

6 Hier können Sie Anzeigeoptionen für Ihre Kontaktliste einrichten, neue Konten hinzufügen oder Verbindungen mit Facebook und Co. aufnehmen.

Ende

Die App *Kontakte* zeigt automatisch alle Kontakte aus Konten, die Sie der Mail-App hinzugefügt haben. Bearbeiten Sie die Kontakte in diesen Konten (z. B. Gmail).

HINWEIS

Nutzen Sie das Suchfenster rechts oben, wenn Sie gezielt nach einem Kontakt suchen möchten.

TIPP

Start

1

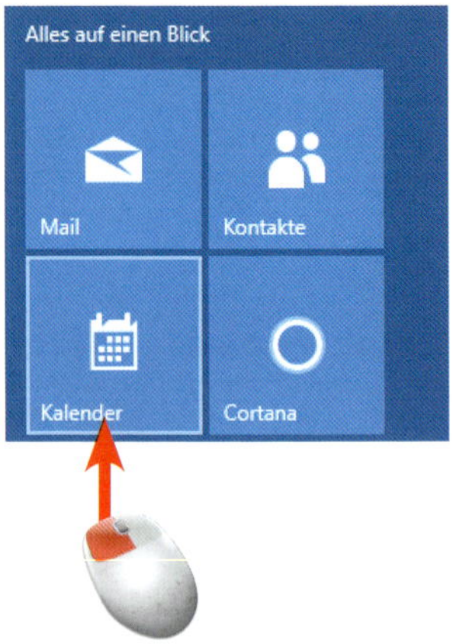

2

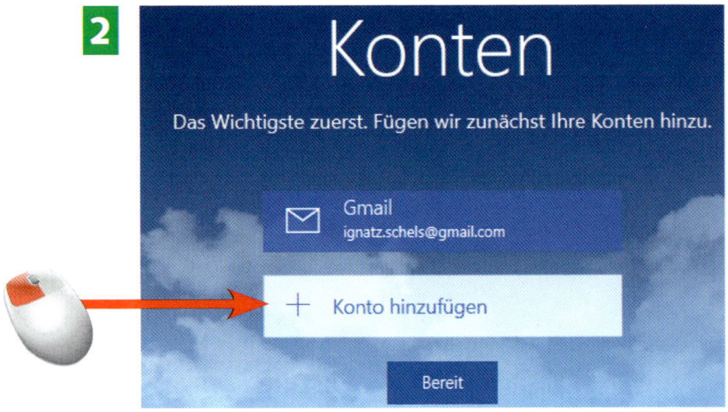

3

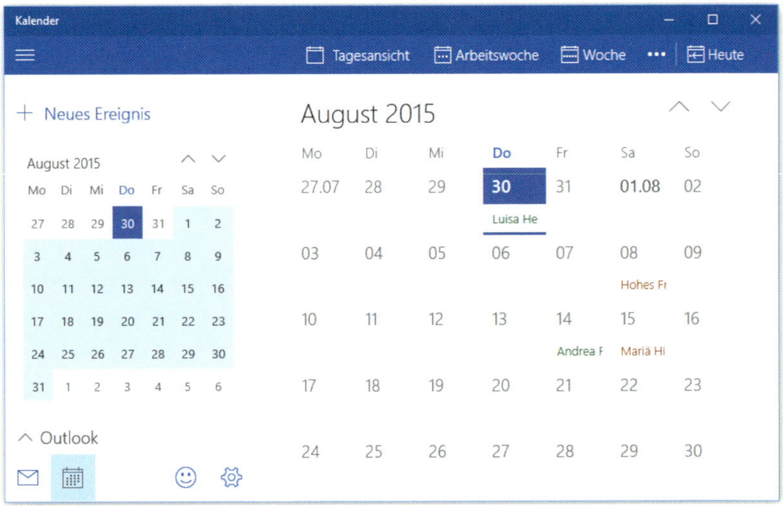

1 Klicken Sie im Startbildschirm auf die App *Kalender*.

2 Fügen Sie alle Konten hinzu, die Sie mit dem Kalender verknüpfen möchten.

3 Der Kalender startet in der Monatsansicht. Blättern Sie mit dem Mausrad durch die Monate.

Ein Terminkalender darf im Apps-Angebot nicht fehlen. Der Windows-10-Kalender speichert Termine, verschickt Einladungen sowie Erinnerungen und lässt sich bequem mit Onlinekalendern verknüpfen.

WISSEN

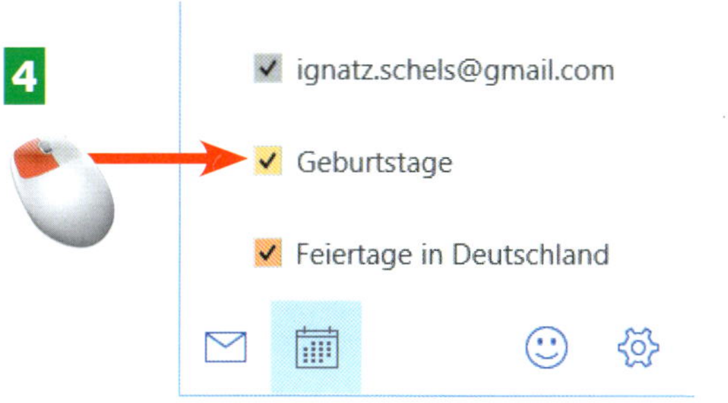

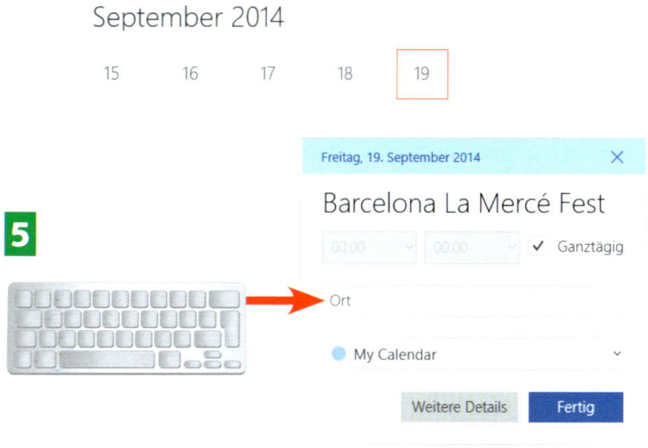

4 Kreuzen Sie an, was Sie im Kalender sehen wollen. Er kennt neben Mailadressen auch die Geburtstage Ihrer Kontakte sowie die Feiertage.

5 Um einen Termin anzulegen oder zu ändern, klicken Sie in das Datumsfeld und tragen die Termindaten ein.

6 Legen Sie in den *Details* fest, wie lange der Termin dauert, und laden Sie Personen aus Ihren Kontakten ein.

Ende

TIPP

Wenn Sie in der Wochenansicht einen Termin eintragen, können Sie diesen durch Ziehen der weißen Punkte tageweise erweitern.

TIPP

Nützliche Tastenkombinationen:
Mail suchen: Strg+1
Neuer Termin: Strg+N

HINWEIS

In den *Einstellungen* können Sie auch weitere Konten hinzufügen.

Start

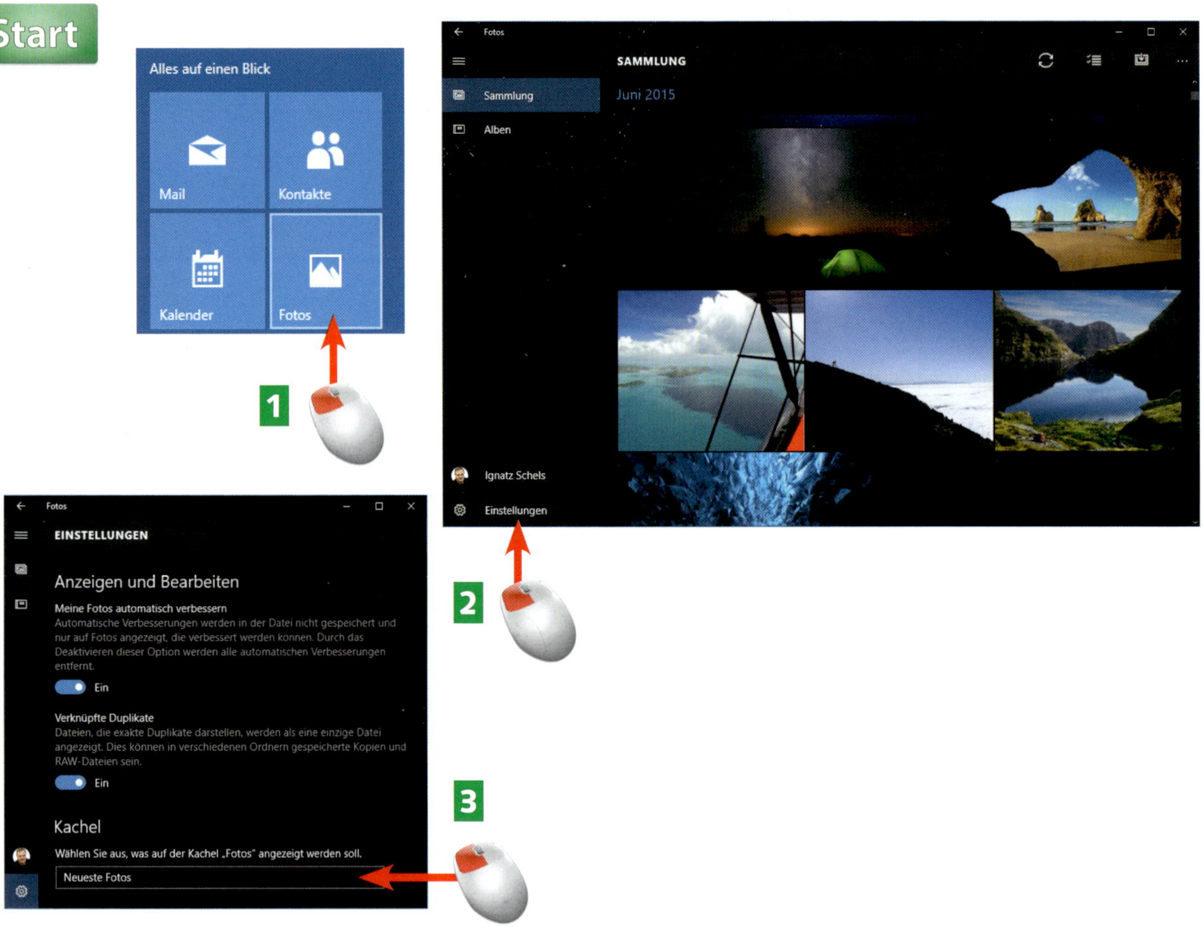

1 Klicken Sie im Startbildschirm auf die Kachel für die App *Fotos*.

2 Die Fotos aus Ihren Bilderordnern sind in Sammlungen und Alben geordnet, klicken Sie auf *Einstellungen*.

3 Schalten Sie die automatische Verbesserung ein und bestimmen Sie, was auf der Live Kachel angezeigt wird.

Verwalten Sie Ihre schönsten Aufnahmen mit der App *Fotos*. Sehen Sie sich auf dem PC oder Tablet gespeicherte Fotos an und organisieren Sie eine Diashow. Mit den Bearbeitungswerkzeugen verbessern Sie die Qualität Ihrer Fotos.

WISSEN

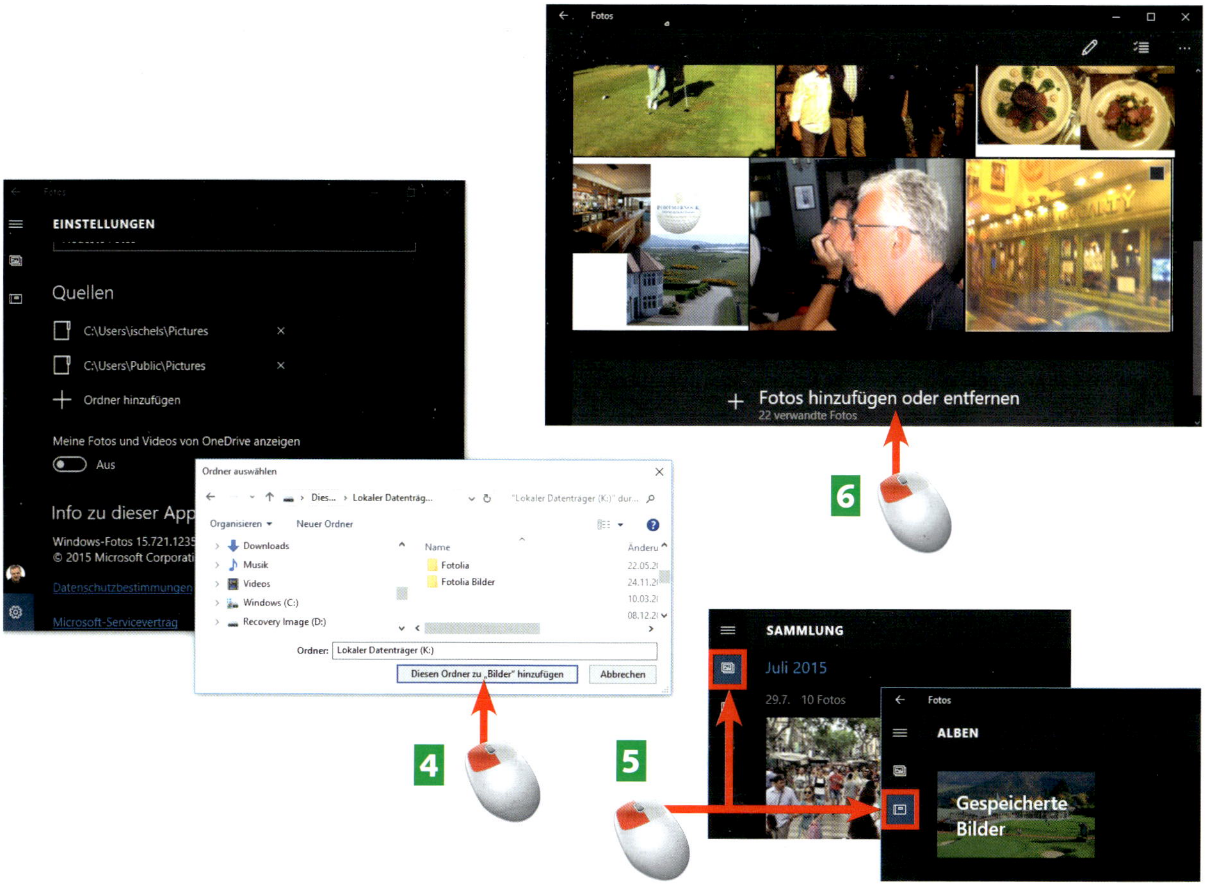

4 Fügen Sie unter *Quellen* weitere Bildordner hinzu oder entfernen Sie Ordner, von denen Sie keine Fotos sehen wollen.

5 Mit den Symbolen am Rand schalten Sie zwischen Alben und Sammlungen um.

6 Aktivieren Sie ein Album, ändern Sie den Titel, fügen Sie weitere Fotos hinzu oder löschen Sie Fotos aus dem Album.

Um die Fotos zu betrachten, öffnen Sie ein Foto und drehen am Mausrad oder wischen nach rechts oder links. Für eine Diashow müssen mehrere Fotos markiert sein.

HINWEIS

Die Sammlungen sind nach dem Monat des Erstelldatums zusammengestellt. Klicken Sie auf einen Monat, sehen Sie alle Monate und Jahre.

TIPP

7

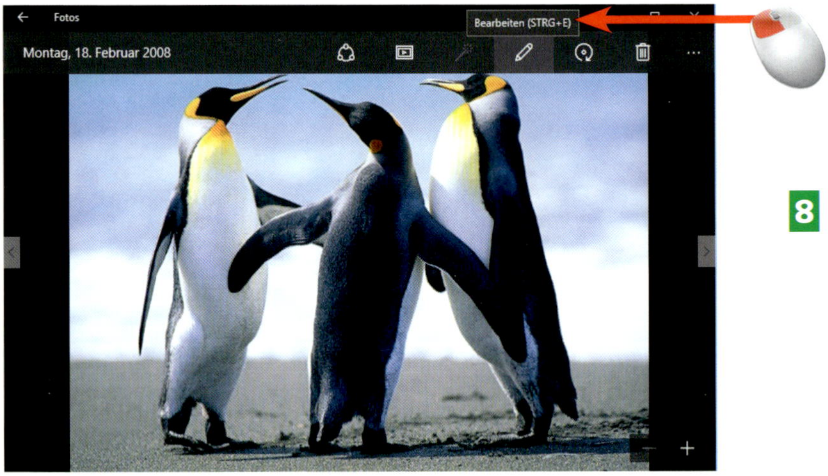

8

9

7 Klicken Sie ein Foto für die Anzeige an und wählen Sie *Bearbeiten*.

8 Unter *Allgemeine Korrekturen* verbessern Sie die Qualität, entfernen rote Augen oder schneiden das Foto zu.

9 Für eine andere Bildqualität ändern Sie den Filter, passen die Helligkeit an oder ändern die Farbgebung.

Die Fotos-App hat professionelle Werkzeuge für die Bearbeitung von Fotos. Vom Schärfefilter bis zur Rote-Augen-Korrektur wird alles geboten.

WISSEN

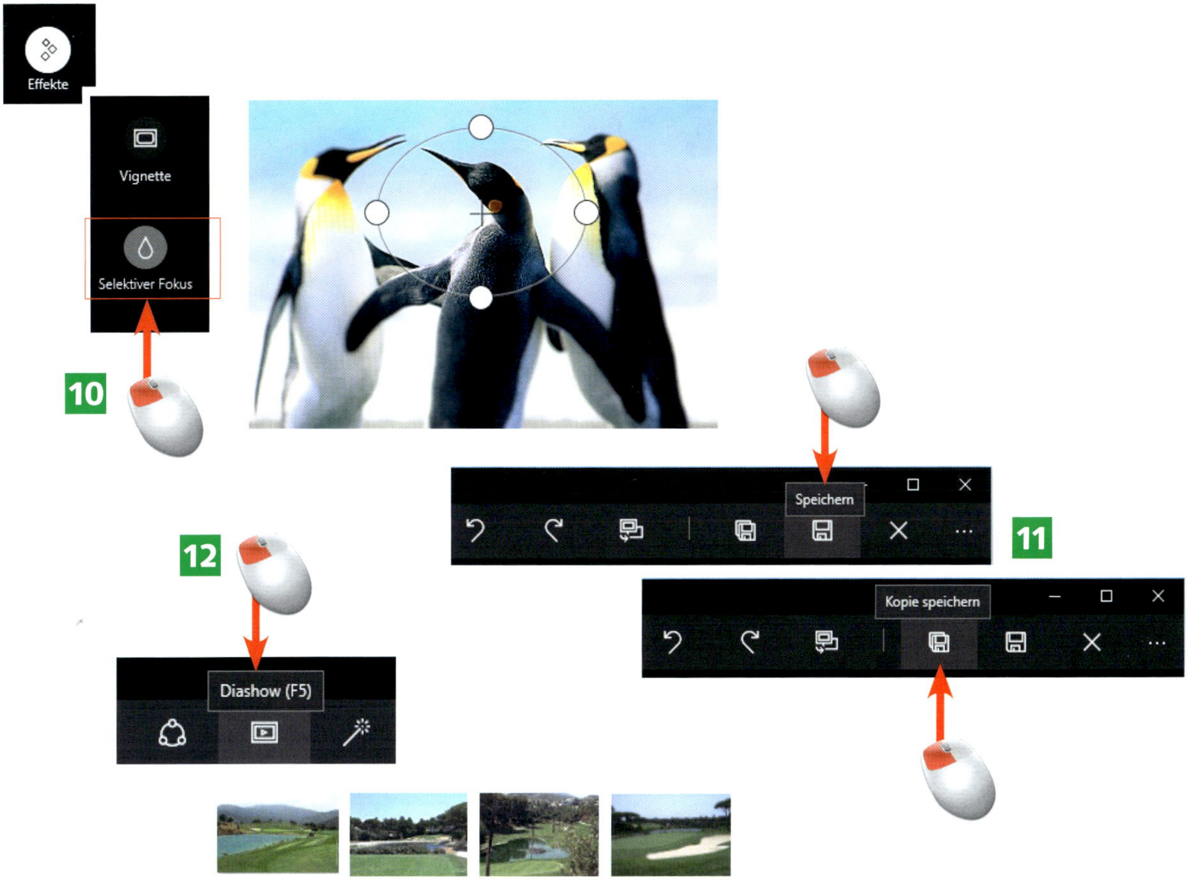

10 Verändern Sie das Foto mit Effekten wie *Vignette* oder *Selektiver Fokus* (Bild unscharf, scharfer Ausschnitt).

11 Das bearbeitete Bild speichern Sie im Original oder als Kopie ab.

12 Starten Sie eine Diashow mit den Fotos des markierten Albums.

Ende

HINWEIS

Zoomen Sie im Bild mit Strg und dem Mausrad, um die Efekte besser zu sehen.

TIPP

Mit dem Symbol *Vergleichen* überprüfen Sie, wie die Änderung im Vergleich zum Original aussieht. Halten Sie die Maustaste gedrückt.

Start

1

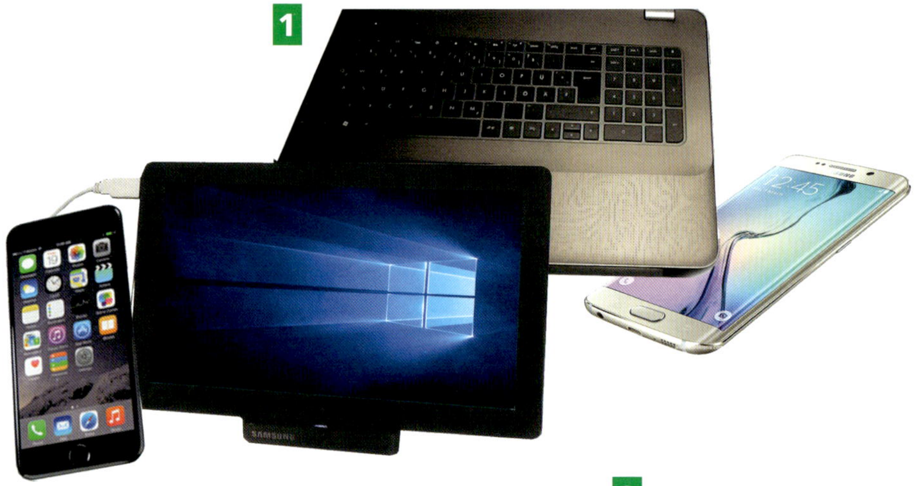

3

2

1 Schließen Sie die Kamera oder das Smartphone über USB an Ihren Computer oder das Tablet an.

2 Windows identifiziert das Gerät, Sie können den Import der Daten sofort starten.

3 Alternativ dazu starten Sie die Fotos-App aus dem Startbildschirm ...

Fotos importieren Sie einfach über die USB-Schnittstelle: Stecken Sie Ihre Kamera oder das Smartphone an, Windows 10 übernimmt den Rest.

WISSEN

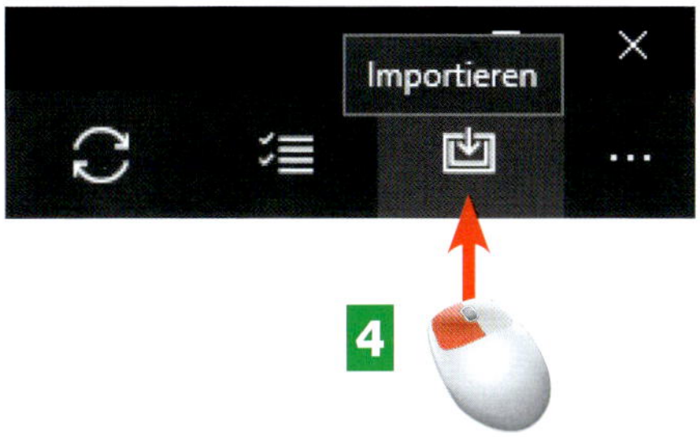

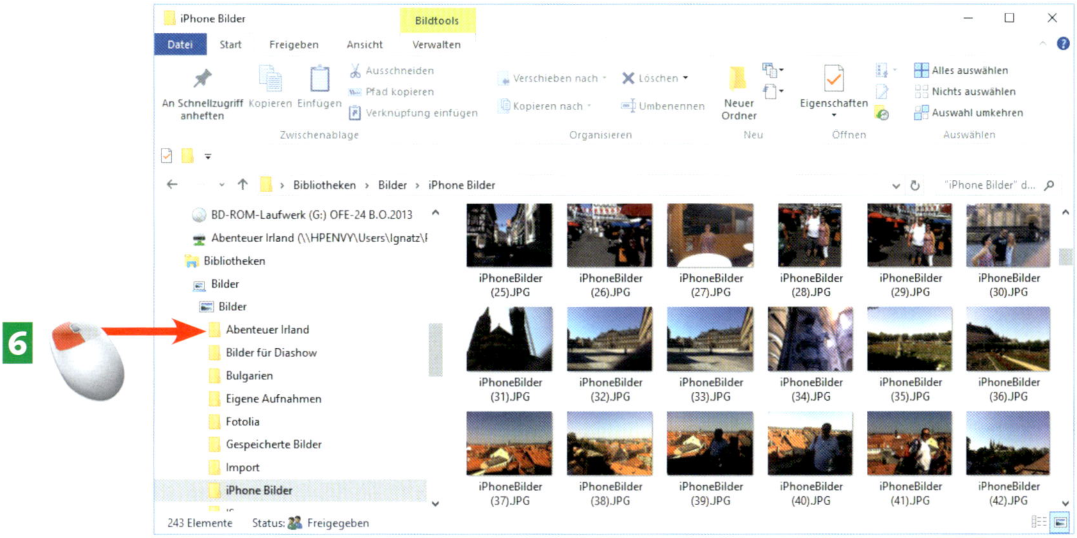

4 ... und klicken in der Befehlsleiste auf *Importieren*.

5 Die Fotos und Videos werden gezählt, klicken Sie auf *Importieren*.

6 Mit dem Windows-Explorer organisieren Sie Ihre Fotos. Legen Sie neue Ordner unter dem Bilderordner an.

Ende

Sind mehrere importfähige Geräte angeschlossen, schlägt Windows vor dem Import vor, ein Gerät auszuwählen.

HINWEIS

Einmal importierte Fotos werden kein zweites Mal importiert.

HINWEIS

Start

1

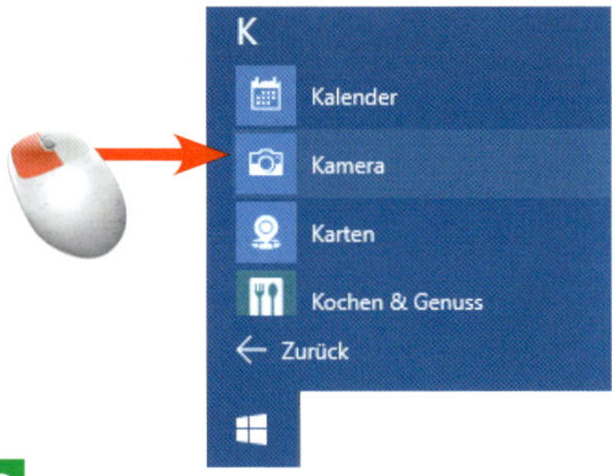

2

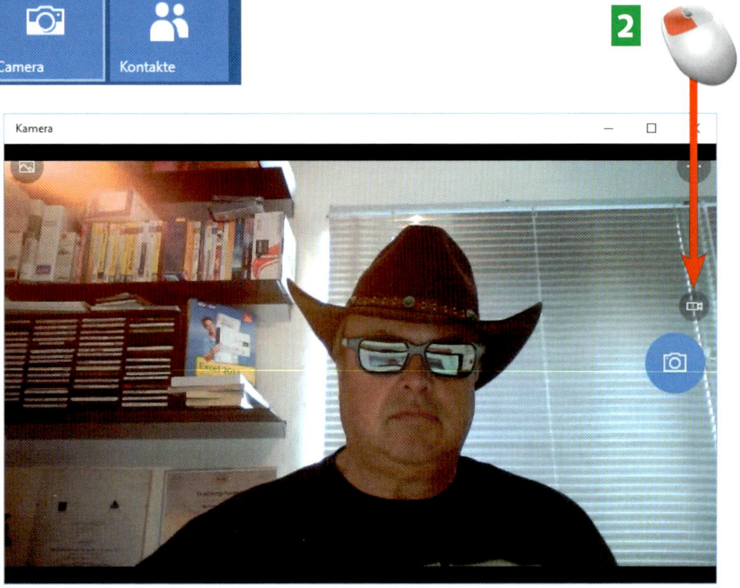

3

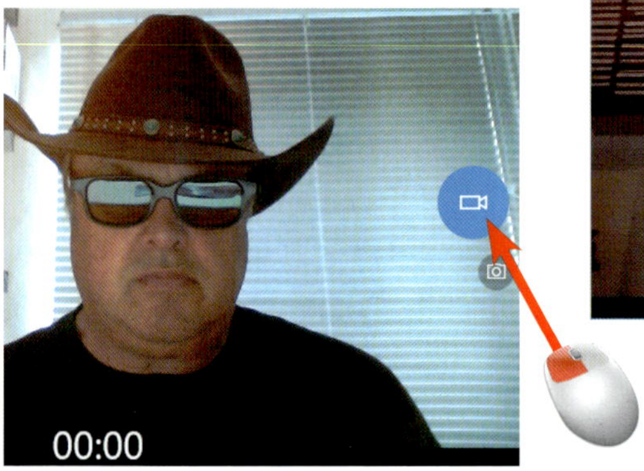

1 Klicken Sie im Startbildschirm auf die App *Kamera*.

2 Die Kamera wird sofort aktiv. Mit dem Kamerasymbol schießen Sie Standfotos. Schalten Sie um auf den Camcorder, ...

3 ... und starten Sie die Videoaufzeichnung. Der Zähler läuft mit, mit einem weiteren Klick wird die Aufzeichnung gestoppt und das Video gespeichert.

Für die Webcam Ihres Notebooks oder Tablets stellt Windows 10 die Kamera-App zur Verfügung. Ein Klick auf die App-Kachel, und Sie können sofort per Mausklick oder Fingertipps Fotos machen und Videos aufnehmen.

WISSEN

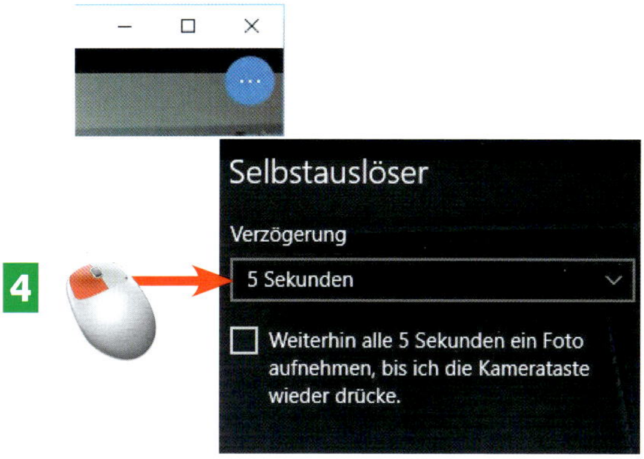

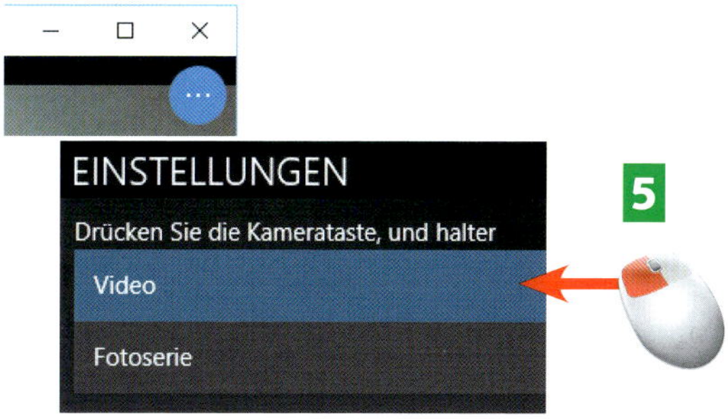

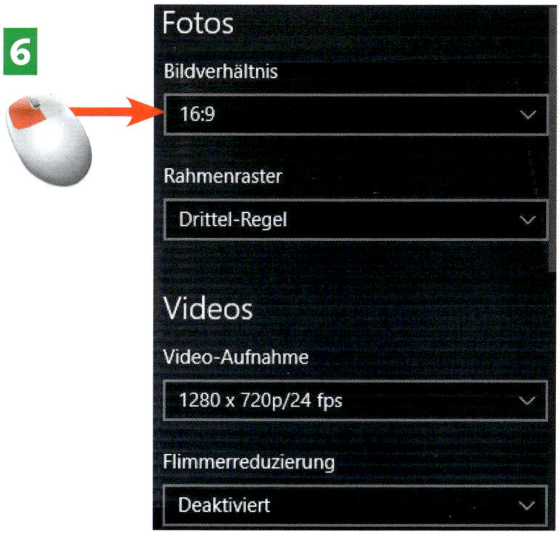

4 Unter *Einstellungen* finden Sie einen Selbstauslöser. Geben Sie die Verzögerungssequenz ein.

5 Bestimmen Sie die Aktion für das Drücken und Halten der Kamerataste.

6 Richten Sie hier das Bildverhältnis für Fotos und die Videoauflösung ein. Die Flimmerreduzierung lässt sich auf 50 Hz oder 60 Hz einstellen.

Ende

Aufnahmen mit der Kamera werden sofort als Dateien unter *Bilder/Eigene Aufnahmen* gespeichert. Bilder bekommen das JPEG-Format, Videos werden im MP4-Format gespeichert.

HINWEIS

Mit dem Fotos-App-Symbol links oben können Sie die Aufnahme sofort abspielen bzw. wiedergeben.

TIPP

Tippen Sie auf dem Tablet auf *Kamera ändern*, um das Objektiv auf die andere Seite zu drehen.

TIPP

Start

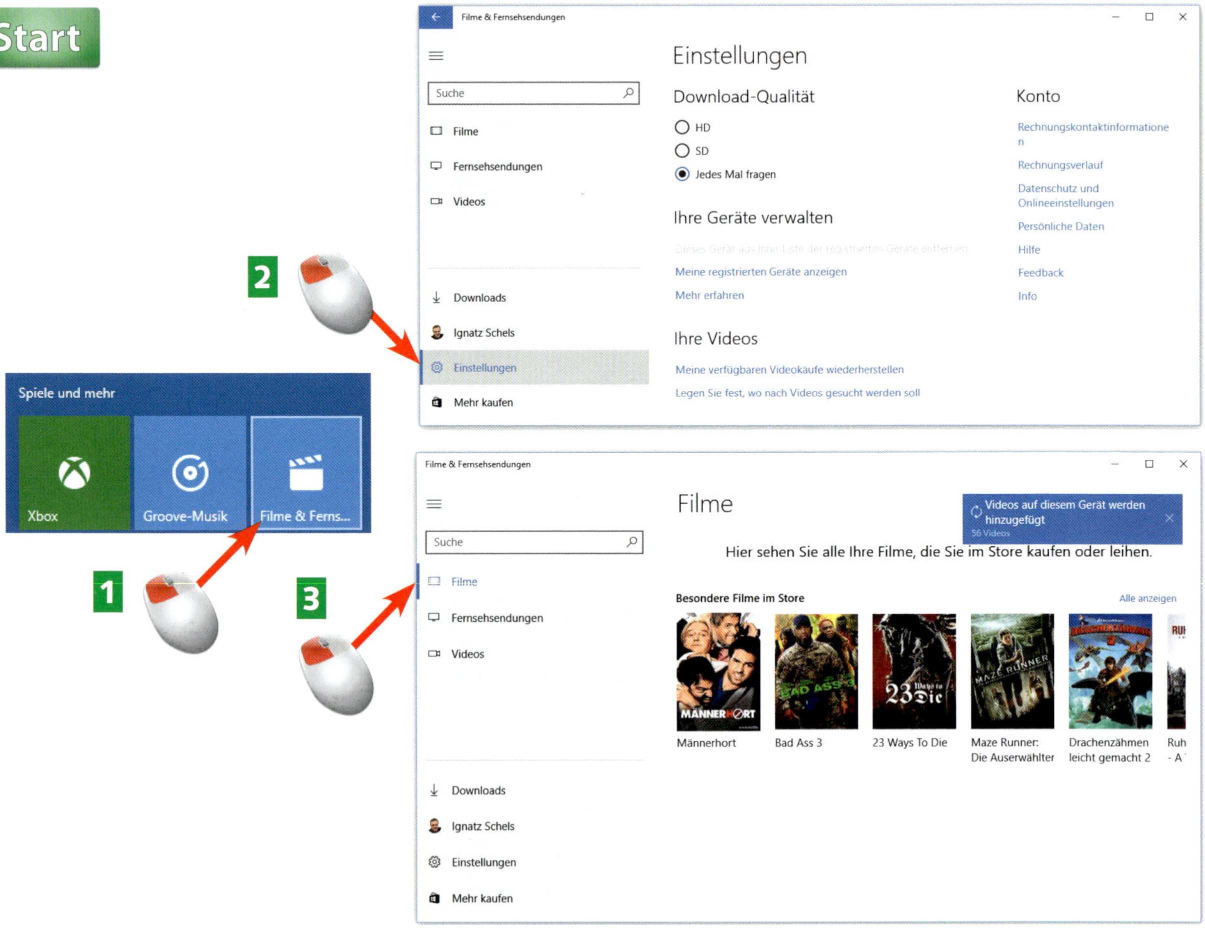

1 Klicken Sie im Startbildschirm auf die App *Filme & Fernsehsendungen*.

2 Schalten Sie um auf die *Einstellungen* und überprüfen Sie Ihr Konto, die Einkäufe sowie die *Download-Qualität*.

3 Unter *Filme & Fernsehsendungen* werden alle Angebote aus dem Store angezeigt.

Die Video-App bietet Videos und Fernsehsendungen aus dem Store an, kann aber auch gespeicherte Videodateien wiedergeben.

WISSEN

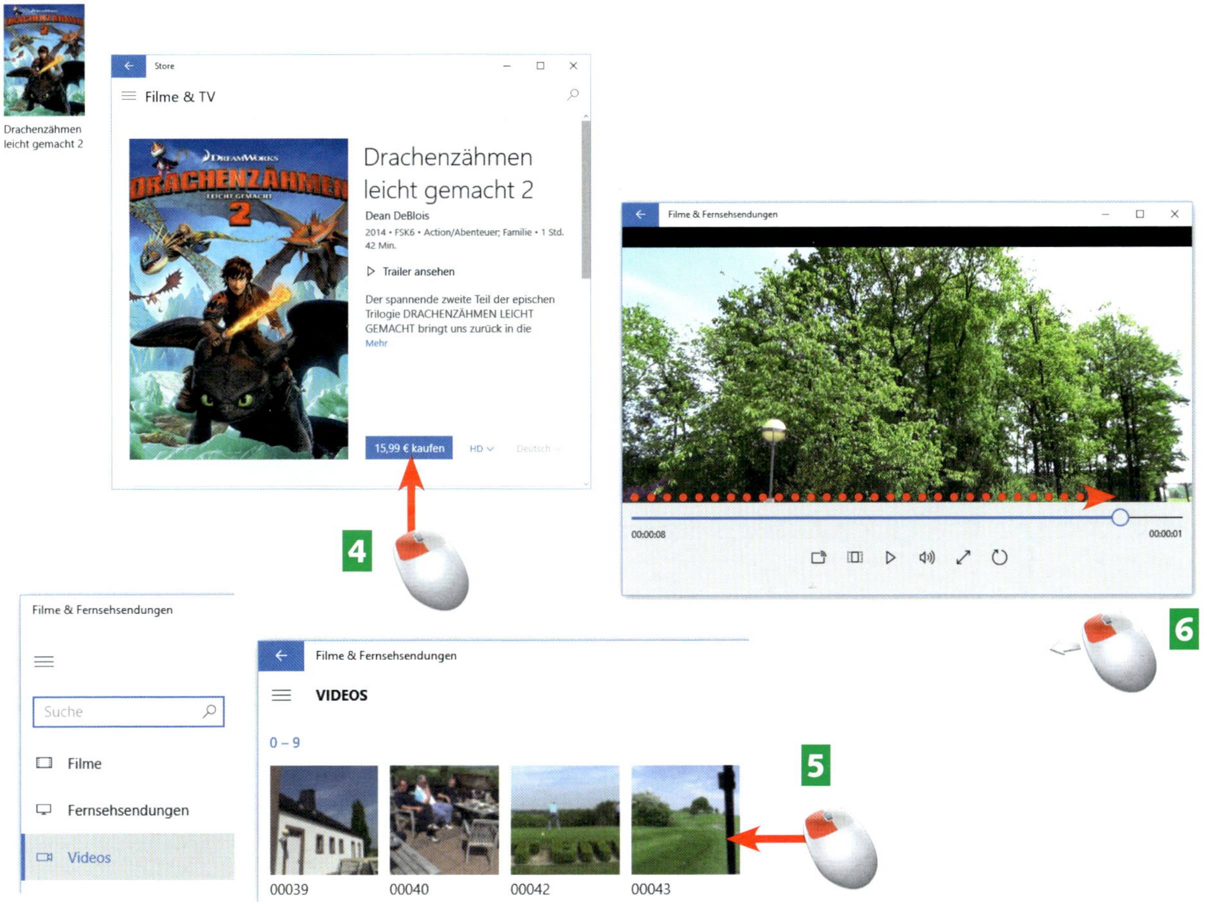

4 Ein Klick auf das Video, und es steht zum Kauf bereit.

5 Ihre Videos aus der Videobibliothek stehen unter *Videos* zur Verfügung. Klicken Sie ein Video an, um es abzuspielen.

6 Die Wiedergabe steuern Sie über die Symbole am unteren Fensterrand. Ziehen Sie den Videoregler mit gedrückter Maustaste.

Ende

Mit dieser Video-App lassen sich Videos auch mit einer angeschlossenen Xbox abspielen.

HINWEIS

Um diese App standardmäßig zum Abspielen von Videos zu verwenden, öffnen Sie *Einstellungen/System* und wählen *Standard-Apps*.

TIPP

Bezahlt wird mit Microsoft Points, die über das persönliche Konto gekauft werden. Sie müssen dazu aber Ihre Kreditkarteninformationen angeben.

HINWEIS

Start

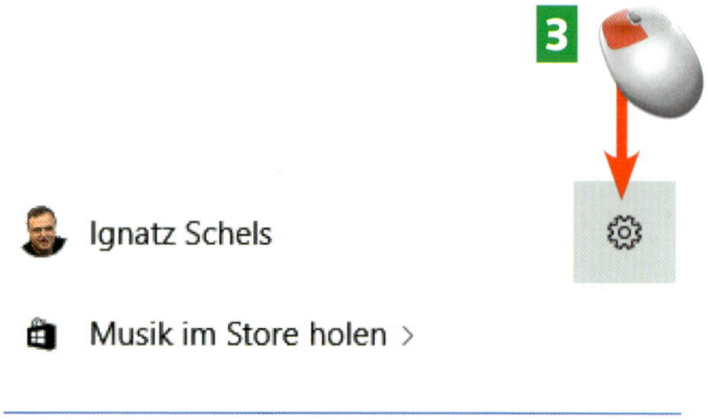

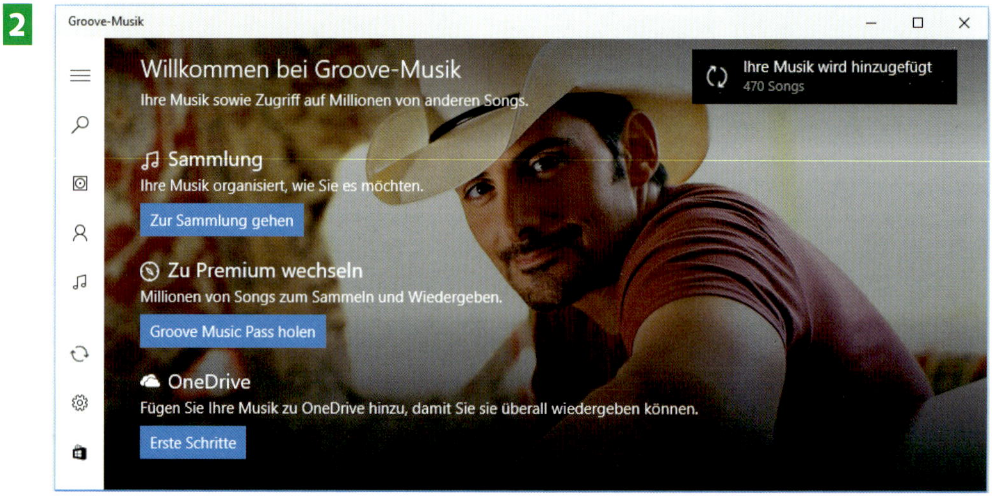

1 Klicken Sie im Startbildschirm auf die App *Groove-Musik*.

2 Mit dem ersten Aufruf wird die Musik aus Ihrer Musikbibliothek in die Sammlung importiert.

3 Klicken Sie auf das Symbol *Einstellungen*.

Die Musik-App verwaltet Ihre Songs und bietet den Zugriff auf den Microsoft Store, um Musik zu kaufen, und mit dem Groove Musik Pass einen Streaming-Dienst für Musik.

WISSEN

4 Hier legen Sie fest, welche Ordner und Laufwerke von dieser App nach Musik durchsucht werden.

5 Auch die Wiedergabelisten aus iTunes, Apples Multimedia-Verwaltung und Onlineshop, lassen sich importieren.

6 Mit dem *Groove Musik Pass* haben Sie per Streaming Zugriff auf Millionen von Songs.

HINWEIS

Erstellen Sie Wiedergabelisten und ziehen Sie Songs einfach aus der Titelliste in eine Wiedergabeliste, um sie in diese aufzunehmen.

HINWEIS

Musikdateien sollten Sie vorher in die Bibliothek *Eigene Musik* kopieren, damit die Groove-Musik-App sie findet.

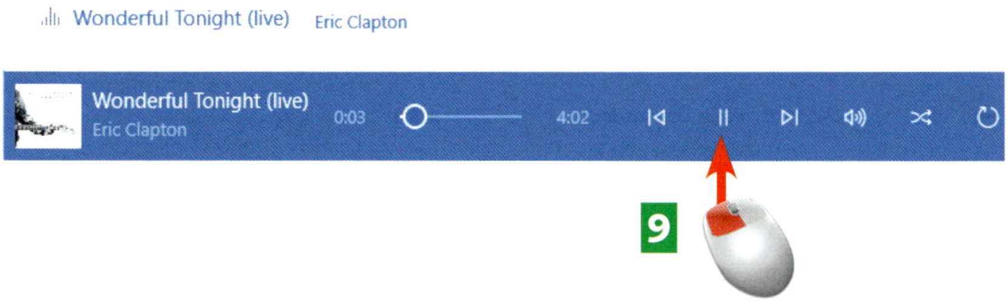

7 Klicken Sie auf *Alben* für die Übersicht über alle Alben Ihrer Musiksammlung.

8 Mit *Songs* erhalten Sie die Liste aller Musikstücke. Ein Klick auf einen Song, ...

9 ... und der Titel wird wiedergegeben. Mit den Symbolen am unteren Rand steuern Sie die Wiedergabe.

Mit Groove-Musik spielen Sie Ihre MP3-Songs ab und kaufen Songs oder Alben im Microsoft Store.

WISSEN

10

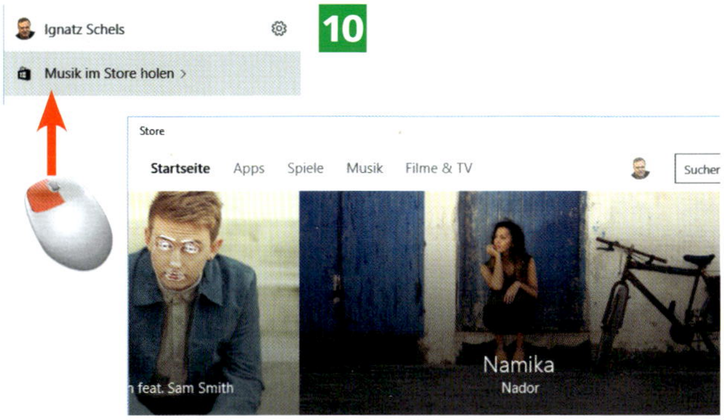

11

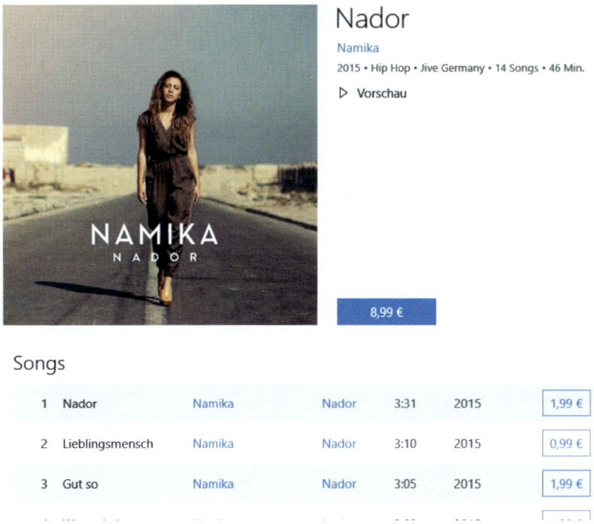

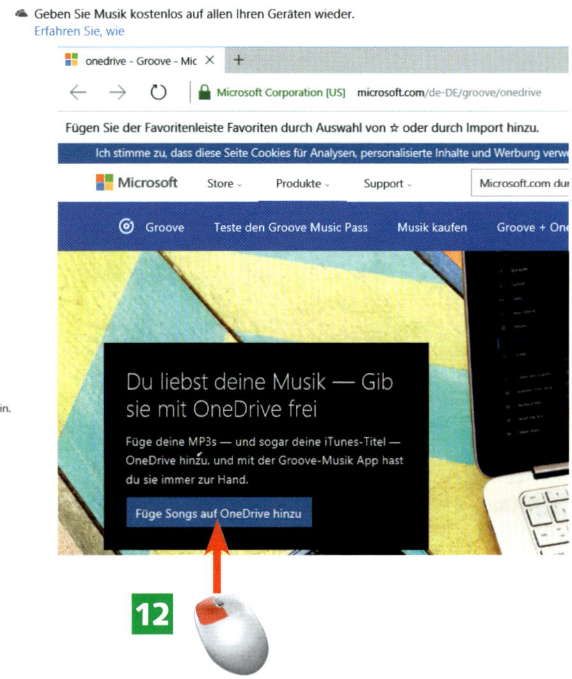

12

10 Für Musik aus dem Microsoft Store klicken Sie auf diese Option.

11 Suchen Sie Ihre Lieblingsmusik und laden Sie Alben oder einzelne Songs herunter.

12 Klicken Sie hier, um Ihre Musik über OneDrive für alle Ihre Geräte zur Verfügung zu stellen.

Ende

Wenn Sie Songs auf OneDrive hinzufügen, wird ein neuer Ordner *Musik* erstellt, in diesen können Sie alle MP3-Dateien hochladen, die Sie in der Cloud verfügbar haben wollen.

HINWEIS

Mit dem Listensymbol rechts oben können Sie alle Songs auswählen. Die Option *Zufällige Reihenfolge* spielt alle Titel in zufälliger Reihenfolge ab.

HINWEIS

Start

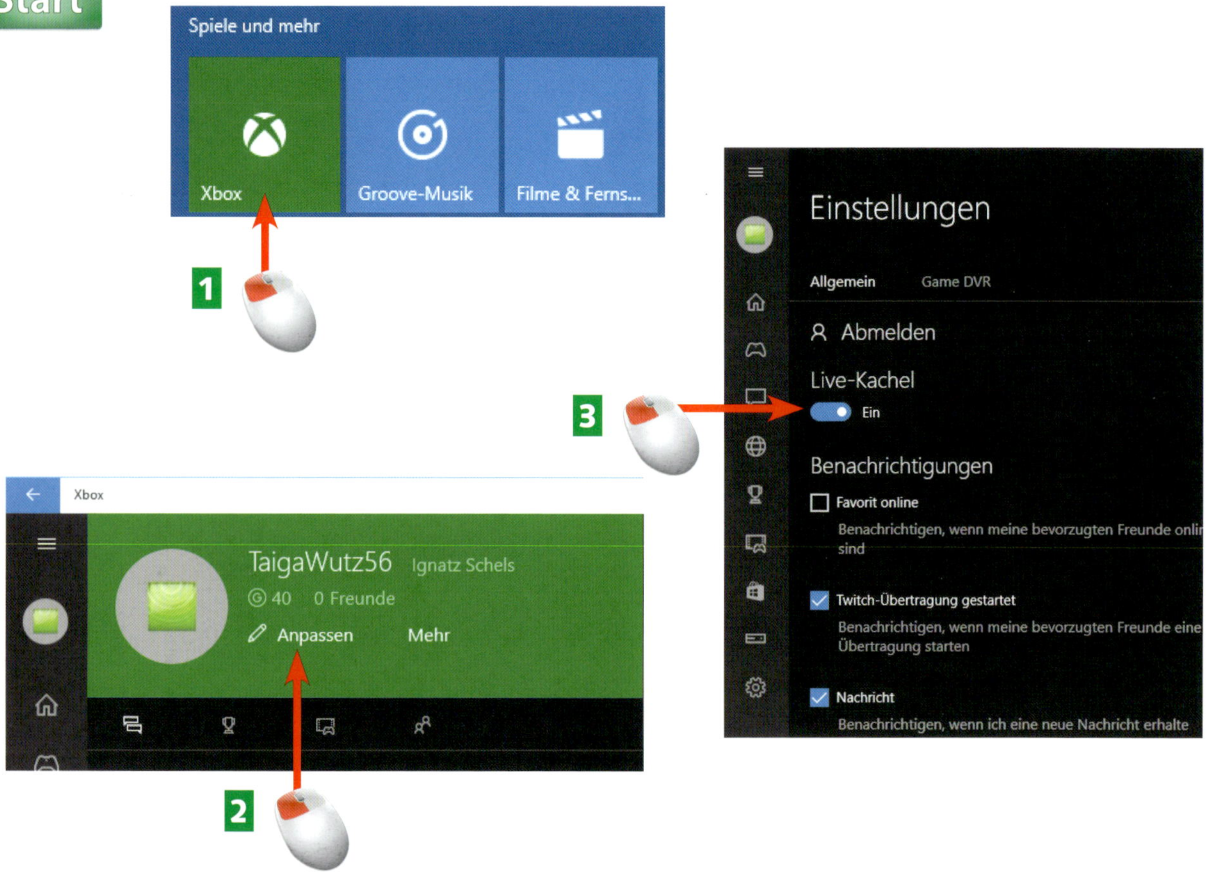

1 Klicken Sie im Startbildschirm auf die App *Xbox*.

2 Melden Sie sich mit Ihrem Konto an oder überprüfen Sie Ihre Spielerdaten. Mit *Anpassen* können Sie diese ändern.

3 Starten Sie die *Einstellungen* und schalten Sie die Live-Kachel und die Benachrichtigungen ein.

Entspannen Sie sich bei einem schönen Spiel. Windows 10 enthält nur wenige vorinstallierte Spiele, Sie können sich aber aus dem reichhaltigen Angebot der Xbox-Spielebibliothek bedienen und Ihr Lieblingsspiel über den App-Store installieren.

WISSEN

4

5
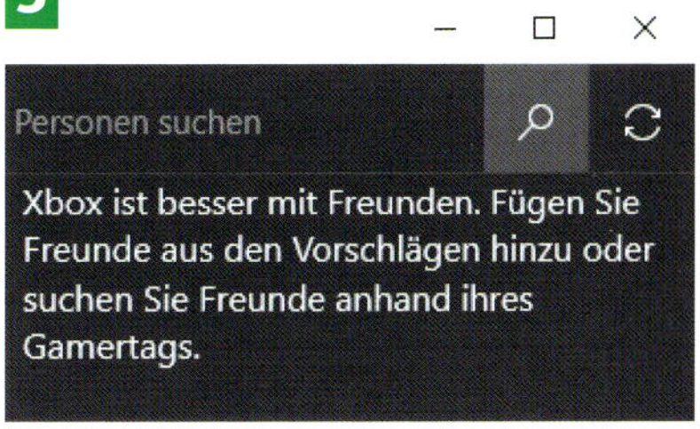

6
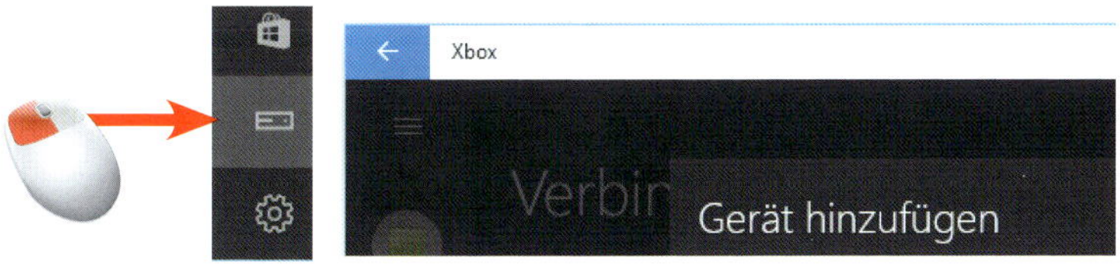

4 Hier finden Sie Ihre Spielebibliothek. Klicken Sie auf ein Spiel, um es zu starten, oder holen Sie neue Spiele aus dem Store.

5 Fügen Sie Freunde aus Ihrer Freundesliste hinzu. Freunde gewinnen Sie durch Einladungen bei den Spielen.

6 Mit diesem Symbol fügen Sie die Xbox als Spielgerät hinzu.

Ende

HINWEIS

Wenn Sie ein Xbox-Konto haben, stehen Ihnen automatisch alle Xbox-Spiele und alle Einstellungen der Xbox zur Verfügung.

TIPP

Screenshots machen Sie mit [Win]+[Alt]+[Druck]

Start

1

2

3

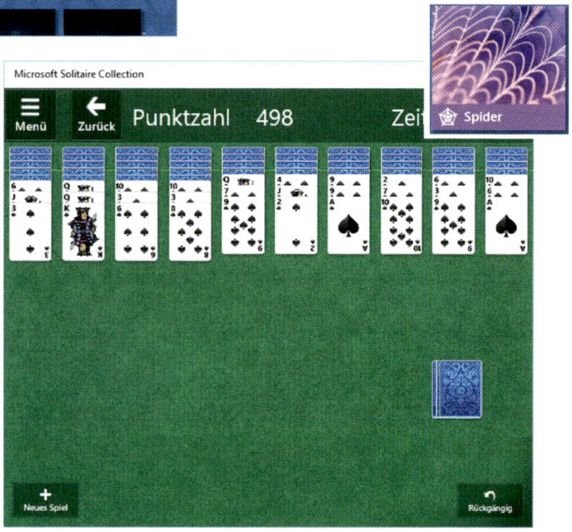

1 Starten Sie die Xbox-App und aktivieren Sie unter *Meine Spiele* die *Microsoft Solitaire Collection*.

2 Klondike: Ziehen Sie Karten von unten auf den Stapel, vom Ass bis zum König. Neue Karten ziehen Sie per Klick, abwechselnd Rot und Schwarz.

3 Spider: Alle Karten entfernen, Kartenfolge von König bis Ass. Karten auch zwischen den Stapeln verschieben.

Mit der Solitaire Collection stellt Windows 10 fünf Spielklassiker aus der Reihe der Kartenspiele zur Verfügung. Das klassische Klondike, Spider, FreeCell, Pyramid und TriPeaks.

WISSEN

4

5

6

4 FreeCell: Wie Klondike, Stapel nur von einer Farbe. Links oben Karten vorübergehend ablegen.

5 Pyramid: Spielfeld abräumen, immer zwei Karten nehmen, die 13 in Summe ergeben. Buben: 11, Damen: 12, Könige: 13.

6 TriPeaks: Spielfelder abräumen, die angetippte Karte muss einen Wert höher oder tiefer als auf dem Stapel sein. So viele Karten wie möglich antippen.

Ende

[F5] blendet die Spieloptionen ein. Setzen Sie hier Klangeffekte und passen Sie Text- sowie Bildgröße an.

HINWEIS

Drücken Sie [F1] für eine ausführliche Spielanleitung. Mit [F2] rufen Sie die Kurzhilfe noch einmal auf.

TIPP

Start

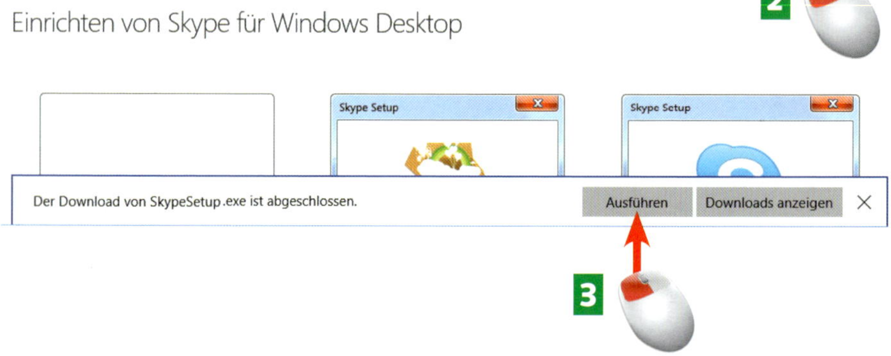

1 Skype installieren Sie mit der App aus dem Startmenü oder unter *Start/Alle Apps*.

2 Laden Sie die Installationssoftware für Skype herunter, ...

3 ... und starten Sie das Programm, nachdem der Download abgeschlossen ist.

Skype ist das Standardprogramm für Bildtelefonie. Verbinden Sie sich weltweit mit anderen Skype-Nutzern. Sie brauchen einen Computer mit Kamera und Mikro oder ein Tablet, die Software stellt Windows 10 bereit.

WISSEN

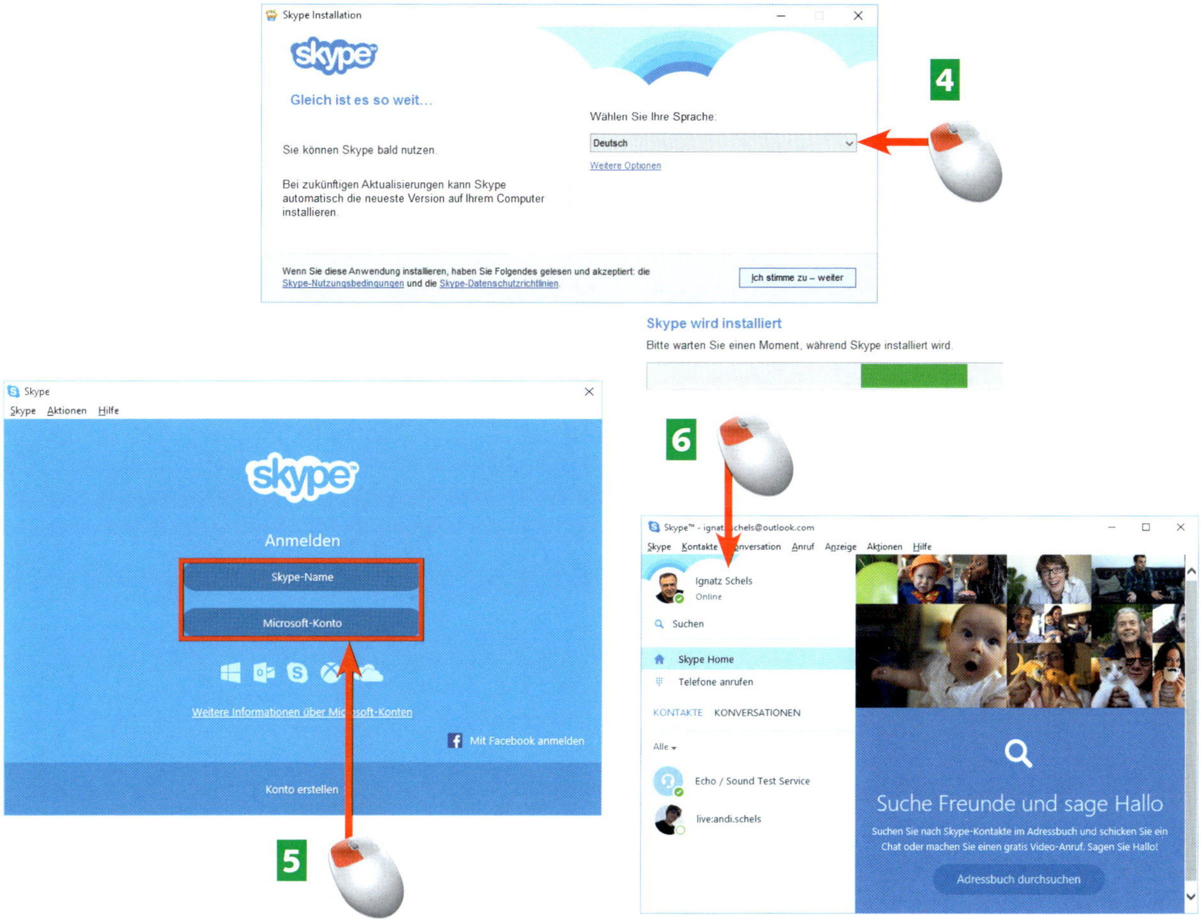

4 Geben Sie alle benötigten Informationen an, und teilen Sie Skype mit, in welcher Region Sie leben.

5 Nach Abschluss der Installation melden Sie sich mit einem Skype-Namen Ihrer Wahl oder über Facebook oder mit dem Microsoft-Konto an.

6 Fertig – nutzen Sie Skype für kostenlose weltweite Telefonate, Nachrichten und zur Übermittlung von Daten.

Ende

Mit dem grünen Häkchen am Benutzerbild sind Sie online, und das sehen alle Skype-Benutzer, die Sie als Kontakt gespeichert haben.

HINWEIS

Info-Apps und App-Store

4

Start

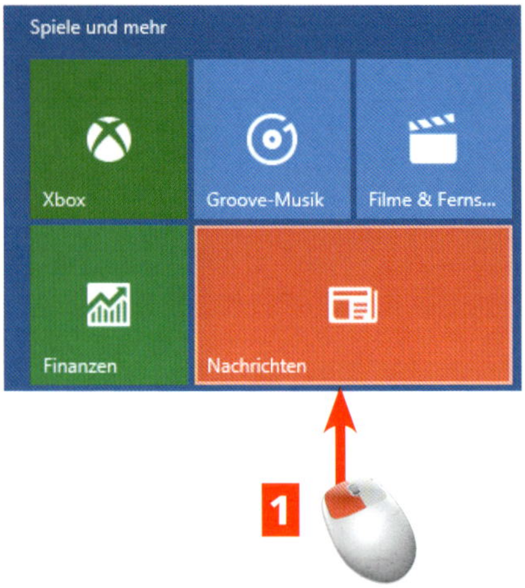

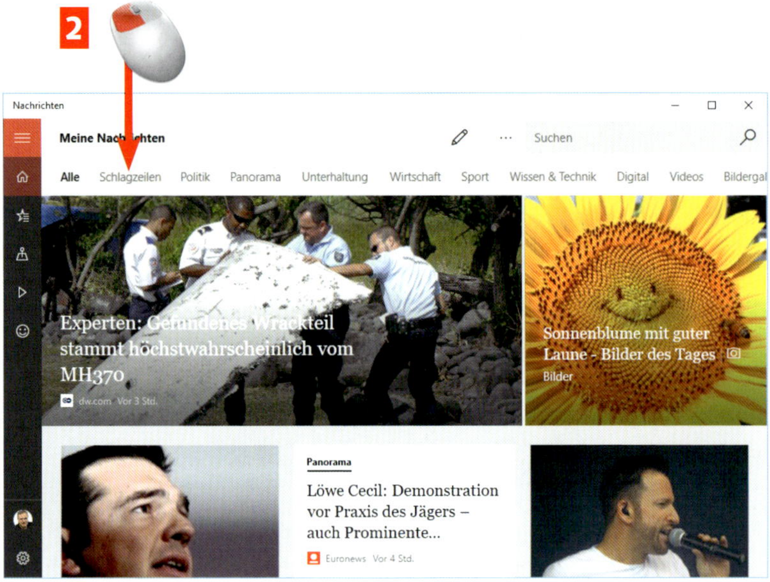

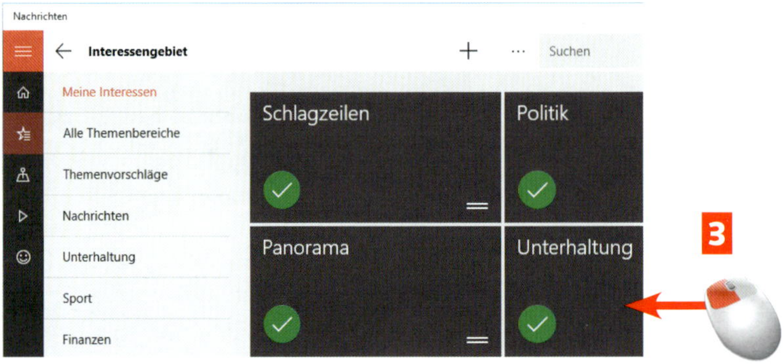

1 Klicken Sie im Startbildschirm auf die Kachel mit der Aufschrift *Nachrichten*.

2 Auf der News-Seite lesen Sie die topaktuellen Nachrichten aus den Onlineredaktionen der Tageszeitungen. Gehen Sie auf *Schlagzeilen*, *Politik* u. a.

3 Markieren Sie hier die Themenbereiche, zu denen Sie Nachrichten abrufen möchten, oder deaktivieren Sie diese.

Die Nachrichten-App lässt sich individuell auf Themen- und Interessengebiete zuschneiden und bietet lokale Nachrichten auf den Standort bezogen. Und wer lieber Videos ansieht als Schlagzeilen liest, schaltet einfach in die Videothek um.

WISSEN

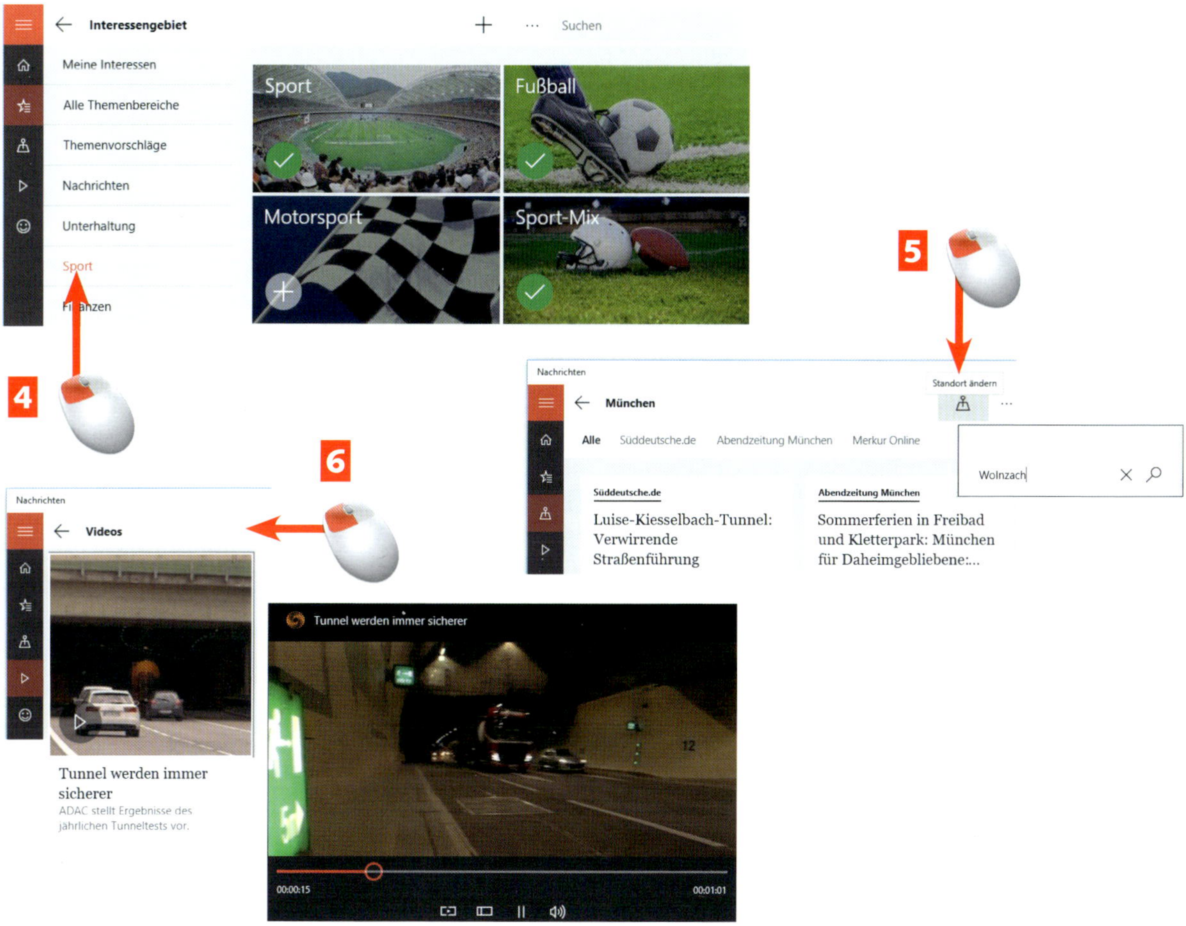

4 Wählen Sie einen Themenbereich und definieren Sie dort im Detail, welche Themen interessant sind.

5 Die lokalen Nachrichten sind auf Ihren Standort abgestimmt, ändern Sie diesen, wenn nötig.

6 Hier finden Sie ausschließlich Videos. Klicken Sie ein Thema an, um das Video abzuspielen.

Ende

Auf der Anbieterseite finden Sie auch eine Liste mit Ländern. Wählen Sie diese aus, wenn Sie ausländische Online-Nachrichtendienste einbinden wollen.

HINWEIS

Suchen Sie über das Suchfeld ein Thema, können Sie dieses anschließend als Interessengebiet abspeichern.

TIPP

Start

2

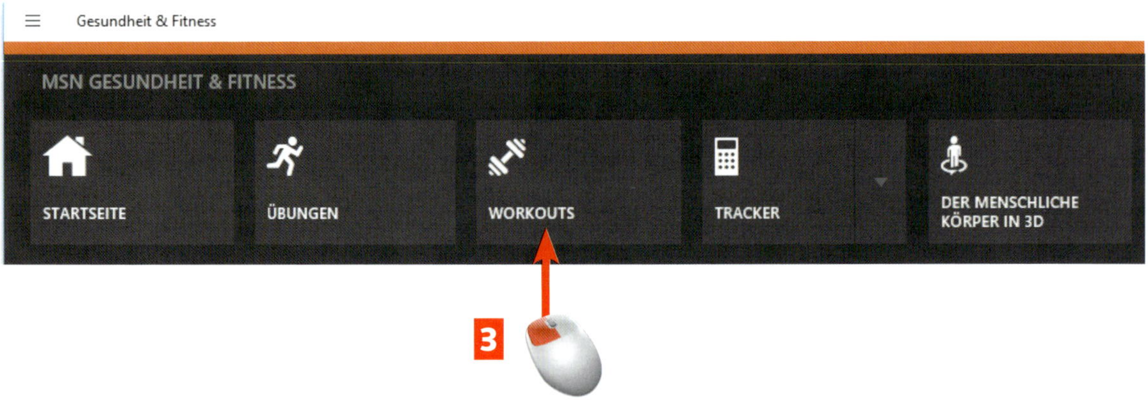

1 Auf dem Startbildschirm finden Sie Kacheln für die Apps *Gesundheit & Fitness* sowie *Sport*.

2 *Gesundheit & Fitness* bietet über die App-Leiste Tools und Informationen zu den Themen Ernährung, Gesundheit und Fitness an.

3 Klicken Sie auf das Thema aus der App-Leiste, das Sie interessiert.

Die schönste Nebensache der Welt? Natürlich Sport. Ob Fußball, Formel 1 oder Golf – die *Sport*-App hat die neusten Nachrichten, die aktuellen Ergebnisse und die besten Spielberichte.

WISSEN

4

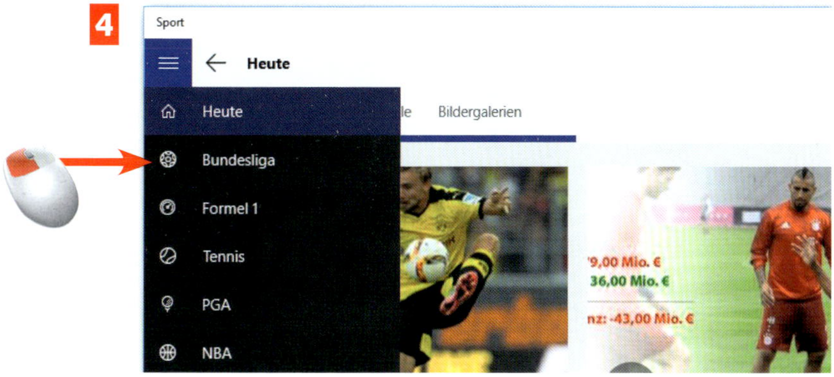

5

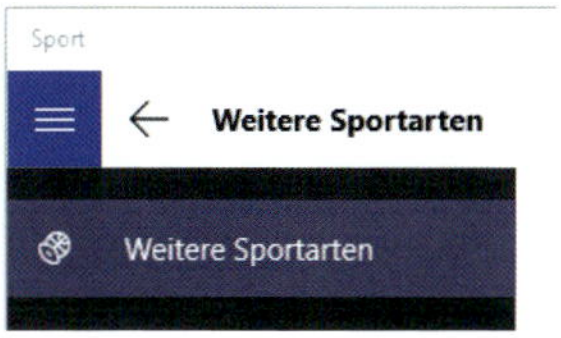

6

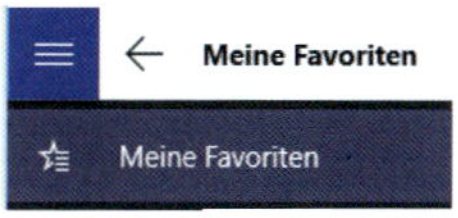

4 Bing Sport bietet in der Menüleiste eine Auswahl von Sportarten. Wählen Sie Ihre Lieblingssportart aus.

5 Blättern Sie nach rechts und fügen Sie weitere Sportarten hinzu. Tragen Sie Ihre Lieblingsteams in die Teamliste ein.

6 Über den Pfeil im Symbol der Sportart aktivieren Sie die aktuellen Spieler- und Teamstatistiken.

Ende

Die App *Gesundheit & Fitness* wird im Oktober 2015 durch eine andere ersetzt werden.

HINWEIS

Das Symbol *Web-Highlights* bietet wichtige Sport-Onlinedienste wie Sport1, Kicker oder UEFA.com an.

HINWEIS

Die Reihenfolge der Teams oder Sportarten ändern Sie ganz einfach: Ziehen Sie die Kachel an die gewünschte Position.

TIPP

Start

2

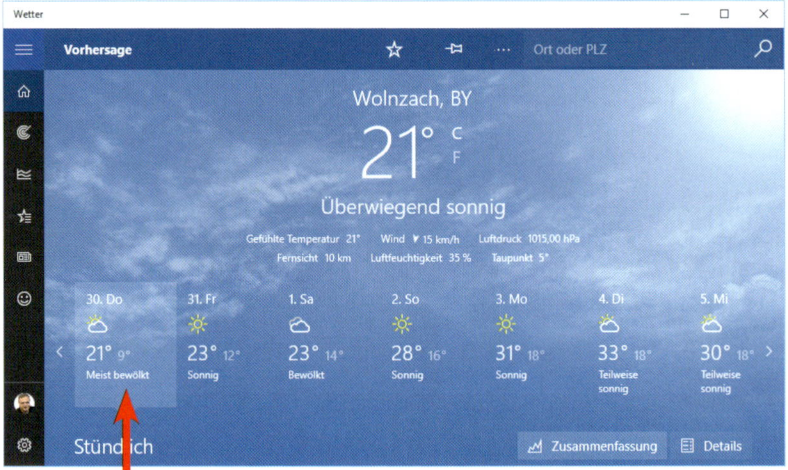

1

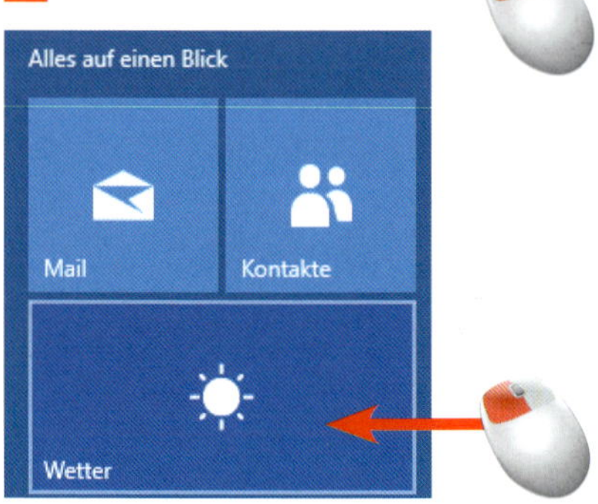

3

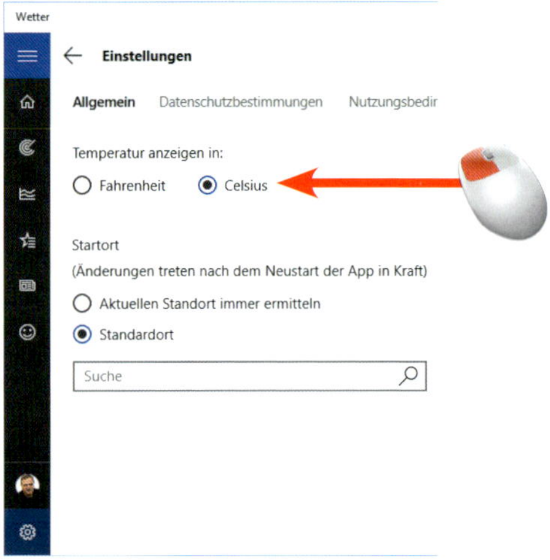

1 Klicken Sie im Startmenü auf die App *Wetter*.

2 Eine 10-Tage-Übersicht für das Wetter wird angezeigt, die Stundenvorhersage zeigt es im 4-Stunden-Takt. Markieren Sie einen Tag.

3 In den *Einstellungen* überprüfen oder korrigieren Sie Ihren Standort und stellen die passende Temperatureinheit ein.

Wie das Wetter in den nächsten Tagen wird, zeigt Ihnen die *Wetter*-App. Und das nicht nur an Ihrem Standort, sondern weltweit für jedes Land und jede größere Stadt. Auf Wunsch sogar mit stündlicher Vorhersage und Satellitenbild.

WISSEN

4

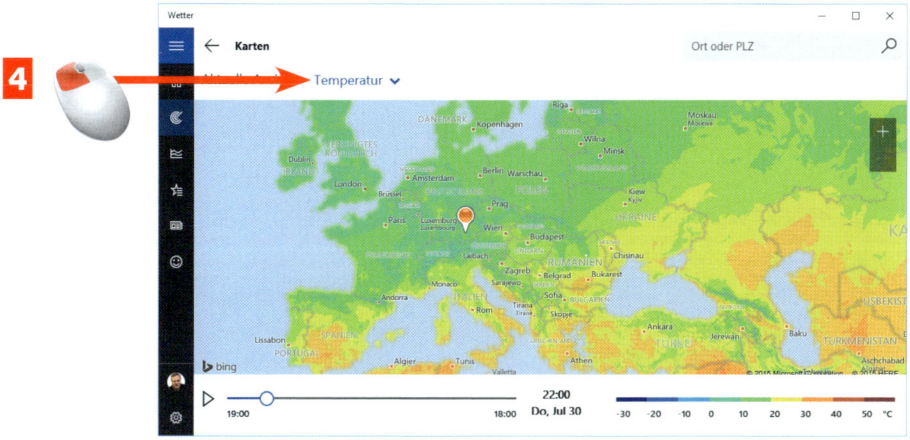

5

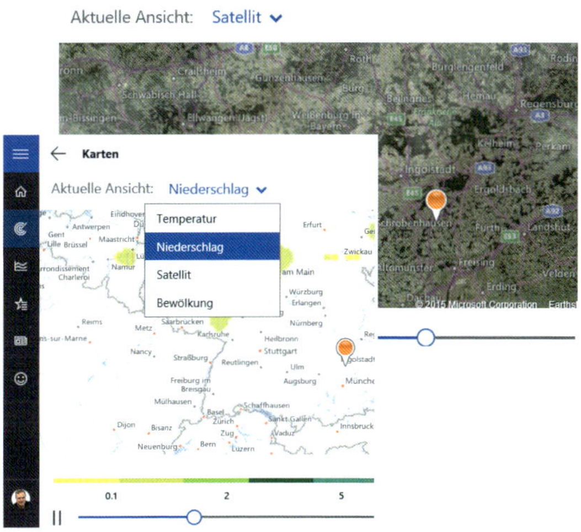

6

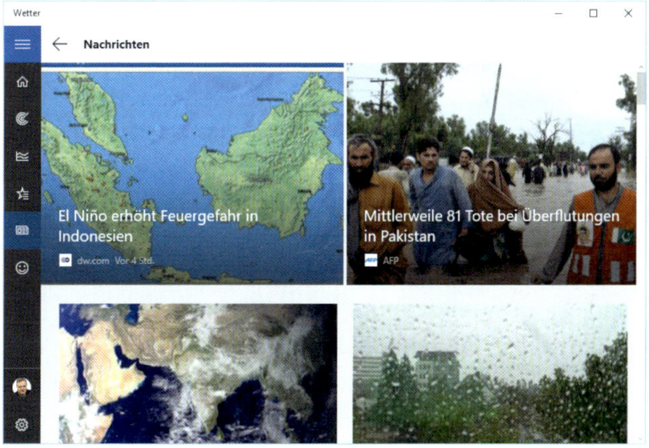

4 Starten Sie die Kartenanimation. Hier für die stündliche Temperatur …

5 … oder das Regenradar oder die Satellitenansicht. Zoomen Sie mit den Plus- und Minussymbolen oder mit Strg-Taste und Mausrad.

6 In der Nachrichtenübersicht finden Sie Nachrichten zum Thema Wetter.

Ende

Halten Sie die Maustaste gedrückt und ziehen Sie auf der Karte den gewünschten Ausschnitt heran.

TIPP

Unter *Historisches Wetter* finden Sie eine Jahresstatistik der Regenmenge oder Temperaturen.

HINWEIS

Start

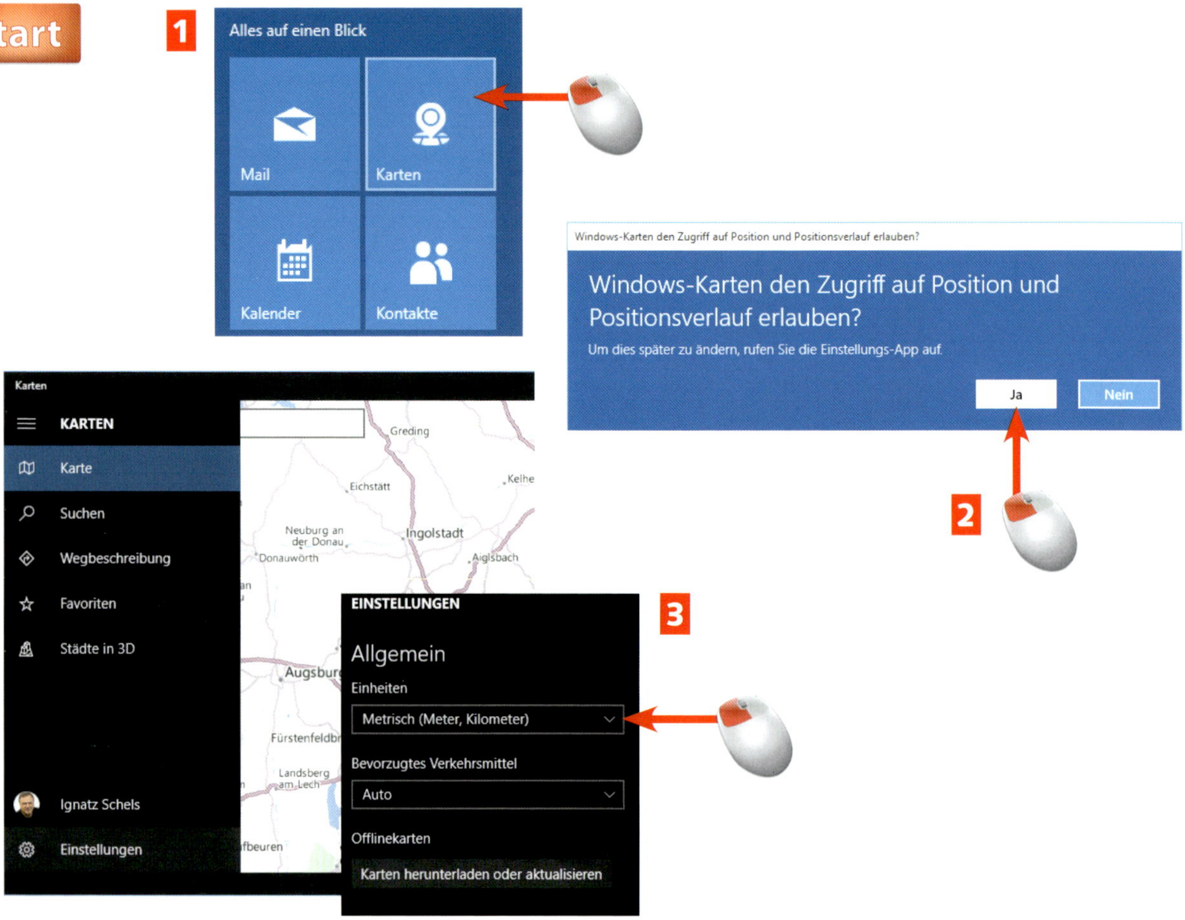

1 Klicken Sie im Startbildschirm auf die App *Karten*.

2 Diese Meldung müssen Sie mit *Ja* bestätigen, damit die Karten-App mit Ihren Standortkoordinaten arbeiten kann.

3 Die Karte wird angezeigt, stellen Sie die metrische Einheit ein und bestimmen Sie, ob Sie zu Fuß oder mit dem Auto unterwegs sind.

Die Karten-App ist Ihr digitaler Globus: Zoomen Sie einen beliebigen Fleck auf der Erde heran, verschieben Sie den Ausschnitt auf andere Länder und Erdteile und lassen Sie sich wahlweise Straßenkarten oder Satellitenbilder anzeigen. Mit dem Suchfenster finden Sie nicht nur Städte und Regionen, sondern auch Restaurants, Shops u. v. m.

WISSEN

4

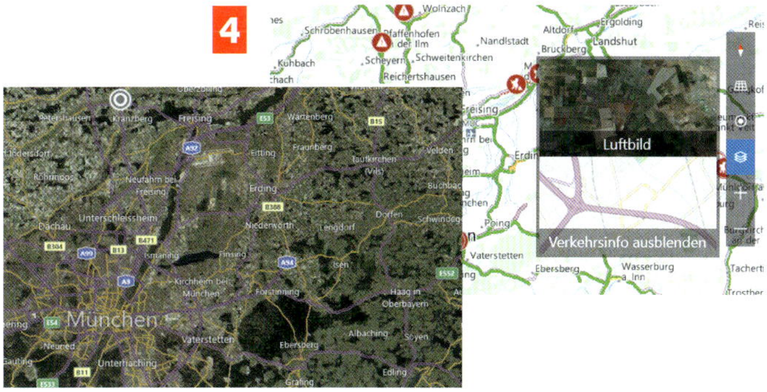

5

6

4 Blenden Sie die Verkehrsinformationen aus und schalten Sie wahlweise auf das Satellitenbild oder die Straßenansicht.

5 Stellen Sie die Kartenansicht ein, drehen Sie die Karte und zentrieren Sie sie bei Bedarf wieder auf den Standort.

6 Hier finden Sie eine Auswahl von 3D-Städtebildern in der Satellitenansicht.

Ende

HINWEIS

Sie müssen beim ersten Start die Positionsdienste in der App *Karten* genehmigen bzw. aktivieren, sonst funktioniert die Karten-App nicht.

FACHWORT

Zoomen Sie mit Strg und dem Mausrad.

FACHWORT

Achten Sie in der Kartenansicht auf die Anzeige rechts unten, sie zeigt die aktuelle Zoomstufe in Meilen und Kilometern an.

Start

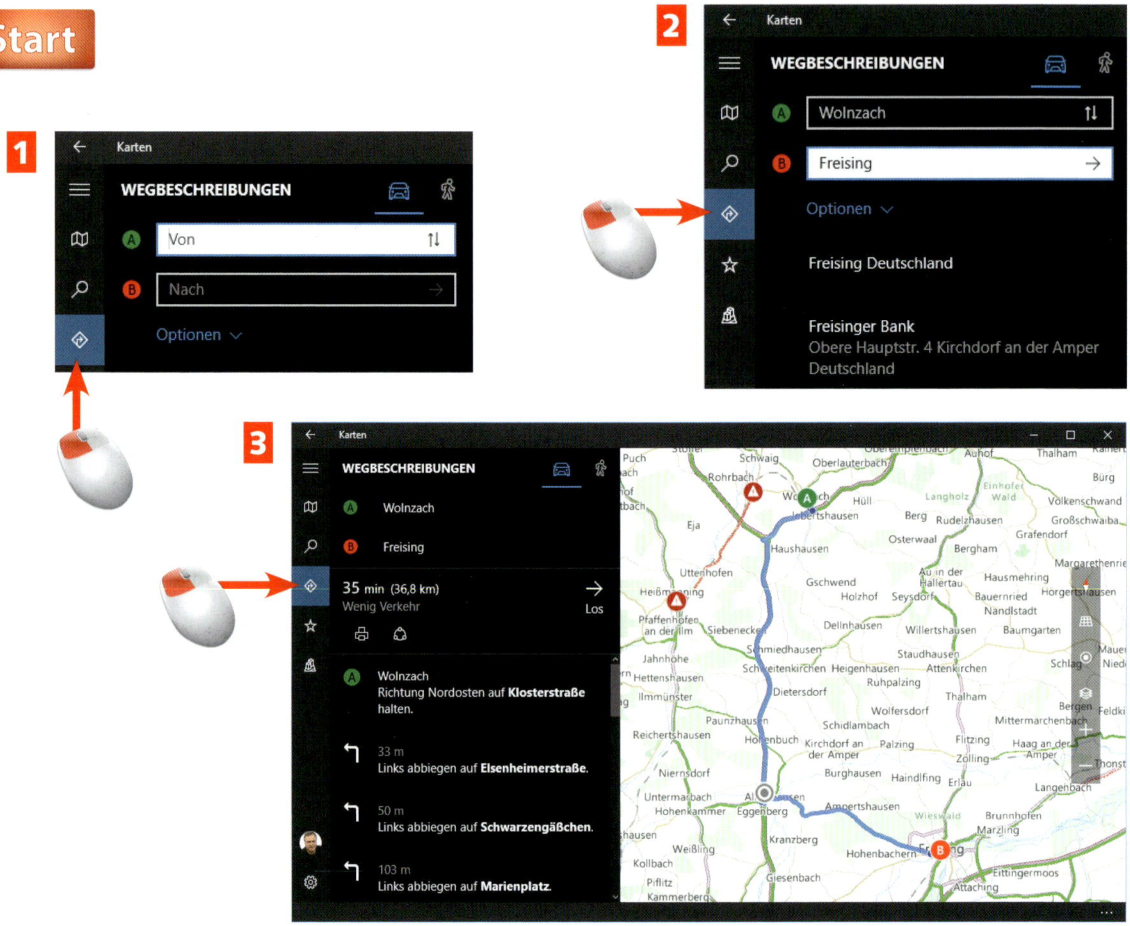

1 Klicken Sie mit der rechten Maustaste oder wischen Sie von unten und aktivieren Sie den Routenplaner. Geben Sie Start- und Zielort ein.

2 Starten Sie die Routensuche mit dem Pfeilsymbol. Die Route wird auf der Karte markiert.

3 Am linken Rand finden Sie die Wegbeschreibung mit Kilometerangaben und den durchnummerierten Zwischenpunkten.

Nutzen Sie die App *Karten* als Navigationsgerät: Suchen Sie Standorte, geben Sie Start- und Zielort ein und lassen Sie sich exakt den Weg beschreiben. Und die Verkehrsinformationen zeigen Ihnen, wo Sie im Stau stehen würden.

WISSEN

4

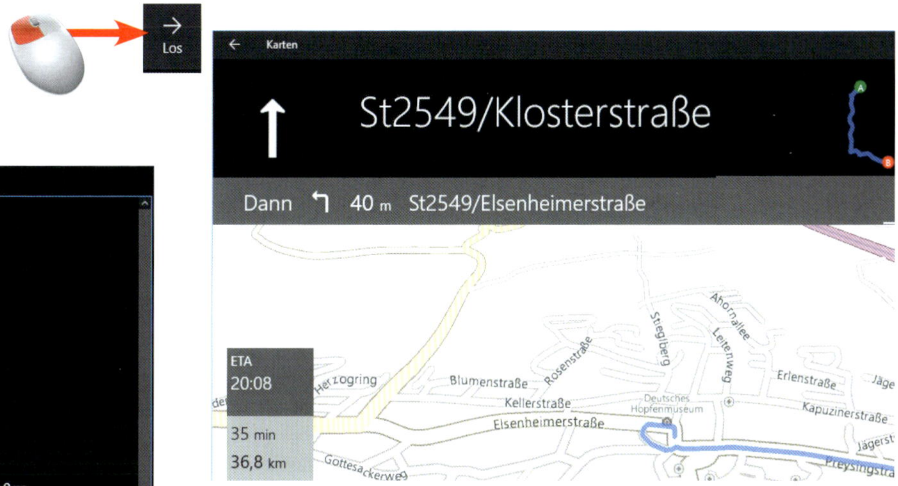

6

5

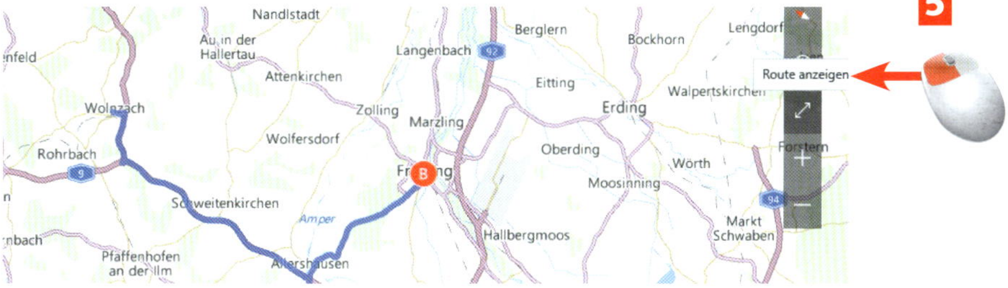

4 Klicken Sie auf *Los*, wenn Sie zu Fuß oder mit dem Auto starten.

5 Mit *Route anzeigen* schalten Sie die Gesamtroute wieder ein.

6 Unter *Optionen* können Sie noch Elemente wie Autobahnen oder Fähren von der Navigation ausschließen.

Ende

Das Doppelpfeilsymbol in der Wegbeschreibung wechselt Standort und Ziel aus. Klicken Sie auf den Fußgänger für die Berechnung als Fußweg.

TIPP

Wenn die Standortsuche nichts findet, erhalten Sie eine verfeinerte Suchabfrage.

HINWEIS

Die Verkehrsinfos arbeiten mit Farben:
Grün: freie Fahrt
Gelb: zähflüssig, dichter Verkehr
Orange: zähflüssig, sehr dichter Verkehr
Rot: Stau

HINWEIS

Start

1

2

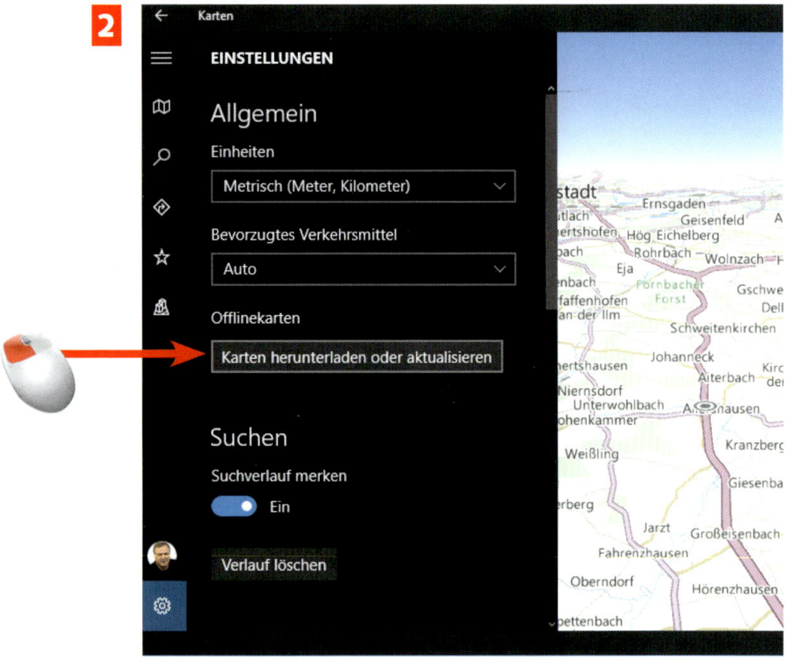

3

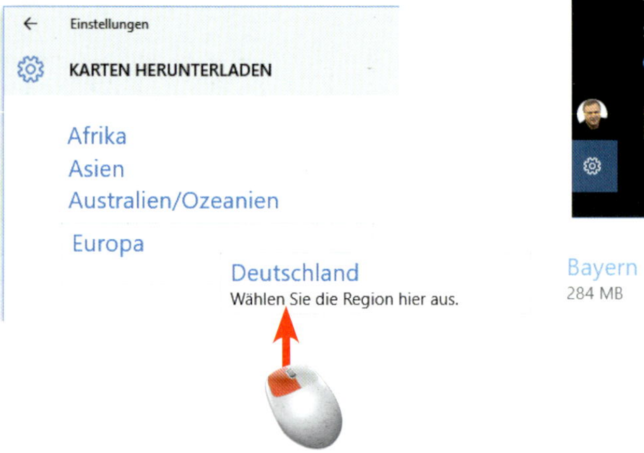

1 Starten Sie die App *Karten* aus dem Startmenü.

2 Aktivieren Sie die *Einstellungen* und wählen Sie *Karten herunterladen oder aktualisieren*.

3 Suchen Sie die Region vom Erdteil über das Land bis zum Bundesland.

Die Karten-App von Windows 10 arbeitet mit Onlinediensten, die per GPS Standorte und gesuchte Positionen bestimmen. Wenn Sie einen Aufenthalt planen, an dem Sie nicht online sind, laden Sie sich einfach eine Offlinekarte für die entsprechende Region.

WISSEN

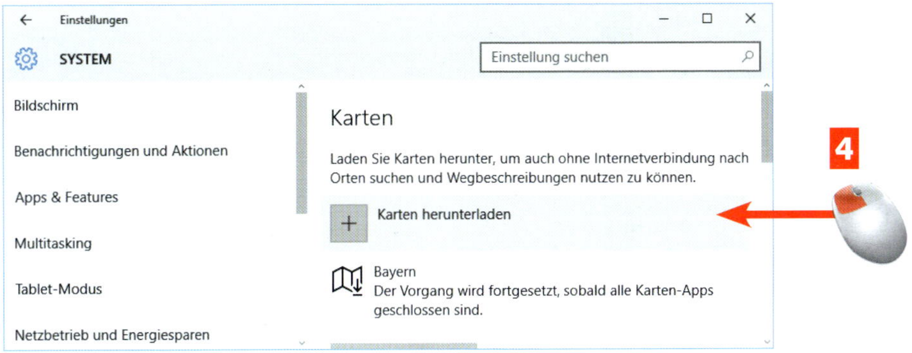

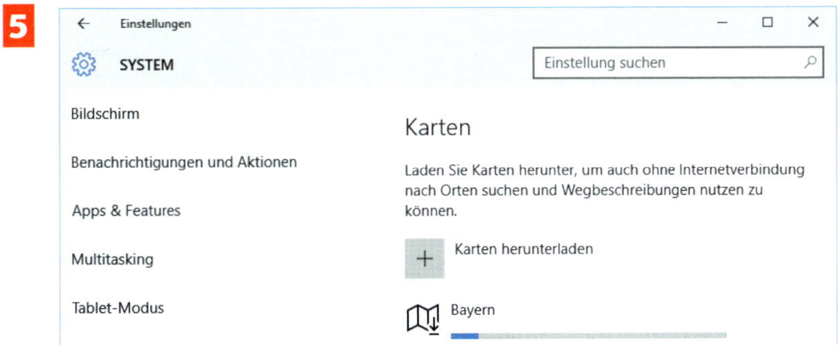

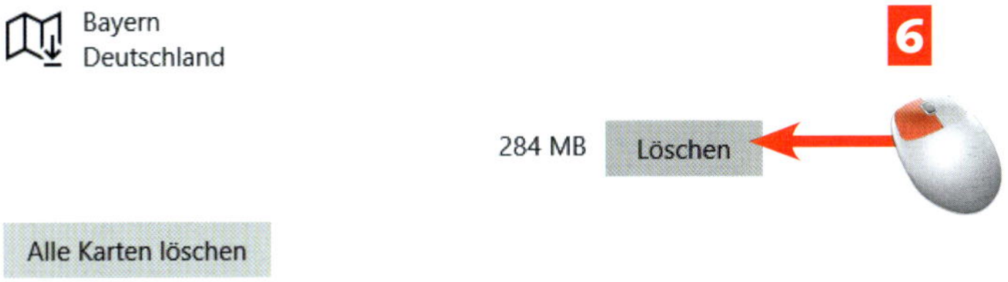

4 Windows schaltet auf die Systemeinstellungen um. Wählen Sie dort *Karten herunterladen*.

5 Die Karte wird geladen, Sie können in der Zwischenzeit weiterarbeiten.

6 Die neue Karte steht in der Liste, sehen Sie sich die Größe an. Mit *Löschen* kann die Offlinekarte wieder entfernt werden.

Ende

Offlinekarten sind auch für externe Navigationsgeräte nützlich, die über Smartphones mit Windows 10 arbeiten.

HINWEIS

Start

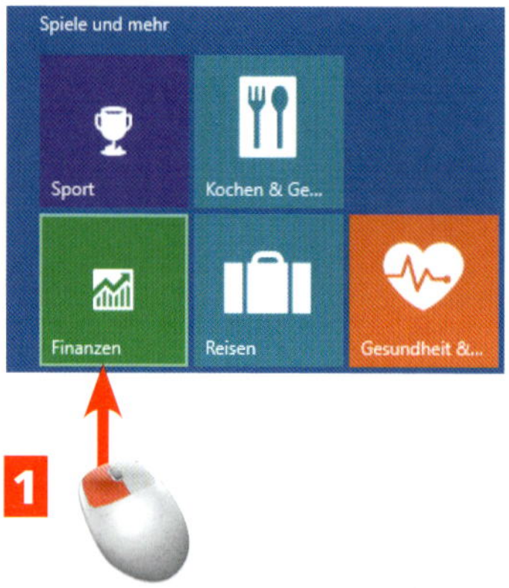

1

2

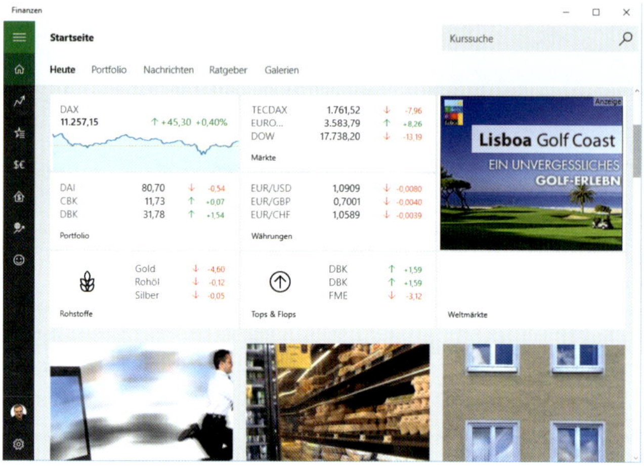

3

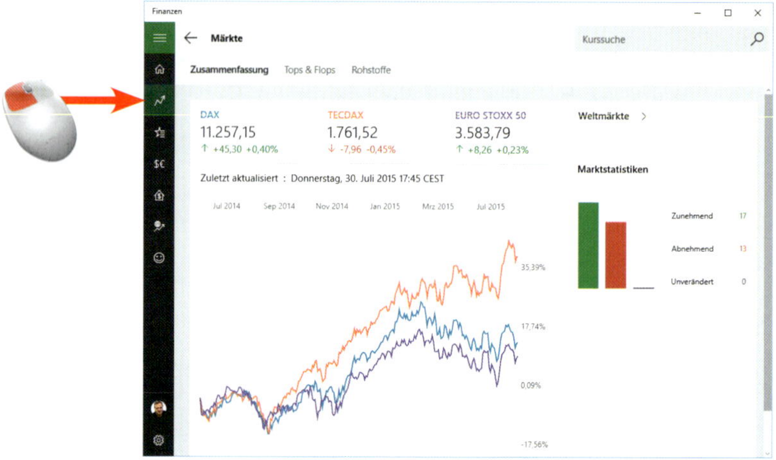

1 Klicken Sie im Startmenü auf die App *Finanzen*.

2 Sehen Sie sich die wichtigsten Indizes und die aktuellsten Nachrichten aus der Finanzwelt an.

3 Unter *Märkte* können Sie zwischen DAX und TECDAX mit Tages-, Wochen-, Monats- und Jahresansicht wählen.

Die App *Finanzen* bietet einen schnellen Zugriff auf inländische sowie internationale Aktienindizes und Märkte. Mit aktuellen Börsennachrichten, News und nützlichen Tools haben Sie Ihre Finanzen immer im Griff.

WISSEN

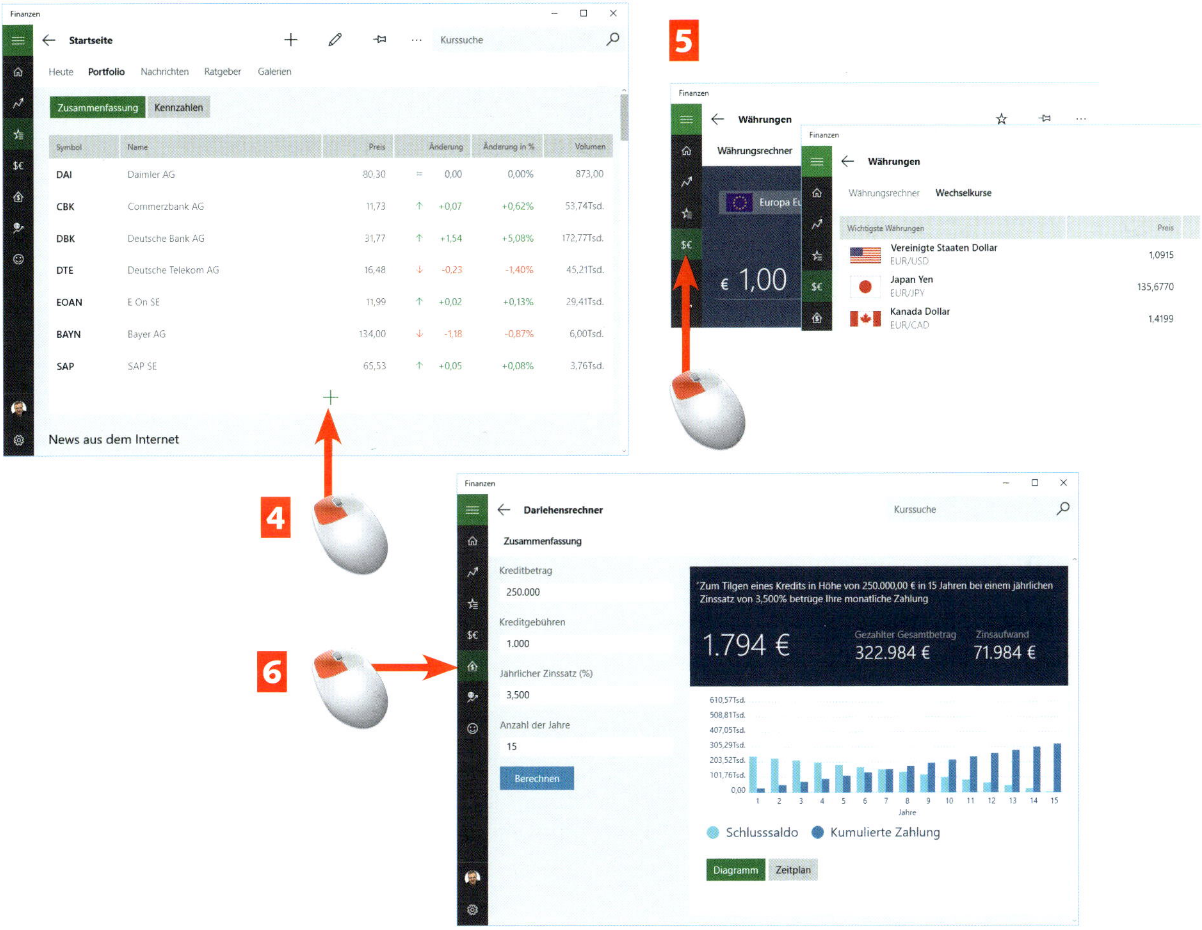

4 Stellen Sie hier Ihr Portfolio zusammen. Klicken Sie auf das Pluszeichen, um neue Werte aufzunehmen. Mit *Bearbeiten* löschen Sie Werte aus der Liste.

5 Hier finden Sie einen Währungsrechner und die aktuellen Wechselkurse der wichtigsten Währungen.

6 Mit dem Darlehensrechner berechnen Sie die Rückzahlungen für einen Kreditbetrag mit festem Jahreszinssatz.

Ende

Tippen Sie ein gesuchtes Aktienkürzel einfach ein. Die App sucht sofort nach dem Kursverlauf. Das funktioniert auch im Suchfeld von Cortana.

TIPP

Ziehen oder wischen Sie über ein Aktienchart, wandert die Linie auf der Zeitleiste mit.

TIPP

Start

1

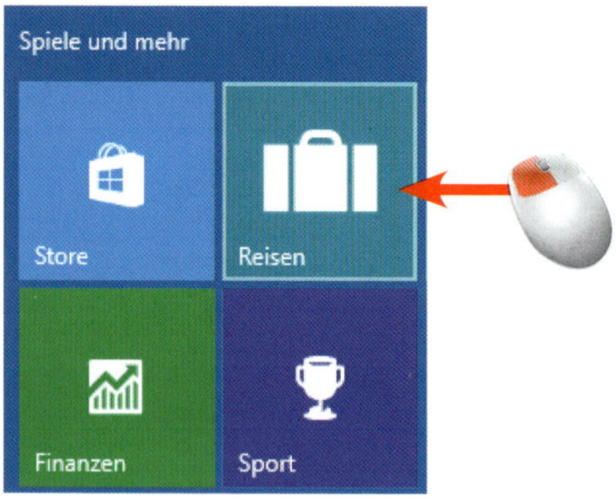

2

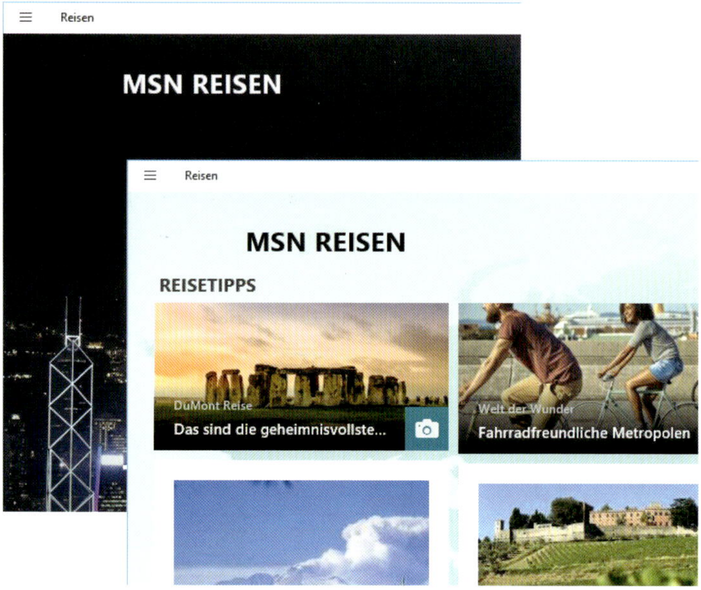

3

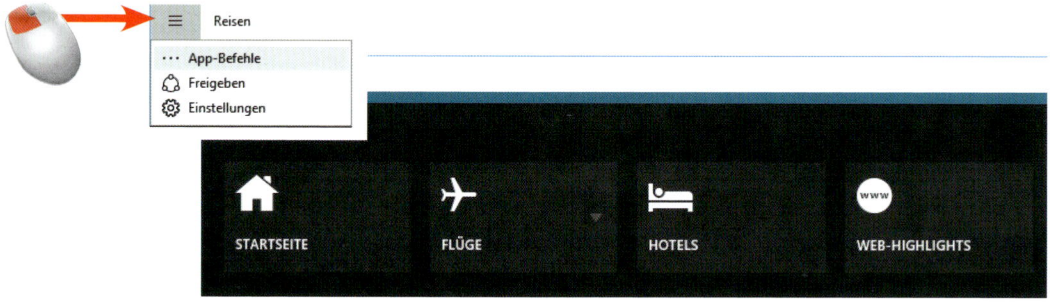

1 Starten Sie die App *Reisen* aus dem Startmenü.

2 Das Hauptthema wird angezeigt, blättern Sie nach rechts für weitere Reisetipps und aktuelle Nachrichten.

3 Klicken Sie auf die Menüschaltfläche und aktivieren Sie die *App-Befehle*.

Mit Windows 10 und der Reisen-App organisieren Sie Ihre nächste Reise von der Flugbuchung über die Hotelsuche bis zum Mietwagen. Der Zahlungsverkehr läuft bequem über Ihr Microsoft-Konto.

WISSEN

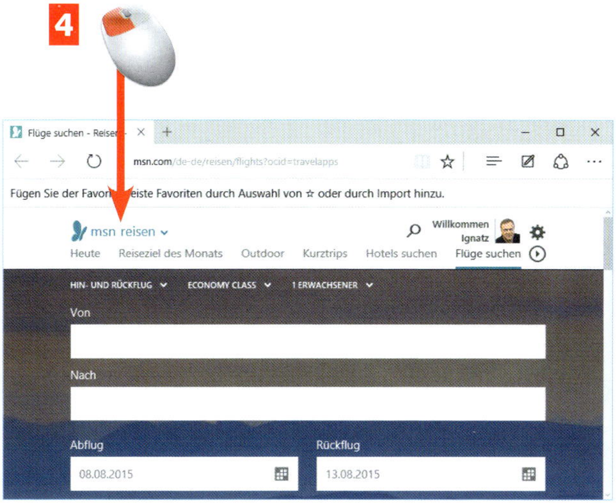

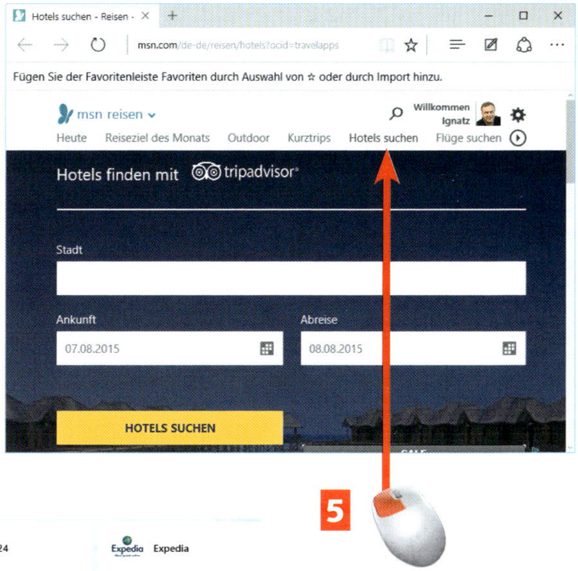

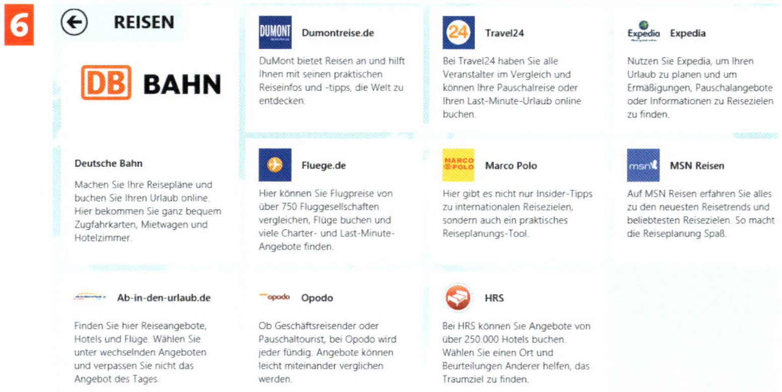

4 Für Flugbuchungen steht MSN Reisen zur Verfügung. Bezahlen Sie gleich über Ihr Konto.

5 Die Hotelsuche wird über MSN Reisen und TripAdvisor abgewickelt. Geben Sie Reiseziel und Daten ein und klicken Sie auf *Hotels suchen*.

6 Die Web-Highlights bieten ausgesuchte Nachrichten, Weblinks und themenspezifische Werbung zum Thema Reisen.

Ende

Blättern Sie ganz nach rechts, unter *Nächste Schritte* können Sie den Status Ihrer gebuchten Flüge abrufen.

HINWEIS

Start

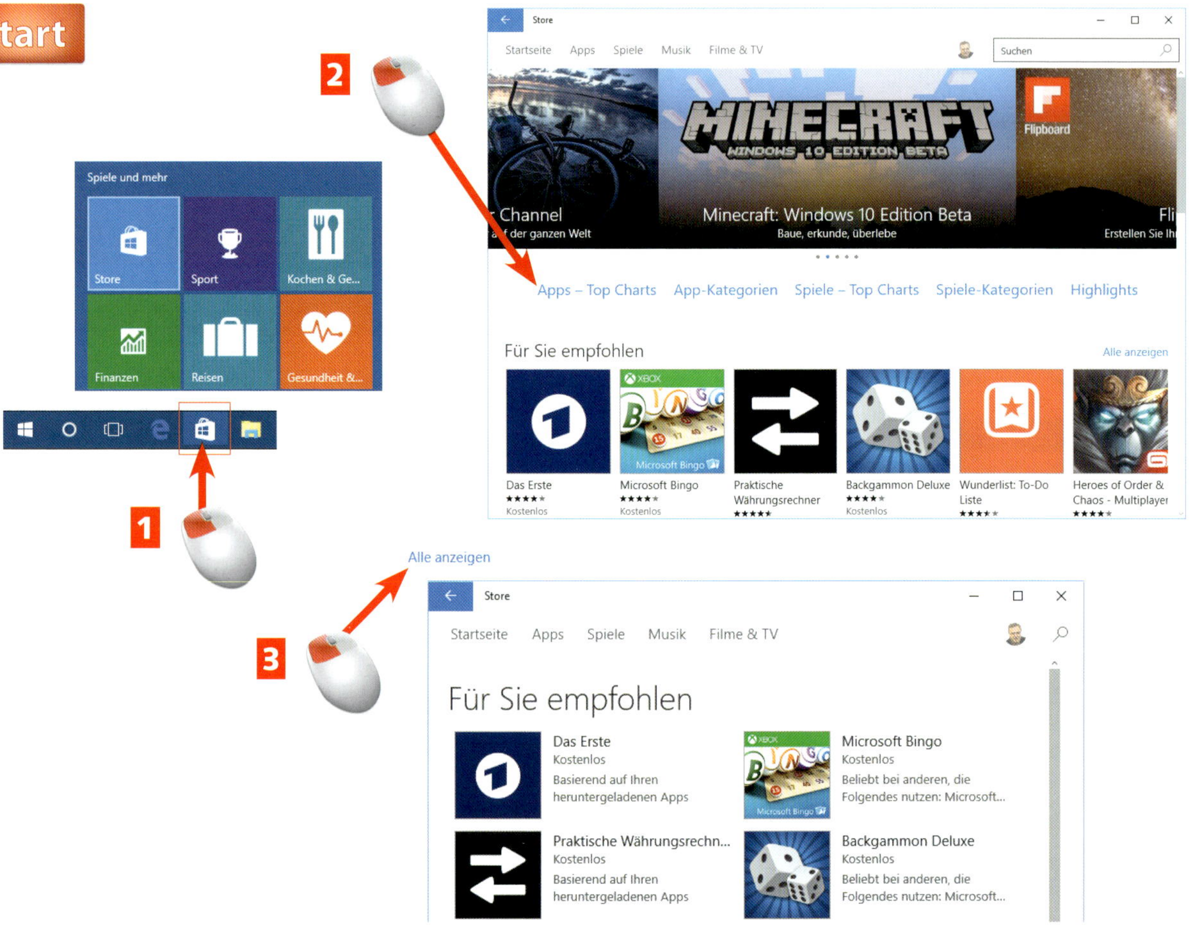

1 Klicken Sie in der Taskleiste oder im Startmenü auf die App *Store*. Auf der Live-Kachel sehen Sie schon die neusten Angebote aus dem Store.

2 Im App-Store finden Sie die Apps nach Kategorien unterteilt, von *Apps – Top Charts* bis *Highlights*.

3 Klicken Sie auf *Alle anzeigen* für eine bessere Übersicht über die jeweilige Kategorie.

Der App-Store von Windows 10 verfügt über ein reichhaltiges Angebot an Apps für viele Kategorien. Sehen Sie sich im Store um, testen Sie Apps und installieren Sie, was Ihnen gefällt. Mit dem Suchfenster suchen Sie gezielt nach Apps.

WISSEN

4

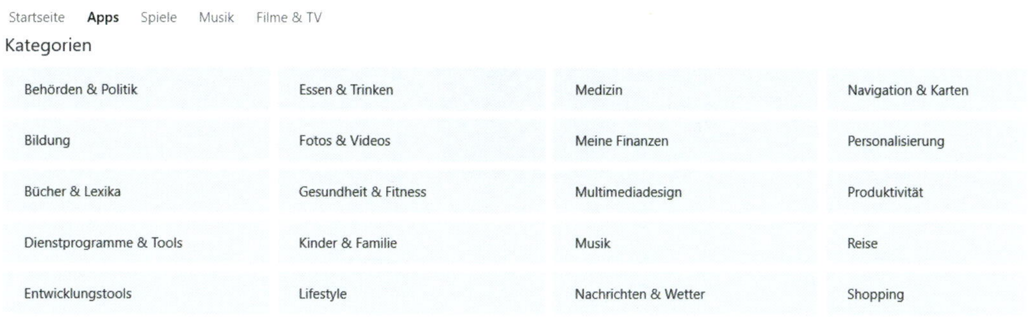

5

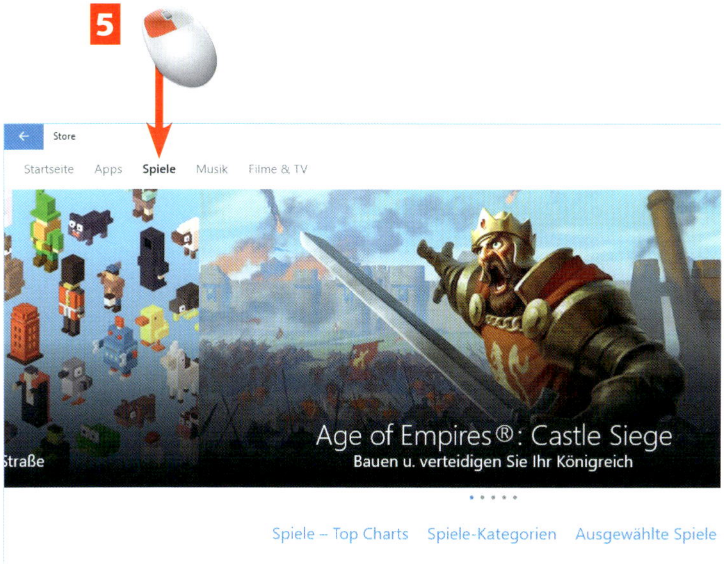

6

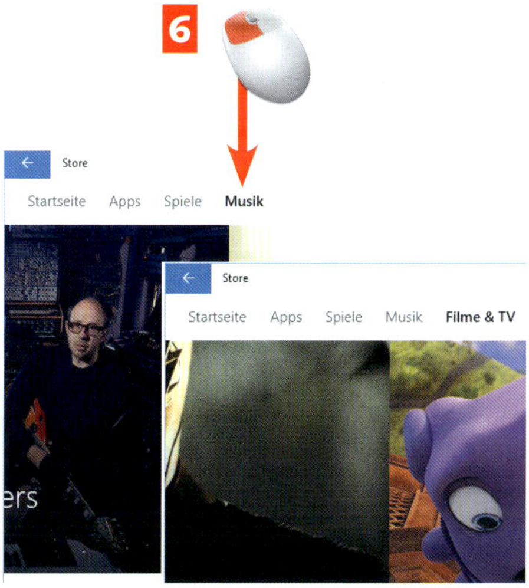

4 Ganz unten finden Sie eine Liste mit allen Kategorien. Blättern Sie die Liste nach rechts und links.

5 Schalten Sie um auf *Spiele* und sehen Sie sich die Angebote für Spiele-Apps an.

6 Musik- und Video-Apps stehen ebenfalls zur Auswahl, für die Kategorien bietet Windows 10 aber eigene Apps an (*Groove-Musik*, *Film & Fernsehsendungen*).

Ende

TIPP

Apps können Sie auch mit Cortana suchen lassen. Geben Sie den Suchbegriff ein, der Assistent wird die App vorschlagen, falls eine zu finden ist.

HINWEIS

Die Bewertungen berechnen sich aus den positiven oder negativen Rückmeldungen der Anwender.

HINWEIS

Ihre Apps werden automatisch aktualisiert, wenn ein Update ansteht. Die Store-Kachel zeigt die Nummer aller Apps an, für die ein Update ansteht.

Start

1 Suchen Sie eine App im Store und klicken Sie auf *Kostenlos*, um sie zu installieren. Klicken Sie dann auf *Öffnen*.

2 Die neue App steht unter *Alle Apps* bereit, Sie können sie an das Startmenü oder die Taskleiste anheften.

3 Ist die App kostenpflichtig, wird der Preis angezeigt. Klicken Sie ihn an, um die App zu installieren.

Neben vielen kostenlosen Apps bietet der App-Store auch kostenpflichtige Apps an. Die Preise halten sich allerdings in Grenzen, Apps kosten selten über 5 Euro. Halten Sie Ihre Microsoft-Kontodaten und Ihre Kreditkarte bereit.

WISSEN

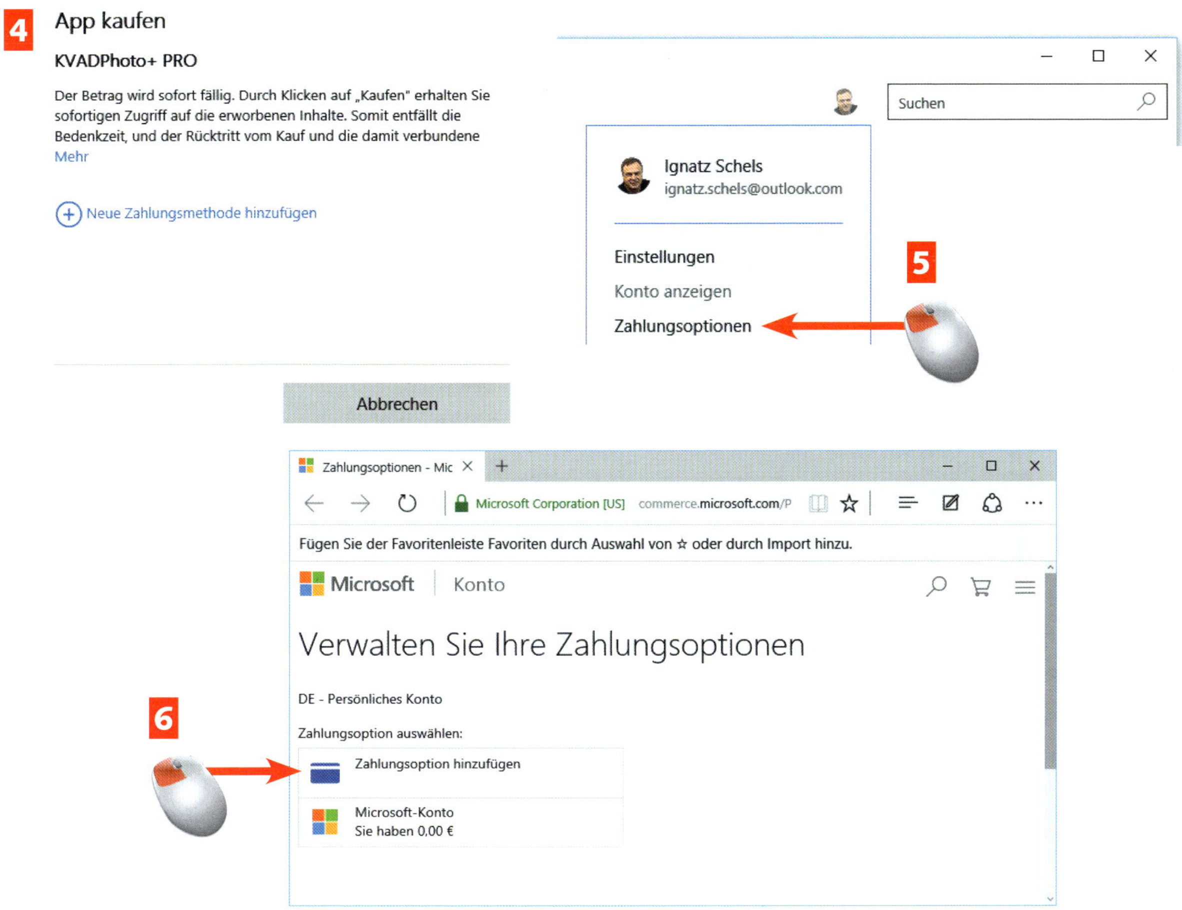

4 Für den Kauf brauchen Sie ein Microsoft-Konto. Geben Sie Ihre Kontodaten sowie die Zahlungsmethode an.

5 Öffnen Sie Ihr Profil und überprüfen Sie das Konto sowie die hinterlegten Zahlungsoptionen.

6 Geben Sie eine Bankverbindung oder Ihre Kreditkarteninformationen an, damit Sie Apps kaufen können.

Ende

Mit Ihrem Microsoft-Konto können Sie Apps auf mehreren Rechnern, zum Beispiel auf dem Laptop und dem Tablet, gleichzeitig verwenden. Die Apps müssen aber auf jedem Gerät einzeln installiert werden.

HINWEIS

Die Liste der PCs, auf denen Sie Apps verwenden, ist in Ihrem Microsoft-Konto gespeichert.

HINWEIS

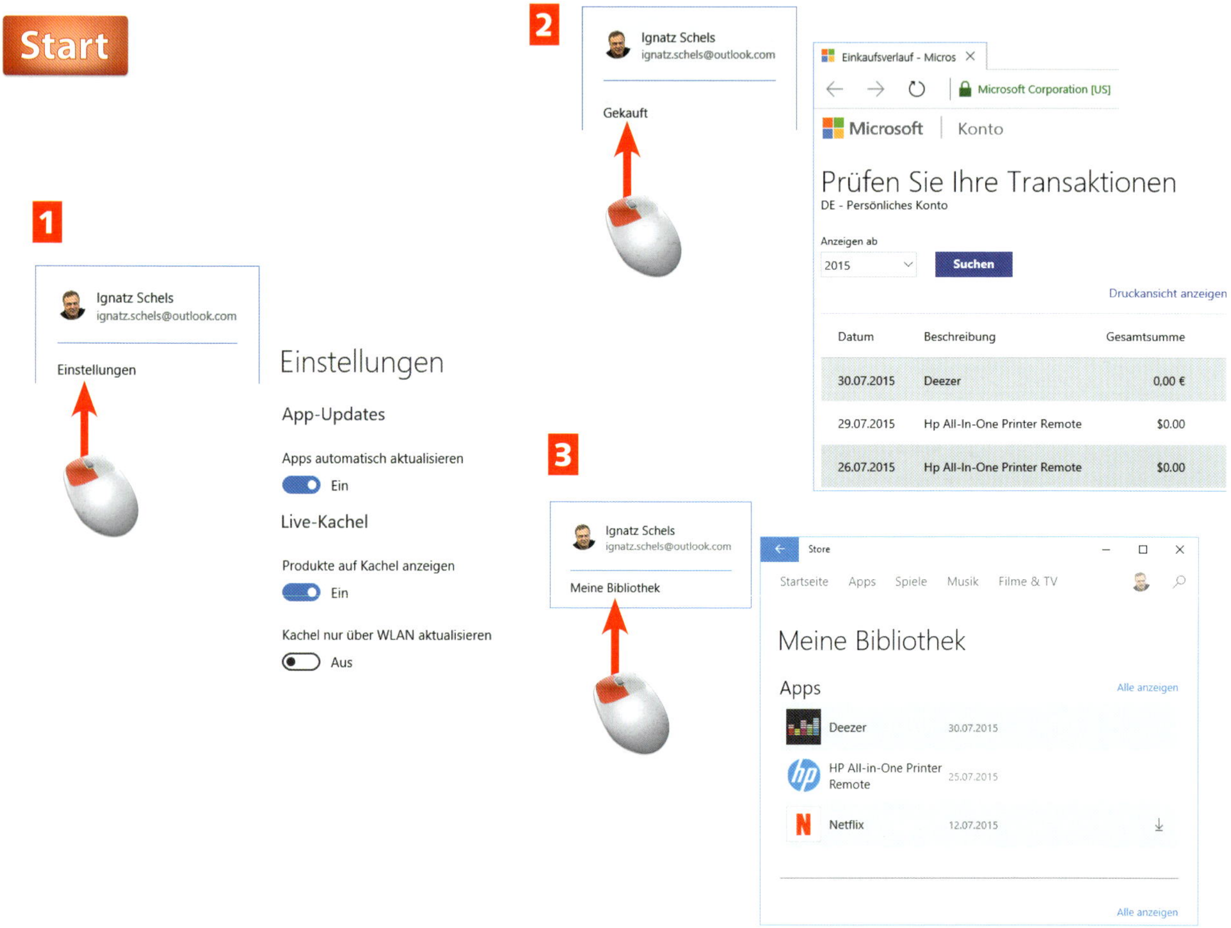

1 In den *Einstellungen* schalten Sie die automatischen Updates für Apps und die Live-Kachel für das Startmenü ein.

2 Klicken Sie auf *Gekauft* und überprüfen Sie Ihre App-Käufe.

3 Unter *Meine Bibliothek* sehen Sie die Liste aller Apps, die Sie gekauft oder erworben haben.

Damit Ihre Apps immer auf dem neusten Stand sind, sollten Sie das automatische Update einstellen und Ihren Store regelmäßig auf Updates überprüfen. Ob welche anstehen, zeigt das App-Symbol schon an.

WISSEN

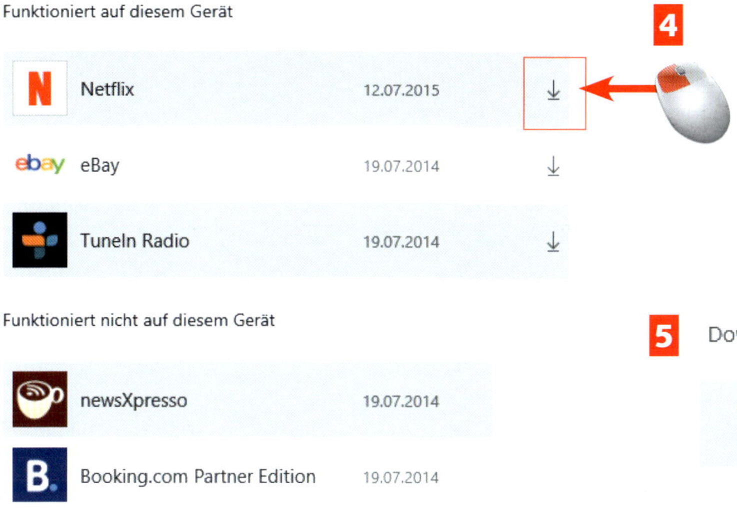

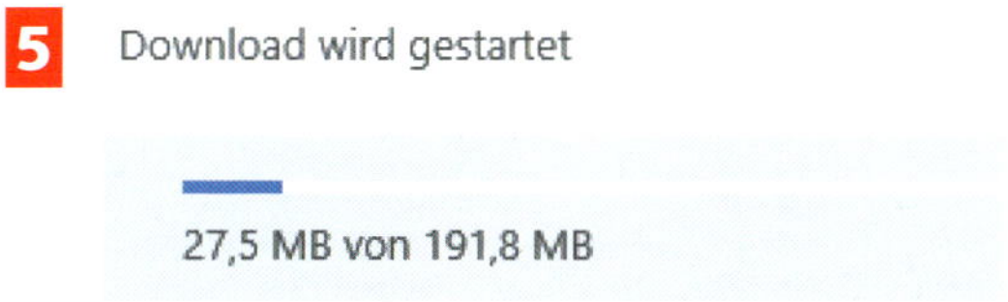

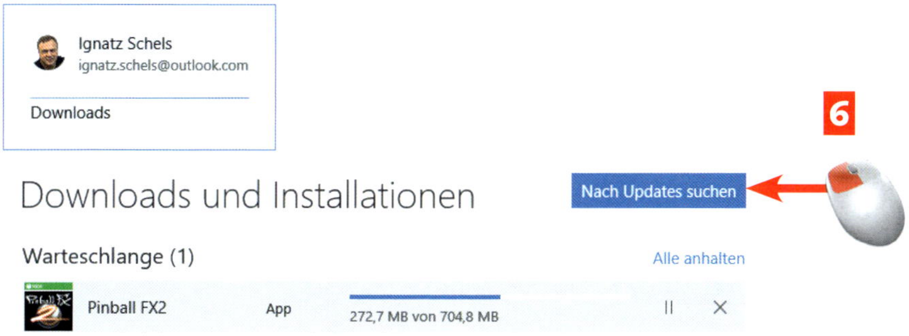

4 Anstehende Updates oder Installationen sind mit einem Pfeil gekennzeichnet. Starten Sie die Installation per Klick.

5 Die Updates werden installiert, nach Abschluss eines Updates verschwindet der Pfeil.

6 Unter *Downloads* sehen Sie anstehende Downloads für Ihre App-Bibliothek. Klicken Sie auf *Nach Updates suchen*, um hier nach neuen Versionen zu suchen.

Ende

Updates für kostenpflichtige Apps können natürlich weitere Kosten verursachen, zum Beispiel, wenn die App für einen bestimmten Zeitraum gemietet wurde.

HINWEIS

Das Store-Symbol im Startmenü zeigt die Anzahl anstehender Updates an.

HINWEIS

Der Desktop

5

Start

1

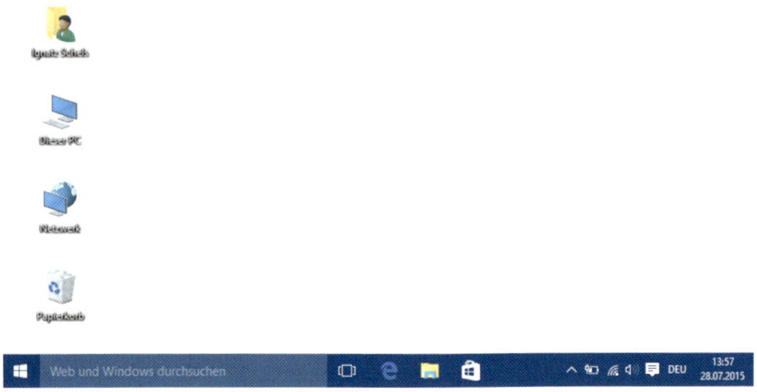

2

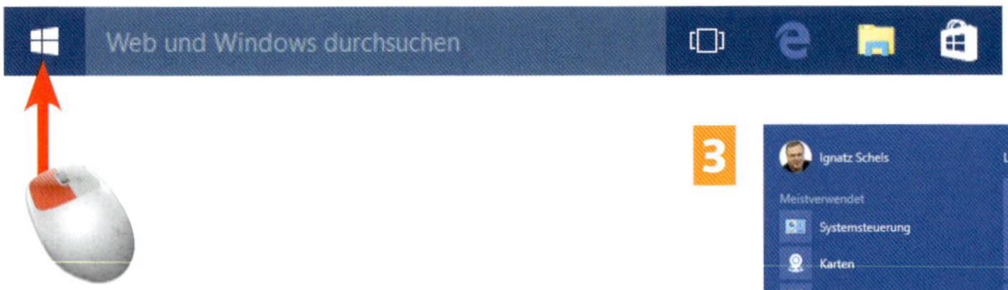

3

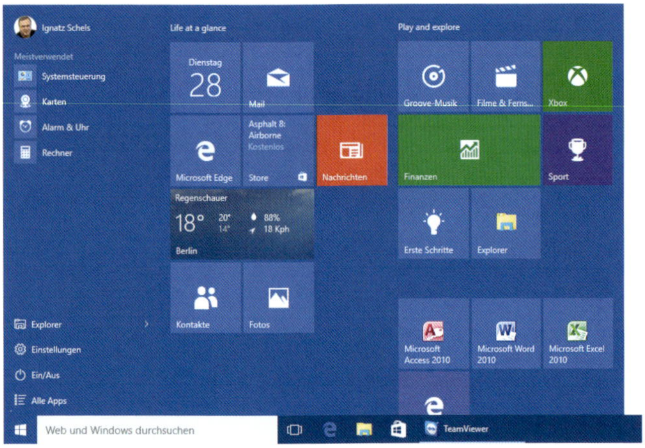

1 Der Desktop übernimmt nach dem Start von Windows 10 die Anzeige auf dem Bildschirm.

2 Am unteren Bildschirmrand sehen Sie das Symbol für das Startmenü und die Taskleiste. Klicken Sie auf das Symbol, …

3 … klappt das Startmenü auf, und Sie können Apps und Programme wahlweise über die Kacheln oder über Symbole im Menü starten.

Der Desktop ist Ihre Windows-Oberfläche. Hier arbeiten Sie wahlweise mit Symbolen oder mit Apps aus dem Startbildschirm. In der Taskleiste legen Sie häufig benötigte Apps ab, damit Sie diese mit einem Klick starten können.

WISSEN

4

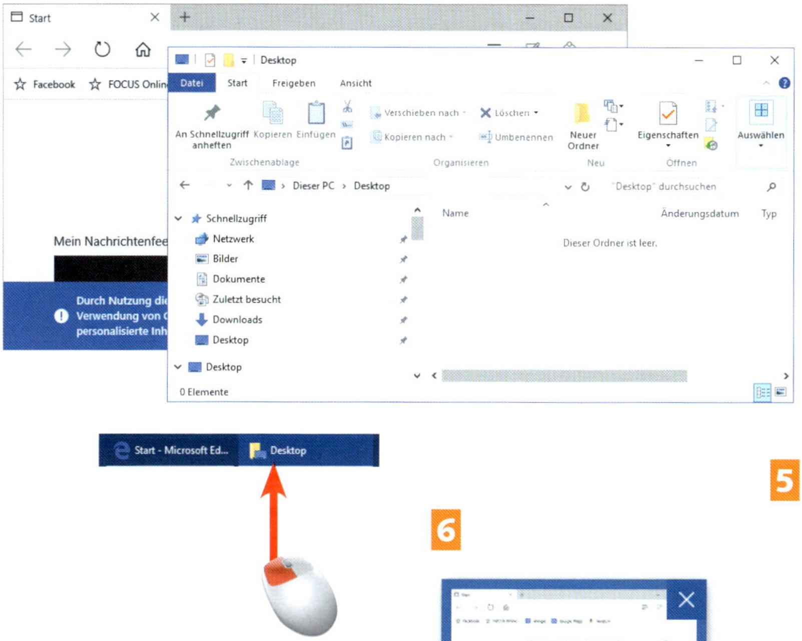

5

6

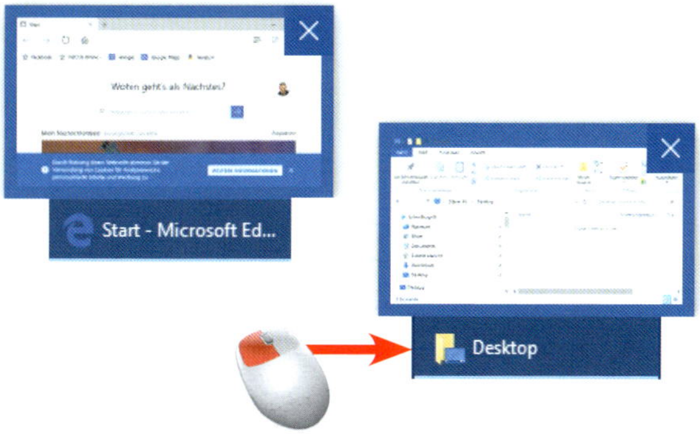

4 In der Taskleiste stehen Symbole für Microsoft Edge, den Windows-Explorer und den Store bereit. Ein Klick darauf öffnet die jeweilige App in einem Fenster.

5 Zeigen Sie rechts unten in die Taskleiste, minimiert Windows 10 alle offenen Fenster. Ein Klick und die Aktion wird ausgeführt.

6 Zeigen Sie auf das Symbol, sehen Sie eine Miniansicht der App. Ein Klick darauf und das App-Fenster erscheint wieder auf dem Desktop.

Ende

Auf dem Tablet tippen Sie die Elemente mit dem Finger an. Für die rechte Maustaste tippen und halten Sie, bis ein Kontextmenü erscheint.

HINWEIS

Wenn Sie das Fenster der Miniansicht schließen, verschwindet die App vom Desktop.

TIPP

Start

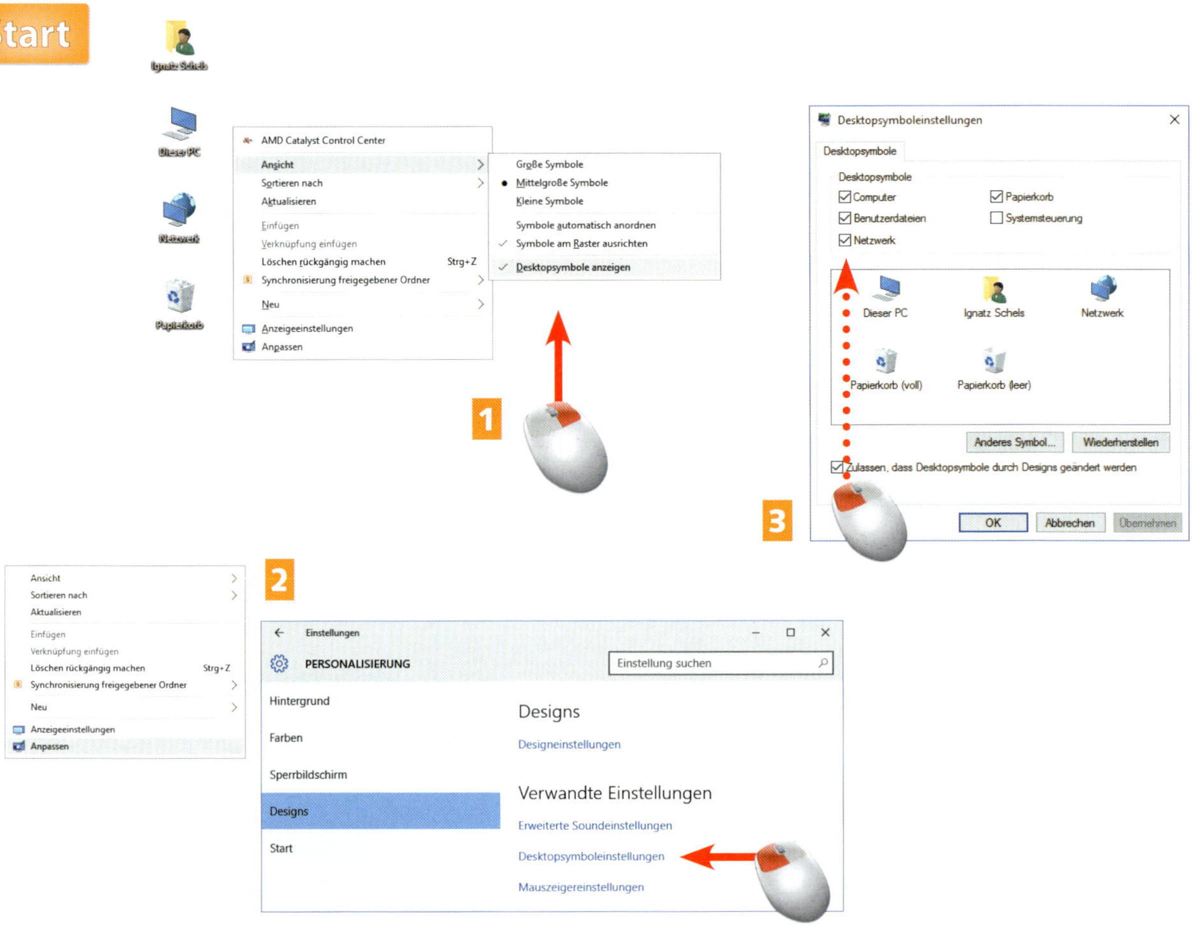

1 Klicken Sie mit der rechten Maustaste in den Desktop und wählen Sie *Ansicht/ Desktopsymbole anzeigen*.

2 Wählen Sie im Kontextmenü der rechten Maustaste *Anpassen*, klicken Sie auf *Designs/ Desktopsymboleinstellungen*.

3 Hier können Sie weitere Symbole für den Desktop ankreuzen, zum Beispiel *Computer*, *Benutzerdateien* oder *Systemsteuerung*.

Mit Desktopsymbolen starten Sie Ihre Programme einfach per Doppelklick auf dem Desktop. Holen Sie sich weitere Symbole auf den Desktop, zum Beispiel für die Systemsteuerung oder Ihre Benutzerdaten, und weisen Sie den Symbolen auf Wunsch neue Bilder zu.

WISSEN

4
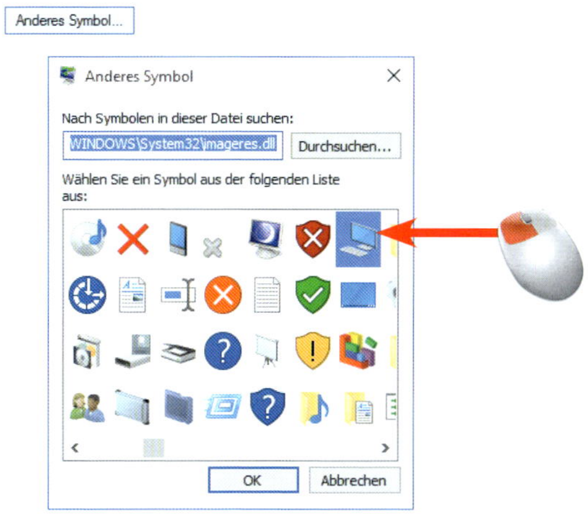

5
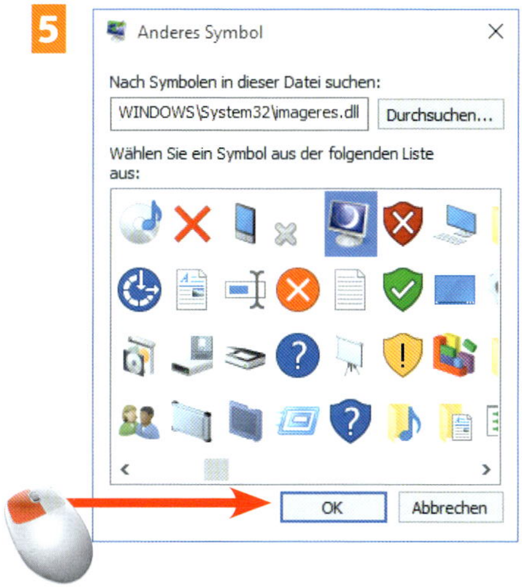

6
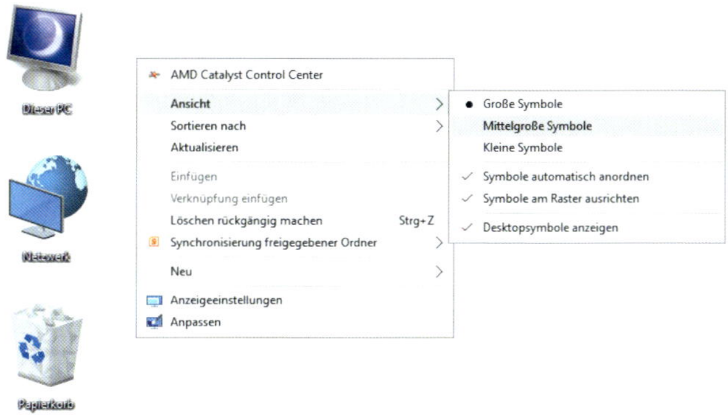

4 Möchten Sie ein Symbol durch ein anderes ersetzen? Markieren Sie es und wählen Sie *Anderes Symbol*.

5 Klicken Sie auf *OK*, um die Änderungen zu übernehmen, und schließen Sie die beiden Fenster.

6 Jetzt zeigt der Desktop am linken Rand die neuen Symbole. Im Kontextmenü können Sie noch die Größe und Anordnung ändern.

Klicken Sie ein Symbol mit der rechten Maustaste an, wählen Sie *An „Start" anheften*. Damit steht es auch im Startbildschirm zur Verfügung.

HINWEIS

Unter *Ansicht* im Kontextmenü können Sie die Anordnung der Symbole automatisch einstellen.

TIPP

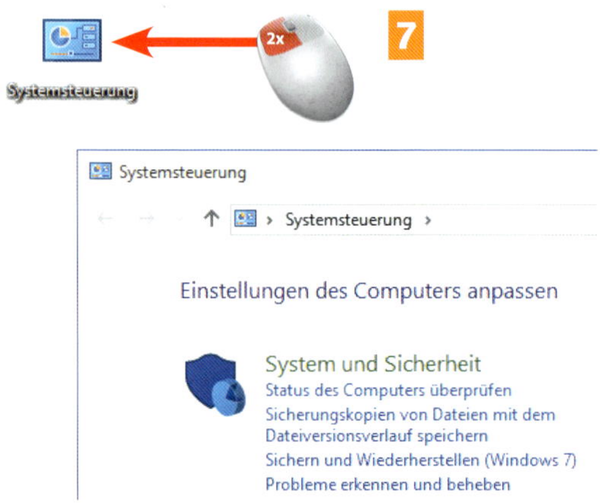

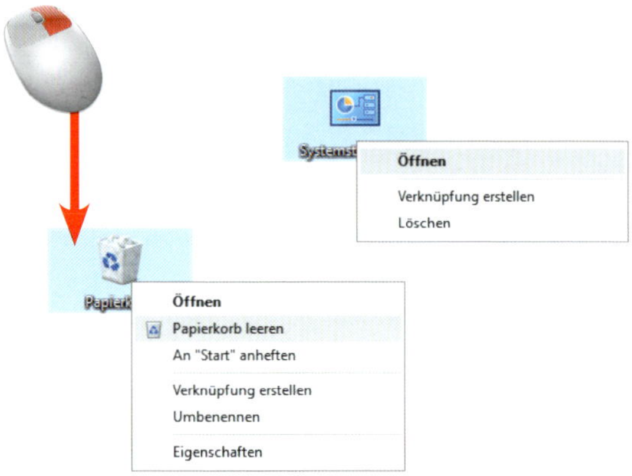

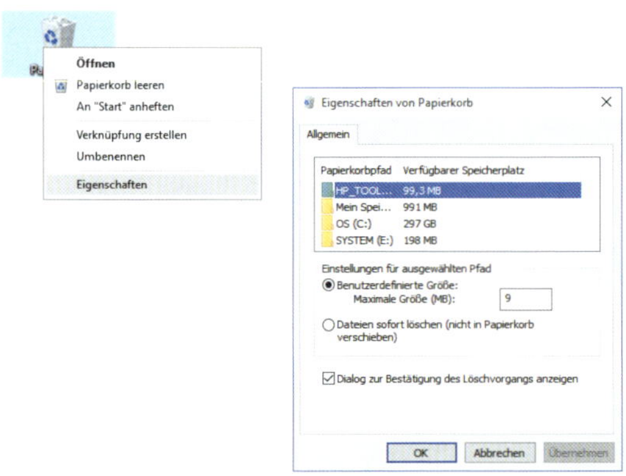

7 Desktopsymbole können Verwaltungstools und Dateien enthalten. Ein Doppelklick darauf öffnet die Datei im verknüpften Programm.

8 Ein Klick mit der rechten Maustaste aktiviert das Kontextmenü, das je nach Symbol unterschiedlich ausfällt.

9 Wählen Sie *Eigenschaften* im Kontextmenü, sehen Sie alle Informationen zum Programm oder zur Datei.

Das Kontextmenü eines Symbols zeigt an, welches Programm oder Verwaltungstool damit verbunden ist. Wichtige Symbole heften Sie an den Startbildschirm und an die Taskleiste an.

WISSEN

10

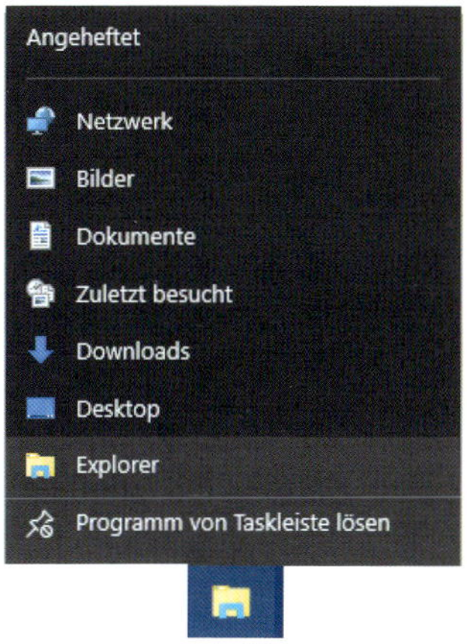

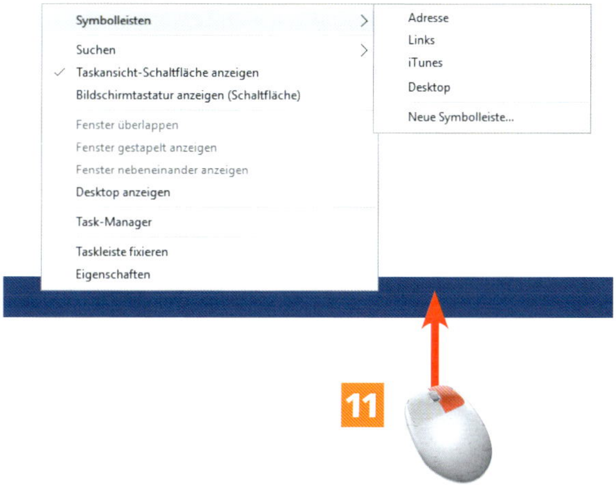

11

12

10 Taskleistensymbole präsentieren im Kontextmenü zuletzt verwendete Ordner, Adressen oder bearbeitete Dokumente.

11 Klicken Sie mit der rechten Maustaste in die Taskleiste und blenden Sie in dieser weitere Symbolleisten ein.

12 Verschieben Sie die Symbolleisten in der Taskleiste oder ziehen Sie an einem Trennbalken, um die Größe der Leiste zu ändern.

Ende

Um ein Symbol vom Desktop zu löschen, klicken Sie es an und drücken die Entf-Taste.

HINWEIS

Wählen Sie im Kontextmenü *An „Start“ anheften*, finden Sie das Symbol anschließend auf dem Startbildschirm.

HINWEIS

Start

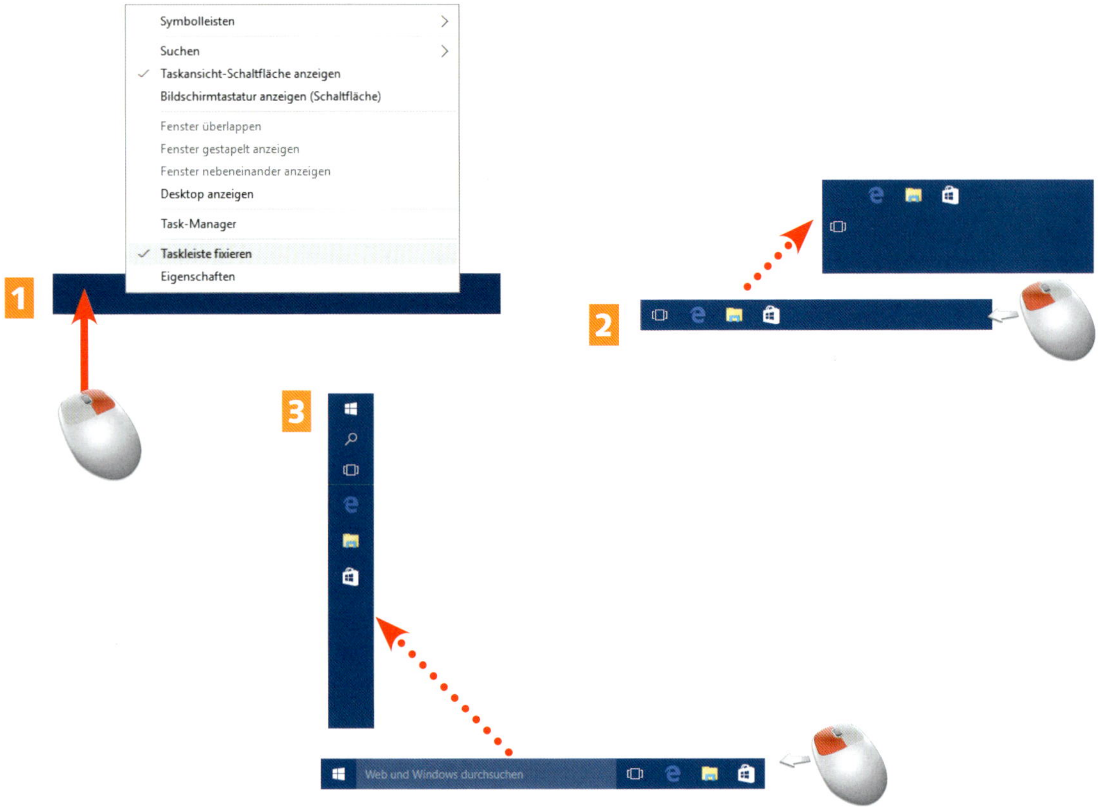

1 Klicken Sie mit der rechten Maustaste in die Taskleiste und entfernen Sie das Häkchen vor *Taskleiste fixieren*.

2 Ziehen Sie den oberen Rand der Taskleiste mit gedrückter Maustaste, dann ändert sich die Größe.

3 Mit gedrückter Maustaste lässt sich die Taskleiste auch an einen anderen Bildschirmrand verschieben.

Das Programm-Kontrollzentrum auf dem Desktop ist die Taskleiste. Sie enthält Schnellstartsymbole für Windows-Programme und einen Infobereich für wichtige Systemwerkzeuge.

WISSEN

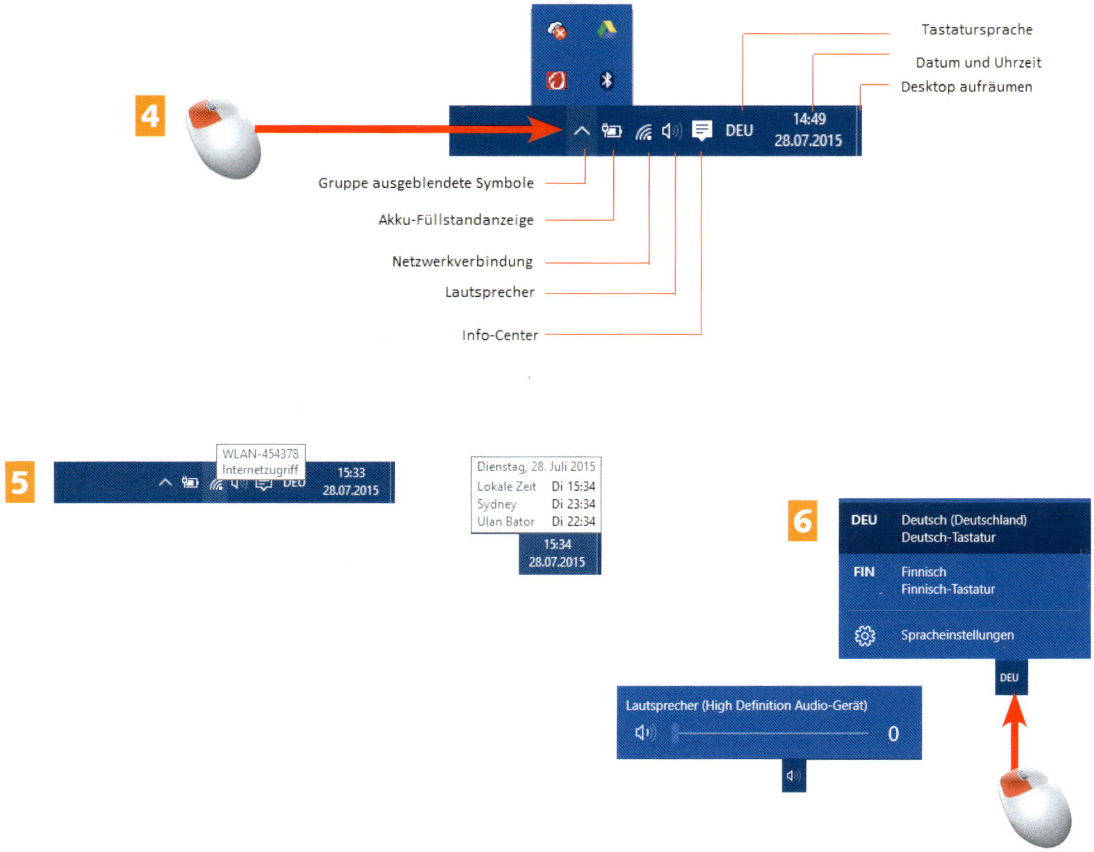

4 Rechts unten finden Sie den Infobereich. Das erste Symbol enthält ausgeblendete Symbole, klicken Sie es zum Öffnen an.

5 Zeigen Sie mit der Maus auf die Symbole, blenden diese ihren Status in kleinen Infofenstern ein.

6 Ein Klick auf das Symbol öffnet die vollständige Anzeige (hier Lautsprecher und Tastatursprache).

Zum Schließen eines Fensters können Sie auch das Schnellstartsymbol nutzen: rechte Maustaste, Fenster schließen.

TIPP

Wenn Sie ein ausgeblendetes Symbol des Infobereichs immer sehen wollen, ziehen Sie es einfach mit gedrückter Maustaste in die Taskleiste.

TIPP

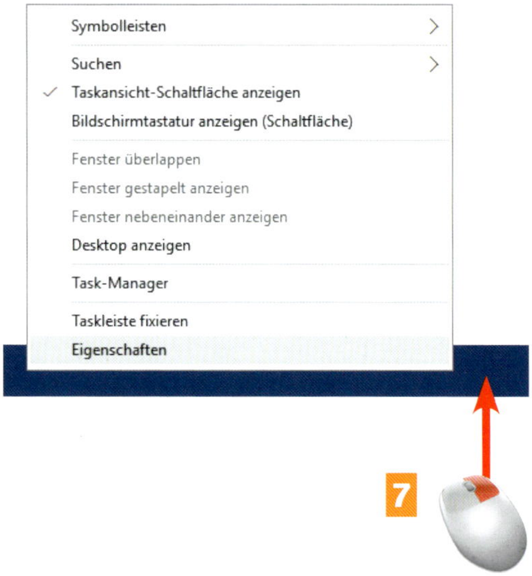

7

8

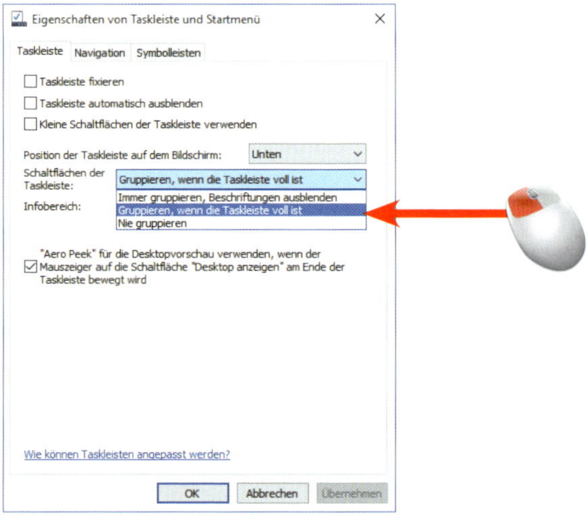

9

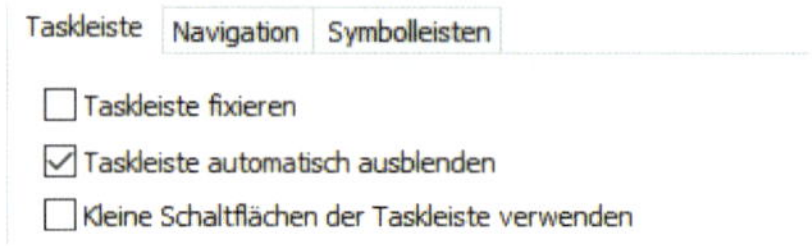

7 Klicken Sie mit der rechten Maustaste in die Taskleiste und wählen Sie *Eigenschaften*.

8 Über das Eigenschaften-Fenster lassen sich die Schaltflächen der Taskleiste gruppieren, wenn diese zu voll wird.

9 Damit erscheint die Taskleiste erst, wenn der Mauszeiger an den unteren Rand des Bildschirms bewegt wird.

Passen Sie die Eigenschaften der Taskleiste an, hier finden Sie einige interessante Optionen, zum Beispiel um die Größe der Symbole und zusätzliche Funktionen für den Infobereich festzulegen.

WISSEN

10
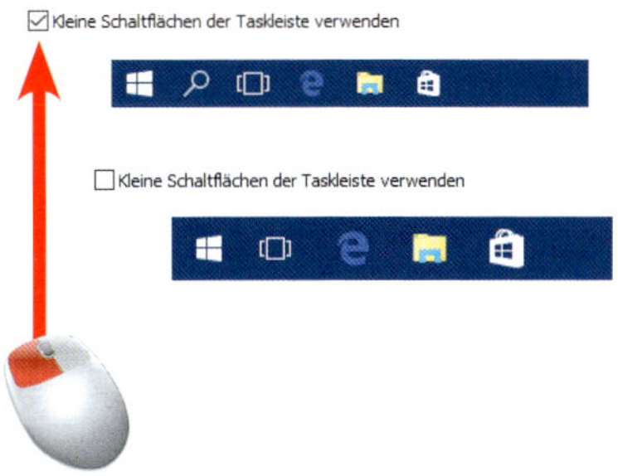

11
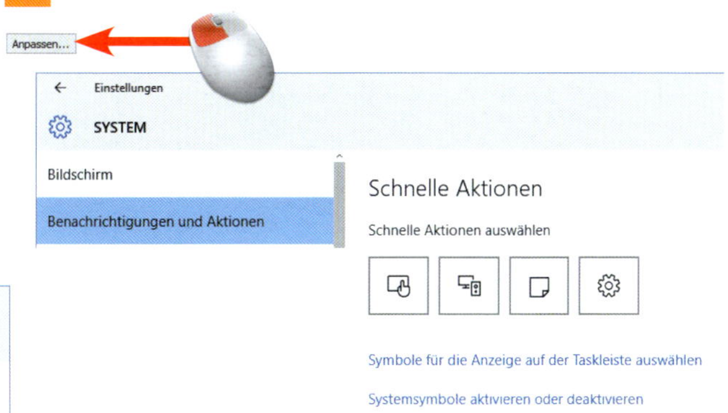

12

10 Schalten Sie diese Option ein, wenn Sie die Schaltflächen in der Taskleiste verkleinern wollen.

11 Klicken Sie auf *Anpassen*, um den Infobereich rechts unten in der Taskleiste zu gestalten.

12 Hier definieren Sie für die einzelnen Symbole das Verhalten und aktivieren weitere Symbole im Infobereich.

Ende

Gruppiert werden Fenster in der Miniaturansicht eines Symbols, wenn sie vom gleichen Programm aktiviert wurden.

HINWEIS

Aktivieren Sie die Option *Immer alle Symbole und Benachrichtigungen auf der Taskleiste zeigen*, wenn Sie die Symbole im Infobereich nicht gruppieren wollen.

TIPP

Start

1

2

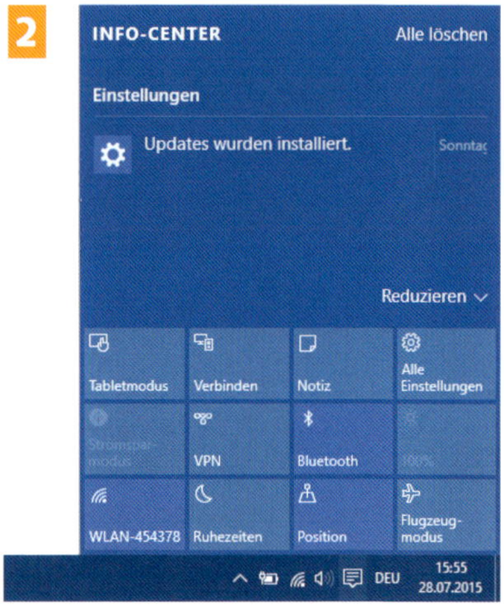

3

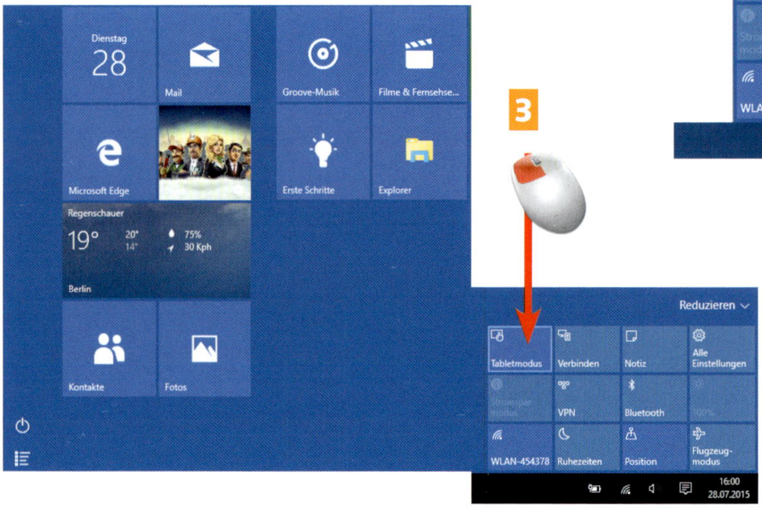

1 Zeigen Sie auf das Symbol des Info-Centers für die aktuellen Benachrichtigungen. Ein Klick auf das Symbol ...

2 ... und das Info-Center wird aktiviert. Oben sehen Sie die Nachrichten, unten Symbole für Systemprogramme.

3 Klicken Sie auf ein Symbol (hier *Tabletmodus*), wird die App sofort ausgeführt.

Das Info-Center zeigt wichtige Meldungen des Systems an, meldet anstehende Updates sowie Wartungen und bietet eine Auswahl von Symbolen für den schnellen Abruf von Apps oder Dienstprogrammen an.

WISSEN

4

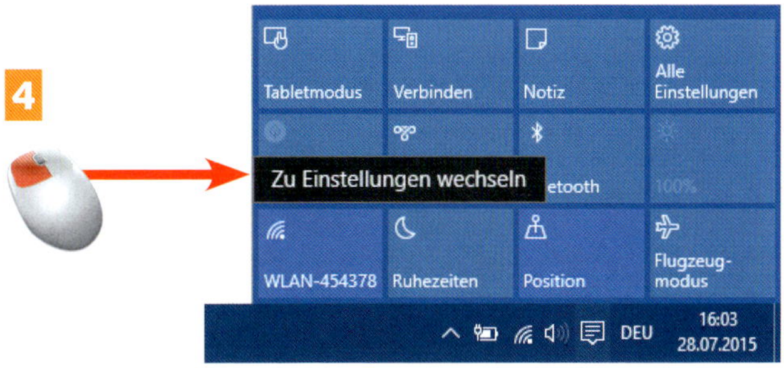

5

6

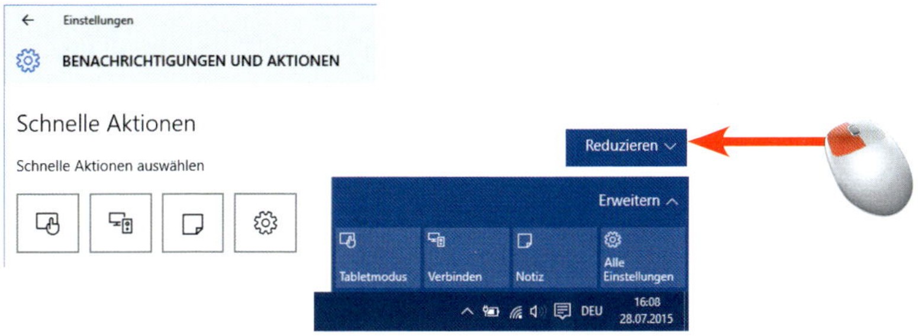

4 Klicken Sie auf *Zu Einstellungen wechseln* im Kontextmenü.

5 Ändern Sie bei Bedarf die Einstellungen für die App, die mit dem Symbol aktiviert wird (hier WLAN).

6 Ein Klick auf *Reduzieren* schaltet in die Schnelleinstellungen mit vier Symbolen. Stellen Sie diese in den Systemeinstellungen zusammen.

Ende

HINWEIS

Die Auswahl der Symbole für die Schnelleinstellungen bestimmen Sie in den Einstellungen unter *System*.

TIPP

Schnelle Tastenkombination für das Info-Center: [Windows]+[A].

Start

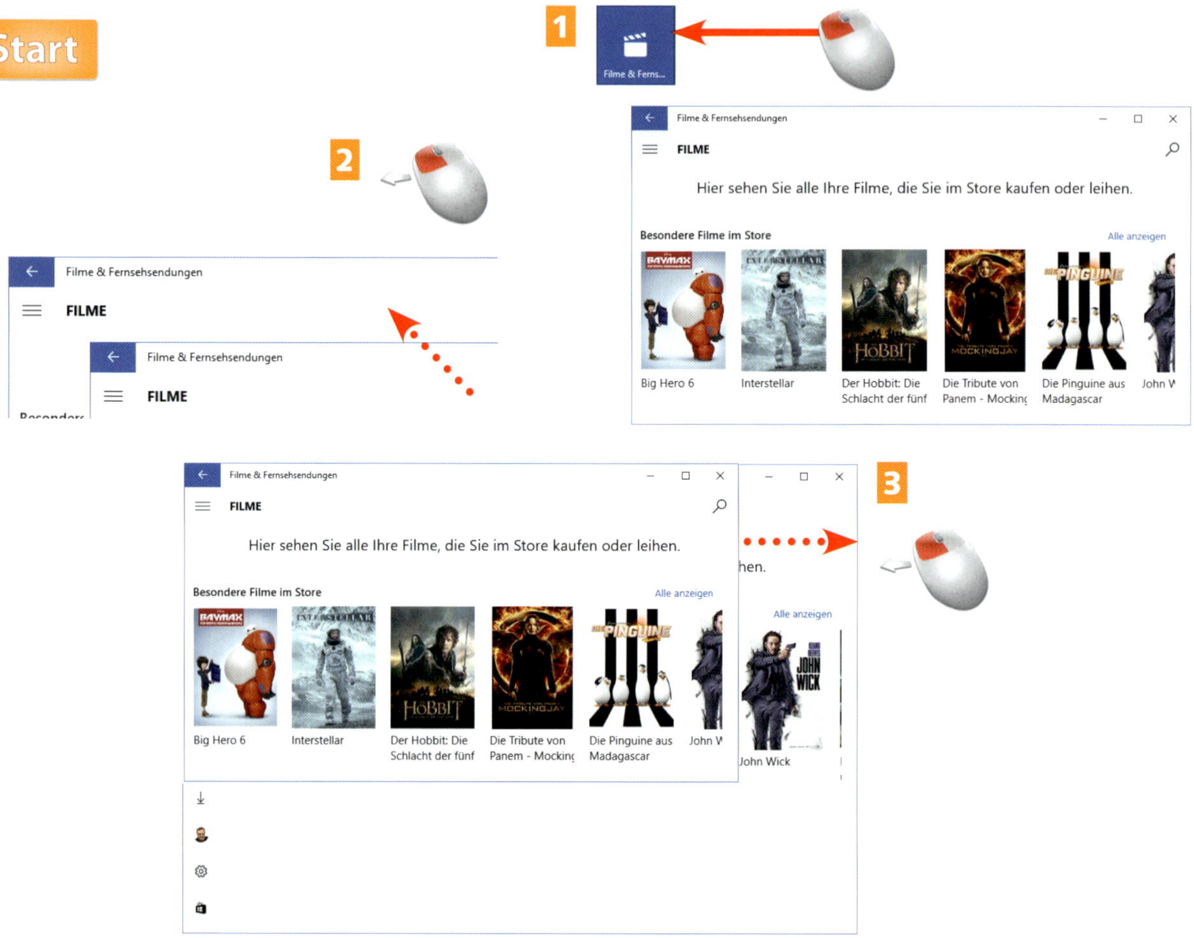

1 Starten Sie ein Windows-Programm aus der Taskleiste, dem Startmenü oder über eine Kachel.

2 Verschieben Sie das Fenster mit dem Mauszeiger und gedrückter Maustaste in der Titelleiste.

3 Ziehen Sie mit gedrückter Maustaste an einer Kante oder Ecke des Fensters, um das Fenster zu vergrößern oder zu verkleinern.

Windows heißt Fenster, und das sind nach wie vor die wichtigsten Elemente auf dem Desktop. Lernen Sie, wie Fenster positioniert und in verschiedene Ansichten gebracht werden.

WISSEN

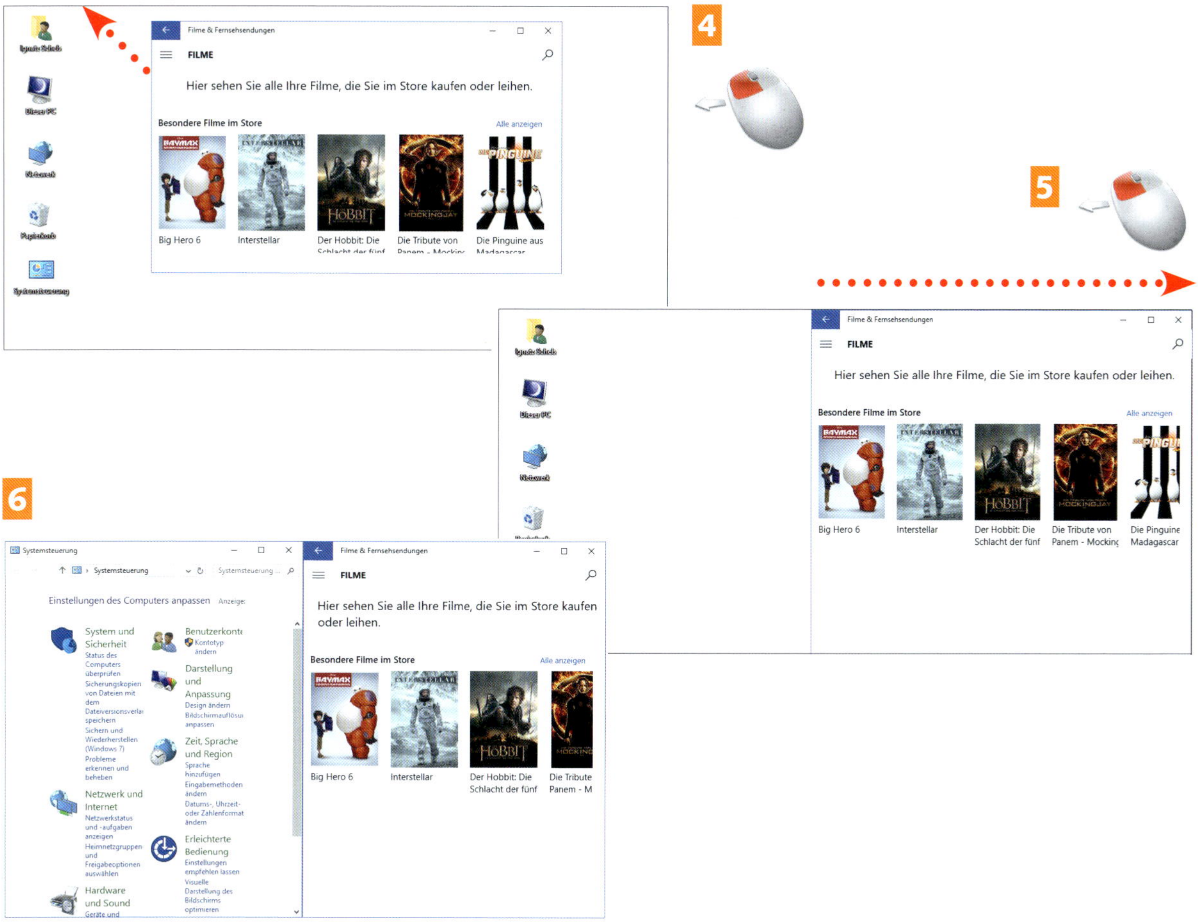

4 Ziehen Sie das Fenster an den oberen Rand des Desktops, wird es bildschirmfüllend vergrößert (Vollbild).

5 Ziehen Sie das Fenster an den linken oder rechten Rand des Bildschirms, wird es die Hälfte des Desktops einnehmen.

6 So stellen Sie Fenster nebeneinander: Ziehen Sie das erste an den linken Rand, und klicken Sie auf eine Miniansicht, um das zweite an den rechten Rand zu schieben.

HINWEIS

Ziehen Sie ein Fenster an den Rand, werden alle weiteren verkleinert. Ein Klick in den Desktop, und Sie können diese ebenfalls positionieren.

TIPP

Ein Doppelklick auf die Titelzeile schaltet das Fenster ebenfalls in die Vollbildansicht (und wieder zurück).

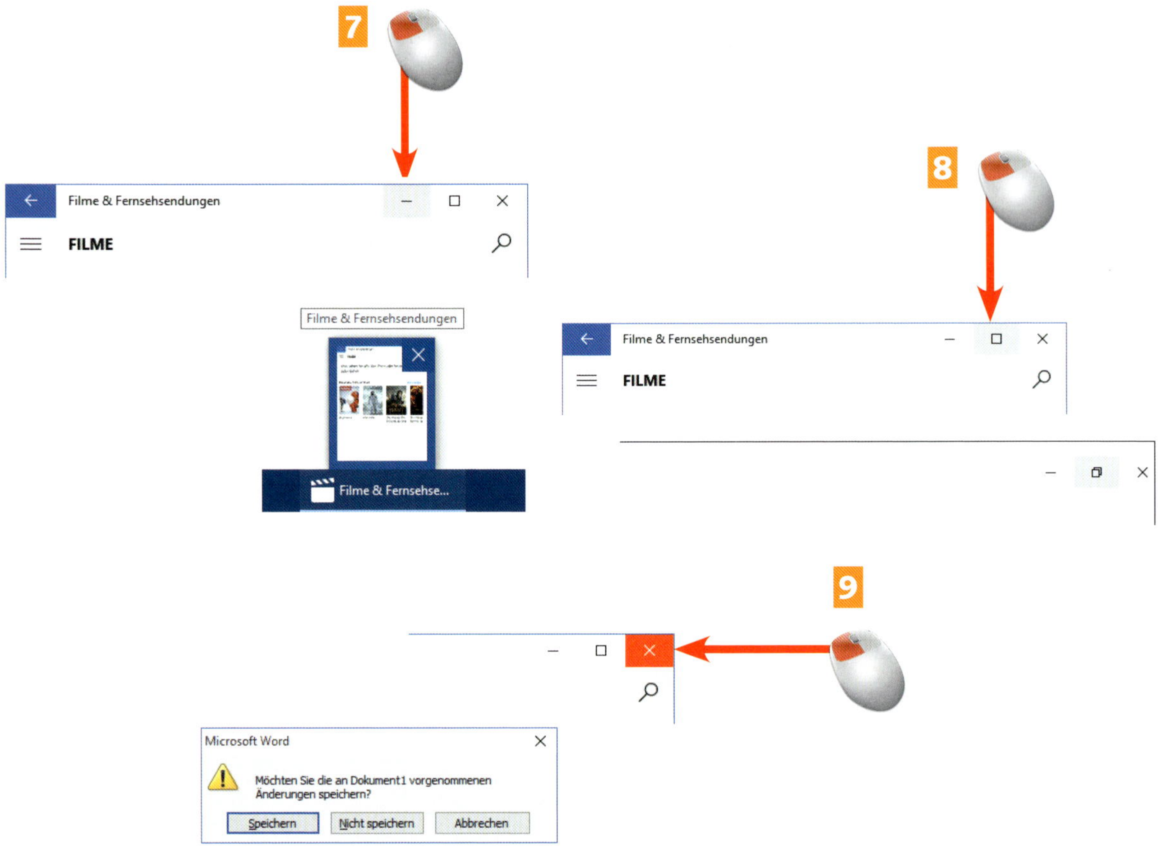

7 Mit diesen drei Symbolen steuern Sie die Fensteransicht. Klicken Sie auf *Minimieren*, um das Fenster in die Taskleiste zu schicken.

8 Das *Vollbild*-Symbol schaltet das Fenster in den Vollbildmodus, es wird damit zu *Wiederherstellen*, mit dem wieder in den Fenstermodus geschaltet wird.

9 Mit dem Schließen-Symbol beenden Sie das Fenster. Wenn nicht gespeicherte Änderungen an Dateien vorliegen, erscheint eine Speicherwarnung.

Die drei Fenstersymbole rechts oben sind für die Fenstersteuerung zuständig. In der Taskleiste finden Sie Optionen, um mehrere Fenster auf dem Desktop übersichtlich anzuordnen.

WISSEN

10

11

12

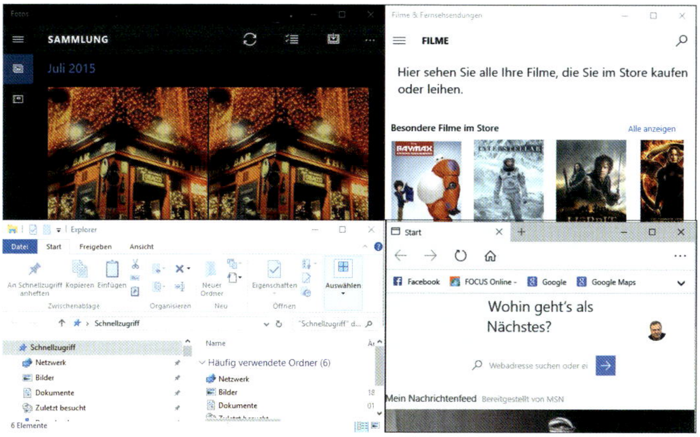

10 Klicken Sie mit der rechten Maustaste in die Taskleiste und wählen Sie eine Fensterdarstellung.

11 *Fenster überlappen* zeigt die Fenster in einer Kaskade an. Von jedem Fenster sind die Symbole rechts oben sichtbar.

12 *Fenster nebeneinander anzeigen* stellt alle Fenster auf dem Desktop nebeneinander dar.

Ende

In der linken oberen Fensterecke finden Sie die Menübefehle, die den Fenstersymbolen entsprechen. Drücken Sie [Alt]+[ ] und die Cursortasten, um das Fenster ohne Maus zu steuern.

HINWEIS

Probieren Sie diese Tastenkombinationen:
Fenster wechseln: [Alt]+[Esc]
Fenster schließen: [Alt]+[F4]

TIPP

Start

1

2

3

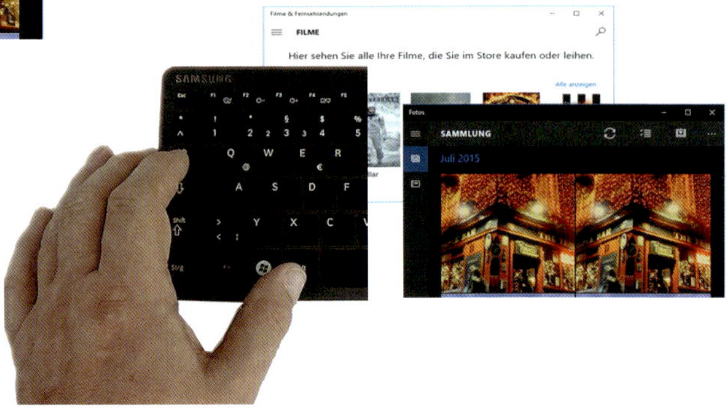

1 Mit der Maus wechseln Sie Ihre Fenster am schnellsten über die Taskleiste. Das Symbol gruppiert oft mehrere Fenster.

2 Drücken Sie Alt+Esc, um zum nächsten aktiven Fenster zu wechseln.

3 Drücken Sie Alt+⇆, um zwischen den beiden letzten aktiven Fenstern umzuschalten.

Bald wird es voll auf Ihrem Desktop, weil Sie Multitasking betreiben und damit so viele Fenster gleichzeitig öffnen können, wie Sie wollen. Mit einigen pfiffigen Tastenkombinationen wird das Multitasking einfacher.

WISSEN

4

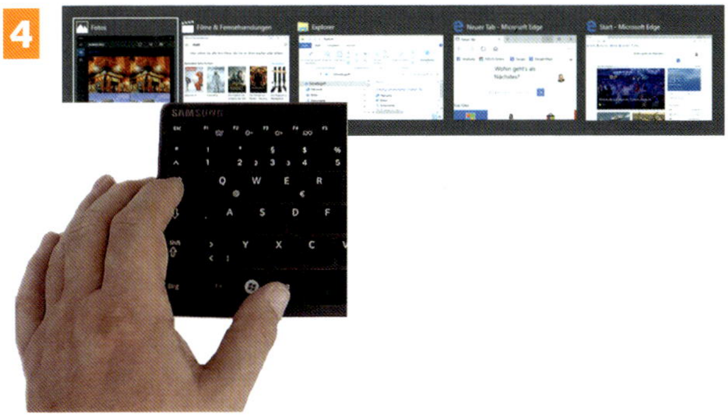

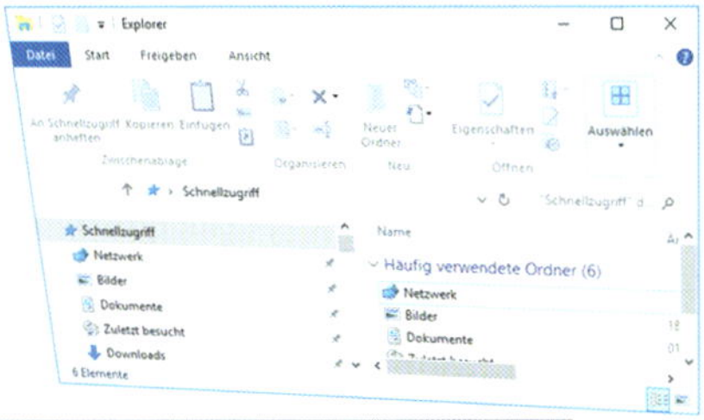

5

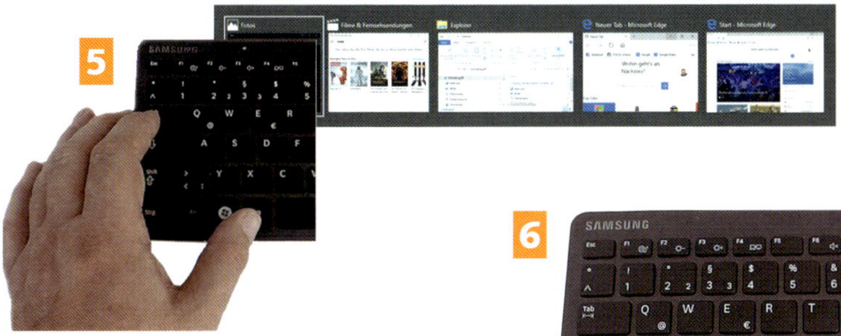

6

4 Halten Sie die Alt-Taste gedrückt und drücken Sie ⭾, können Sie das Fenster im kleinen Task-Manager ansteuern.

5 Halten Sie die Tasten gedrückt, lässt sich eines der Minifenster auch per Mausklick öffnen.

6 Drücken Sie ⊞+M, um alle aktiven Fenster zu minimieren (auch mit Mausklick rechts unten).

Ende

Die Option *Fenster schließen* finden Sie auch in der Miniaturansicht (rechte Maustaste auf das Taskleistensymbol).

HINWEIS

Start

1 

2 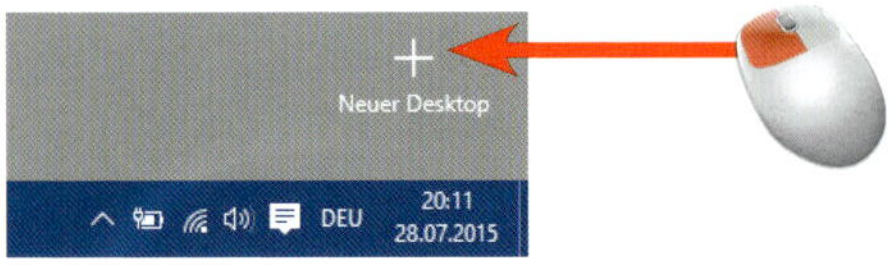

3 

1 Klicken Sie in der Taskleiste auf das Symbol *Aktive Anwendungen* für virtuelle Desktops.

2 Alle offenen Fenster werden auf die Miniaturansicht verkleinert, Sie können per Klick auf das Pluszeichen einen neuen Desktop anlegen.

3 Jetzt stehen beide Desktops zur Auswahl, klicken Sie den neuen Desktop an.

Virtuelle Desktops sind eine besonders nützliche Neuerung in Windows 10. Wenn Ihnen die Anzahl der Tasks allmählich zu viel wird, »klonen« Sie einfach Ihren Desktop und fügen damit einen weiteren Desktop hinzu.

WISSEN

4

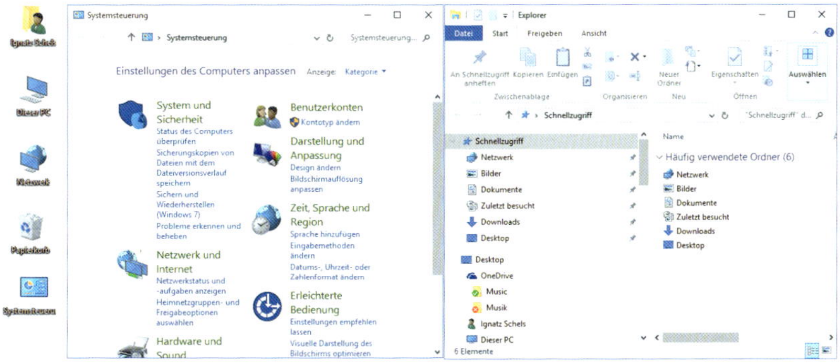

5

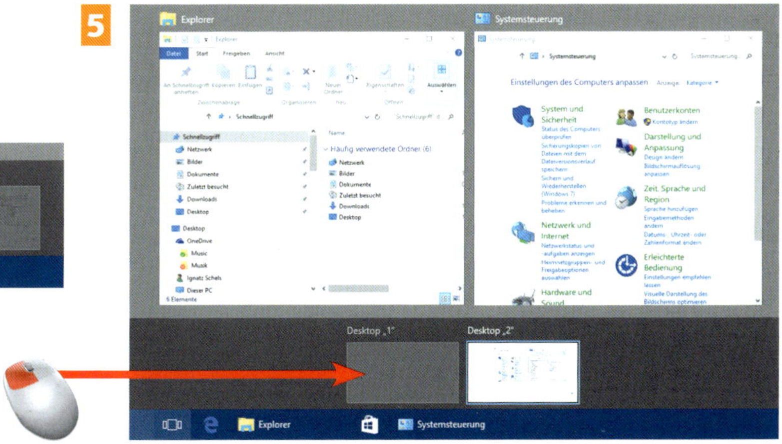

6

4 Öffnen Sie Apps und ordnen Sie die Fenster auf dem Desktop an.

5 Klicken Sie wieder auf das Symbol für virtuelle Desktops, …

6 … und wechseln Sie zurück zum ersten Desktop.

HINWEIS

Die Anzahl virtueller Desktops ist nur durch die Bildschirmauflösung begrenzt.

TIPP

Tastenkombinationen
Virtuelle Desktops aufrufen:
[Win]+[Tab]
Neuen Desktop anlegen:
[Win]+[D]

HINWEIS

Wenn Sie nach dem Klick auf das Symbol ein aktives Fenster auf das Pluszeichen ziehen, wird dieses automatisch in einen neuen Desktop verschoben.

7

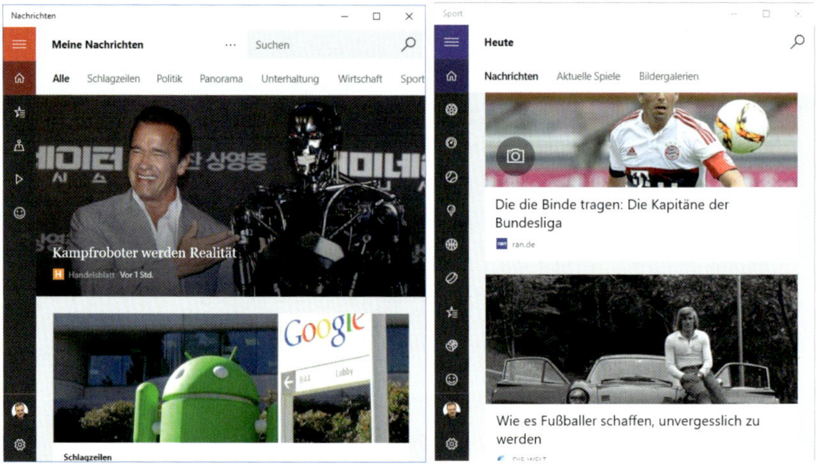

8

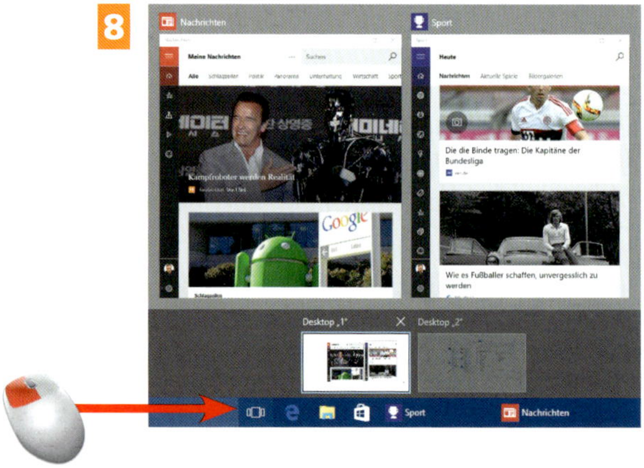

9

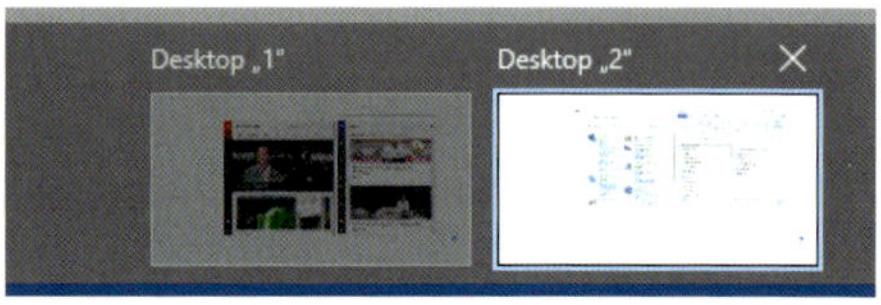

7 Öffnen Sie weitere Tasks in diesem Desktop und ordnen Sie sie wieder wie gewünscht an.

8 Ein Klick auf das Symbol *Aktive Anwendungen* – und Sie können zwischen Ihren Desktops umschalten.

9 Zeigen Sie nur mit dem Mauszeiger auf ein Desktopsymbol, zeigt der Bildschirm diesen nach kurzer Zeit an, ohne umzuschalten.

Aktivieren Sie weitere Apps in Ihrem neuen Desktop und schalten Sie bequem zwischen den Desktops um. Offene Tasks lassen sich einfach zwischen den Desktops verschieben.

WISSEN

10

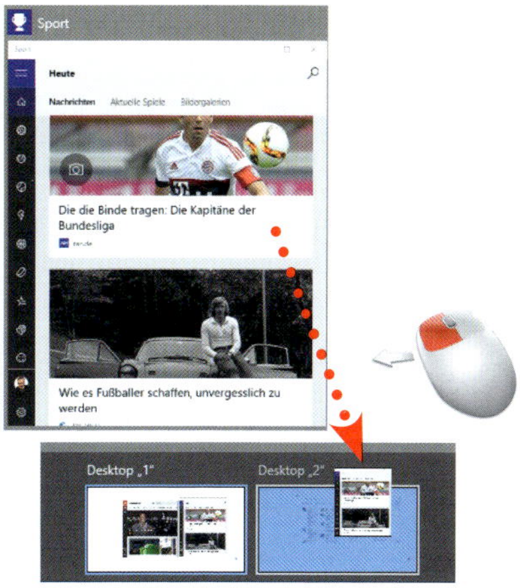

11

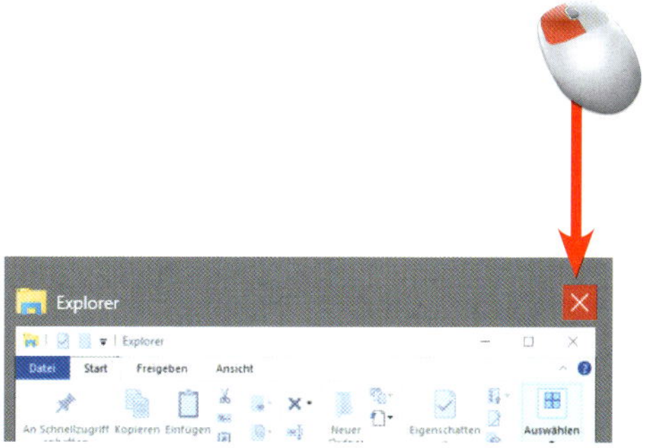

12

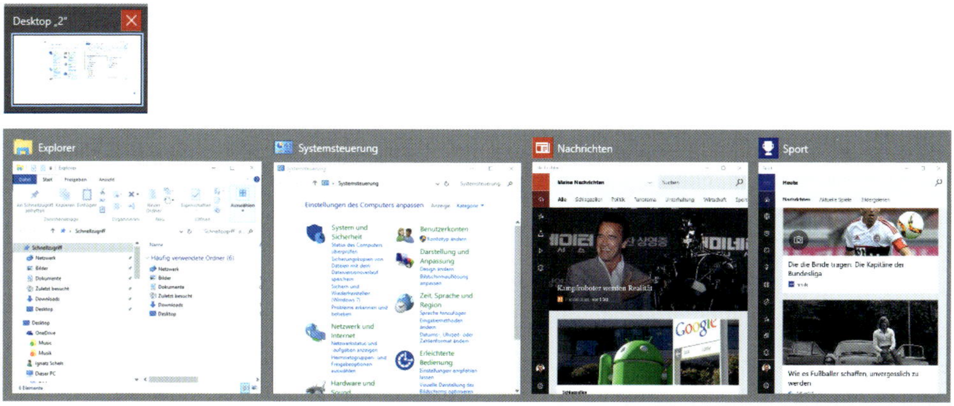

10 Um ein Fenster von einem Desktop in einen anderen zu verschieben, ziehen Sie es einfach mit gedrückter Maustaste in den virtuellen Desktop.

11 Mit dem *Schließen*-Symbol schließen Sie einen Task in einem Desktop, ohne auf diesen gewechselt zu haben.

12 Klicken Sie in einem Desktop auf *Schließen*, wird dieser wieder geschlossen, seine Tasks dagegen werden in die anderen Desktops übernommen.

Ende

Klicken Sie in der Multidesktop-Ansicht mit der rechten Maustaste in ein Taskfenster, lässt sich unter *Verschieben nach* ein beliebiger Desktop auswählen.

HINWEIS

Tastenkombinationen
Blättern zwischen Desktops:
[Win]+[Strg]+[←] [↑] [→] [↓]
Desktop schließen:
[Win]+[Strg]+[F4]

TIPP

Start

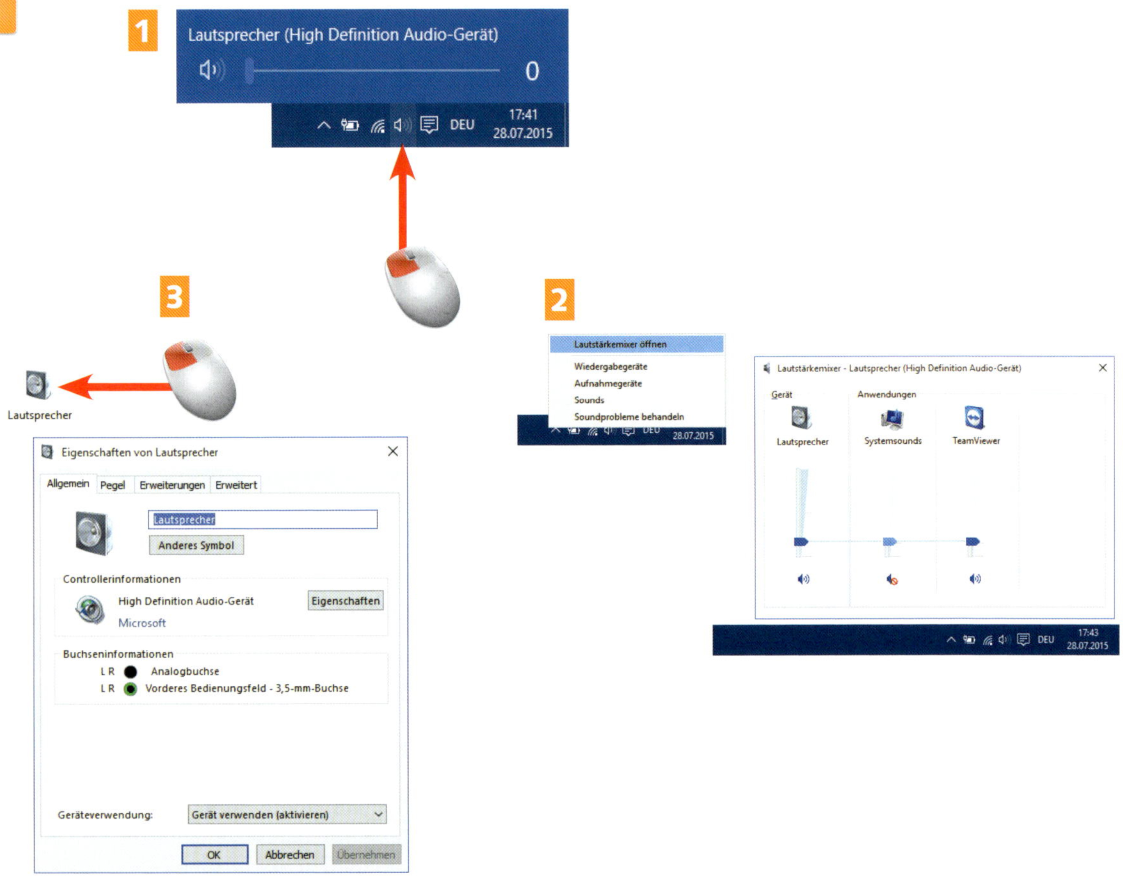

1 Klicken Sie auf das Lautsprechersymbol im Systembereich und ziehen Sie den Schieberegler, um die Lautstärke einzustellen.

2 Öffnen Sie im Kontextmenü den *Lautstärkemixer* und stellen Sie die Lautstärke für alle Geräte ein, die Sounds wiedergeben.

3 Klicken Sie auf das Lautsprechersymbol und stellen Sie die Systemeigenschaften des Lautsprechers ein.

Für den perfekten Sound bei der Wiedergabe von Videos und Musik konfigurieren Sie Ihre Soundanlage und die Lautsprecher in der Systemsteuerung. Auch das Mikrofon sollte richtig eingestellt sein.

WISSEN

4

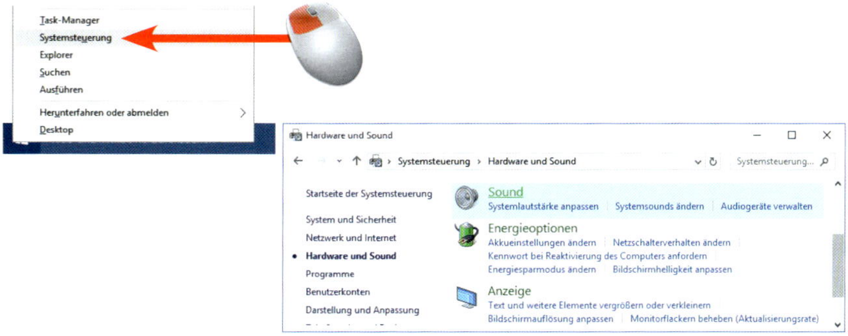

5

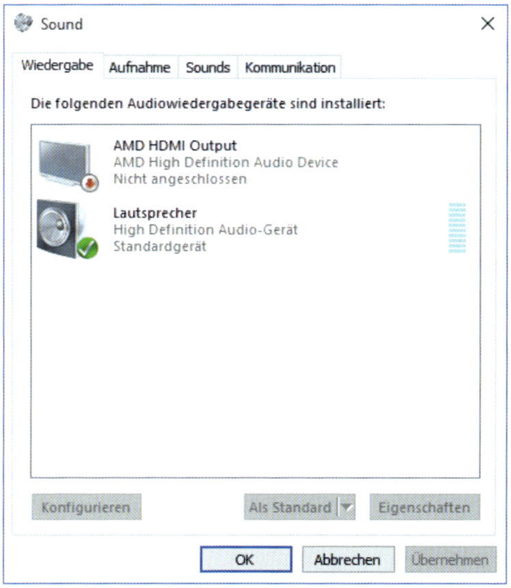

6

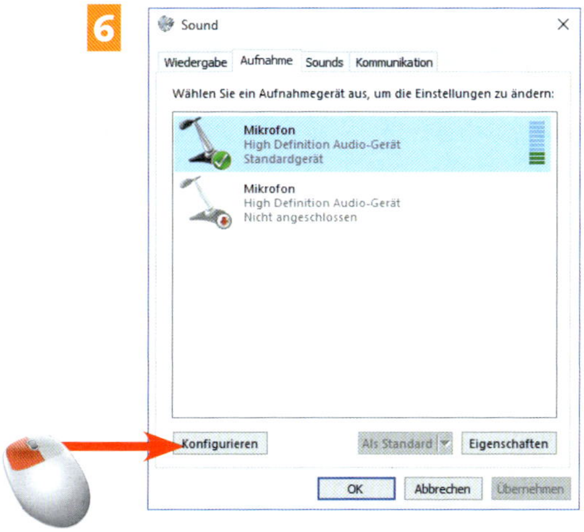

4 Die Verwaltung der Audiogeräte finden Sie auch in der *Systemsteuerung* unter *Hardware und Sound*.

5 Das erste Register bietet alle Wiedergabegeräte zur Einstellung an.

5 Unter *Aufnahme* konfigurieren Sie das Mikrofon. Mit *Konfigurieren* schalten Sie um zur Spracherkennung.

Ende

Wenn Ihr Computer eine spezielle Soundanlage hat, finden Sie die Steuersoftware dafür ebenfalls im Systembereich der Taskleiste.

HINWEIS

Klicken oder tippen Sie auf das Lautsprechersymbol in der Lautstärkeregelung, um den Computer stumm zu schalten.

TIPP

Start

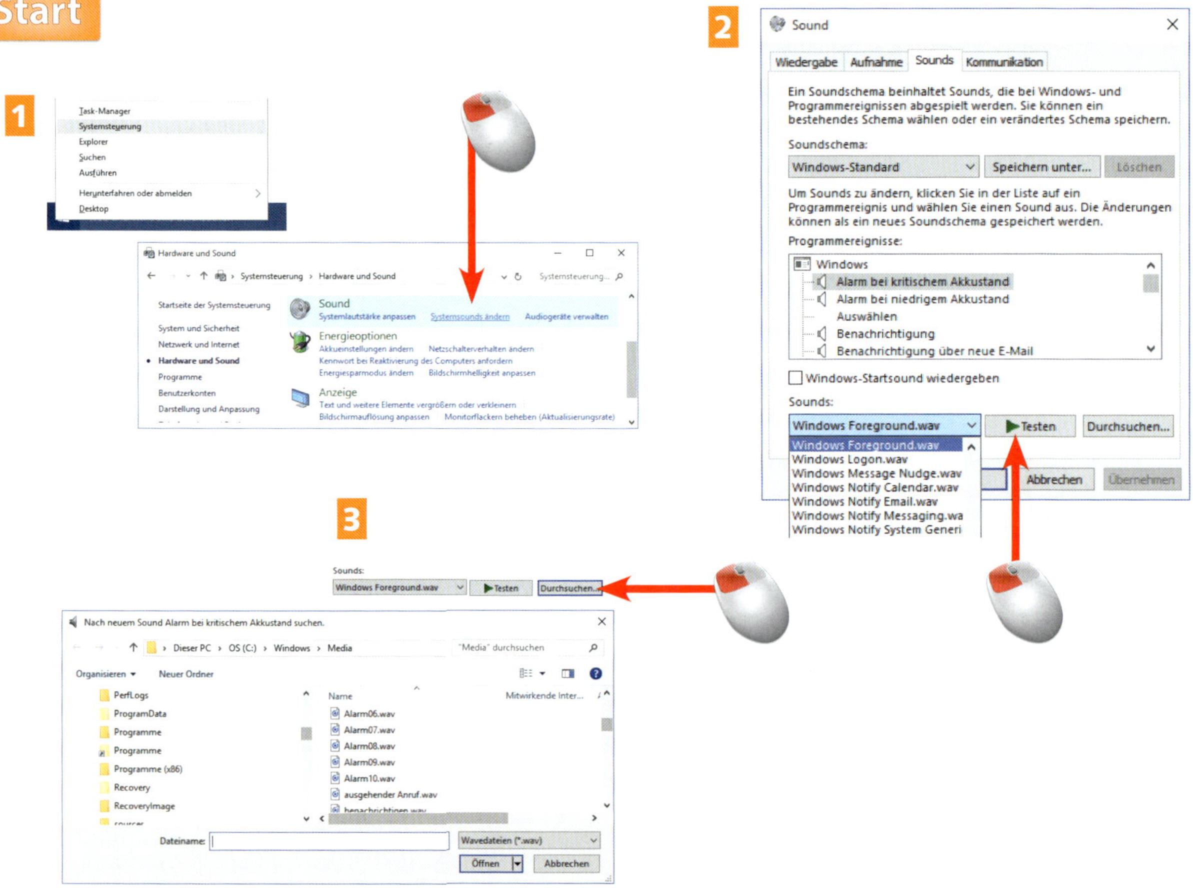

1 Wählen Sie *Systemsounds ändern*, um die Windows-Sounds anzupassen.

2 Markieren Sie eines der Ereignisse, testen Sie es mit der Schaltfläche *Testen* und schalten Sie auf einen passenden Sound um.

3 Mit *Durchsuchen* können Sie auch andere WAV-Dateien aus dem *Windows Media*-Ordner auswählen.

Start, Hinweis, Fehlermeldung, Kalendererinnerung – alle Windows-Ereignisse sind mit einem Sound unterlegt. Schalten Sie ab, was nervt, oder gestalten Sie Ihr eigenes Windows-Sound-schema.

WISSEN

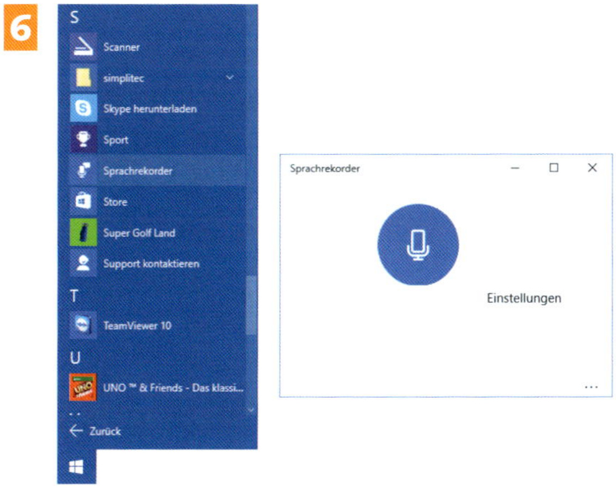

4 Soundpakete für Windows werden im Internet angeboten. Laden Sie die *Sound-Schemes* herunter und installieren Sie sie.

5 Das geänderte Soundschema speichern Sie unter einem neuen Namen ab.

6 Mit der Sprachrekorder-App basteln Sie sich Ihre eigenen Windows-Sounds. Aktivieren Sie die App im Startmenü unter *Alle Apps*.

Ende

Mit der Option *Windows-Startsound wiedergeben* schalten Sie den Startsound ein.

HINWEIS

Um einen Ereignissound abzuschalten, wählen Sie *(Kein)* in der Liste der Sounds.

TIPP

Start

1

3

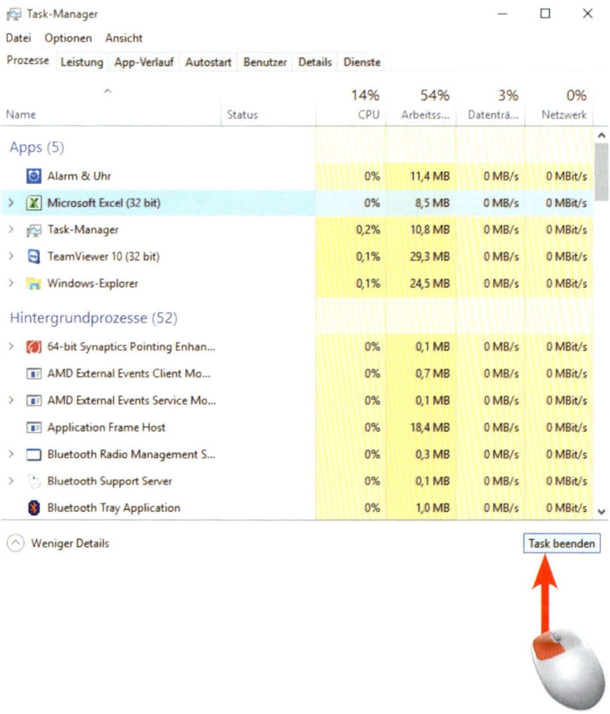

2

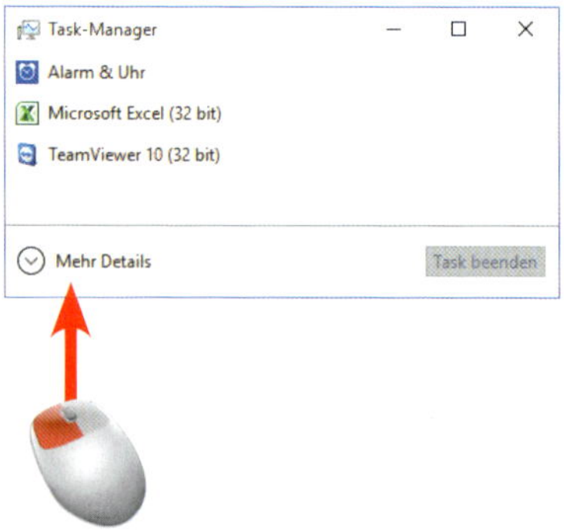

1 Klicken Sie mit der rechten Maustaste in die Taskleiste des Desktops und wählen Sie *Task-Manager*.

2 Aktivieren Sie *Mehr Details*, um neben den Apps alle aktiven Prozesse zu sehen.

3 Markieren Sie einen Prozess und wählen Sie *Task beenden*, wird die App, das Programm oder der Dienst geschlossen.

Der Task-Manager zeigt alle aktiven Apps, Programme und Dienste und gibt Auskunft über die Auslastung von Prozessor, Speicher, Datenträgern und Netzwerk. Nutzen Sie ihn, um Schwachstellen aufzudecken oder abgestürzte Programme zu beenden.

WISSEN

4

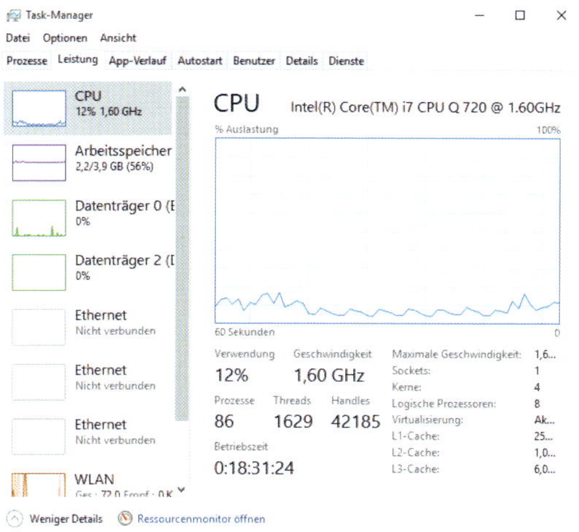

5

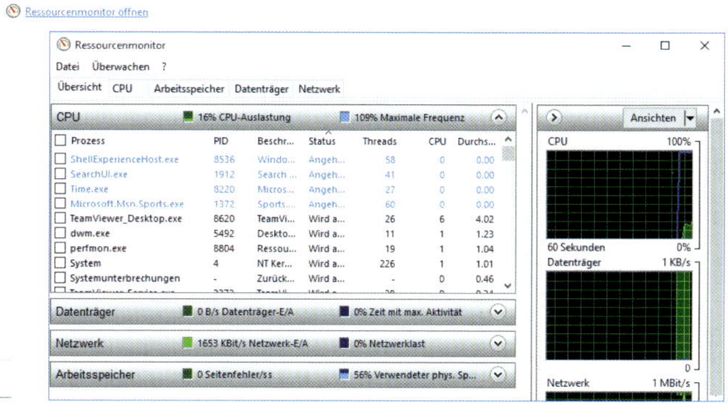

6

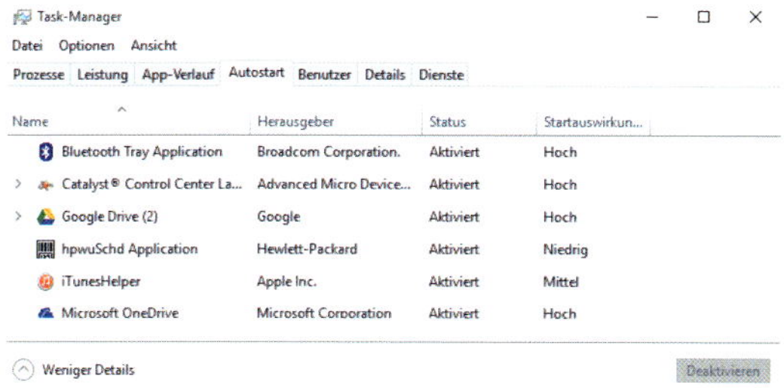

4 Auf der Registerkarte *Leistung* überprüfen Sie die Auslastung von CPU, Arbeitsspeicher, Datenträgern und Netzwerk.

5 Der Ressourcenmonitor zeigt die Auslastung der Ressourcen sowie des physischen Speichers im Detail an.

6 Unter *Autostart* sehen Sie Programme, die Windows mit dem Start aktiviert, und die Registerkarte *Benutzer* zeigt die Auslastungen für alle aktiven Benutzer.

Ende

Beenden Sie Tasks nur, wenn *Keine Rückmeldung* angezeigt wird, in diesem Fall »hängt« das Programm oder ist abgestürzt. Aber Achtung: Nicht gespeicherte Daten gehen dabei verloren.

HINWEIS

Tastenkombinationen Menü: Strg+Alt+Entf
Task-Manager direkt: Strg+⇧+Esc

TIPP

Das Computersystem

6

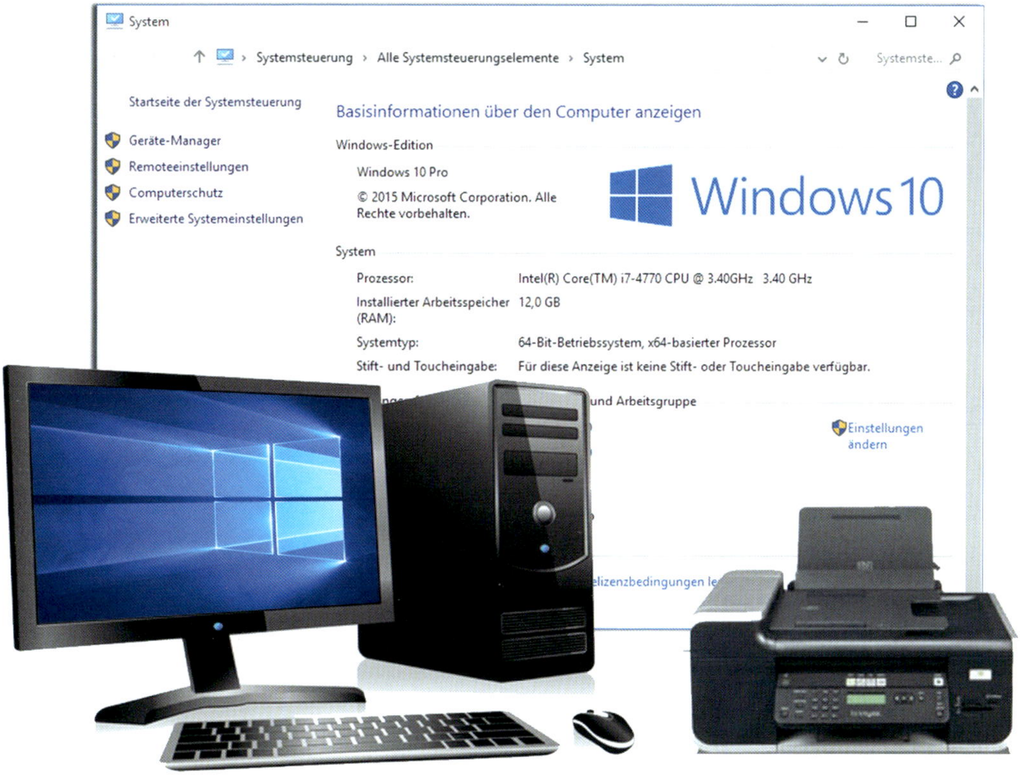

Start

1

2

3

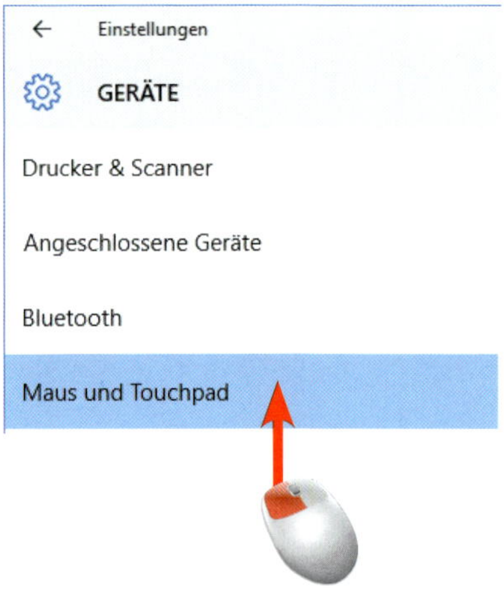

1 Computermäuse gibt es mit Bluetooth-Funkanschluss, kabellos mit USB-Stick oder mit USB-Kabel.

2 Aktivieren Sie *Einstellungen* im Startmenü und schalten Sie um auf *Geräte*.

3 Markieren Sie *Maus und Touchpad*.

Für PCs und Laptops ist die Maus immer noch unverzichtbar zum Markieren von Elementen und zum Ausführen von Symbolbefehlen per Klick. Richten Sie Ihre Maus über die *Einstellungen* ein und passen Sie Tasten und Rollverhalten an.

WISSEN

4
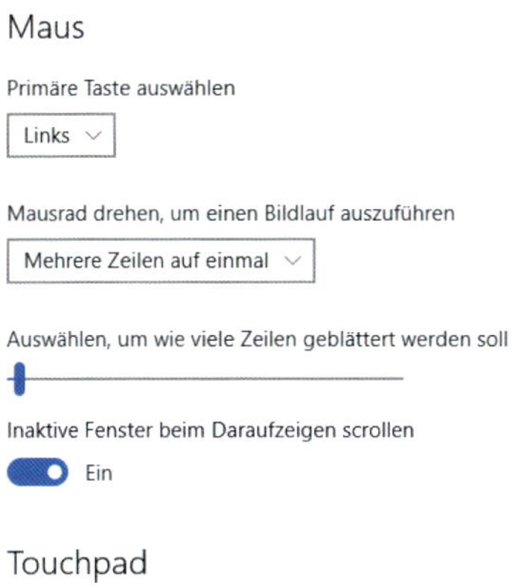

5
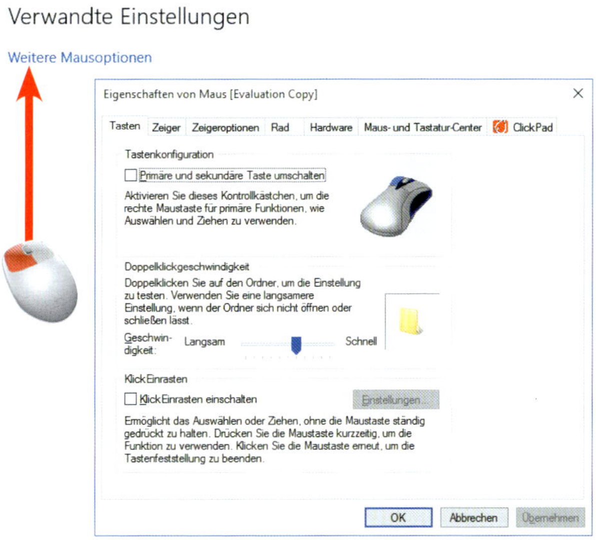

6

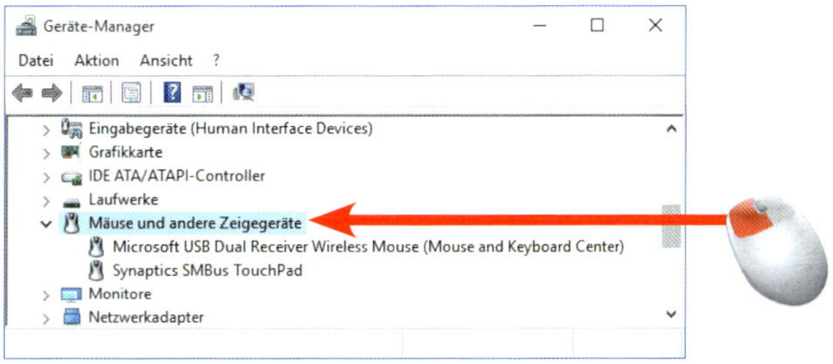

4 Stellen Sie die primäre und sekundäre Maustaste und das Rollverhalten ein. Auch das Touchpad wird hier eingerichtet.

5 Unter *Weitere Mausoptionen* finden Sie alle Einstellungen sowie die Steuerungssoftware des Herstellers.

6 Im *Geräte-Manager* finden Sie den Maustreiber, hier können Sie ihn aktualisieren oder erneuern.

Ende

Um eine Bluetooth-Maus einzurichten, halten Sie diese vor den Bildschirm und drücken die Bluetooth-Verbindungstaste. Windows erkennt das Signal und schaltet automatisch auf die Geräteinstallation um.

TIPP

Wenn zu Ihrer Maus eine Treiber-CD mitgeliefert wird oder ein Treiberdownload bereitsteht, sollten Sie diesen installieren. Aktuelle Treiber finden Sie auch immer auf den Internetseiten der Hersteller.

HINWEIS

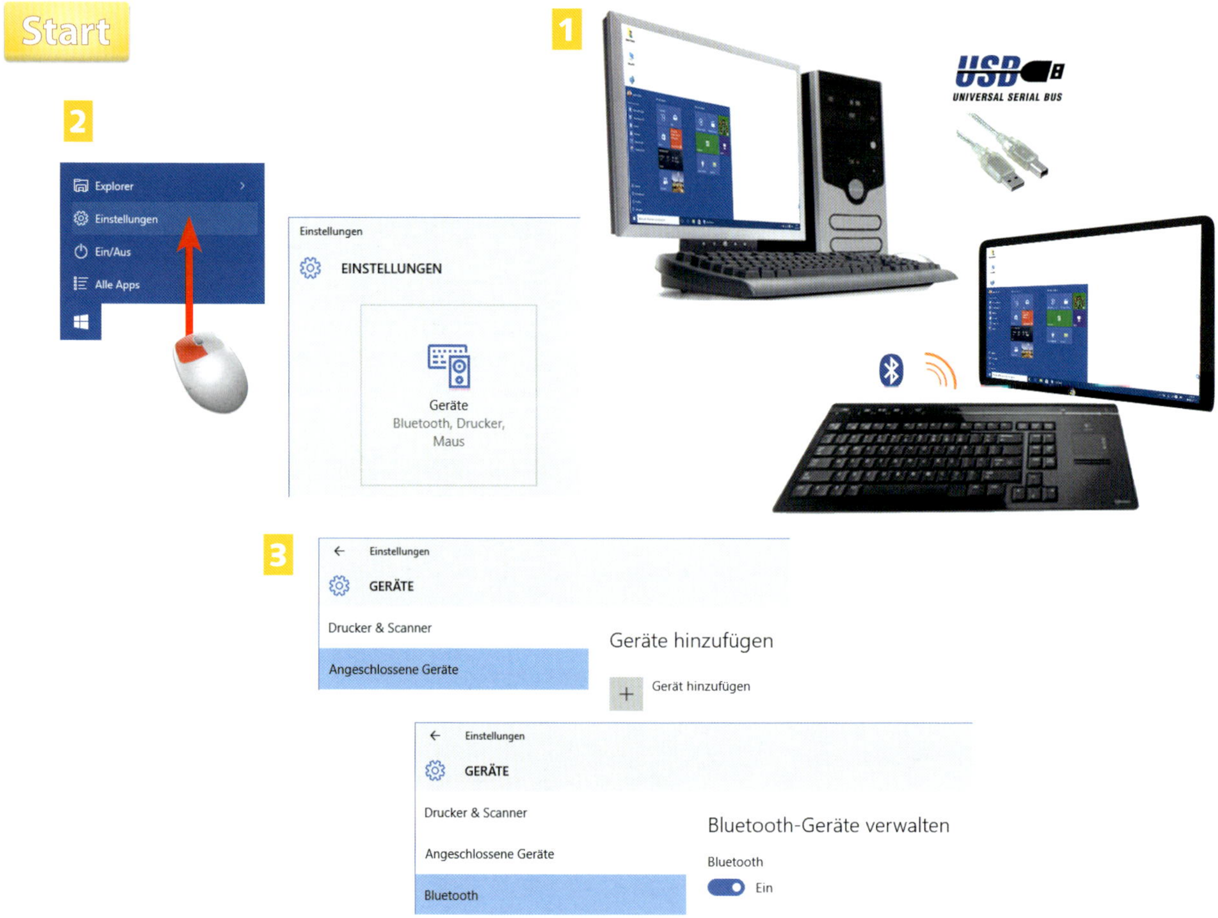

1 Tastaturen für Desktop-PCs werden meist über USB angeschlossen, speziell für Tablets gibt es Bluetooth-Funktastaturen.

2 Aktivieren Sie *Einstellungen* im Startmenü und schalten Sie um auf *Geräte*.

3 Fügen Sie die Tastatur als neues Gerät hinzu oder aktivieren Sie sie als Bluetooth-Gerät. Sie wird automatisch erkannt und installiert.

Das Standardeingabewerkzeug ist die Tastatur, Windows 10 erkennt sie schon bei der Installation und richtet den passenden Treiber ein.

WISSEN

4

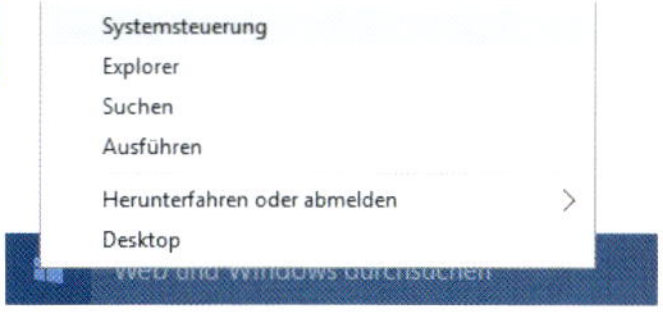

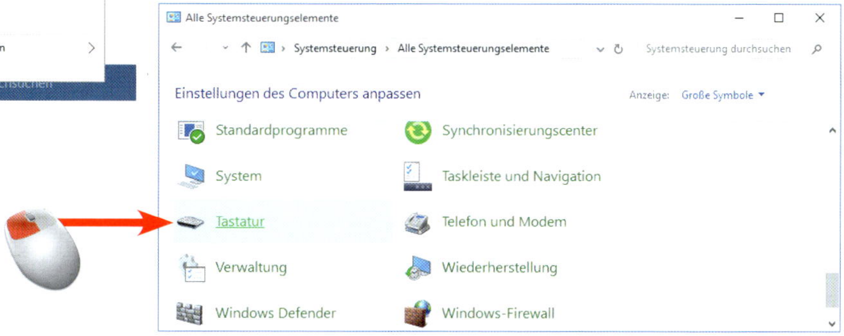

5

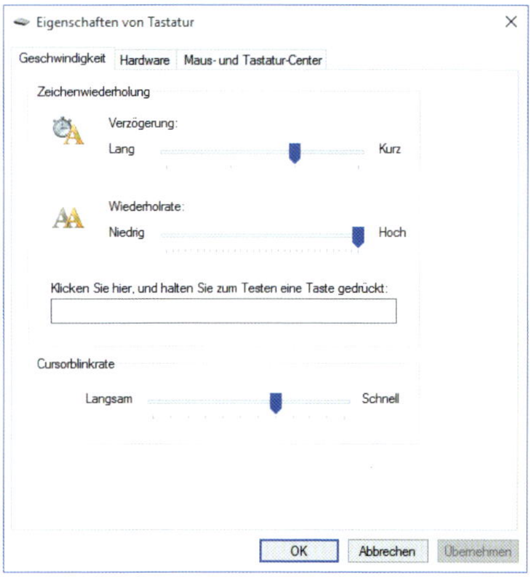

6

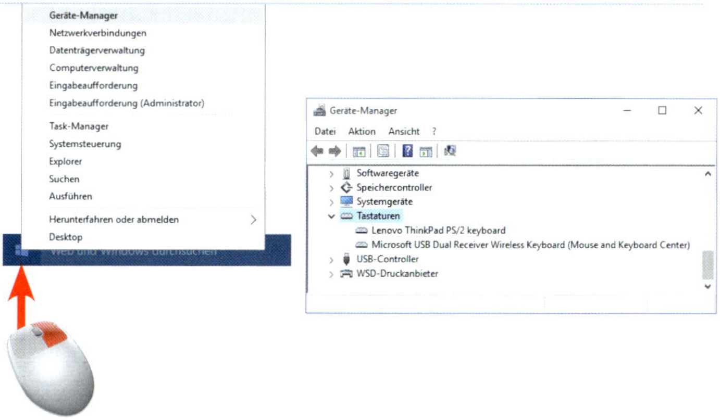

4 Holen Sie aus dem Kontextmenü des Startmenüs die *Systemsteuerung*. Schalten Sie um auf die Symbole und wählen Sie *Tastatur*.

5 Stellen Sie die *Zeichenwiederholung*, die *Wiederholrate* und das Cursorblinken ein und überprüfen Sie den Tastaturtreiber.

6 Über den *Geräte-Manager* (rechte Maustaste auf das Startsymbol) wird der Tastaturtreiber aktualisiert oder repariert.

Ende

TIPP

Zur Einrichtung der Bluetooth-Tastatur müssen Sie auf dieser eine Funktaste drücken und – nach Erkennung – eine Tastenkombination eingeben.

HINWEIS

Die Zeichenwiederholung regelt das Tastaturverhalten, wenn eine Taste gedrückt und gehalten wird.

Start

1

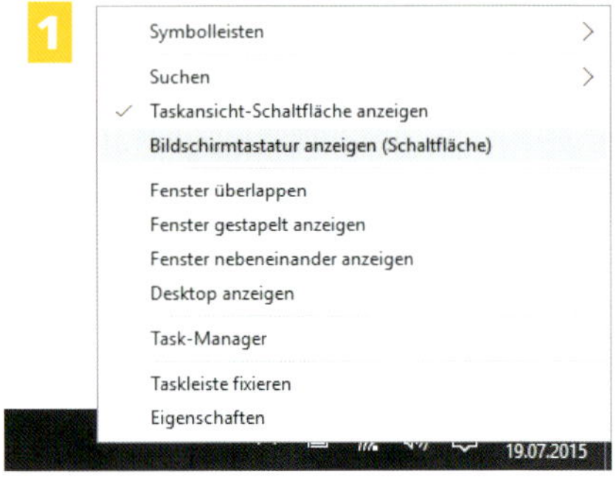

2

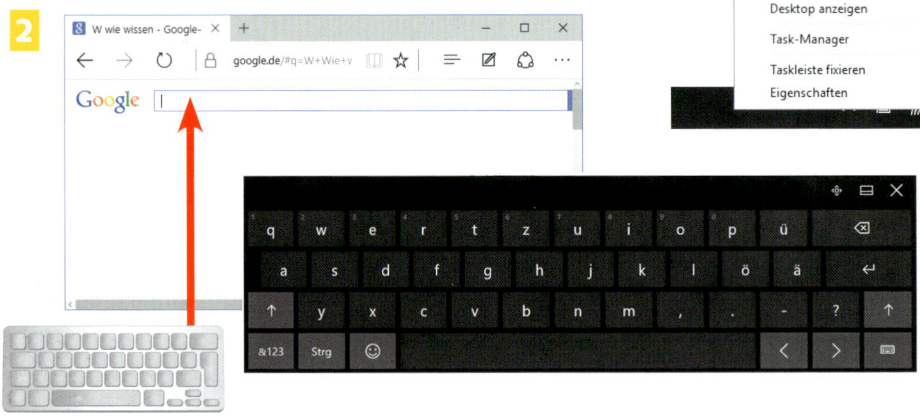

3

1 Die Bildschirmtastatur aktivieren Sie über die Taskleiste, ...

2 ... oder wenn Sie auf dem Tablet in ein Eingabefeld tippen (hier in Microsoft Edge).

3 Mit der Taste links unten schalten Sie auf die Zahlen und Sonderzeichen um. Die Smiley-Taste bietet Emoticons und Symbole.

Auf dem Tablet unentbehrlich ist die Bildschirmtastatur, sie wird über die Taskleiste aktiviert oder schaltet sich automatisch dazu, wenn getippt wird.

WISSEN

5

4

6

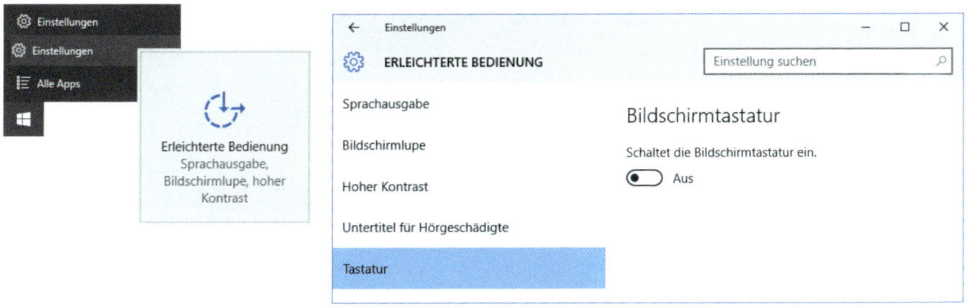

4 Die Tastatur-Taste rechts unten ermöglicht verschiedene Ansichten, zum Beispiel eine geteilte Tastatur mit dem Zahlenblock in der Mitte.

5 Klicken Sie auf die Stifteingabe und schreiben Sie mit dem Eingabestift. Die Handschrifteingabe wird automatisch umgesetzt.

6 Die Bildschirmtastatur finden Sie auch in den *Einstellungen* unter *Erleichterte Bedienung*.

Ende

TIPP

Zwei Symbole finden Sie rechts oben an der Bildschirmtastatur: Mit dem Kreuzsymbol schließen Sie die Tastatur. Das *Maximieren*-Symbol vergrößert die Tastatur auf die Hälfte des Bildschirms und verkleinert alle Desktop-Fenster.

HINWEIS

Auf dem Anmeldebildschirm finden Sie die Bildschirmtastatur unter dem Symbol *Erleichterte Bedienung*.

TIPP

Wenn Sie die Bildschirmtastatur gleich beim Start sehen wollen, schalten Sie sie im *Center für erleichterte Bedienung* in der Systemsteuerung ein.

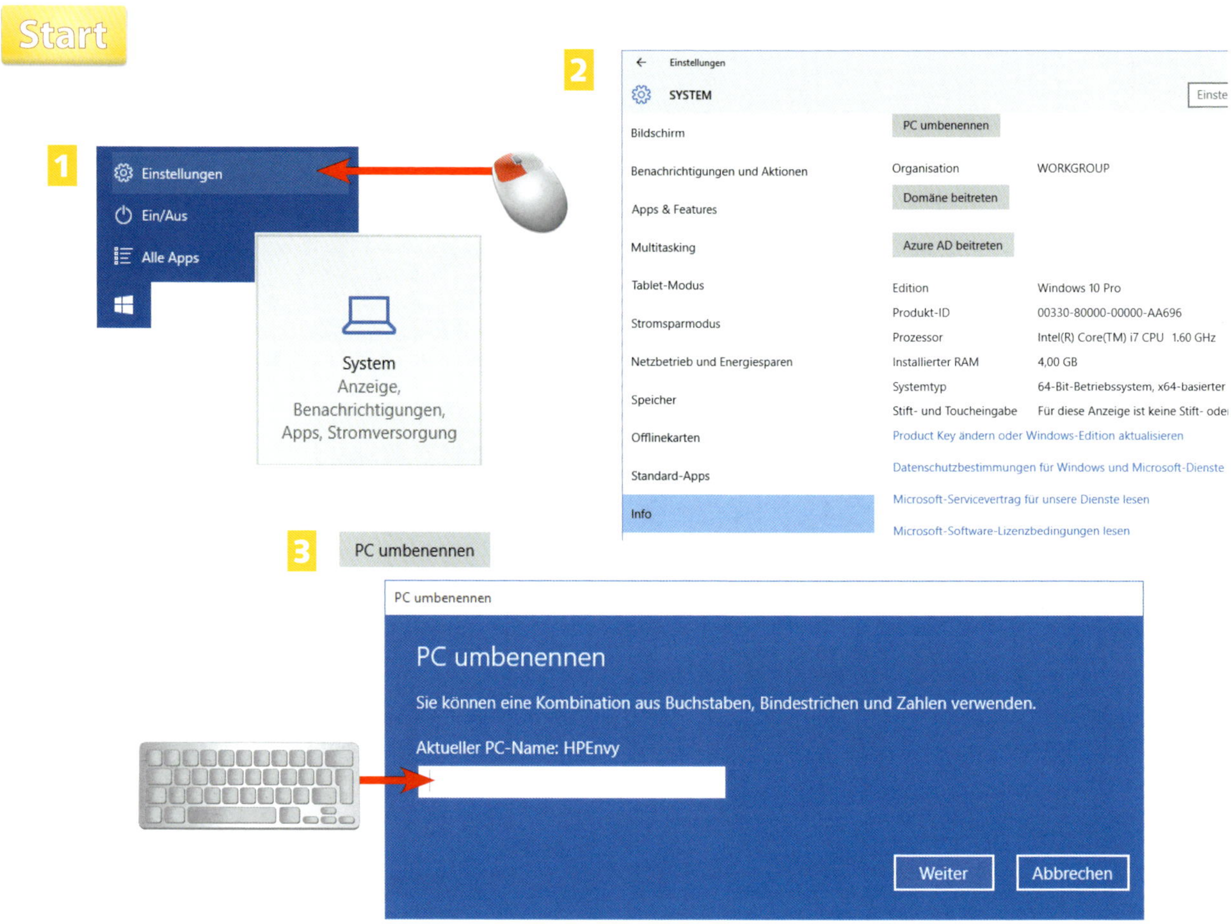

1 Öffnen Sie im Startmenü die *Einstellungen* und wählen Sie *System*.

2 Die Informationen über die Windows-Version, das System und die Einstellungen für die Domäne und Arbeitsgruppe werden angezeigt.

3 Hier können Sie den Computernamen ändern, tragen Sie einen neuen Namen in das Feld ein und klicken Sie auf *Weiter*.

Informationen über das System liefert das Info-Symbol in den *Einstellungen*. Mit den erweiterten Einstellungen können Sie Ihren Computer auf mehr Leistung trimmen.

WISSEN

4

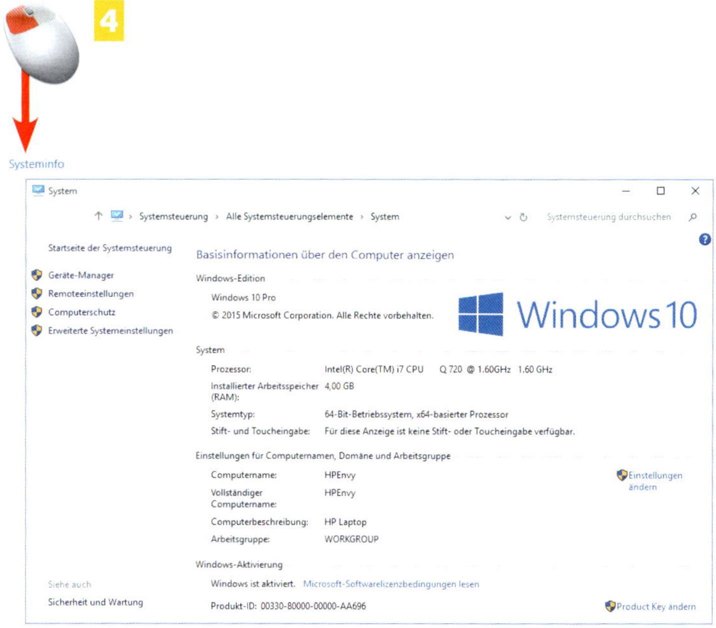

6

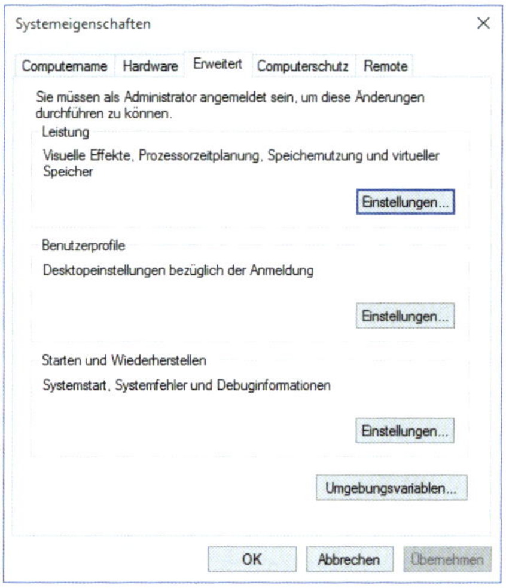

5

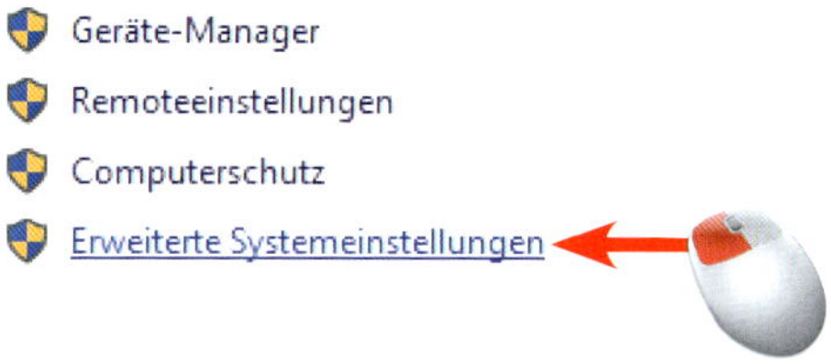

4 Klicken Sie auf *Systeminfo*, um alle Systeminformationen aus der Systemsteuerung abzurufen.

5 Markieren Sie die *Erweiterten Systemeinstellungen*, ...

6 ... und überprüfen Sie Hardware, Treiber, Computerschutz und Remotezugriffe.

Ende

Wenn Ihr System zu langsam ist, schalten Sie in den Systemeigenschaften die visuellen Effekte aus und weisen Ihrem System mehr virtuellen Arbeitsspeicher zu.

TIPP

Start

1
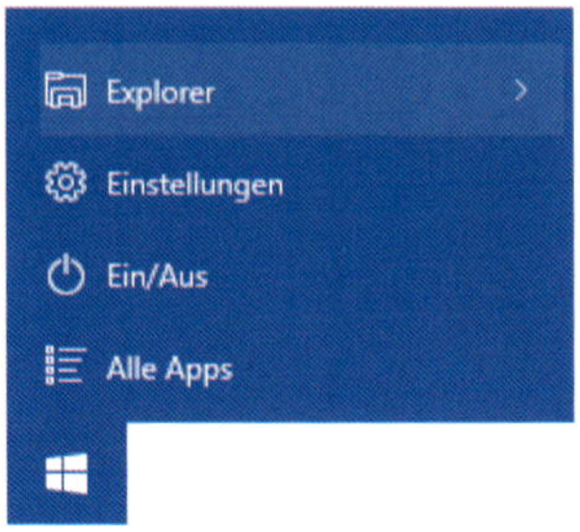

3
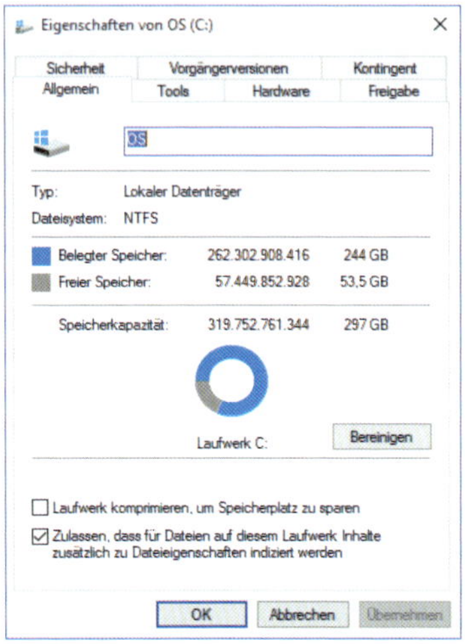

2
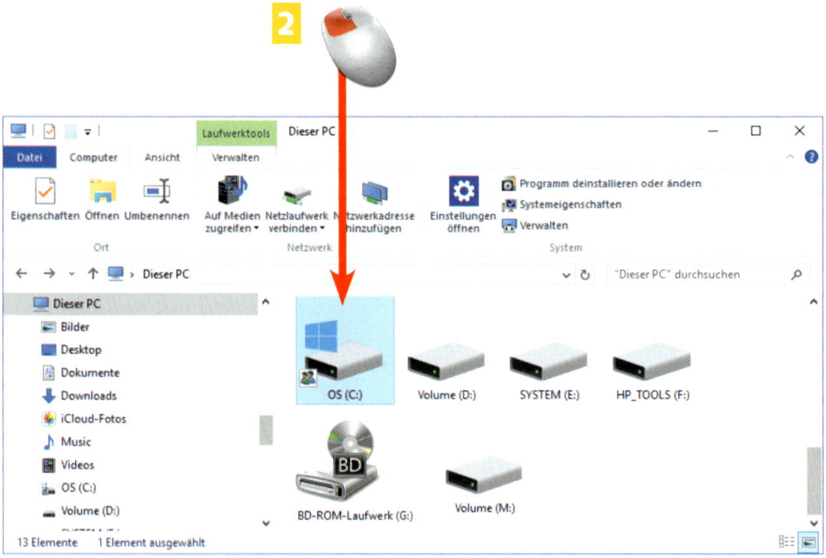

1 Klicken Sie auf dem Desktop auf das Windows-Explorer-Symbol in der Taskleiste. Schalten Sie um auf *Dieser PC*.

2 Die Festplattenlaufwerke auf Ihrem Computer werden angezeigt. Markieren Sie ein Festplattensymbol und klicken Sie auf *Eigenschaften*.

3 Hier sehen Sie die Auslastung mit belegtem und freiem Speicher und das Dateisystem der Festplatte.

Die Festplatte ist der fest installierte Datenträger Ihres Computers, der Laufwerkbuchstabe ist in der Regel C. Prüfen Sie über den Explorer, wie viel Speicherplatz frei ist, und löschen Sie überflüssige Daten über die Datenträgerbereinigung.

WISSEN

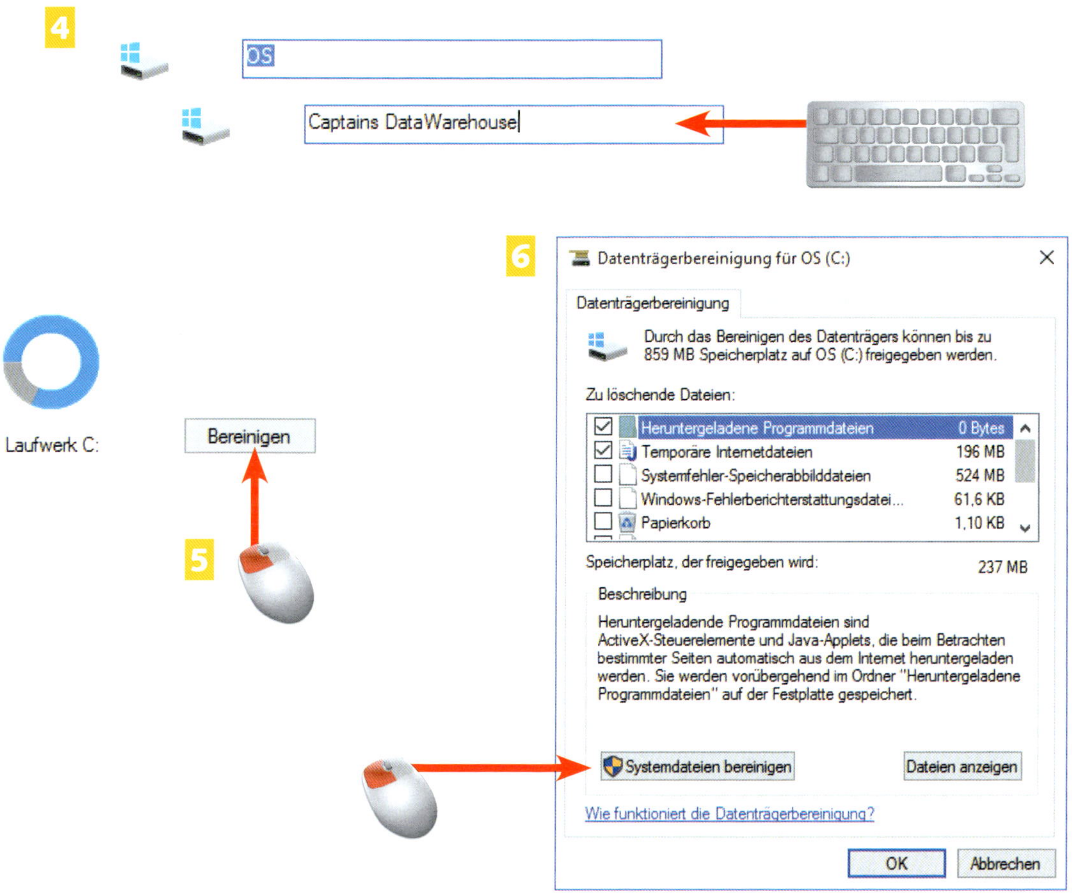

4 Wenn Sie die Festplatte umbenennen wollen, tragen Sie hier einen neuen Namen für das Gerät ein.

5 Klicken Sie auf *Bereinigen*, um das Laufwerk von überflüssigen Daten zu befreien.

6 Die Datenträgerbereinigung zeigt alle Daten an, die gelöscht werden können. Wählen Sie auch *Systemdaten bereinigen*.

Den Papierkorb können Sie auch über das Symbol auf dem Desktop leeren.

TIPP

Mit *Dateien anzeigen* erhalten Sie eine Liste der Dateien, die von der Datenträgerbereinigung entfernt werden.

TIPP

7

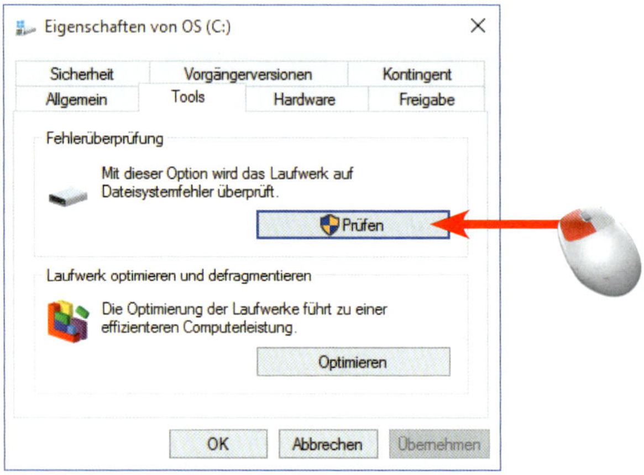

8

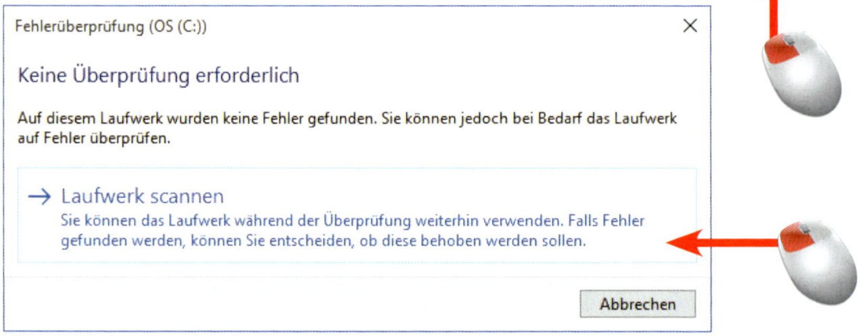

9

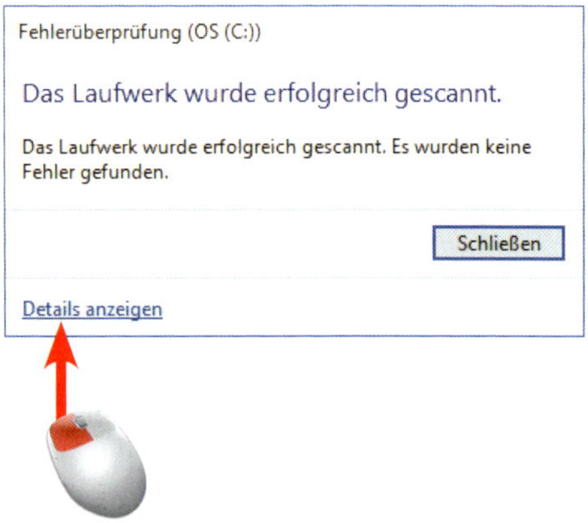

7 Auf der Registerkarte *Tools* werden weitere Dienstprogramme für Datenträger angeboten. Starten Sie die Fehlerprüfung.

8 Das Dienstprogramm zeigt Fehler auf dem Laufwerk an oder meldet, dass alles korrekt ist. Sie können das Laufwerk scannen.

9 Mit *Details anzeigen* erhalten Sie das Ereignisprotokoll für den Datenträger.

Pflegen Sie Ihre Festplatte gut, prüfen Sie sie regelmäßig auf Fehler und scannen Sie sie nach längerem Einsatz. Windows 10 hilft Ihnen, Festplattenfehler aufzuspüren und zu beseitigen.

WISSEN

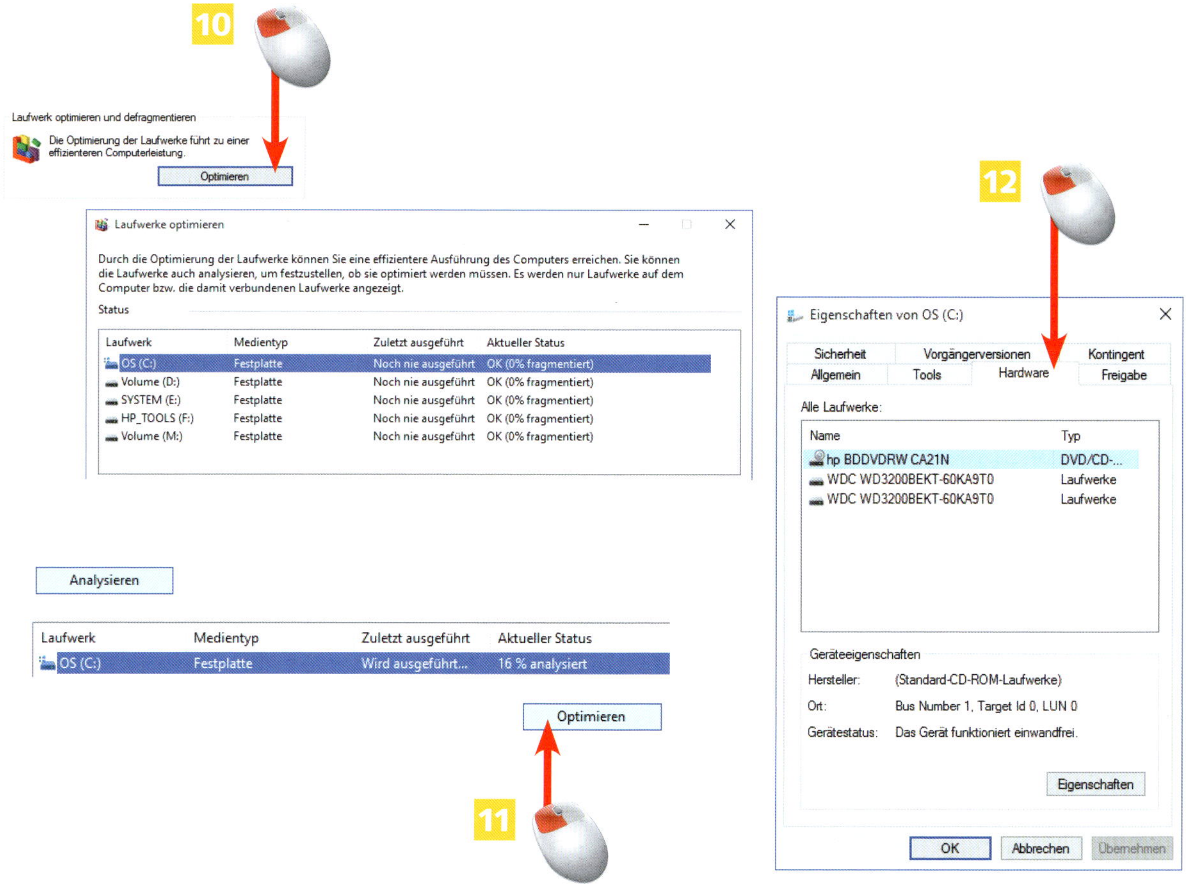

10 Wählen Sie *Optimieren*, um die Festplatte zu defragmentieren und damit die Geschwindigkeit zu verbessern.

11 Analysieren Sie die Laufwerke einzeln und wählen Sie *Optimieren*, wenn der Status nicht auf *OK* steht.

12 Auf der Registerkarte *Hardware* überprüfen Sie die Treibersoftware für die Datenträger.

Ende

Windows hat eine automatische Optimierung eingerichtet, sehen Sie unter *Geplante Optimierung* nach und ändern Sie ggf. den Zeitplan.

TIPP

Mit der Defragmentierung werden die einzelnen Datenblöcke auf dem Datenträger wieder zusammengefasst. Das erhöht die Geschwindigkeit der Schreib-/Lesezugriffe und macht die Festplatte sicherer.

HINWEIS

Start

1

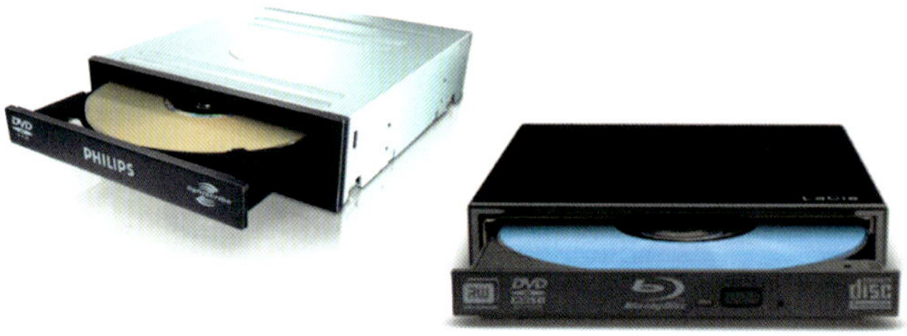

2

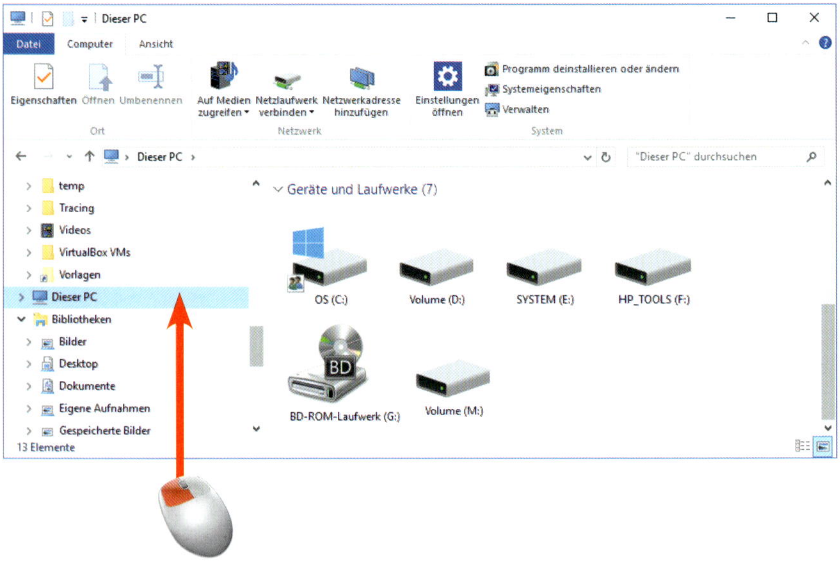

3

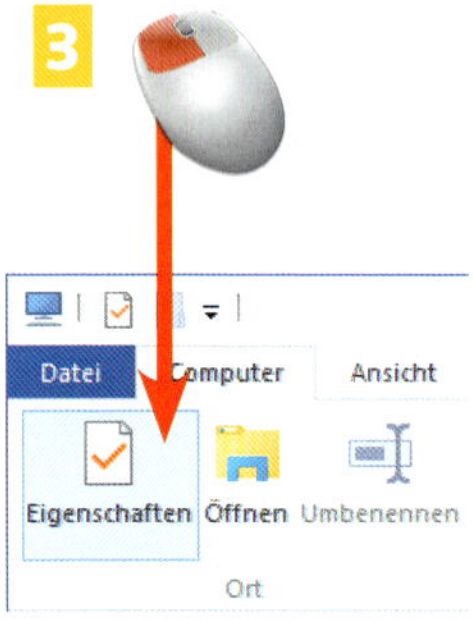

1 DVD- und Blu-ray-Player werden als interne Geräte oder extern mit USB-Anschluss angeboten.

2 Aktivieren Sie auf dem Desktop den Windows-Explorer und schalten Sie um auf *Dieser PC*.

3 Markieren Sie das Laufwerk und wählen Sie *Eigenschaften*, um den Namen des Datenträgers sowie die Kapazität anzuzeigen.

CD-, DVD- oder Blu-ray-Player werden unter Windows 10 als Geräte mit Wechselmedien bezeichnet. Über die Symboleigenschaften im Explorer überprüfen Sie die Laufwerktreiber, die Regionszuordnung sowie die Speicherzuordnung für temporäre Dateien.

WISSEN

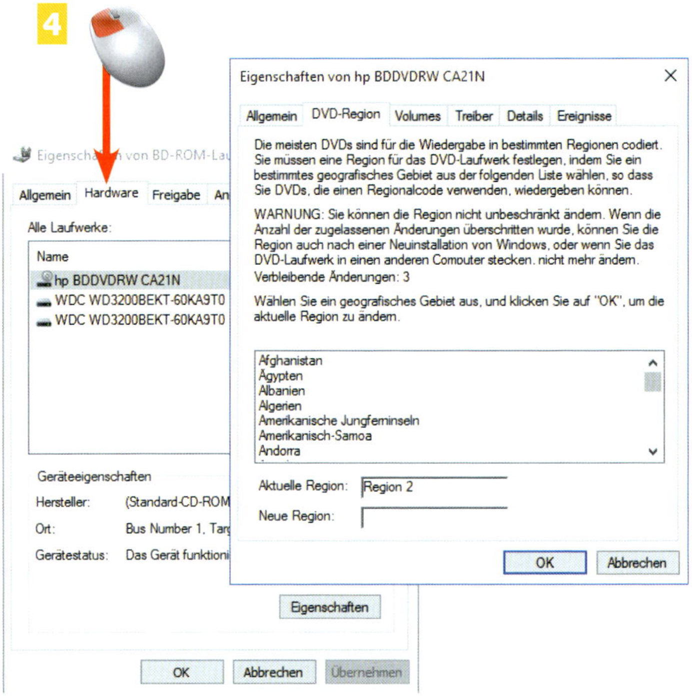

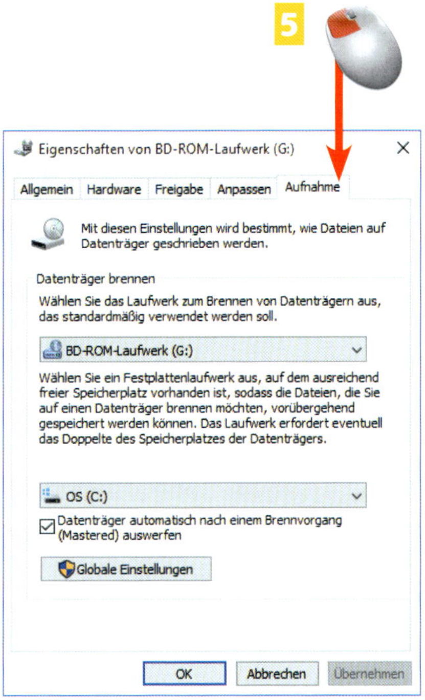

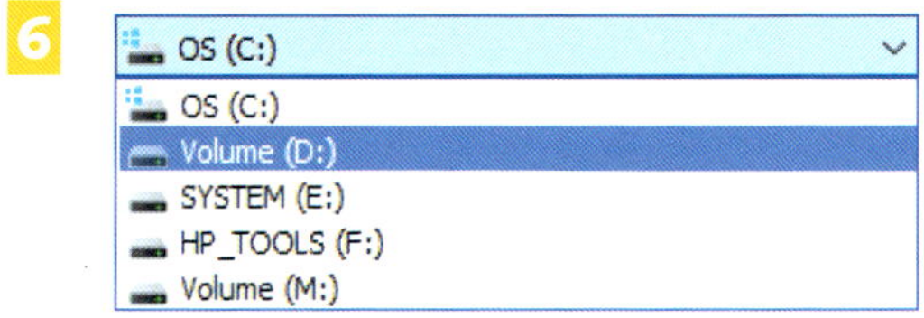

4 Auf der Registerkarte *Hardware* überprüfen Sie die Laufwerktreiber und stellen die passende Region für Regionalcodes ein.

5 Wechseln Sie zum Register *Aufnahme*, hier bestimmen Sie das Laufwerk als Standardlaufwerk zum Brennen von CDs, DVDs und Blu-rays.

6 Schalten Sie hier auf ein anderes Laufwerk um, wenn das Standardlaufwerk nicht genügend Platz für temporäre Dateien bietet.

Zum Brennen von CDs, DVDs oder Blu-ray benötigt Windows doppelt so viel Speicherplatz wie der Datenträger für temporäre Dateien.

TIPP

DVD und Laufwerk müssen denselben Ländercode haben, ändern Sie ihn, um importierte Datenträger abspielen zu können. Achten Sie aber darauf, dass die Anzahl der Änderungen für den Regionalcode auf 4 beschränkt ist.

HINWEIS

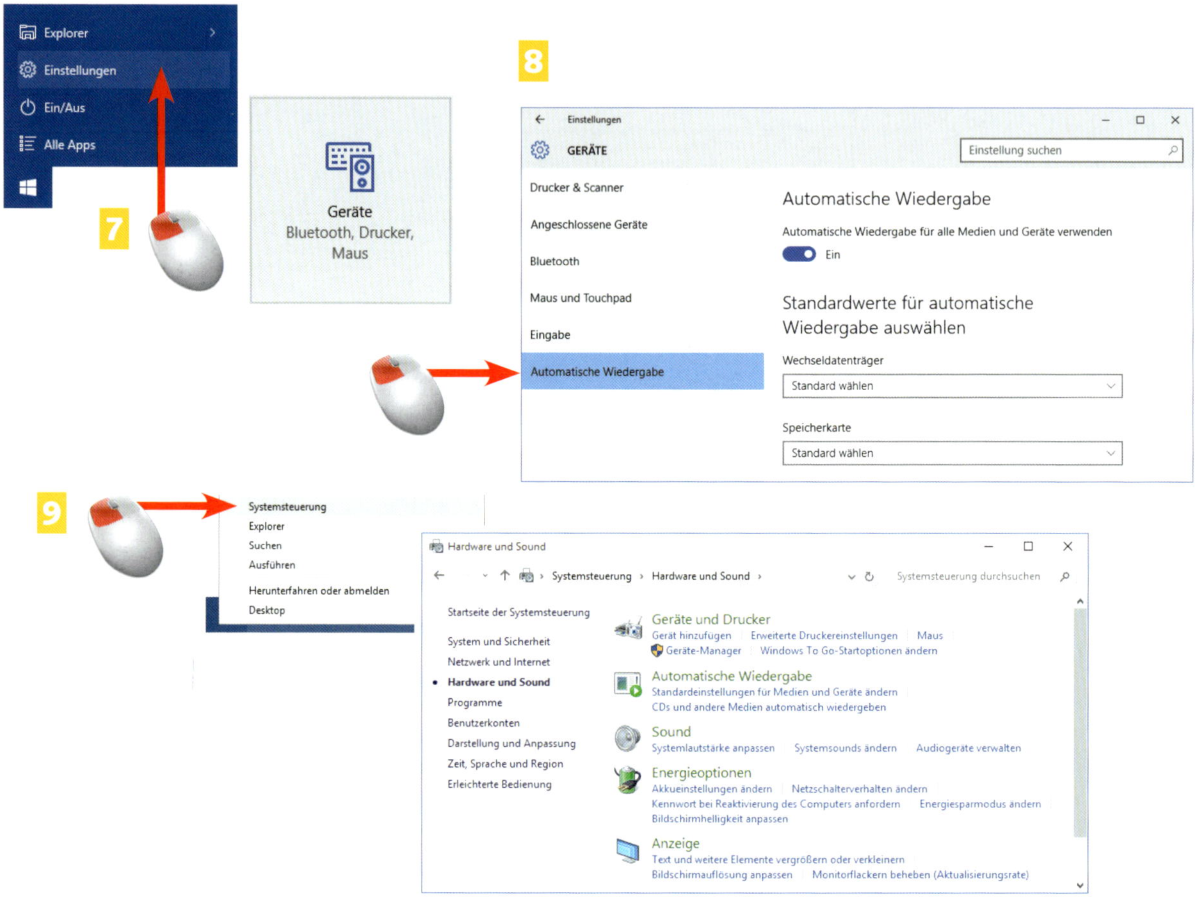

7 Aktivieren Sie im Startmenü *Einstellungen/Geräte*.

8 Unter *Automatische Wiedergabe* finden Sie die Standardeinstellungen für Wechseldatenträger.

9 Aktivieren Sie die Systemsteuerung für detailliertere Einstellungen. Schalten Sie um auf *Hardware und Sound*.

Die Aktion, die nach dem Einlegen eines Mediums ausgeführt wird, legen Sie für jede Medienart und jedes Laufwerk in den Systemeinstellungen fest.

WISSEN

10

11

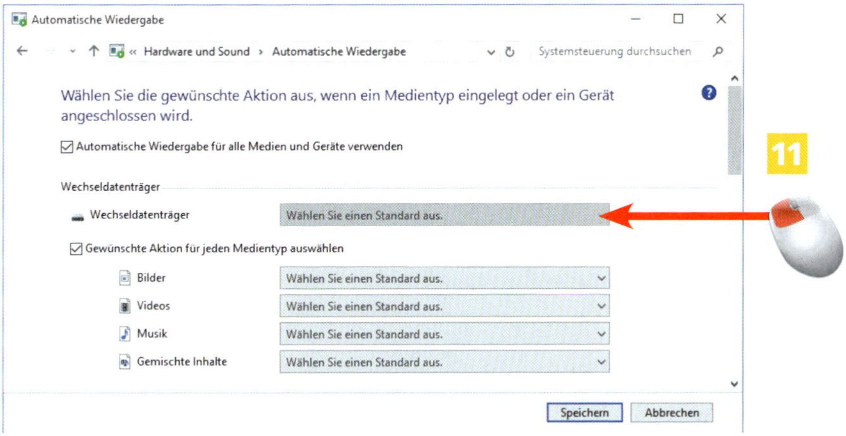

12

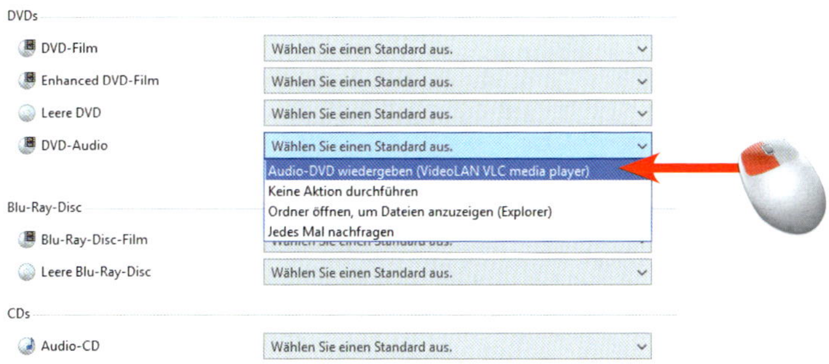

10 Klicken Sie auf *Automatische Wiedergabe*, …

11 … und wählen Sie die Standardaktion für Wechseldatenträger und für einzelne Medientypen.

12 Bestimmen Sie die Standardaktion auch einzeln für DVD-, CD- und Blu-ray-Laufwerke und speichern Sie die Einstellungen.

Ende

Für leere CDs, DVDs oder Blu-rays bestimmen Sie *Dateien auf Datenträger brennen*.

TIPP

Apps und Programme werden in dieser Liste automatisch angeboten, wenn sie installiert wurden. Sie können aber auch nach neuen Apps suchen lassen.

HINWEIS

Start

1

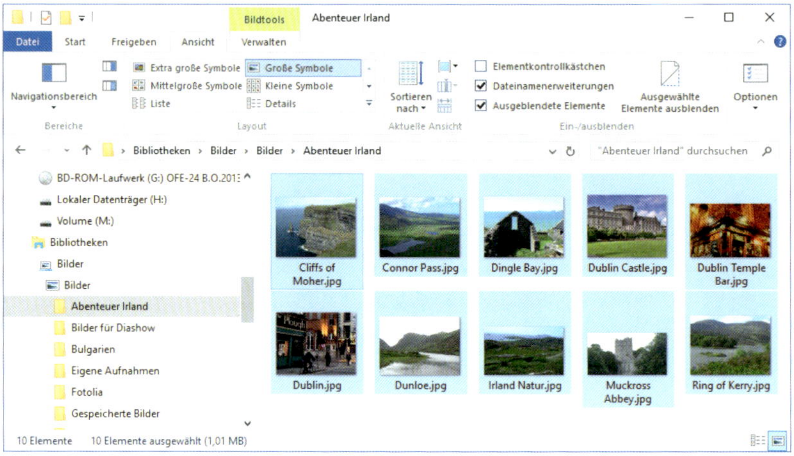

3

2

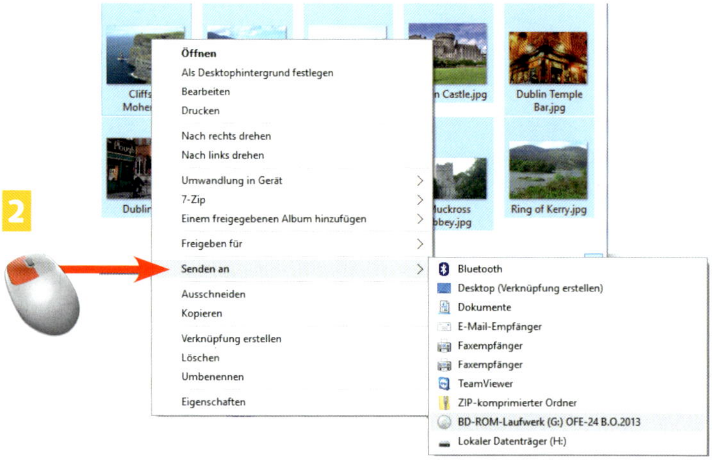

1 Markieren Sie die Dateien, die Sie auf eine CD oder DVD brennen möchten.

2 Schicken Sie die Dateien mit *Senden an* an das Laufwerk.

3 Legen Sie eine leere CD/DVD ein. Der Brennvorgang startet automatisch.

CDs und DVDs mit Windows 10 zu brennen ist einfach. Schicken Sie die Daten einfach an das Laufwerk, legen Sie eine Scheibe ein und Windows 10 startet sofort den Brennvorgang.

WISSEN

4

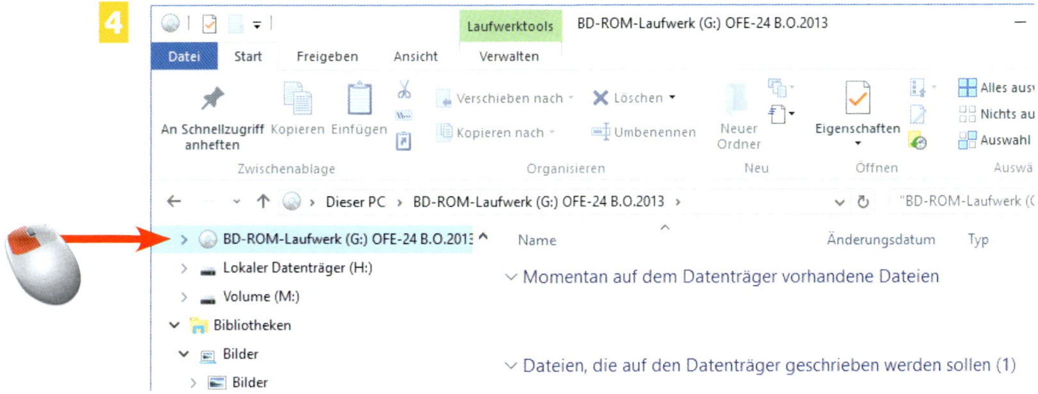

5

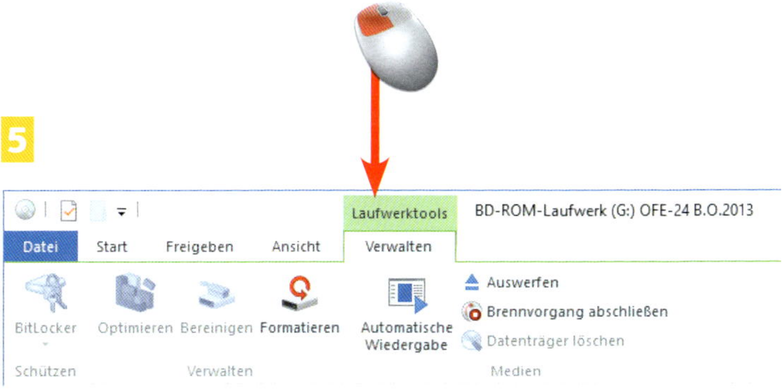

6

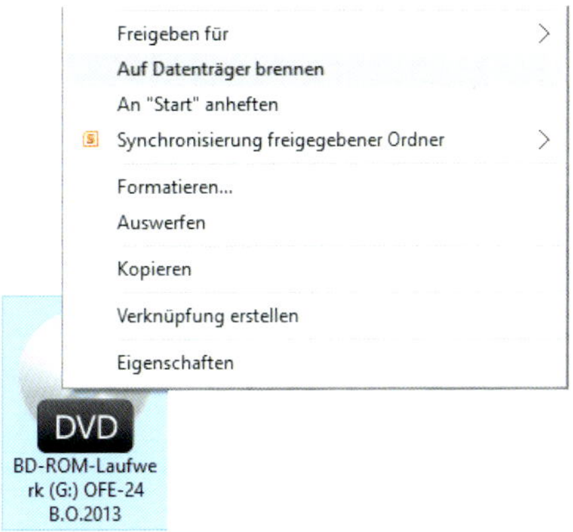

4 Markieren Sie das Laufwerk im Navigationsbereich und aktivieren Sie die Laufwerktools.

5 Starten Sie unter *Laufwerktools/Verwalten* den Brennvorgang.

6 Alle Befehle zur Verwaltung des Datenträgers finden Sie auch im Kontextmenü des CD-/DVD-Symbols.

Ende

Mehrere Dateien markieren Sie im Windows-Explorer mit gedrückter Strg- oder ⇧-Taste.

TIPP

Die Dateien bleiben so lange im CD-/DVD-Ordner, bis Sie den Brennvorgang abschließen. Löschen Sie Einträge in diesem Ordner, werden nur die Verknüpfungen, aber nicht die Dateien gelöscht.

HINWEIS

Start

1

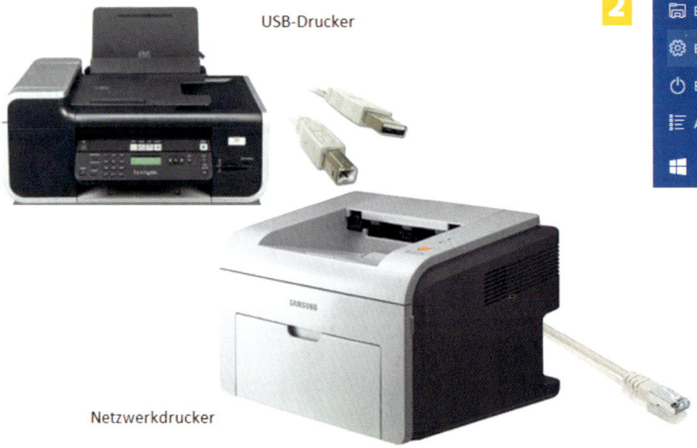

2

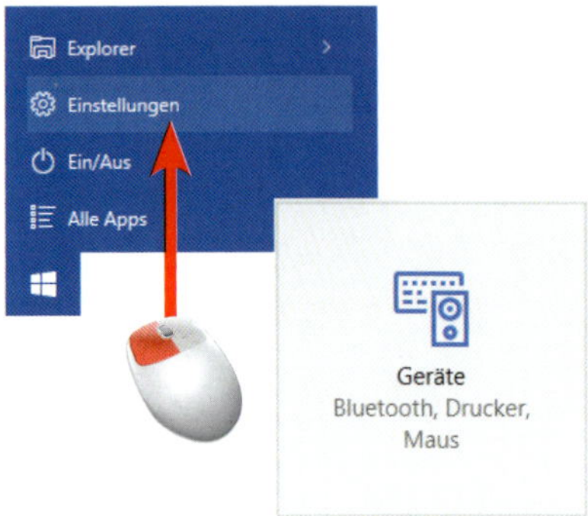

3

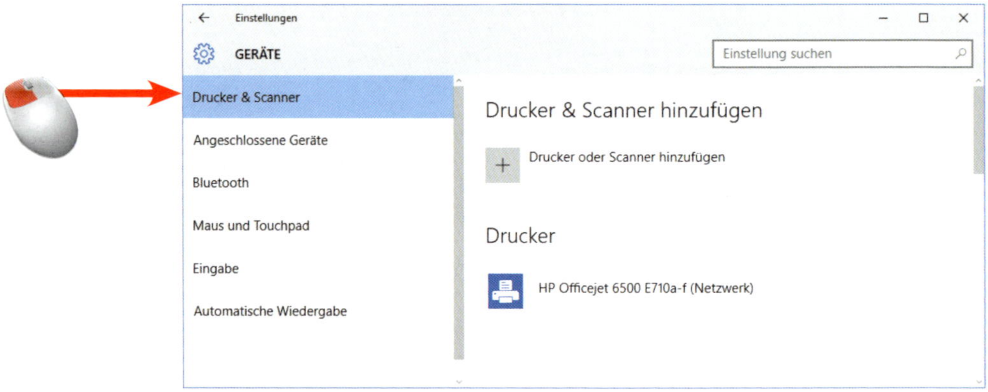

1 Tintenstrahl- oder Laserdrucker werden per USB-Kabel an den Computer angeschlossen oder über das Netzwerk angesteuert.

2 Aktivieren Sie im Startmenü die *Einstellungen* und wählen Sie *Geräte*.

3 Wählen Sie *Drucker & Scanner hinzufügen*, wenn das Gerät nicht in der Liste steht. Markieren Sie das Gerät, und es wird installiert.

Drucker und Scanner schließen Sie einfach an, Windows 10 holt sich die passende Treibersoftware und richtet die Geräte ein. Über die Systemeinstellungen kontrollieren Sie Ihren Gerätepark.

WISSEN

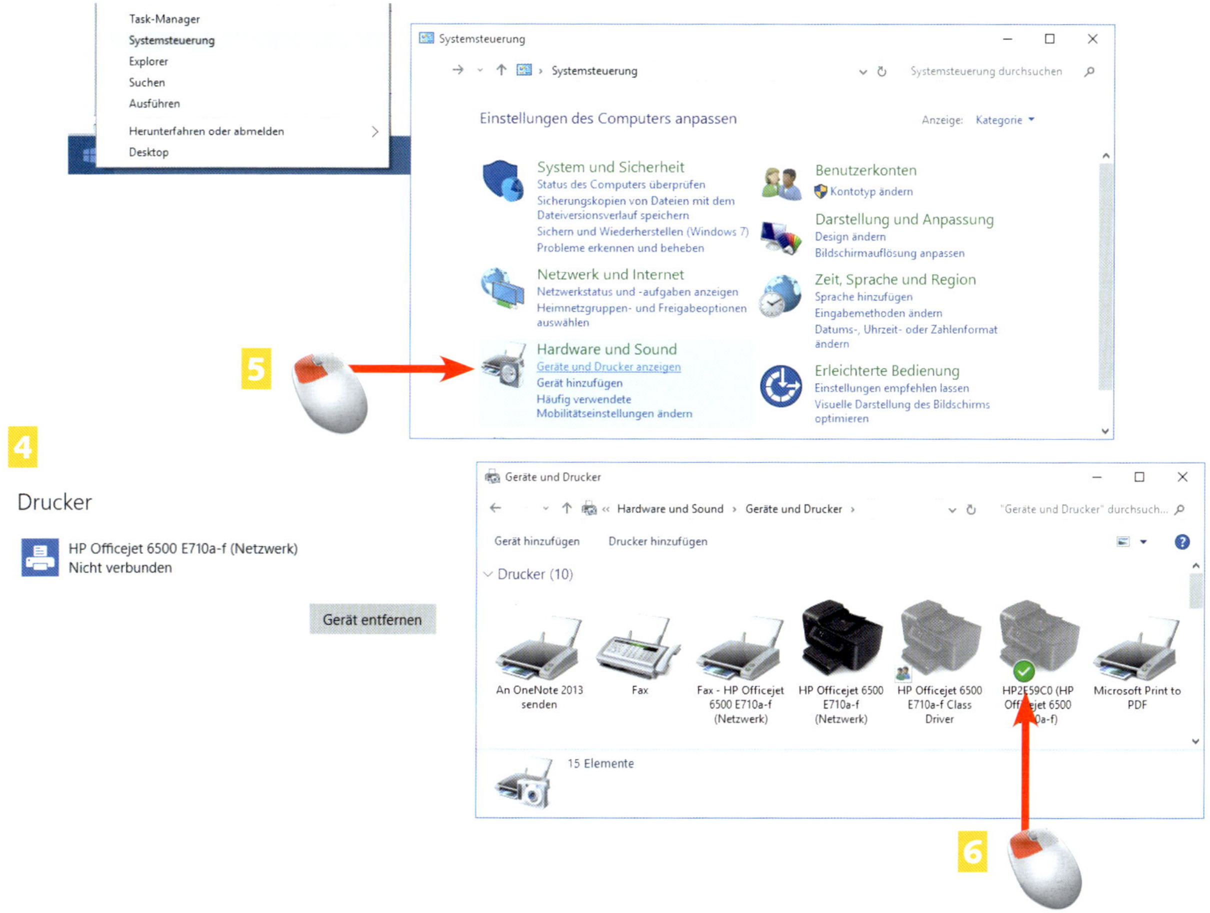

4 Aktivieren Sie in den *Einstellungen* des Desktops die Systemsteuerung und wählen Sie *Hardware und Sound/Geräte und Drucker*.

5 Über das Kontextmenü können Sie einen Drucker als Standarddrucker festlegen.

6 Aktivieren Sie die Druckereigenschaften und passen Sie diese für das Gerät spezifisch an.

Ende

Für Faxgeräte richten Sie unter *Windows Fax und -Scan* ein Faxkonto ein. Aktivieren Sie das Programm über das Faxgerätsymbol.

HINWEIS

Start

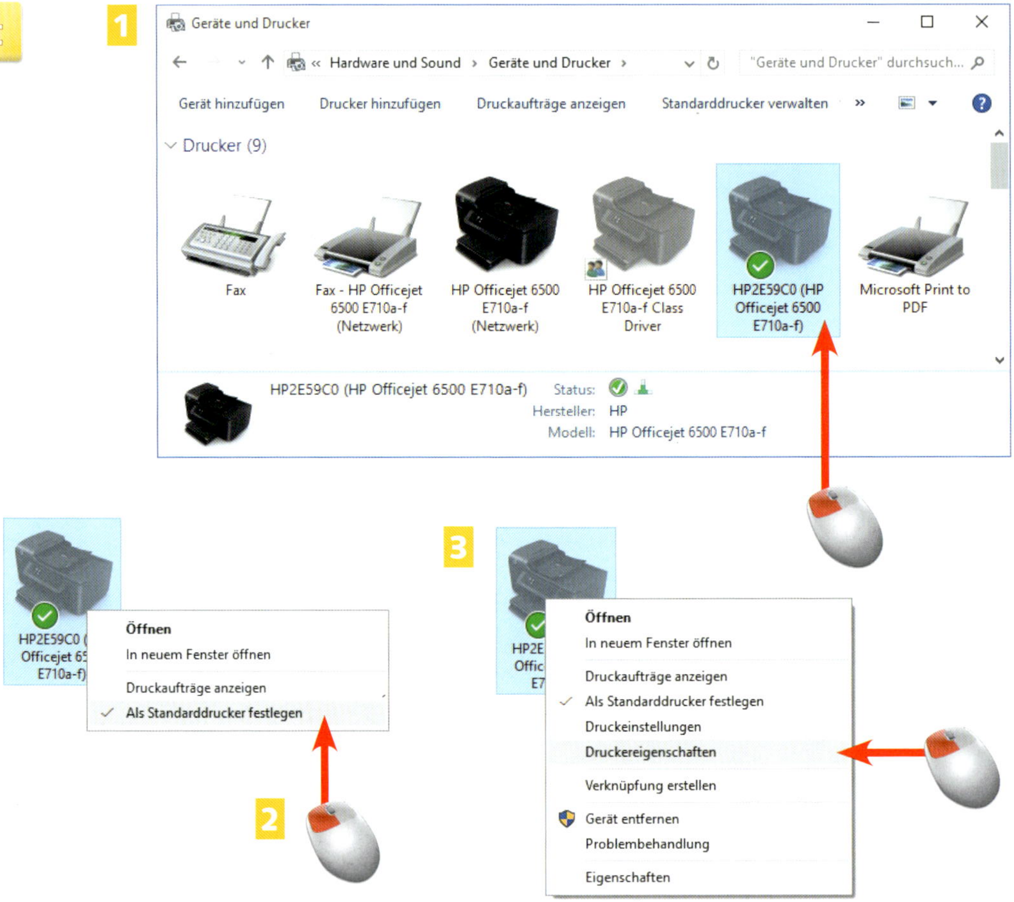

1 Markieren Sie in der Systemsteuerung das Symbol eines installierten Druckers, ...

2 ... und weisen Sie ihn als Standarddrucker aus.

3 Zur Konfiguration öffnen Sie die Druckereigenschaften aus dem Kontextmenü.

Richten Sie Ihren Drucker ein, passen Sie Ausrichtung, Farbe, Druckauflösung und Anschlüsse an, damit das Gerät ordentlich funktioniert. Kontrollieren Sie auch die Spooler-Liste, damit keine Druckaufträge »hängen bleiben«.

WISSEN

4

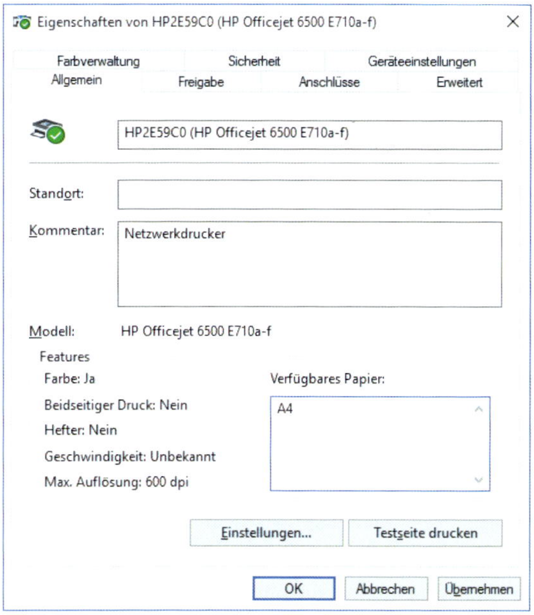

6

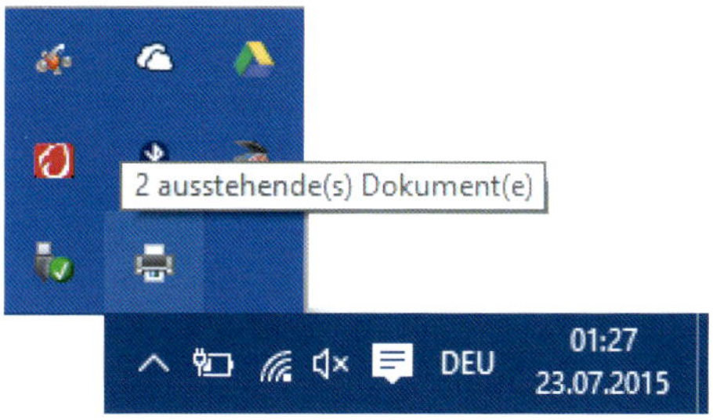

5

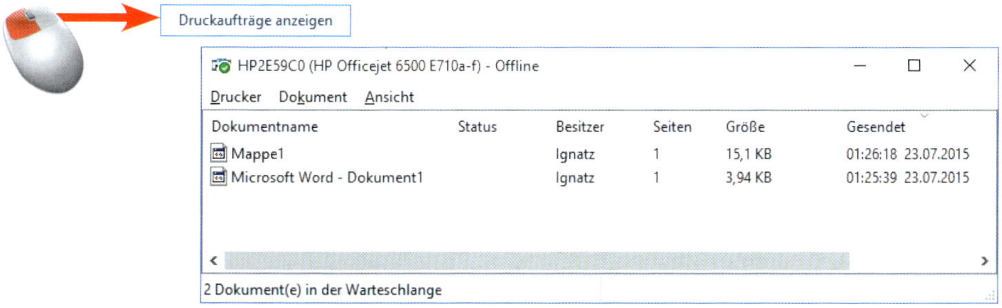

4 Stellen Sie hier die gerätespezifischen Parameter für den Drucker ein (zum Beispiel Ausrichtung, Anschluss etc.).

5 Unter *Druckaufträge anzeigen* sehen Sie die Liste der Aufträge, die noch nicht gedruckt sind.

6 Die Druckaufträge finden Sie auch unter dem Druckersymbol in der Taskleiste.

Ende

Die Register in den Druckereigenschaften sind für jedes Gerät spezifisch.

HINWEIS

Spoolen: Druckaufträge in die Warteschlange einfügen. Gespoolte Aufträge werden automatisch gedruckt, wenn der Drucker wieder online ist.

FACHWORT

Datenverwaltung mit dem Windows-Explorer

7

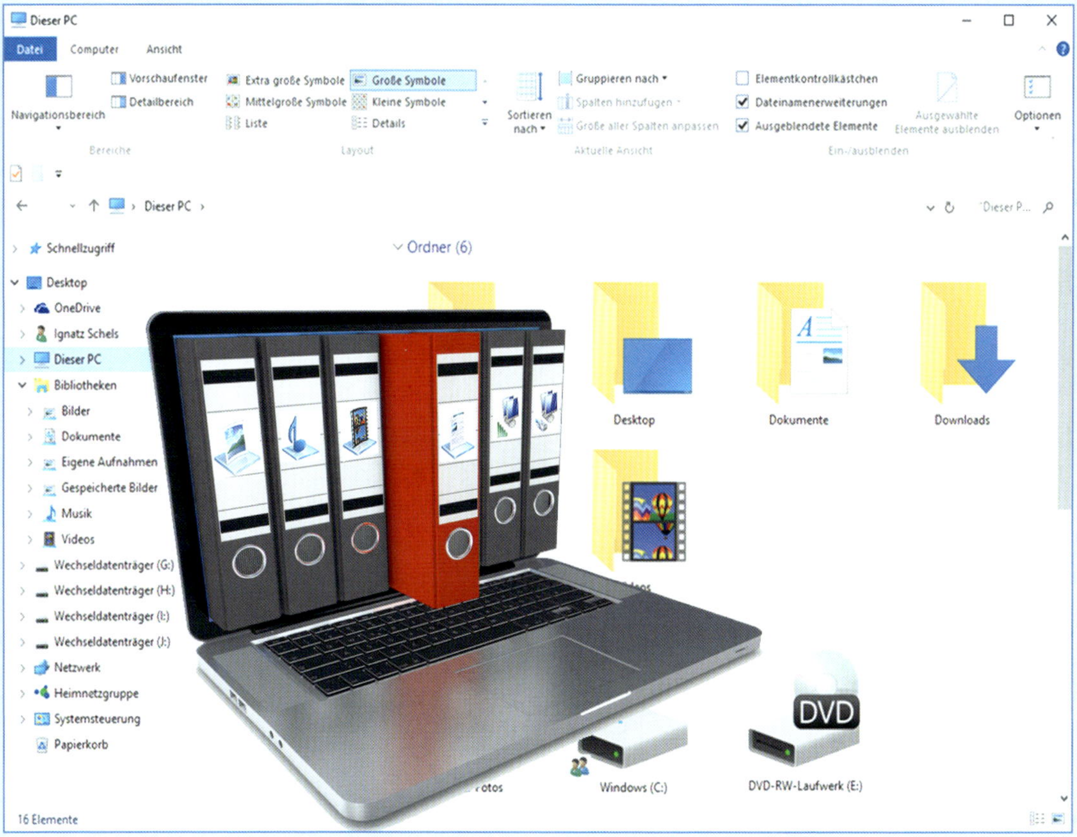

Start

1

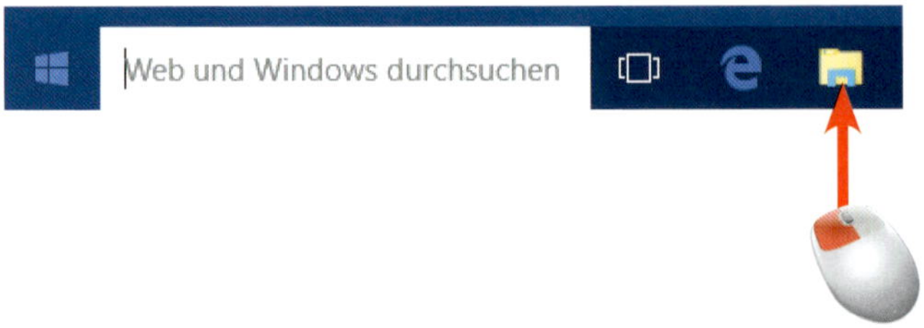

2

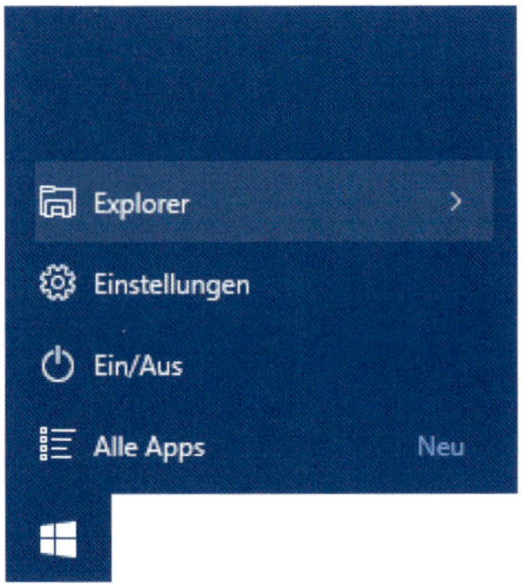

3

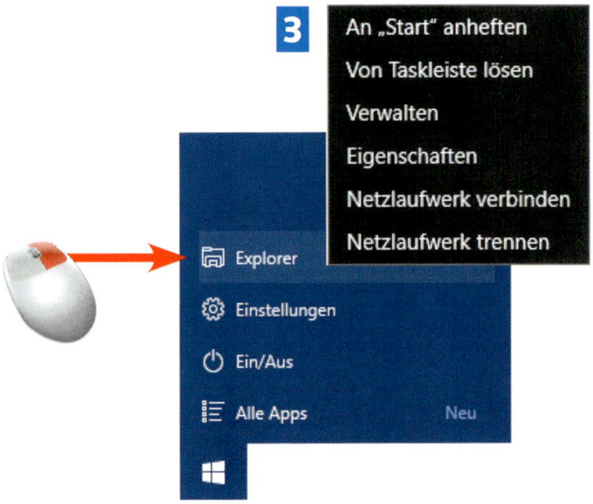

1 In der Taskleiste finden Sie ein Symbol für den Windows-Explorer – klicken Sie es an.

2 Auch das Startmenü hält einen Eintrag für das Datenverwaltungstool bereit.

3 Klicken Sie den Eintrag *Explorer* mit der rechten Maustaste an und wählen Sie *An „Start" anheften*, ...

Der Windows-Explorer ist das Werkzeug für die Verwaltung der Datenträger, Dateien und Ordner. Lassen Sie sich Ihre Daten anzeigen, legen Sie Ordner und Bibliotheken an, um sie zu ordnen, und kopieren, verschieben oder löschen Sie Dateien auf oder zwischen den Datenträgern.

WISSEN

4

5

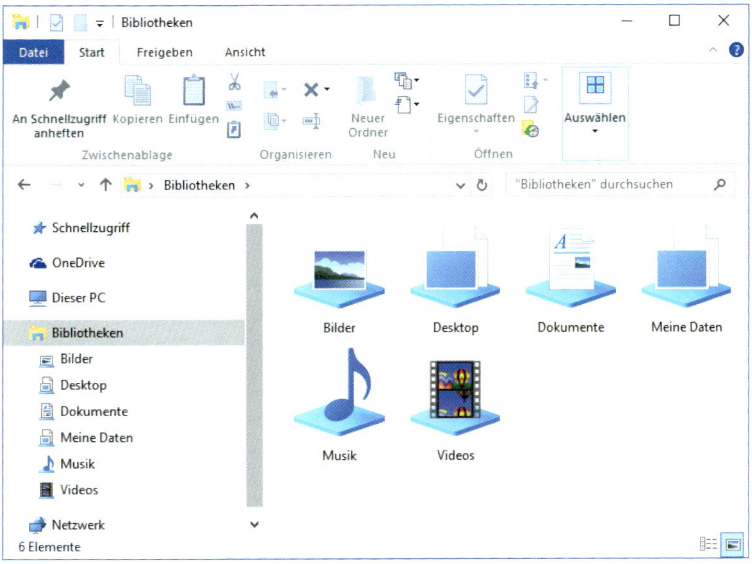

6

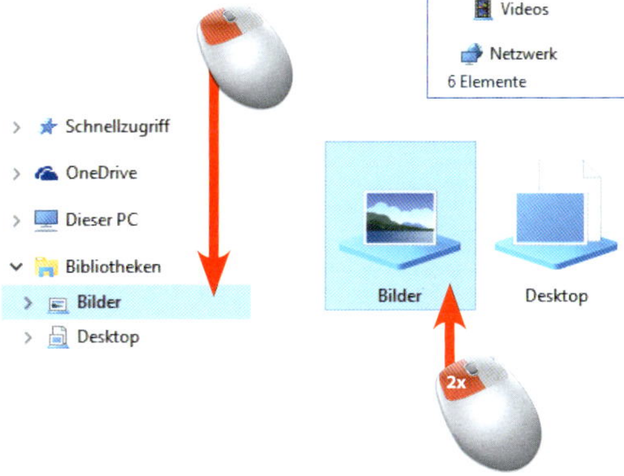

4 ... sehen Sie das Symbol in Zukunft auch als Kachel im Startmenü.

5 Und so sieht das Fenster des Windows-Explorer nach dem ersten Start aus.

6 Die Symbole im linken Bereich klicken Sie einfach an, für die Symbole rechts brauchen Sie einen Doppelklick.

Ende

Ein schneller Shortcut zum Aufruf: Drücken Sie ⊞+E.

TIPP

Wenn Sie Daten zwischen Datenträgern austauschen, öffnen Sie den Windows-Explorer einfach öfter: ⇧-Taste festhalten und das Symbol anklicken.

TIPP

Start

1

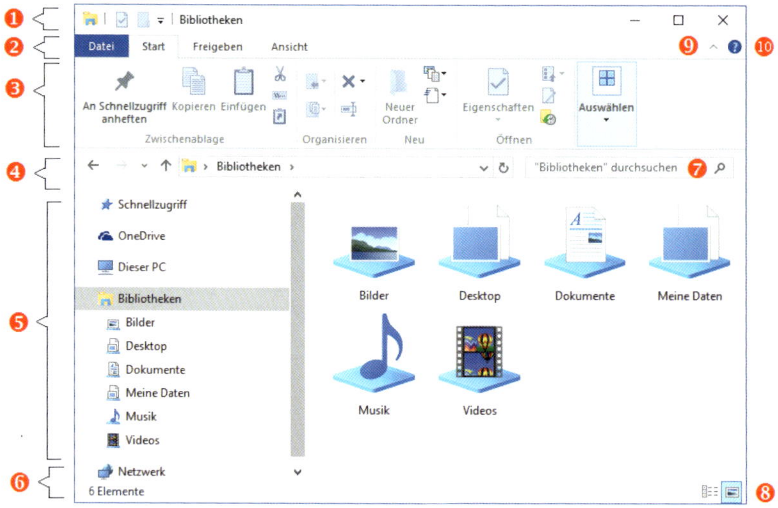

1 Symbolleiste für den Schnellzugriff
2 Menüband
3 Registerkarten
4 Adresszeile
5 Navigationsbereich
6 Statuszeile
7 Suchfenster
8 Anzeigesymbole
9 Menüband min/max
10 Hilfe

2

3

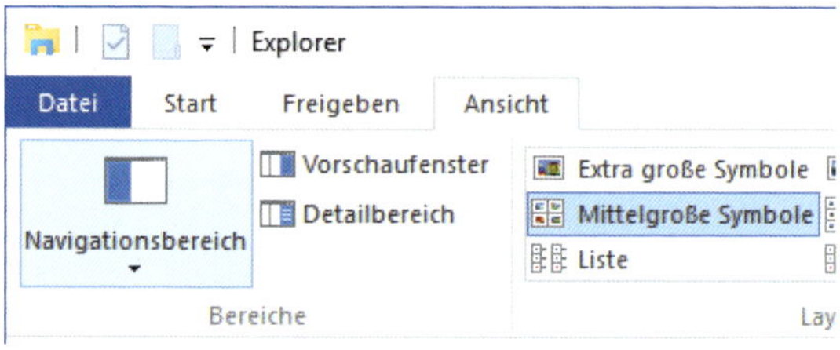

1 Hier die einzelnen Bereiche des Explorer-Fensters von der Symbolleiste über das Menüband bis zum Anzeigewechsel rechts unten.

2 Schalten Sie unter *Navigationsbereich* alle Ordner und die Bibliotheken ein.

3 Auf der Registerkarte *Ansicht* finden Sie die sechs Ansichten.

Das Explorer-Fenster ist unterteilt in einen Navigationsbereich und einen Anzeigebereich für Laufwerke, Ordner und Dateien. Für diesen finden Sie verschiedene Anzeigeformen, zum Beispiel Symbole oder Listen.

WISSEN

4

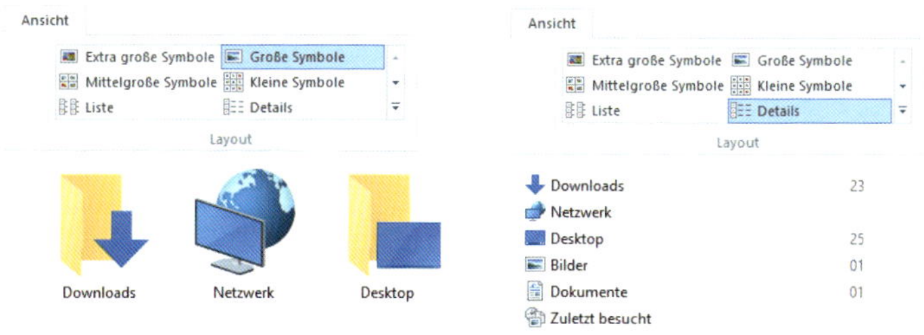

5

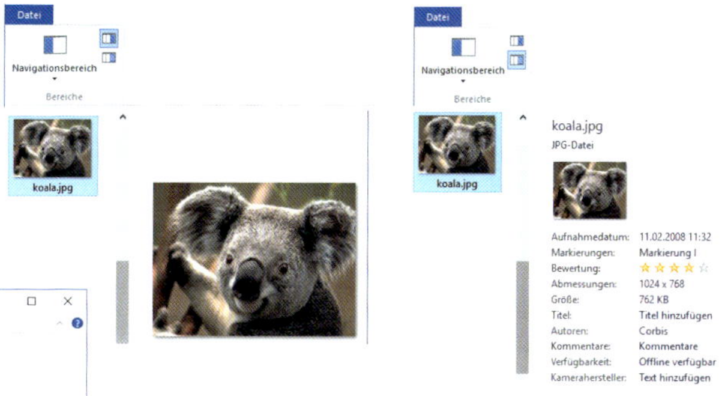

6

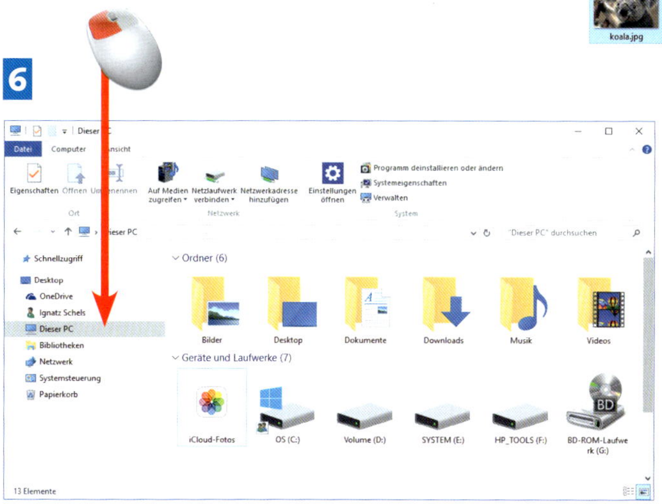

4 Lassen Sie die Fensterinhalte – Laufwerke, Ordner, Dateien – wahlweise als Symbole oder Listen anzeigen.

5 Die kleineren Symbole blenden rechts ein Vorschaufenster ein, in dem Informationen zum markierten Element angezeigt werden.

6 Klicken Sie im Navigationsbereich auf *Dieser PC*, zeigt der Explorer alle Datenträger und Laufwerke Ihres Computers an.

Die Symbolleiste für den Schnellzugriff lässt sich beliebig mit Symbolen bestücken, wählen Sie *Symbolleiste für den Schnellzugriff anpassen*.

TIPP

Achten Sie auf die wechselnden Registerkarten im Menüband. Markieren Sie eine Datei, kommt noch eine weitere Gruppe dazu, die je nach Dateityp *Bildtools*, *Videotools* etc. heißt.

HINWEIS

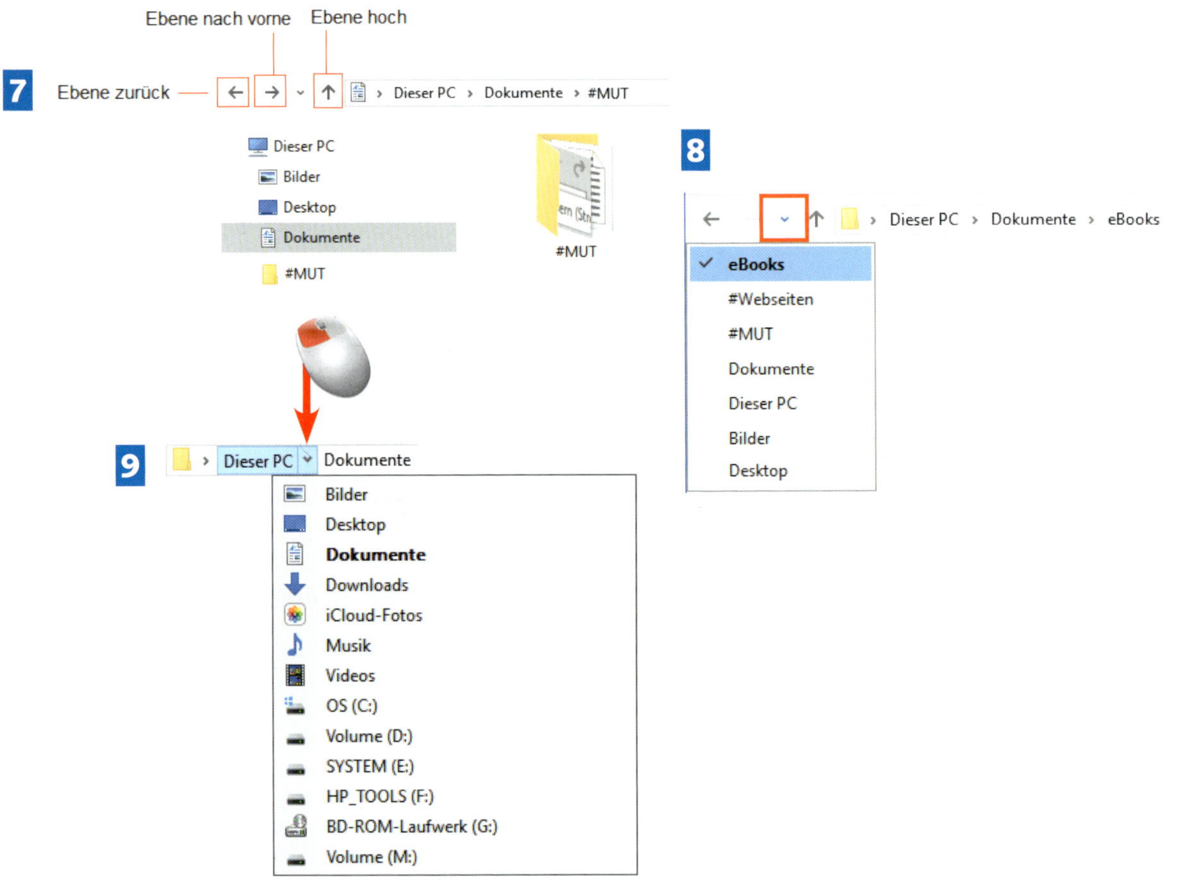

7 Blättern Sie mit den Pfeilsymbolen in der Adresszeile im Navigationsbereich nach oben oder unten oder zum ersten Element der Ebene.

8 Das Symbol *Zuletzt besuchte Orte* bietet eine Liste mit zuvor markierten Elementen des Explorer-Systems an.

9 Klicken Sie in der Adresszeile auf den Pfeil neben einer Ebene, bekommen Sie die nachfolgenden Ebenen zur Auswahl angeboten.

Mit der Zeit wird es voll werden auf Ihren Datenträgern, und damit sich die Sucherei nach dem richtigen Ordner oder der passenden Datei in Grenzen hält, bietet Windows 10 nützliche Symbole für die Navigation an.

WISSEN

10

11

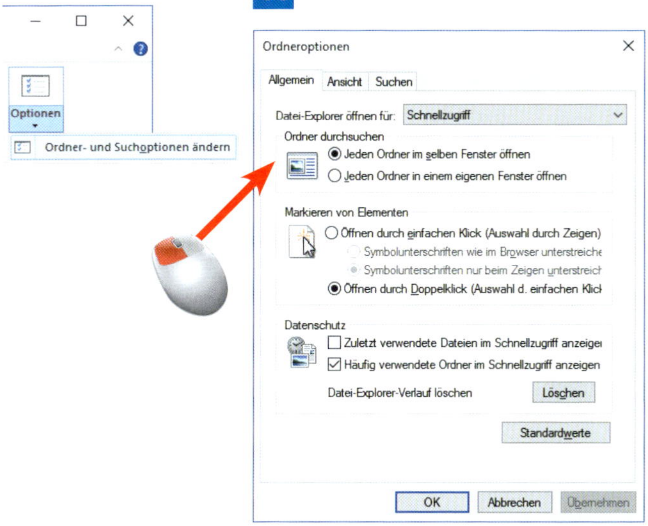

12

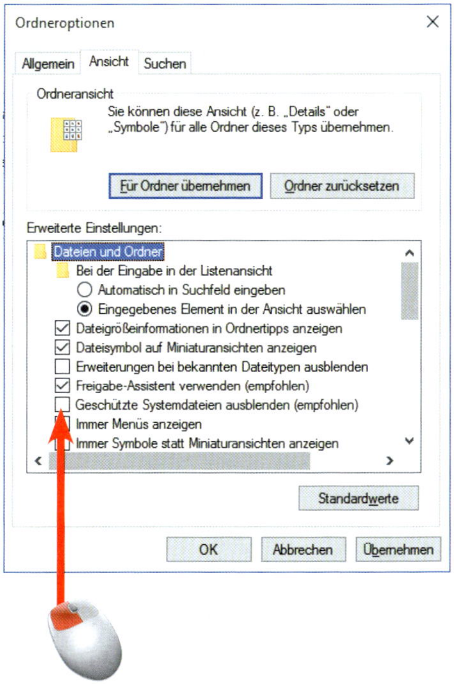

10 Das Pfeilsymbol rechts an der Adresszeile zeigt den Verlauf der zuletzt besuchten Orte an. Nutzen Sie auch das Suchfenster.

11 Details finden Sie unter *Optionen/Ordner- und Suchoptionen ändern*. Ändern Sie hier die Fensterzuordnung für die Ordner und die Markierungsart.

12 Auf der Registerkarte *Ansicht* finden Sie weitere Einstellungsoptionen, zum Beispiel das Einblenden geschützter und unsichtbarer Dateien.

Ende

Auf dem Tablet sollten Sie in den Ordner- und Suchoptionen den einfachen Klick zur Auswahl von Elementen einstellen.

HINWEIS

Im Suchfenster können Sie mit »Wildcards« arbeiten: *Urlaub** findet alles, was mit *Urlaub* beginnt, **.jpg* zeigt alle Bilder im JPEG-Format an.

TIPP

Start

1

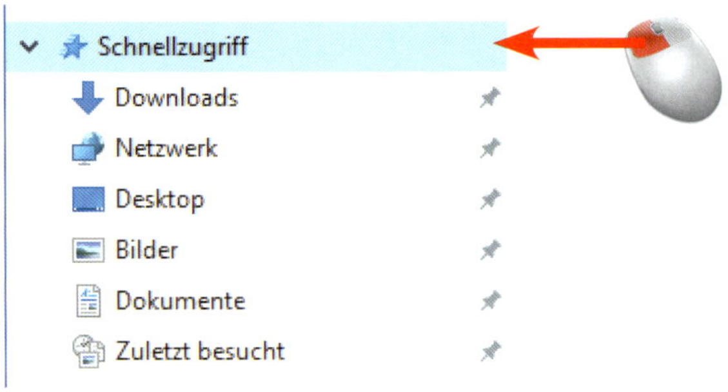

2

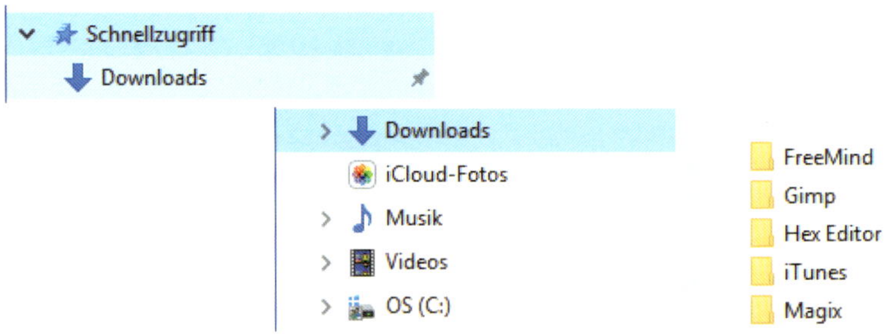

3

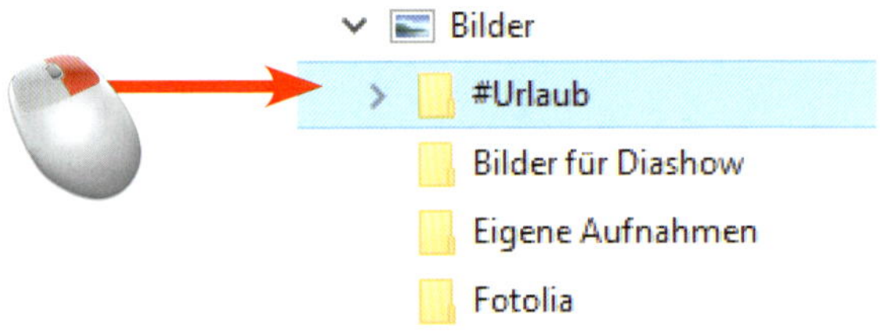

1 Klicken Sie auf *Schnellzugriff*, um die Liste der Schnellzugriffselemente zu öffnen oder zu schließen.

2 Ein Klick auf einen Eintrag führt Sie direkt zum jeweiligen Ordner in der Navigation.

3 Um einen Ordner in den Schnellzugriff aufzunehmen, markieren Sie ihn im Navigationsbereich, ...

Ordner, Dateien oder Laufwerke, die Sie häufig brauchen, packen Sie am besten in den Schnellzugriff. Der steht ganz oben im Navigationsbereich und bietet damit den schnellsten Zugriff auf Ihre Daten.

WISSEN

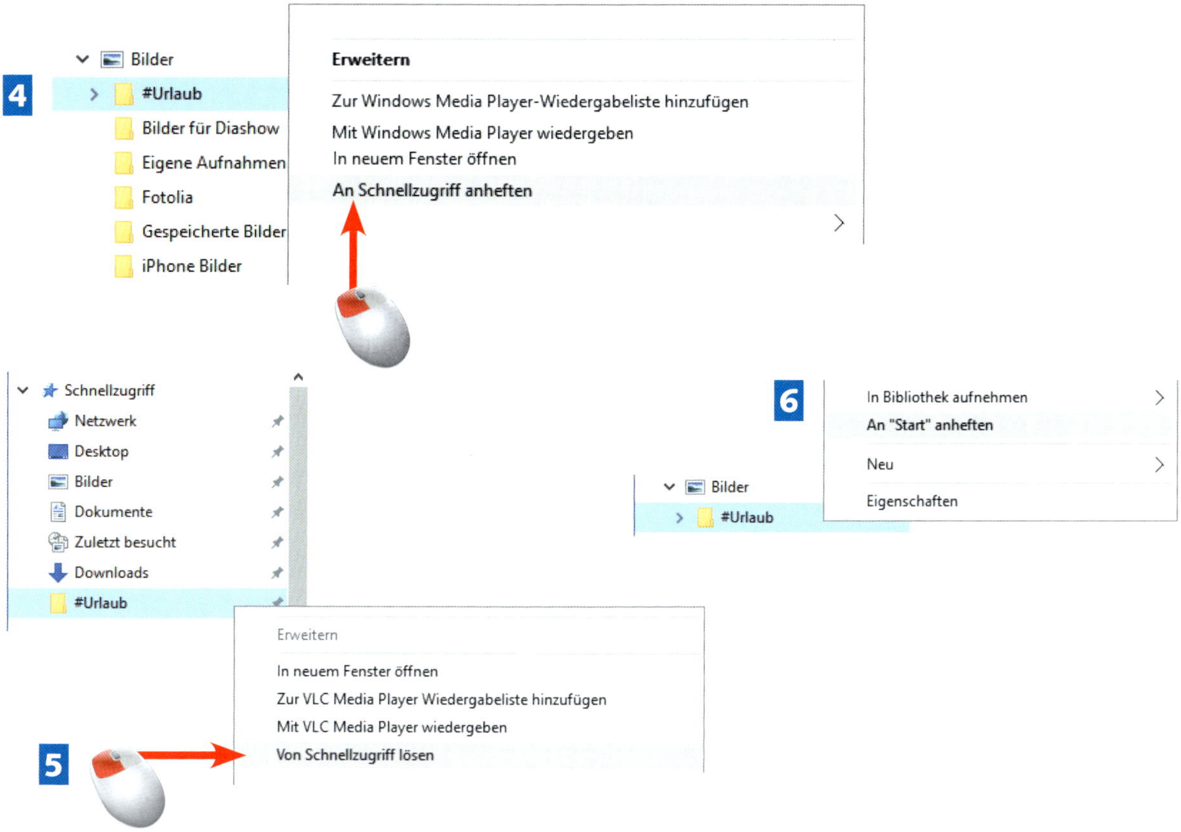

4 ... und wählen aus dem Kontextmenü der rechten Maustaste *An Schnellzugriff anheften*.

5 Der Ordner steht im Schnellzugriff, mit *Von Schnellzugriff lösen* lässt er sich wieder entfernen.

6 Wollen Sie den Ordner gleich noch ins Startmenü aufnehmen, wählen Sie *An "Start" anheften*.

Ende

HINWEIS

Ordner, die in den Schnellzugriff aufgenommen werden, verschieben Sie nicht von ihrer Originalposition.

TIPP

Zum Anheften eines Ordners können Sie diesen auch markieren und im Kontextmenü des Schnellzugriffs (rechte Maustaste) *Aktuellen Ordner an Schnellzugriff anheften* wählen.

Start

1

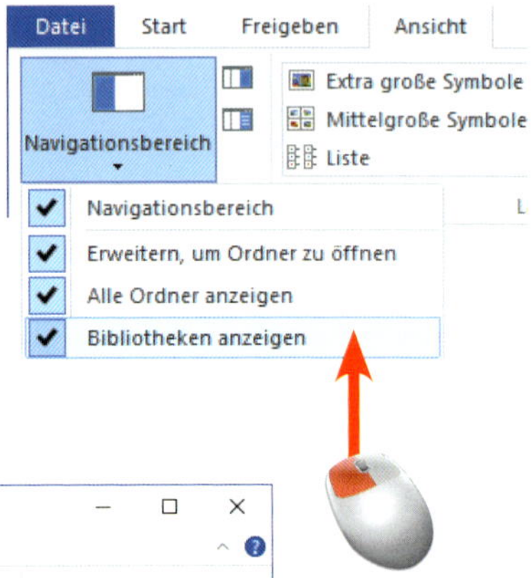

2

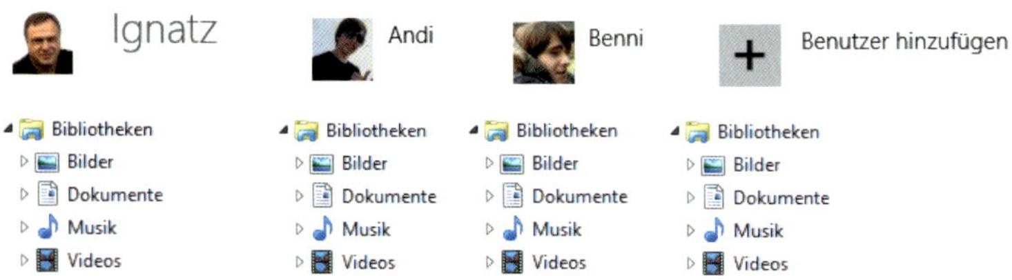

3

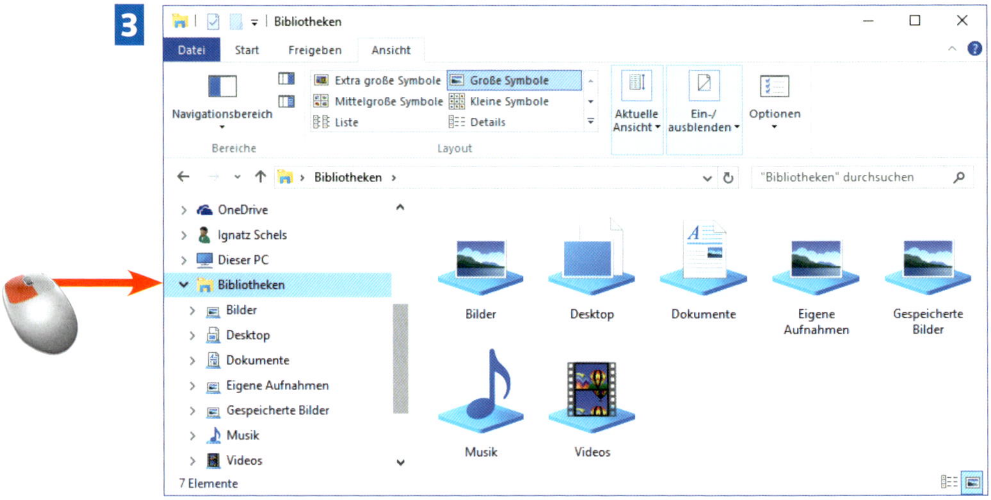

1 Schalten Sie unter *Ansicht/Navigationsbereich* die Anzeige der Bibliotheken ein.

2 Jedem Benutzer, für den auf Ihrem PC ein Konto angelegt ist, sind die Standardbibliotheken zugeordnet.

3 Klicken Sie im Navigationsbereich unter dem Benutzernamen auf *Bibliotheken*, sehen Sie die einzelnen Bibliotheken.

Bibliotheken sind Ordnungseinheiten, in denen Dateien und Ordner abgelegt werden. Für jeden Benutzer werden Standardbibliotheken eingerichtet, in denen die wichtigsten Dateien zu finden sind.

WISSEN

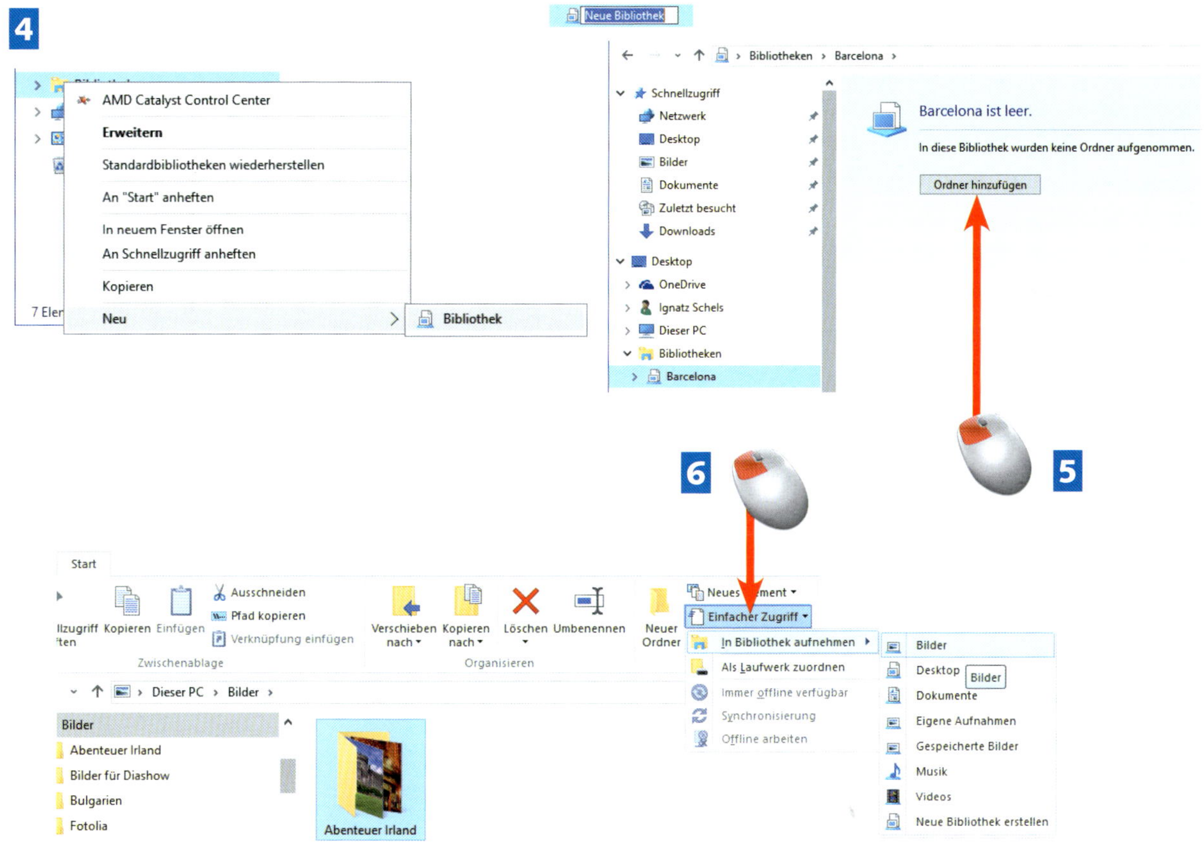

4 Mit *Neu* im Kontextmenü der rechten Maustaste erstellen Sie eine neue Bibliothek.

5 Geben Sie einen Namen ein und klicken Sie auf *Ordner hinzufügen*, um einen Ordner in die neue Bibliothek aufzunehmen.

6 Sie können einen Ordner auch markieren und mit *Einfacher Zugriff* im Startregister in eine Bibliothek aufnehmen.

Ende

Ordner schnell in eine Bibliothek aufnehmen: Ordner markieren, mit Strg+C kopieren, Bibliothek markieren und Ordner mit Strg+V einfügen.

TIPP

Elemente, die Sie aus Bibliotheken löschen, werden nicht vom Datenträger entfernt, Bibliothekselemente sind nur Verknüpfungen.

HINWEIS

Start

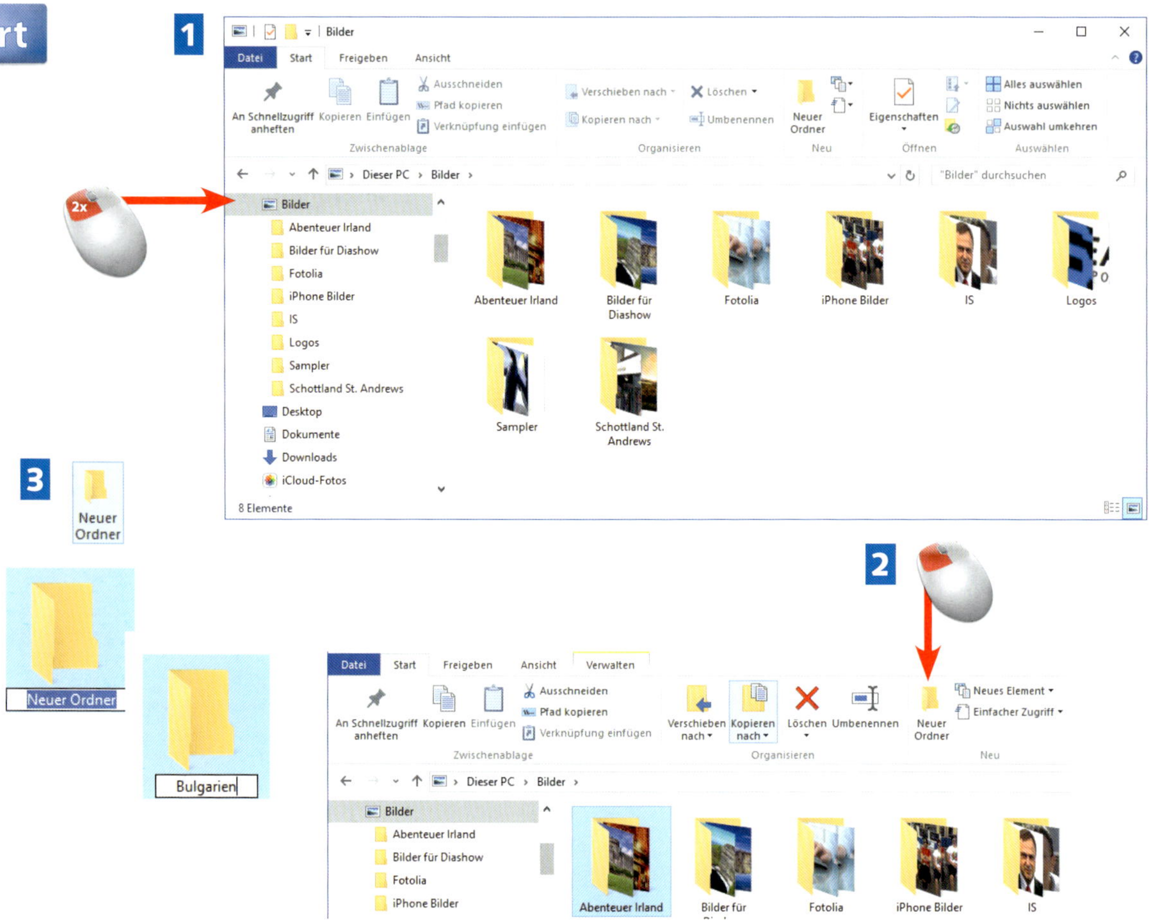

1 Ordner markieren Sie im Navigationsbereich oder in einer Bibliothek. Öffnen und schließen Sie den Ordner per Doppelklick.

2 Unter *Start* finden Sie Optionen zum Verschieben, Kopieren und Löschen von Ordnern. Klicken Sie auf *Neuer Ordner*, …

3 … und geben Sie dem neuen Ordner einen Namen. Mit F2 oder *Umbenennen* können Sie diesen wieder ändern.

Mit einer guten Ordnerstruktur schaffen Sie Ordnung und behalten die Übersicht über Ihre Daten. Legen Sie neue Bibliotheken und neue Ordner an, untergliedern Sie Ordner und schaffen Sie eine passende Struktur.

WISSEN

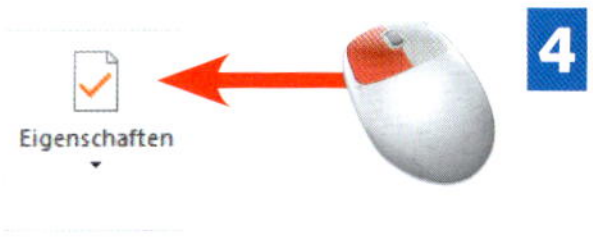

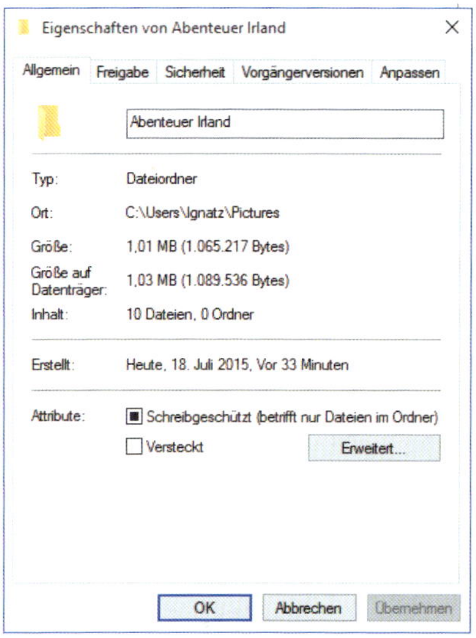

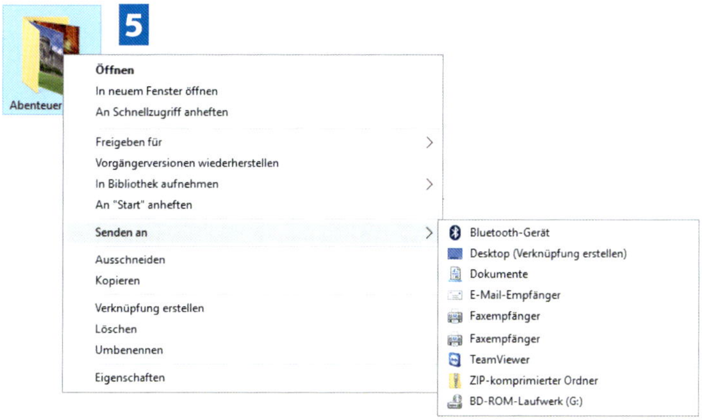

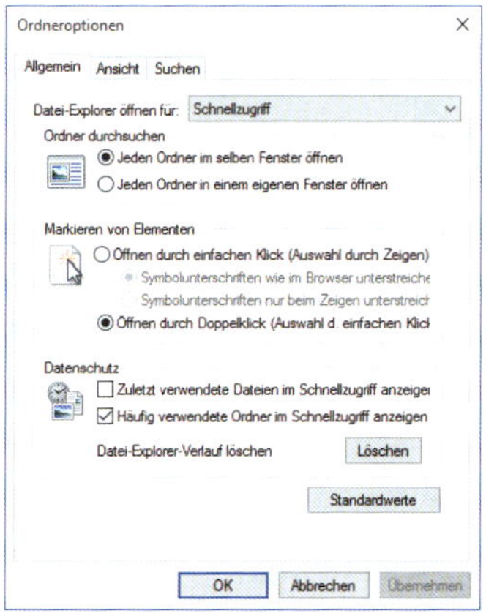

4 Klicken Sie auf *Eigenschaften*, und sehen Sie sich den Ordnerpfad, die Anzahl der Dateien sowie die Gesamtgröße in MByte an.

5 Im Kontextmenü der rechten Maustaste finden Sie Optionen zum Versenden des Ordners, zum Beispiel per Mail oder Fax.

6 Aktivieren Sie die Ordner- und Suchoptionen im *Datei*-Menü, hier finden Sie erweiterte Einstellungen, die für alle Ordner gelten.

Ende

Geschützte Systemdaten sollten Sie aus Sicherheitsgründen nicht bearbeiten.

HINWEIS

Neue Ordner werden immer unter der aktiv markierten Ebene angelegt, d. h. als Unterordner eines Ordners oder als neuer Ordner einer Bibliothek oder auf einem Laufwerk.

HINWEIS

Start

1

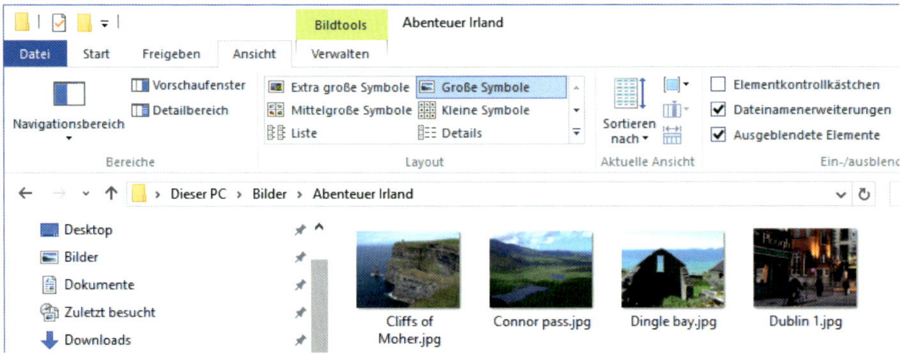

2

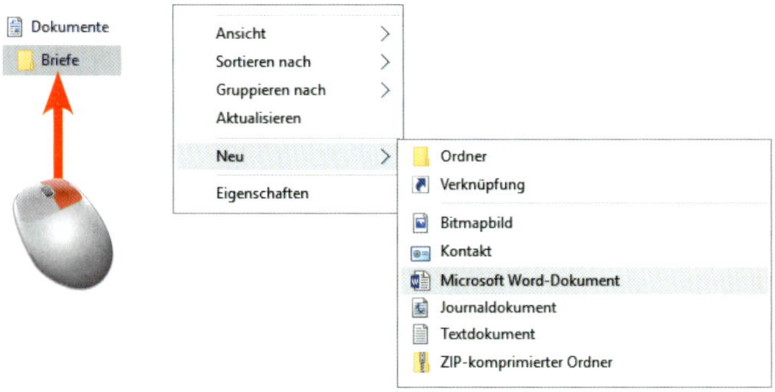

3

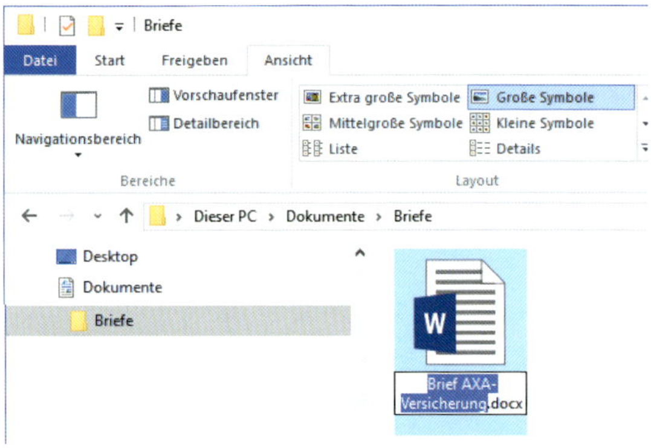

1 Blenden Sie die *Dateinamenerweiterungen* ein, um die Dateien an ihrem Typ zu erkennen.

2 Neue Dateien erzeugen Sie mit *Neu* aus dem Kontextmenü der rechten Maustaste.

3 Geben Sie der Datei einen Dateinamen. Den Punkt sowie die Dateiendung vergibt Windows 10 gemäß dem Dateityp automatisch.

Die Datei ist das Datenpaket für Daten aller Arten und Typen. Der Explorer liefert die Information über Dateigröße, Art und Inhalt und bietet die Apps zum Öffnen und Bearbeiten der Dateien an.

WISSEN

5

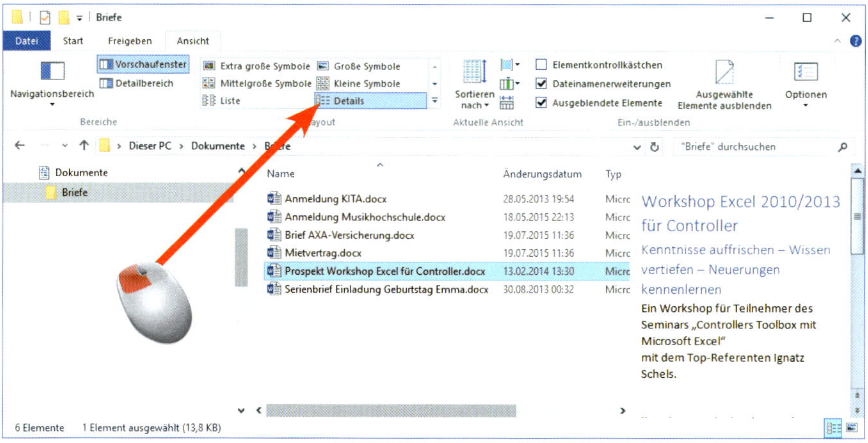

4

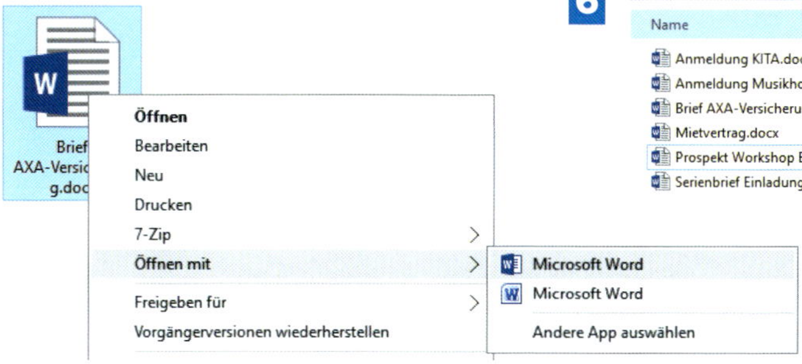

6

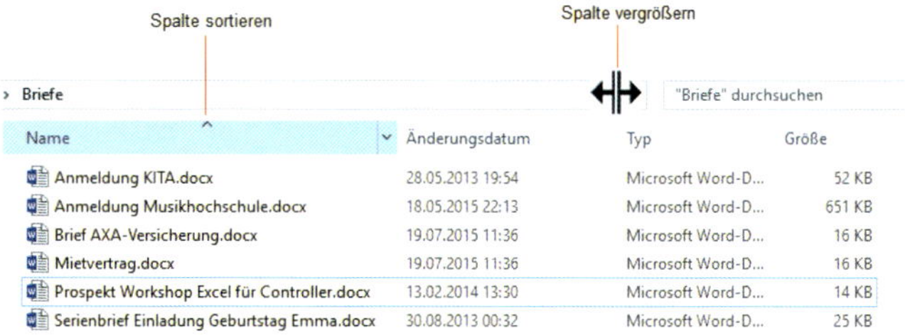

4 Öffnen Sie die Datei per Doppelklick oder über das Kontextmenü. Hier können Sie die App dafür bestimmen.

5 In der Detailansicht sehen Sie das Änderungsdatum, die Größe und den Dateityp. Schalten Sie die Vorschau mit dazu.

6 Klicken Sie auf eine Spalte, um die Liste auf- oder absteigend zu sortieren. Ziehen Sie die Spaltentrennlinie, um die Spaltengröße zu ändern.

Ende

Dateinamen dürfen maximal 256 Zeichen enthalten, nicht erlaubt sind diese Sonderzeichen: \ ? : * " < > |

HINWEIS

Windows 10 erkennt den Dateityp an der Dateinamenerweiterung. Schalten Sie diese unter *Ansicht* ein. Achten Sie beim Umbenennen einer Datei darauf, dass die Buchstaben rechts vom Punkt zum Dateityp passen.

TIPP

Start

1

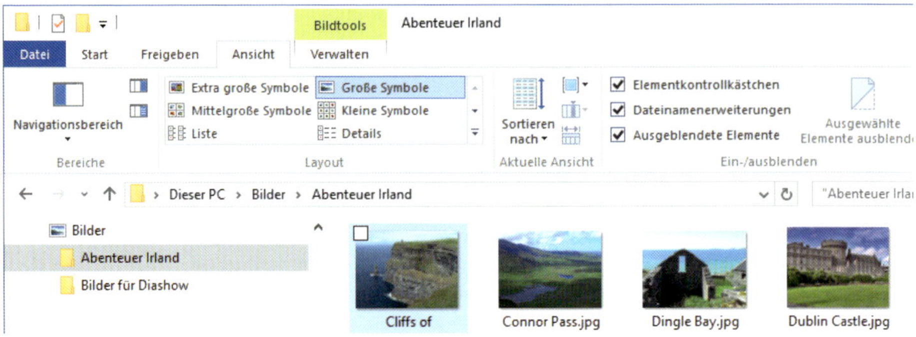

3

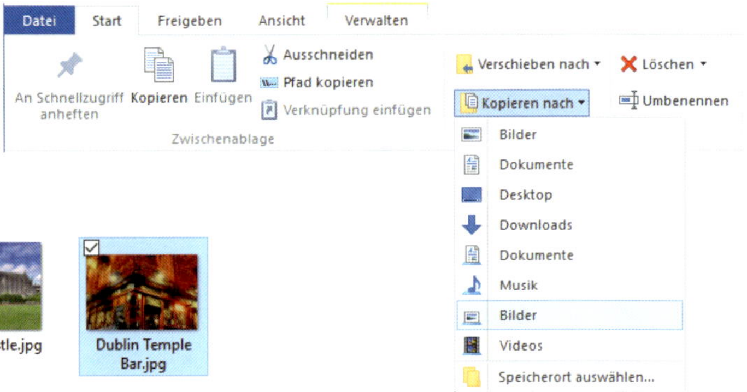

2

1 Mit den *Elementkontrollkästchen* lassen sich Dateien einfacher markieren.

2 Klicken Sie einzelne Dateien an, für mehrere Dateien halten Sie ⇧ oder Strg gedrückt.

3 Im Startregister finden Sie die Symbole zum Ausschneiden oder Kopieren der Dateien.

Dateien und Ordner markieren Sie einzeln oder als Dateiensammlung und kopieren oder verschieben sie einfach über ihre Symbole zwischen Ordnern oder Explorer-Fenstern.

WISSEN

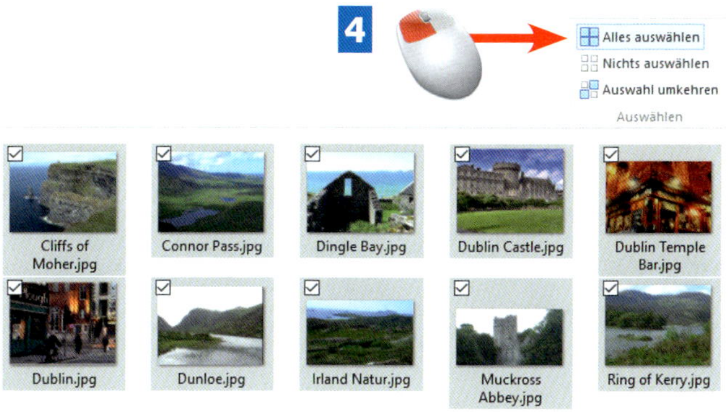

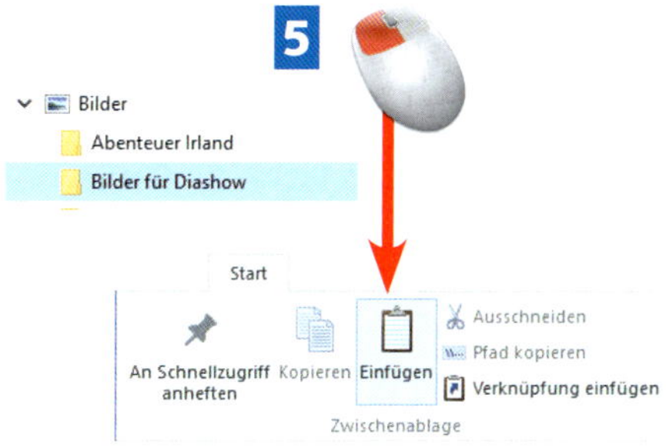

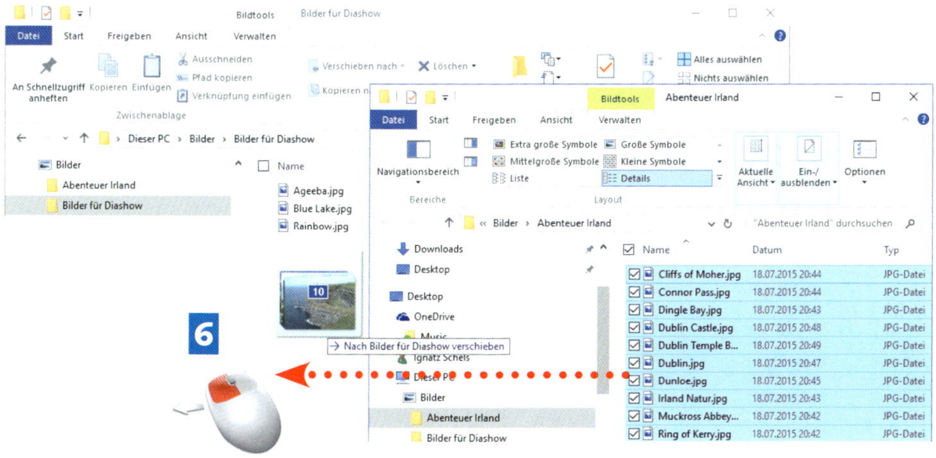

4 Wählen Sie *Alles auswählen*, um alle Dateien im aktiven Ordner zu markieren, und kopieren Sie die Markierung oder schneiden Sie sie aus.

5 Wechseln Sie auf den Zielordner und fügen Sie die Dateien aus der Zwischenablage in den Ordner ein.

6 Sie können Dateien auch einfach mit gedrückter Maustaste von einem Fenster ins andere ziehen, halten Sie dabei die [Strg]-Taste gedrückt, wird es eine Kopie.

Ende

Zwischen Laufwerken werden Dateien beim Ziehen immer kopiert, zwischen Ordnern verschoben. Mit [Strg] geht es umgekehrt.

TIPP

Nützliche Tastentricks:
Datei(en) kopieren: [Strg]+[C]
Datei(en) ausschneiden: [Strg]+[X]
Datei(en) einfügen: [Strg]+[V]

TIPP

Start

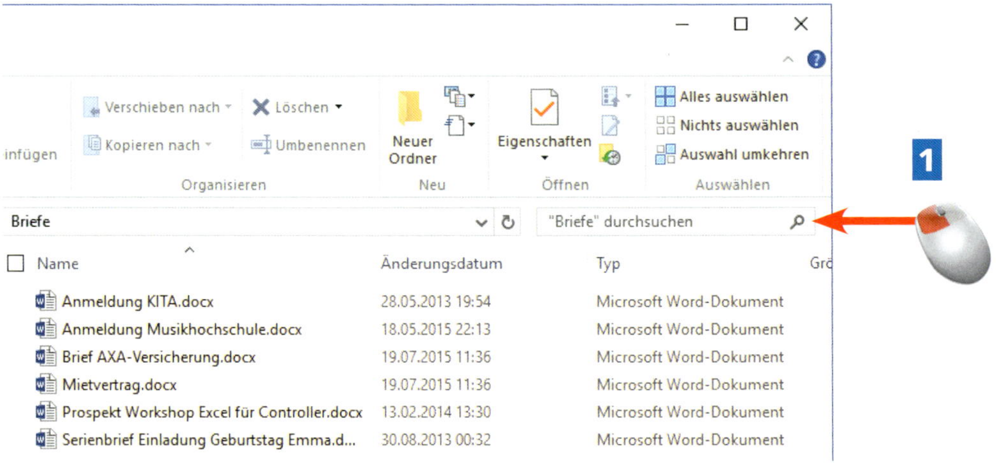

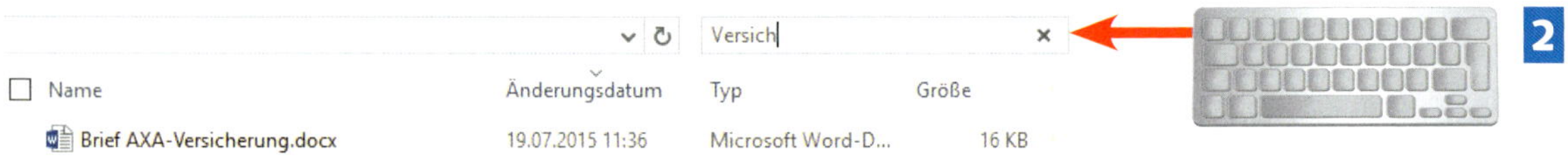

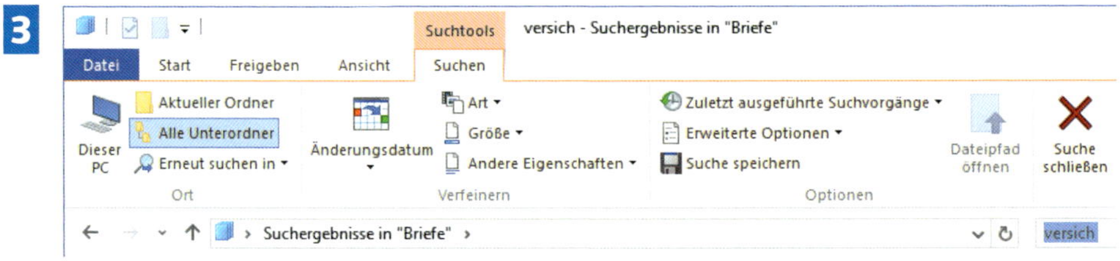

1 Klicken Sie in das Suchfenster des Explorers, um die Suche nach Dateien und/oder Ordnern zu starten.

2 Tragen Sie den Suchbegriff oder einen Teil davon ein. Windows 10 listet sofort alle Fundstellen auf.

3 In den *Suchtools* können Sie den Suchort wechseln oder eine andere Eigenschaft der Datei für die Suche angeben.

Die Suche nach Ordnern und Dateien kann zeitraubend sein. Windows 10 unterstützt Sie mit einem passenden Werkzeug. Geben Sie einfach ein paar Buchstaben in das Suchfenster ein oder verfeinern Sie die Suche über die Suchtools.

WISSEN

4

5

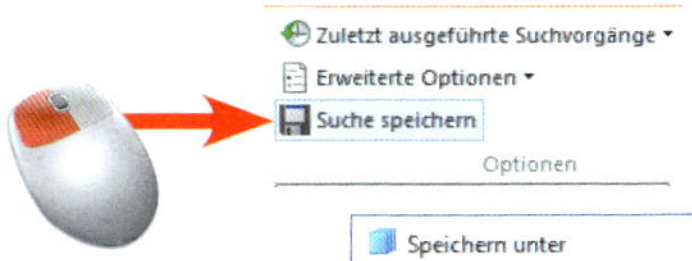

6

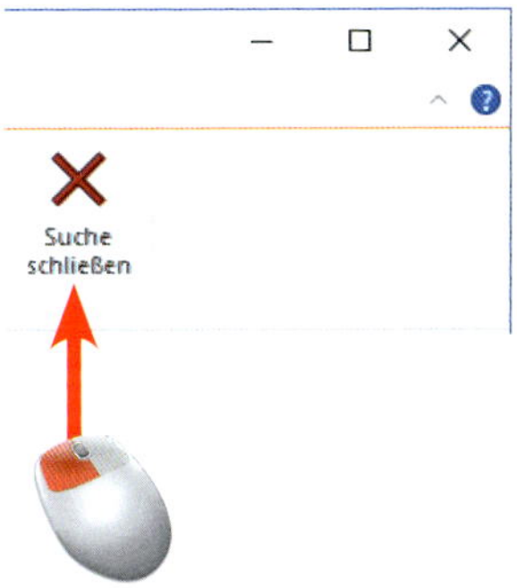

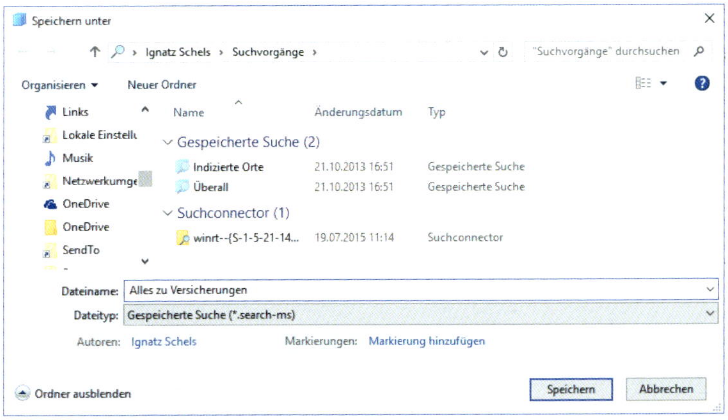

4 Öffnen Sie eine Liste und markieren Sie die passende Sucheigenschaft.

5 Speichern Sie komplexere Suchaktionen mit *Optionen/Suche speichern* als Suchvorgänge.

6 Ein Klick auf *Suche schließen* beendet die Suche, und Sie kehren zurück zur Ordner- und Dateiansicht.

Ende

Verwenden Sie Platzhalter für die Suche nach Dateien und Ordnern: **.jpg* findet alle Bilder, **.mp** findet MP3- und MP4-Dateien und *M*er* findet Meier und Maier.

TIPP

Windows 10 indiziert die Orte, an denen gesucht wird. Das macht die Suche auf großen Datenträgern schneller. Unter *Optionen/Erweiterte Optionen* können Sie zusätzliche Orte indizieren.

HINWEIS

Start

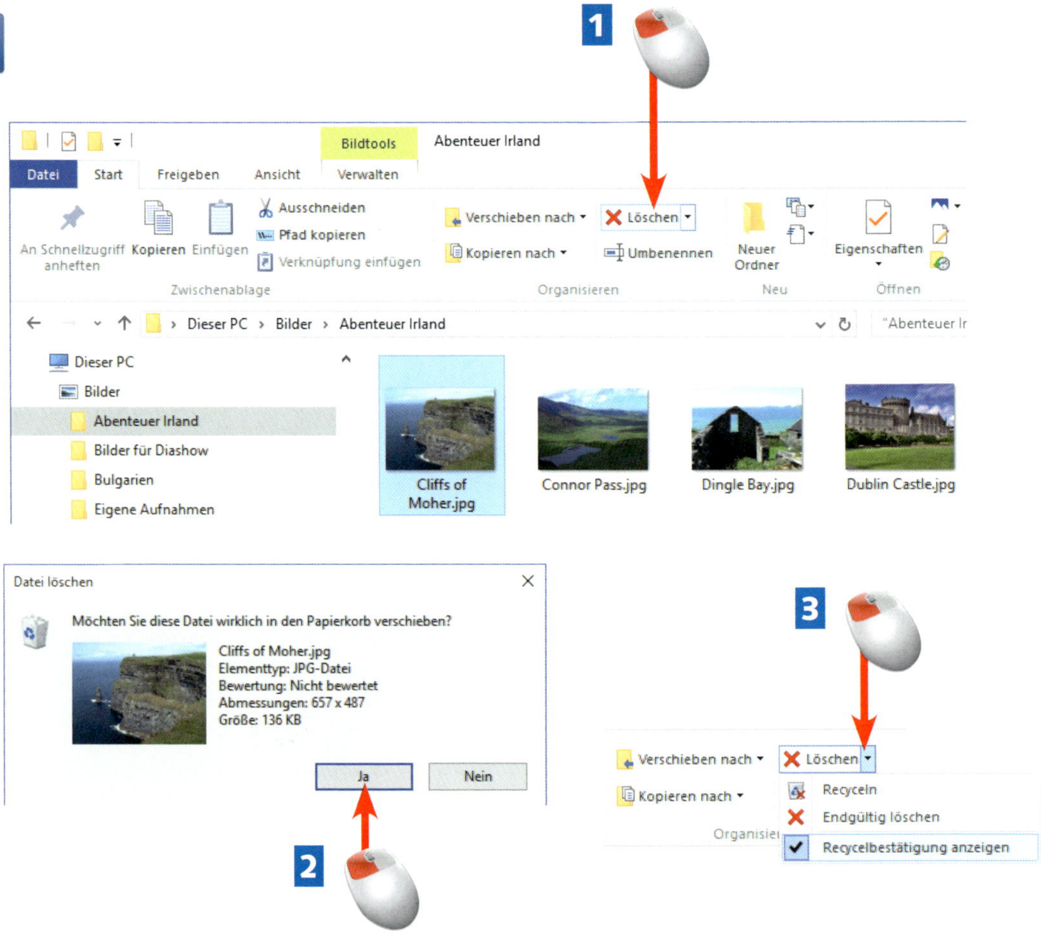

1. Um eine Datei oder einen Ordner zu löschen, markieren Sie das Element im Navigations- oder Dateibereich und klicken auf *Löschen*.
2. Die Dateiinformationen werden noch einmal angezeigt, bestätigen Sie mit *Ja*, und die Datei wird gelöscht.
3. Mit dem Pfeil am Symbol *Löschen* können Sie die Recycelbestätigung ausschalten.

Löschen Sie Dateien und Ordner mit Vorsicht. Windows 10 hat zwar zur Sicherheit einen Papierkorb eingebaut, aus dem Sie Gelöschtes wieder zurückholen können, aber was aus dem Papierkorb gelöscht wird, ist unwiederbringlich verloren.

WISSEN

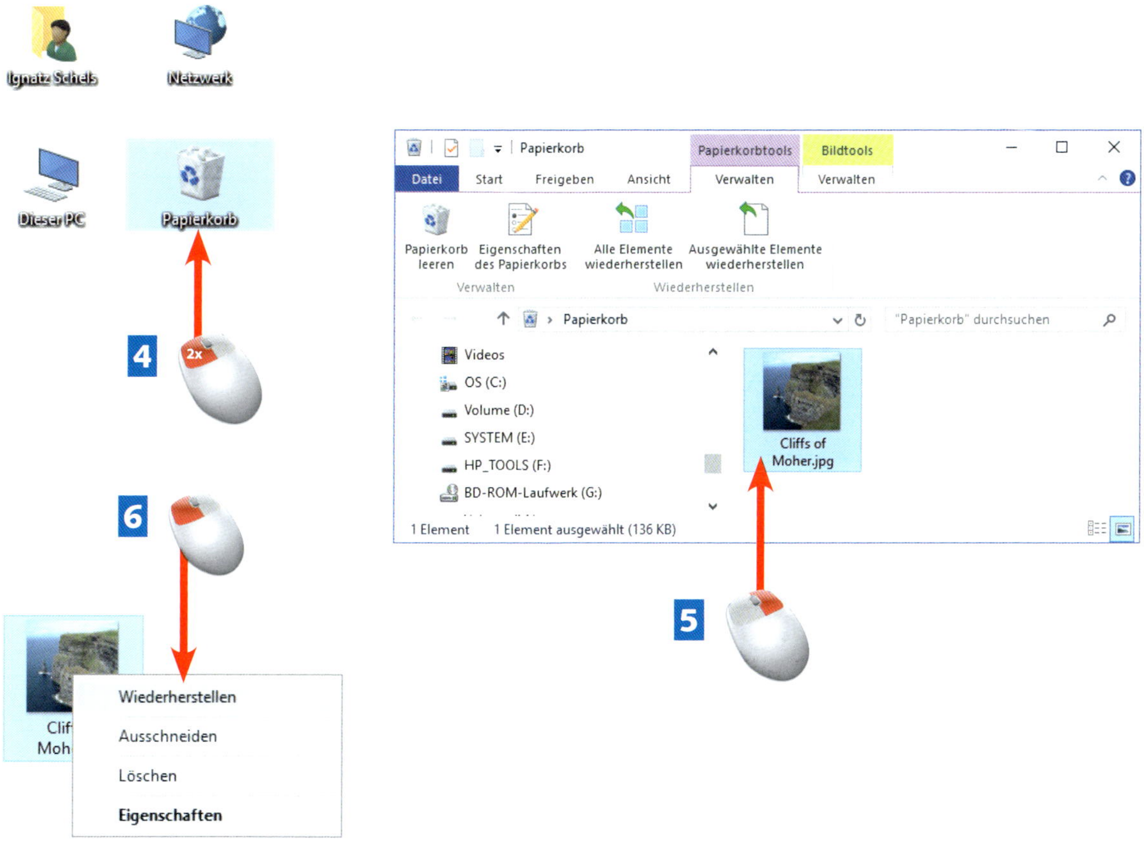

4 Öffnen Sie per Doppelklick auf das Symbol auf dem Desktop den Papierkorb.

5 Hier finden Sie alle gelöschten Dateien. Markieren Sie eine Datei mit der rechten Maustaste, …

6 … und wählen Sie *Wiederherstellen*, um die gelöschte Datei zurückzuholen.

Ende

Nützliche Tastenkombinationen: [Entf] verschiebt die Datei in den Papierkorb, [⇧]+[Entf] löscht die Datei sofort ohne Verschieben in den Papierkorb.

TIPP

Klicken Sie mit der rechten Maustaste auf das Papierkorbsymbol und wählen Sie *Papierkorb leeren*, um alle (temporär) gelöschten Dateien zu entfernen.

TIPP

Start

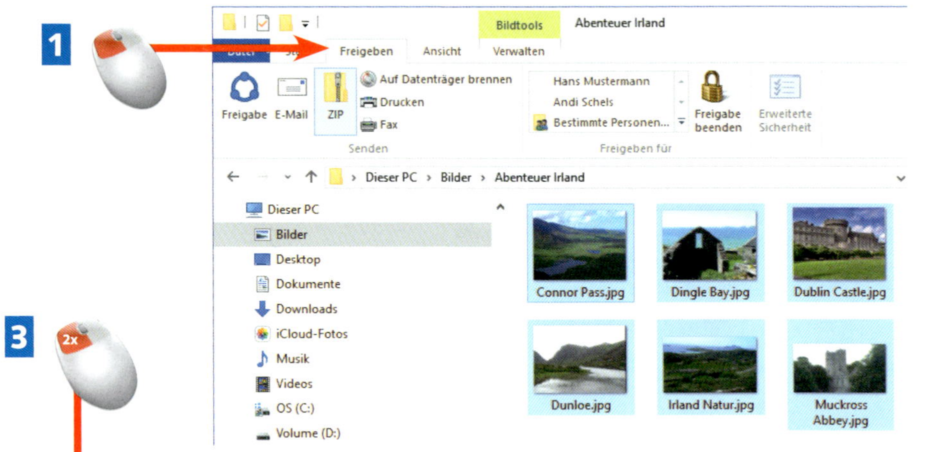

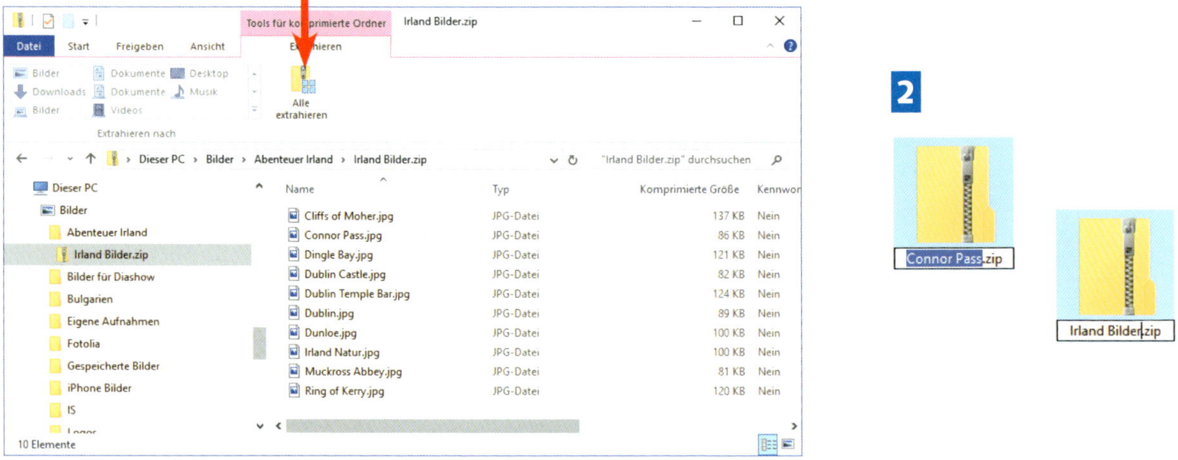

1 Markieren Sie alle Dateien, die Sie in ein ZIP-Archiv packen wollen, und wählen Sie *Start/Freigeben/ZIP*.

2 Die ZIP-Datei wird sofort erstellt. Ändern oder bestätigen Sie den Archivnamen, angeboten wird der Dateiname der zuletzt markierten Datei.

3 Öffnen Sie das ZIP-Archiv per Doppelklick auf das Symbol. Die Dateien werden im Vorschaufenster angezeigt.

ZIP-Archive sind Spezialordner, in denen Dateien komprimiert archiviert werden. Nutzen Sie sie, wenn Sie große Datenmengen kompakt in einem Paket brauchen, um sie beispielsweise per Mailanhang zu versenden.

WISSEN

4

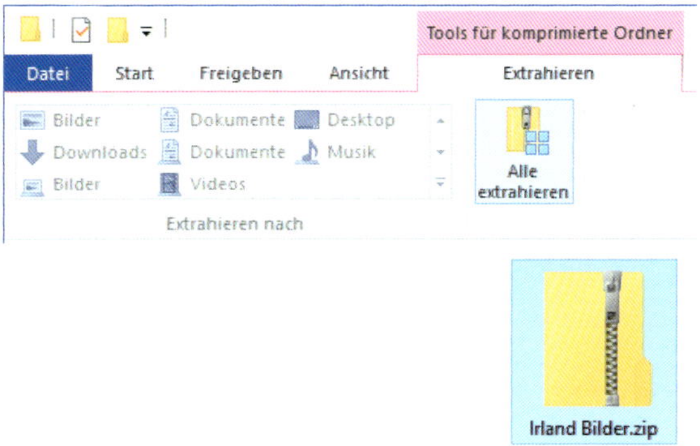

6

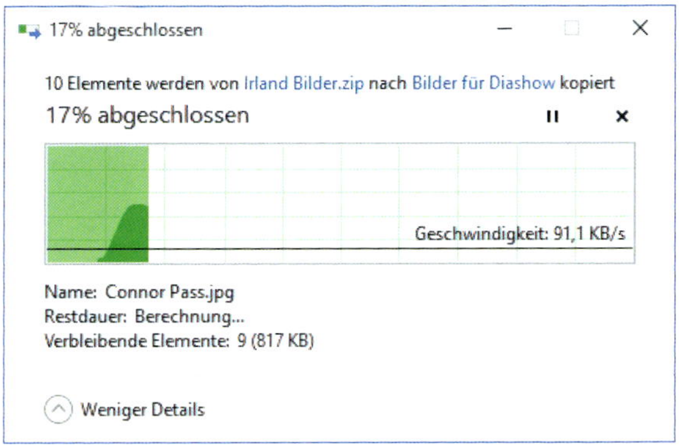

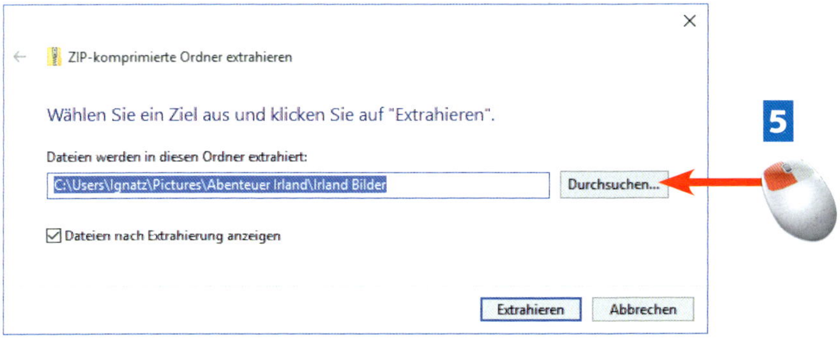

5

4 Um ein ZIP-Archiv zu entpacken, wählen Sie *Tools für komprimierte Ordner/ Extrahieren*.

5 Wählen Sie *Durchsuchen* und markieren Sie den Zielordner oder legen Sie einen neuen Ordner an.

6 Mit *Extrahieren* werden die Dateien aus dem ZIP-Archiv in den Zielordner entpackt.

Ende

Das Internet bietet weitere und bessere ZIP-Programme, die auch Formate wie WinRAR unterstützen:
www.zip.de
www.7zip.com
www.winrar.com

TIPP

Gezippte Dateien werden nicht gelöscht. Dateien in einem ZIP-Archiv können aber nicht bearbeitet werden, sie müssen vorher entpackt werden.

HINWEIS

Komprimieren: Mit der Komprimierung in ein ZIP-Archiv wird der Dateiumfang auf das optimierte Minimum verringert.

FACHWORT

Start

1

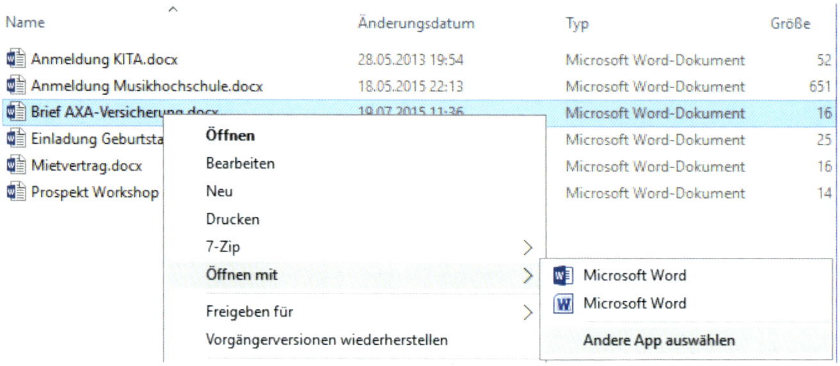

2

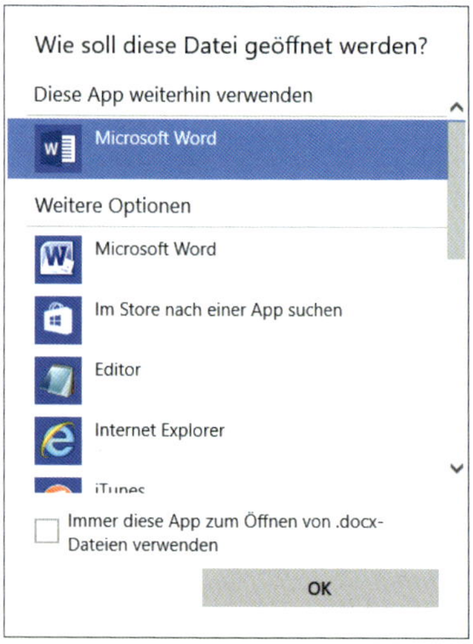

3

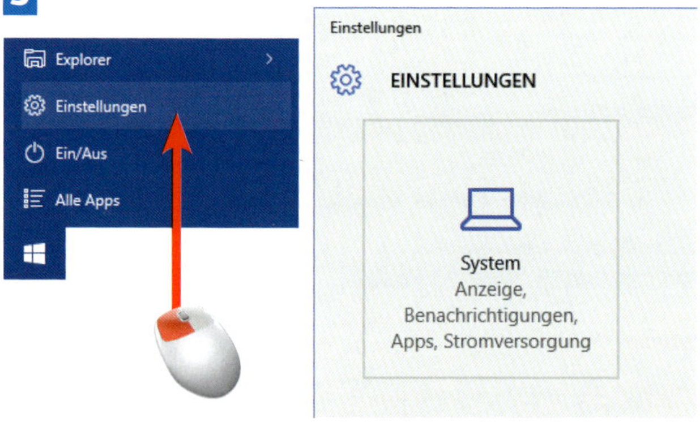

1 Um eine Datei mit einem bestimmten Programm zu öffnen, nutzen Sie das Kontextmenü der rechten Maustaste.

2 Bestimmen Sie die App (das Programm) und halten Sie die Einstellung als Standard fest.

3 Für eine gezielte Kombination zwischen Dateityp und App oder Programm aktivieren Sie *Einstellungen/System* im Startmenü.

Die Fotos-App zeigt Fotos an, die Video-App spielt Videos ab. Welche Dateitypen den einzelnen Apps und Windows-Programmen zugeordnet sind, können Sie gezielt für einzelne Dateien oder ganze Dateilisten festlegen.

WISSEN

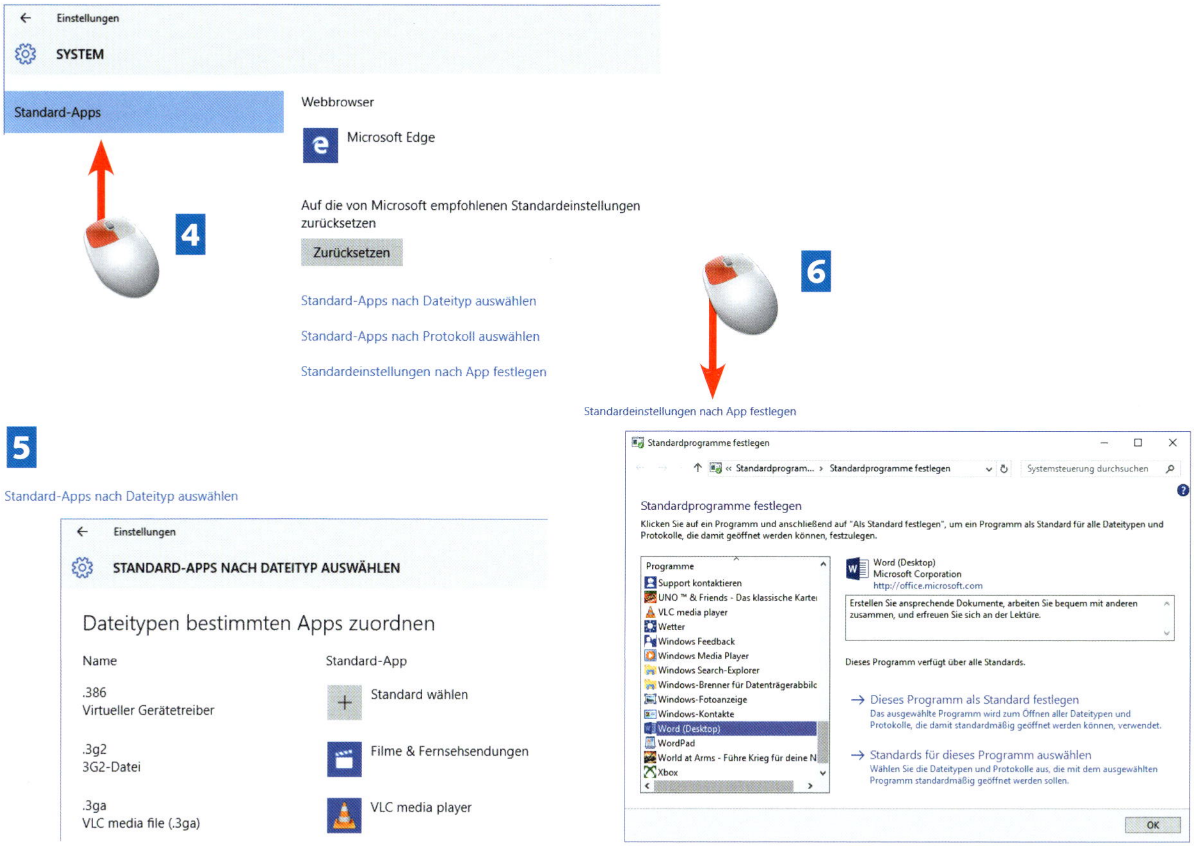

4 Unter *Standard-Apps* finden Sie die Dateizuordnungen zu den Windows-10-Standard-Apps.

5 Wählen Sie die Standard-Apps nach Dateityp, erhalten Sie alle Dateitypen und können diesen Apps zuweisen.

6 Wählen Sie *Standardeinstellungen nach Apps festlegen*, werden alle Apps aufgelistet und Sie können diesen die Dateitypen zuweisen.

Ende

Hier finden Sie auch die Zuordnung des Standard-browsers und des Standard-E-Mail-Programms.

TIPP

Ändern Sie mit diesen Einstellungen ungewollte Datei-App-Zuordnungen, die oft von zusätzlich installierter Software stammen.

HINWEIS

Microsoft Edge – der Internetbrowser

8

Start

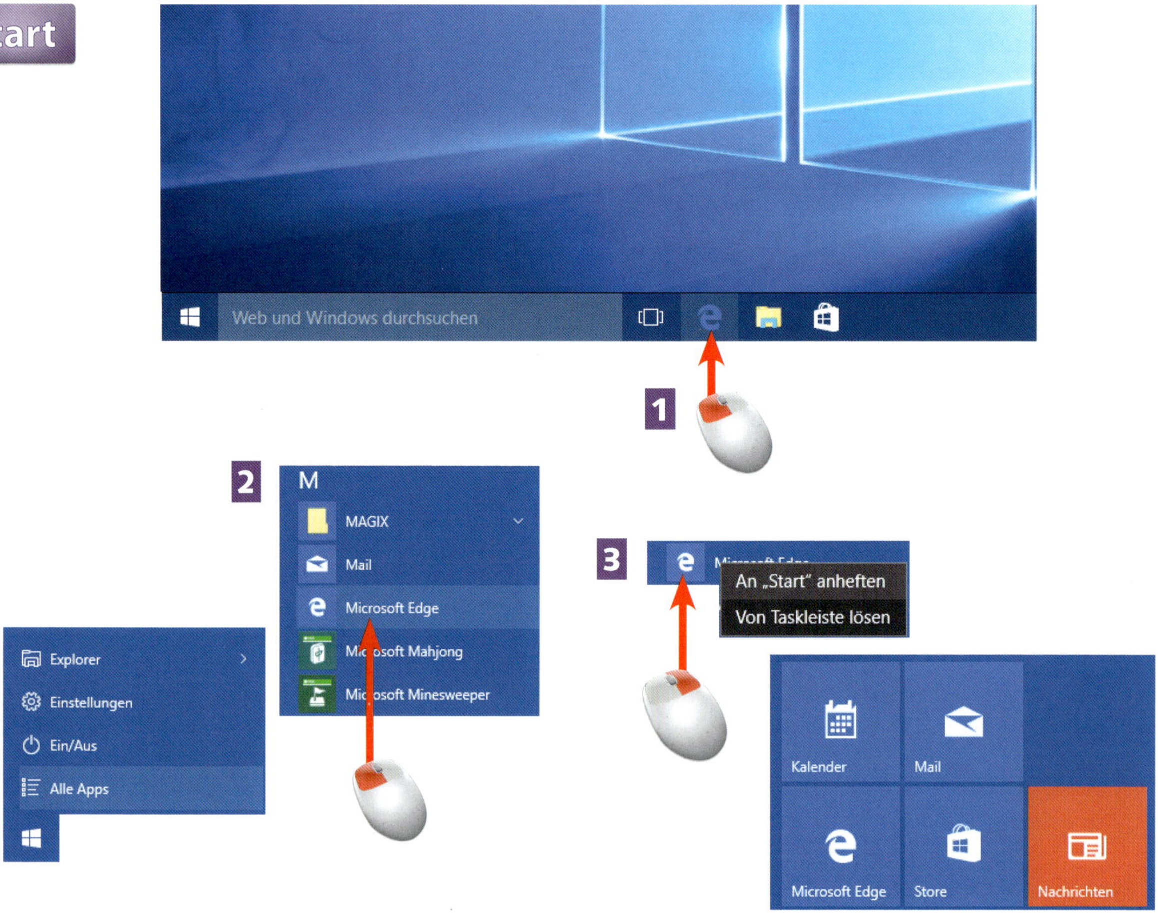

1 Klicken Sie auf das Browsersymbol in der Taskleiste, um Microsoft Edge zu starten.

2 Unter *Alle Apps* im Startmenü finden Sie den Browser unter *M* wie *Microsoft Edge*.

3 Wenn für Edge keine Kachel bereitsteht, klicken Sie das Symbol mit der rechten Maustaste an und heften es an das Startmenü.

Microsoft Edge heißt der Browser unter Windows 10, er löst den Internet Explorer ab, der seit Windows 95 Bestandteil von Windows war. Modern in der Optik, spartanisch in der Ausstattung und schnell im Internet – das ist Microsoft Edge.

WISSEN

4

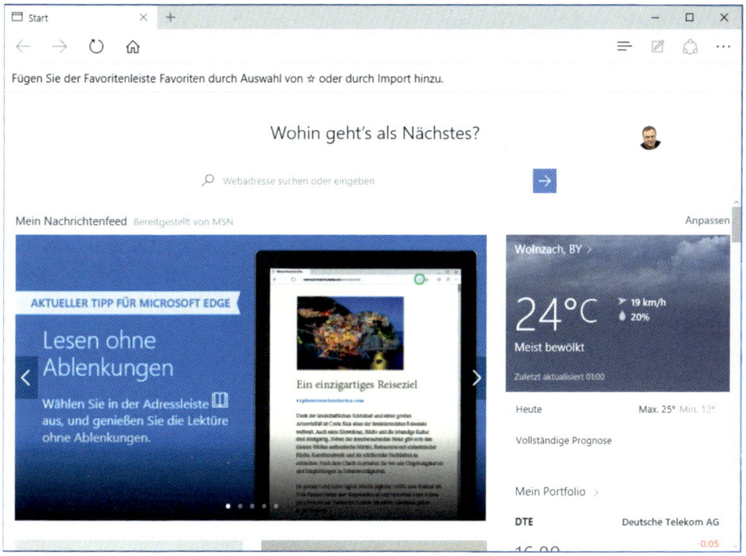

5

6

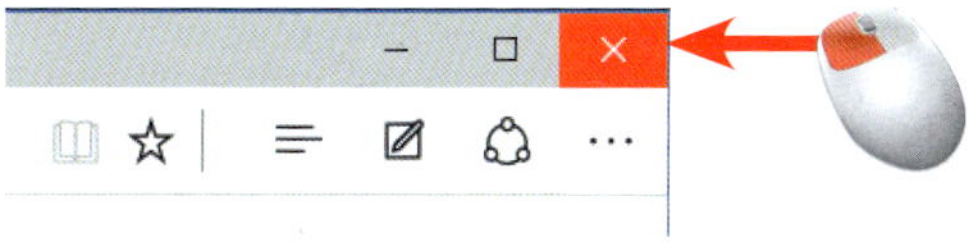

4 Der Browser wird gestartet, er zeigt die eingestellte Startseite aus dem Internet an.

5 Überprüfen Sie über das Netzsymbol in der Taskleiste, ob die Verbindung aktiv ist.

6 Mit dem *Schließen*-Symbol rechts oben beenden Sie den Browser. Auf dem Tablet ziehen Sie das Fenster einfach nach unten weg.

Ende

Sie können den Internet Explorer (Version 11) weiter nutzen, es gibt aber keine neue Version unter Windows 10.

TIPP

Edge ist der Standardbrowser für alle Geräte unter Windows 10 und kommt auch unter Windows 10 Mobile zum Einsatz.

HINWEIS

Start

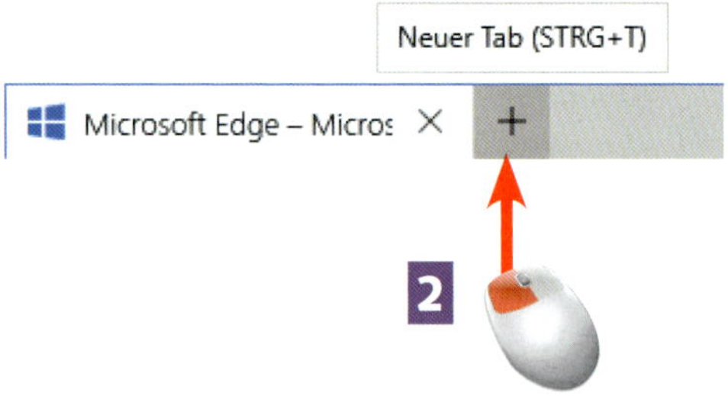

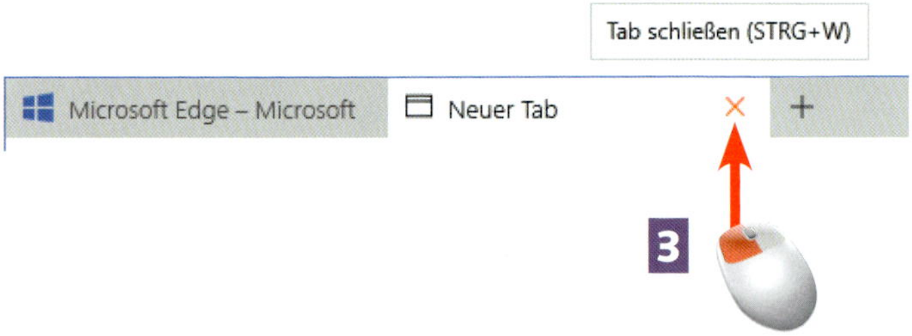

1 Die einzelnen Seiten im Browser heißen Tabs. Der Tab zeigt den Titel der aktiven Webseite an.

2 Klicken Sie auf das Pluszeichen, um einen weiteren Tab anzulegen.

3 Mit einem Klick auf das kleine *x* löschen Sie einen Tab. Wenn Sie den letzten Tab löschen, schließt sich das Edge-Fenster.

Damit Sie in Ihrem Browser mehrere Webseiten anzeigen können, stehen Ihnen Tabs zur Verfügung. Öffnen Sie neue Tabs, kopieren Sie Tabs oder verschieben Sie Tabs in neue Browserfenster.

WISSEN

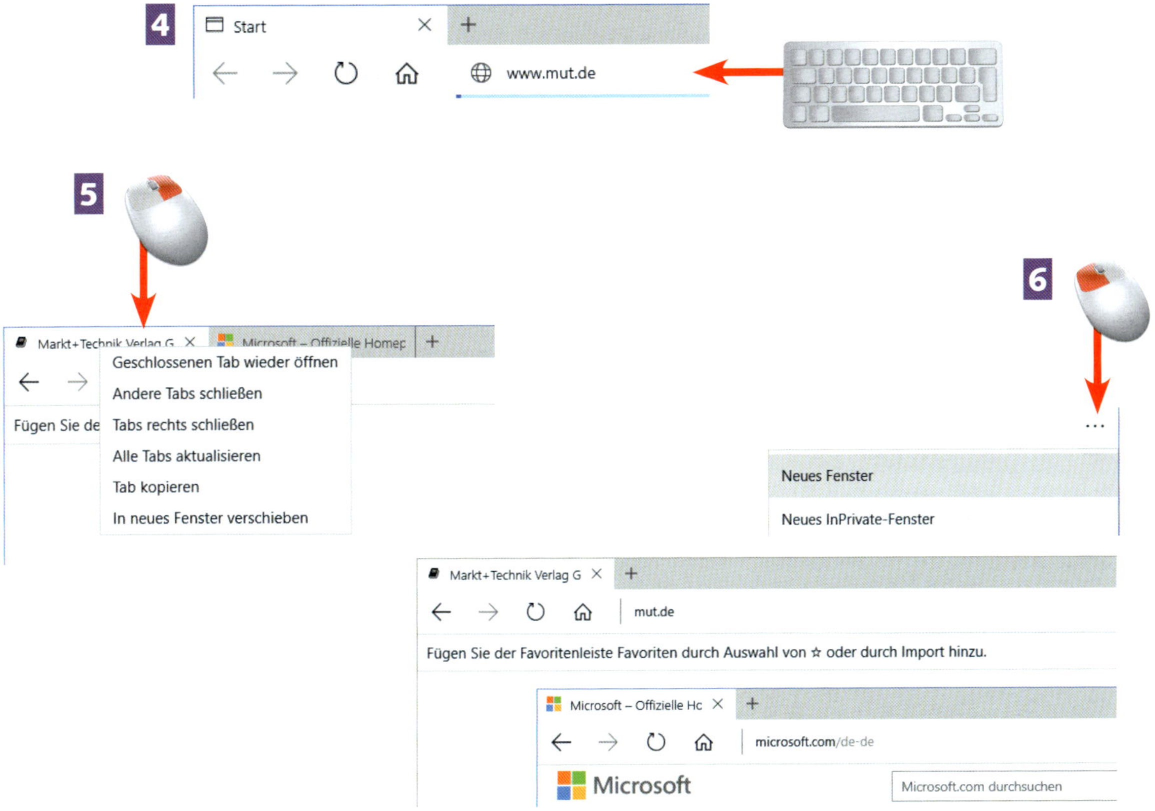

4 Geben Sie eine Webadresse in die Adresszeile des aktiven Tabs ein.

5 Über das Kontextmenü eines Tabs können Sie Tabs schließen, aktualisieren, kopieren oder einen Tab in ein neues Fenster verschieben.

6 Optionen für ein neues Fenster oder ein neues InPrivate-Fenster finden Sie auch im *Aktionen*-Menü.

TIPP

Um einen Tab in einem neuen Browserfenster anzuzeigen, ziehen Sie ihn einfach aus dem Fenster heraus auf den Desktop.

FACHWORT

InPrivate: sichere Browserverbindung.

TIPP

Nützliche Tastenkombinationen:
Neuer Tab: Strg+T
Tab schließen: Strg+W

7

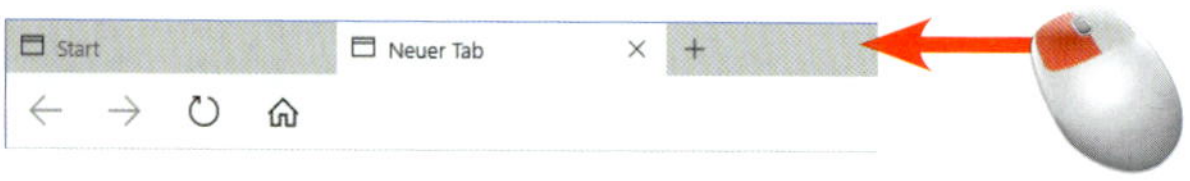

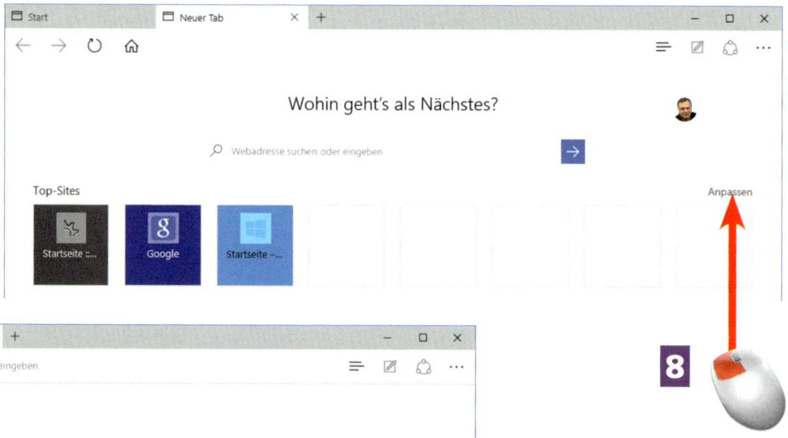

8

9

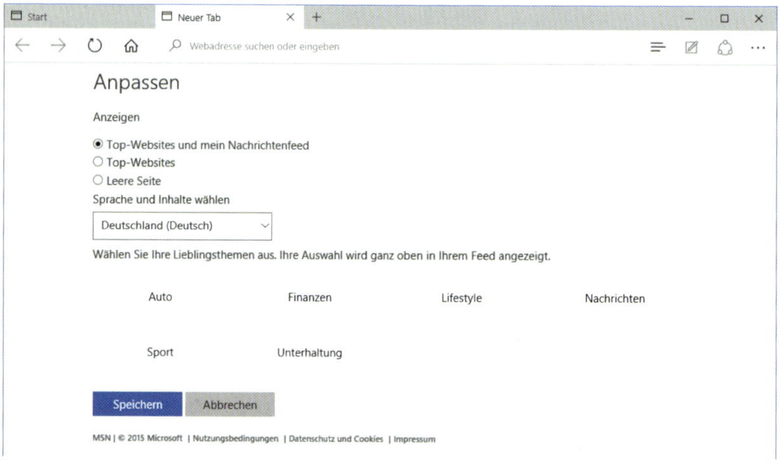

7 Klicken Sie auf das Pluszeichen in der Registerleiste, um einen neuen Tab zu öffnen, ...

8 ... bietet das Browserfenster ein Suchfeld und eine Liste mit Top-Seiten an. Klicken Sie auf *Anpassen*.

9 Lassen Sie neben den Top-Seiten auch Nachrichtenfeeds anzeigen, wählen Sie die Sprache und ein Lieblingsthema.

Für neue Tabs im Browserfenster stellt Edge auf Wunsch gleich eine Liste von Top-Seiten und Nachrichten des Microsoft-Dienstes MSN bereit. Sie müssen nur Ihr Lieblingsthema auswählen.

WISSEN

11

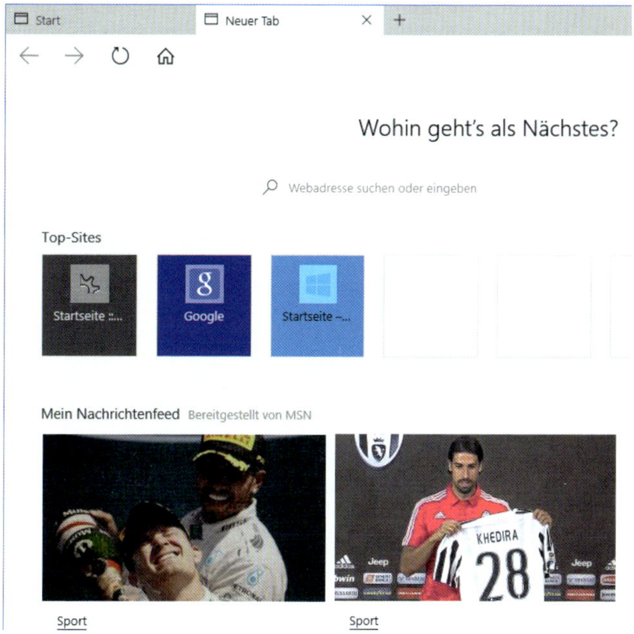

10

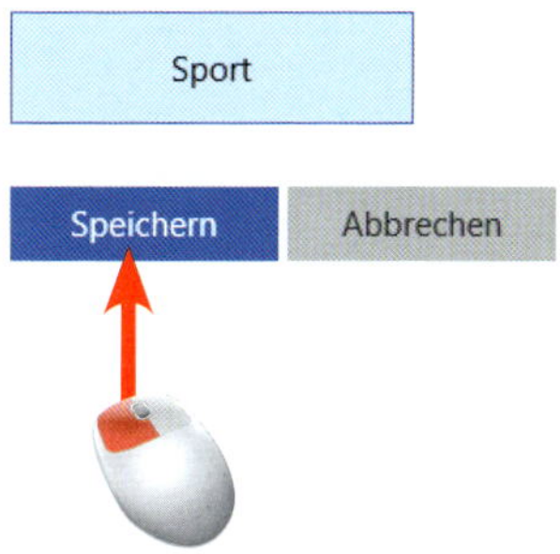

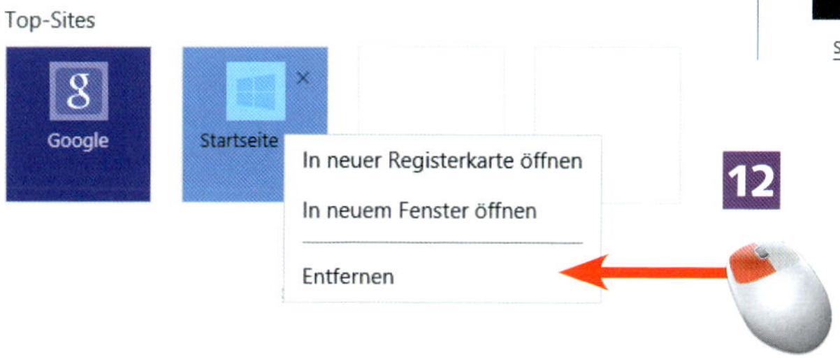

12

10 Klicken Sie auf *Speichern*, um die Einstellungen zu speichern.

11 Jetzt werden neben den Top-Seiten auch Nachrichten aus MSN zu Ihrem Lieblingsthema angeboten.

12 Top-Seiten können Sie aus der Liste auch entfernen, klicken Sie dazu auf die entsprechende Option im Kontextmenü.

Ende

Klicken Sie einen Nachrichtenfeed mit der rechten Maustaste an und entscheiden Sie, ob er in einem Tab oder einem neuen Fenster angezeigt wird.

TIPP

Achten Sie beim Schließen des Browsers auf die Meldung *Möchten Sie alle Tabs schließen* und die Option *Immer alle Tabs schließen*.

HINWEIS

Start

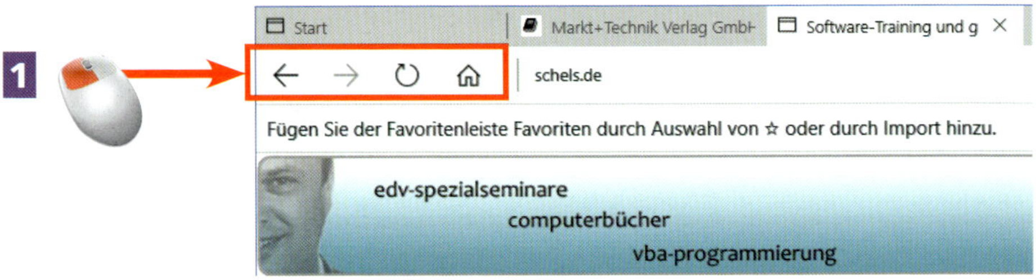

1 Aktive Tabs steuern Sie mit den Browsersymbolen unterhalb der Tableiste.

2 Klicken Sie auf ein Symbol, um zwischen den besuchten Seiten zu blättern oder zur Startseite zu wechseln.

3 Klicken Sie in die Adresszeile und geben Sie eine Internetadresse ein. Edge präsentiert sofort passende oder ähnlich lautende Webadressen.

Surfen Sie entspannt mit Microsoft Edge im Internet, geben Sie Webadressen oder Suchbegriffe ein und blättern Sie mit den Browsersymbolen. Microsoft Edge durchforscht auf Wunsch auch die aktive Webseite.

WISSEN

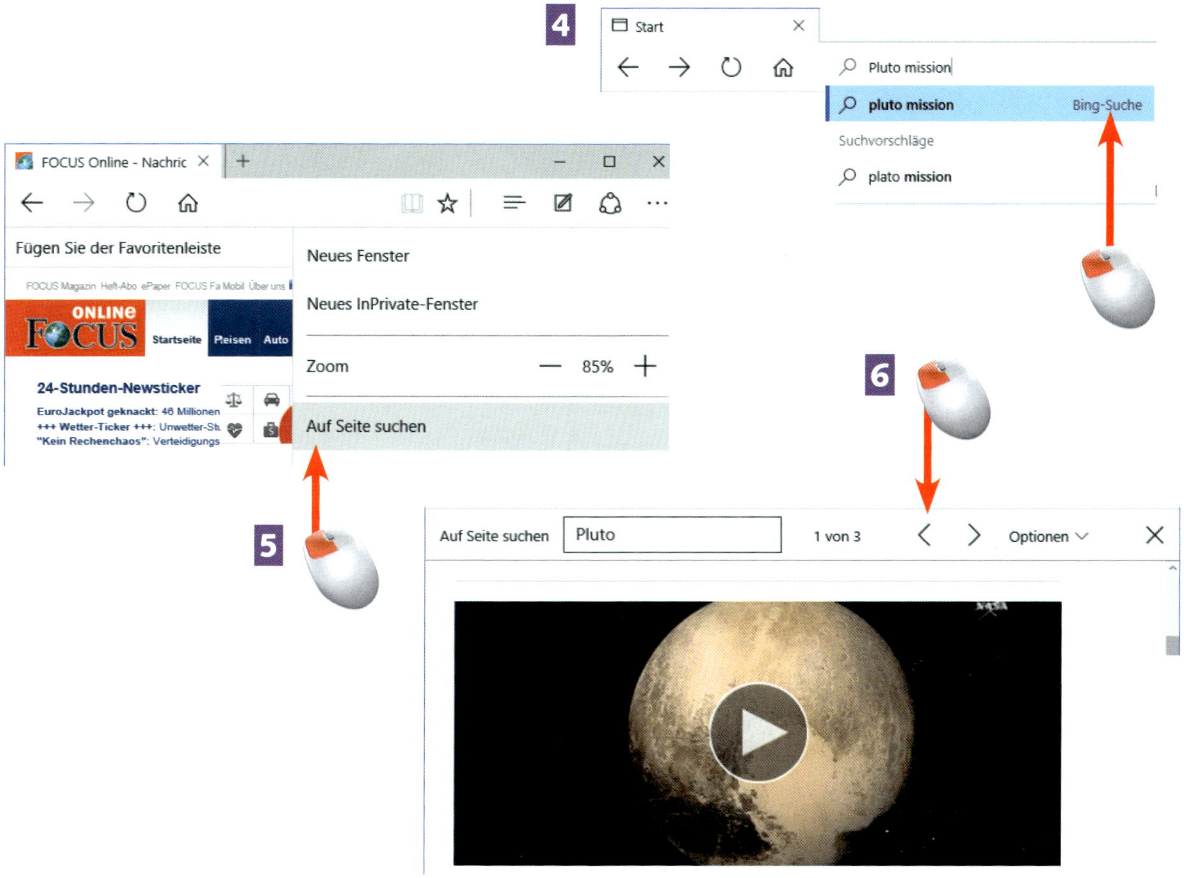

4 Suchbegriffe tragen Sie einfach in die Adresszeile ein. Klicken Sie auf *Bing-Suche*, um die Suchmaschine Bing zu starten.

5 Wählen Sie im *Aktionen*-Menü *Auf Seite suchen*. Geben Sie einen Suchbegriff ein, ...

6 ... und klicken Sie auf die Pfeilsymbole, um zwischen den Fundstellen zu blättern.

Ende

TIPP

Bei der Eingabe einer Webadresse muss das Protokoll (*http://*) nicht mit eingegeben werden.

HINWEIS

Die Startseite wird unter *Weitere Aktionen/Einstellungen* eingerichtet.

Start

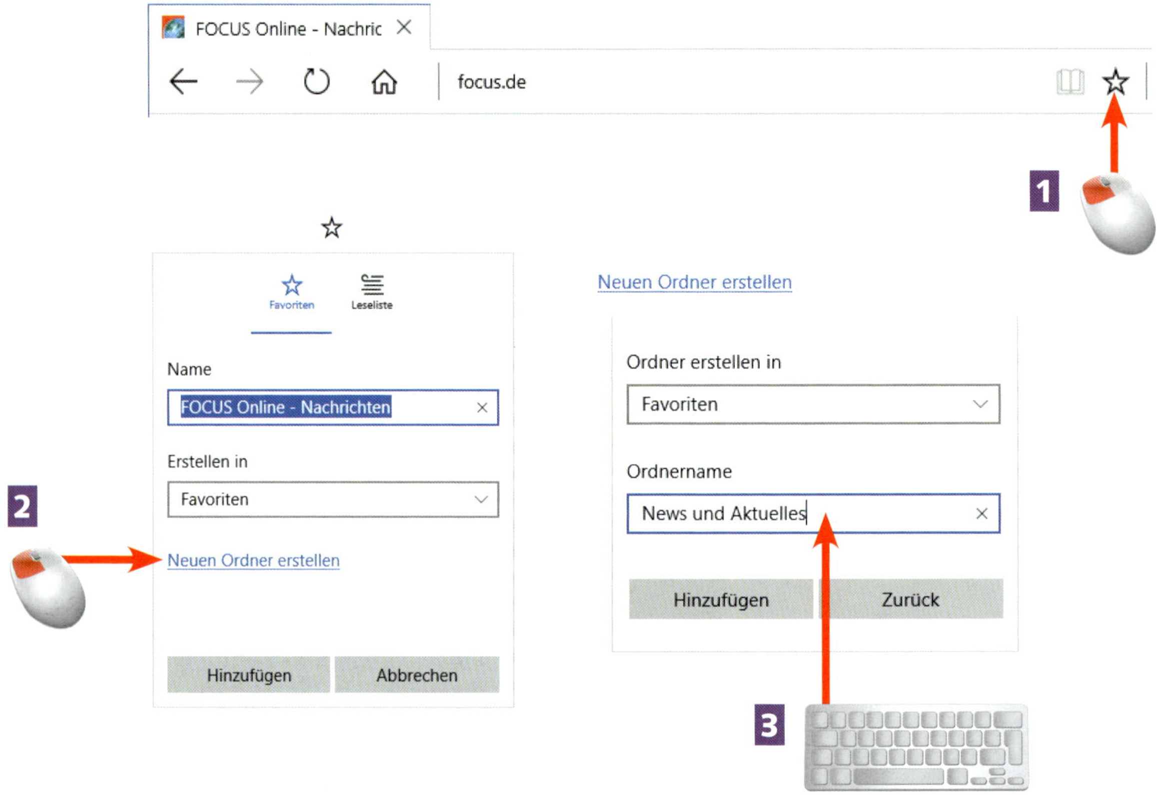

1 Klicken Sie auf das Symbol *Favoriten*, um die aktive Webseite in den Favoriten abzulegen.

2 Der Name für den Eintrag wird vorgeschlagen und kann überschrieben werden. Wählen Sie *Neuen Ordner erstellen*, ...

3 ... und tragen Sie einen Namen für den neuen Ordner ein. Klicken Sie auf *Hinzufügen*.

Favoriten ist in Microsoft Edge der Begriff für archivierte Webadressen. Speichern Sie wichtige und nützliche Links und ordnen Sie diese in einer Ordnerstruktur. Die besten Favoriten kommen in die Favoritenleiste, wo sie »auf Klick« bereitstehen.

WISSEN

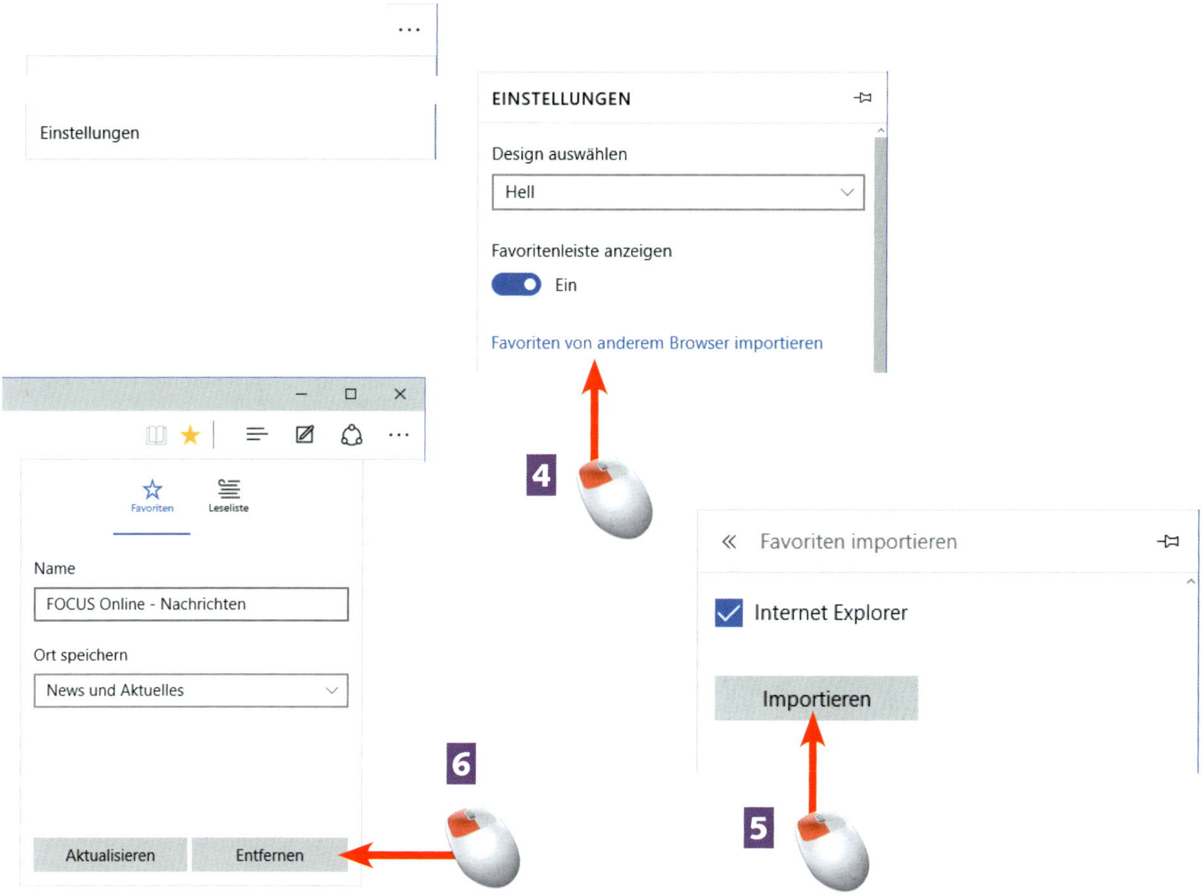

4 Im *Aktionen*-Menü finden Sie unter *Einstellungen* den Schalter für die Favoritenleiste. Importieren Sie Favoriten aus anderen Browsern.

5 Markieren Sie den oder die Browser, aus denen Sie die Favoriten importieren möchten, und klicken Sie auf *Importieren*.

6 Klicken Sie auf *Favoriten* und wählen Sie *Entfernen*, um einen Eintrag wieder zu löschen.

Beim Import von Favoriten werden alle aktiven bzw. installierten Browser angeboten.

HINWEIS

7

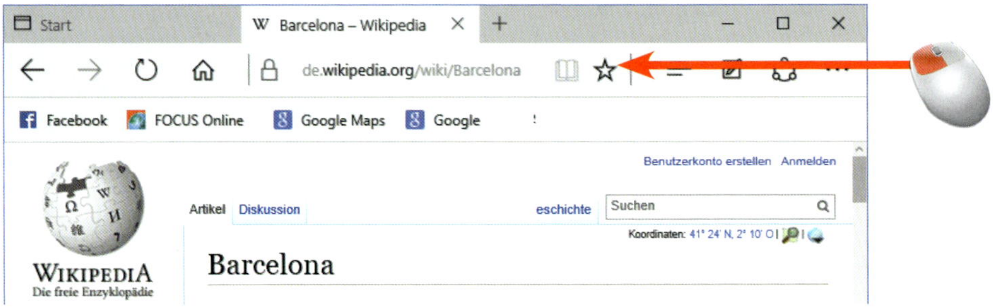

8

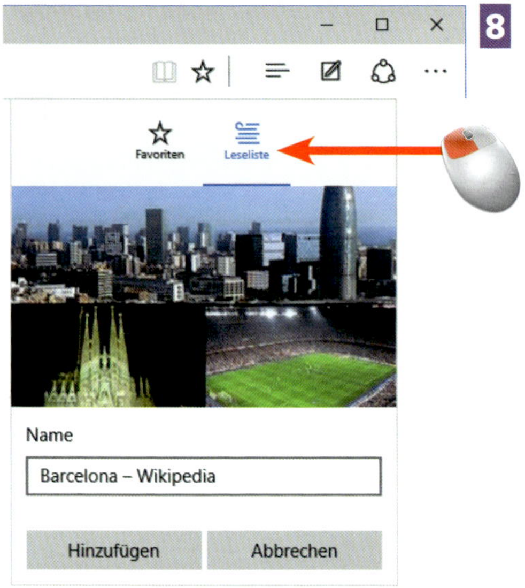

9

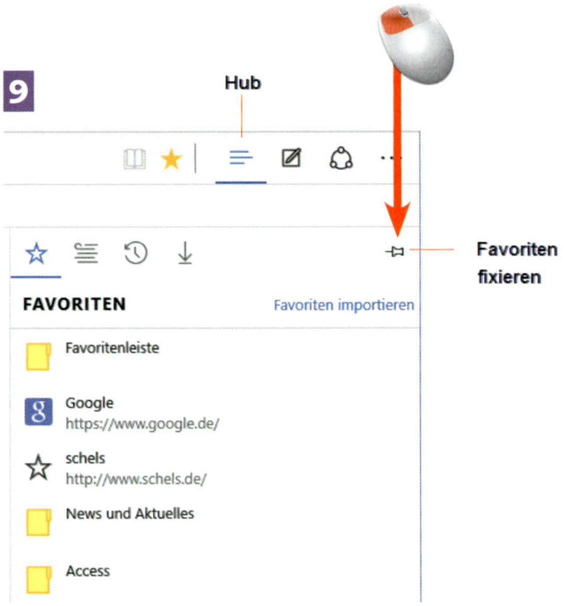

7 Um eine Seite in die Leseliste aufzunehmen, aktivieren Sie das Favoritensymbol …

8 … und schalten um auf *Leseliste*. Klicken Sie auf *Hinzufügen*, um den Link aufzunehmen.

9 Öffnen Sie den Hub und markieren Sie die Favoriten. Mit der Pinnadel lässt sich die Leiste am rechten Rand fixieren.

Keine Zeit zum Lesen? Speichern Sie die Webseite einfach in der Leseliste und aktivieren Sie sie, wenn Sie Zeit haben. Dann lässt sie sich sogar offline lesen.

WISSEN

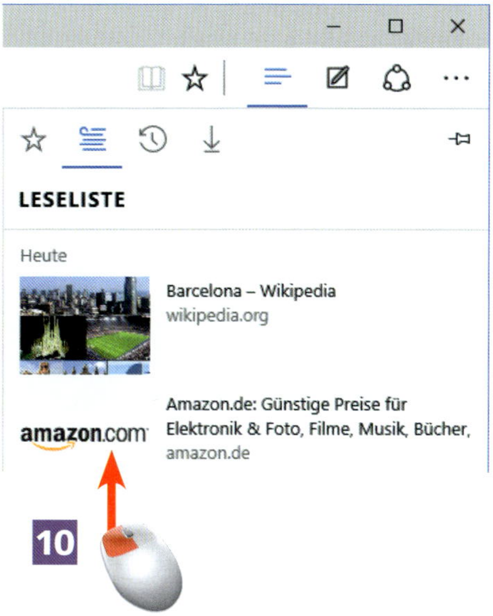

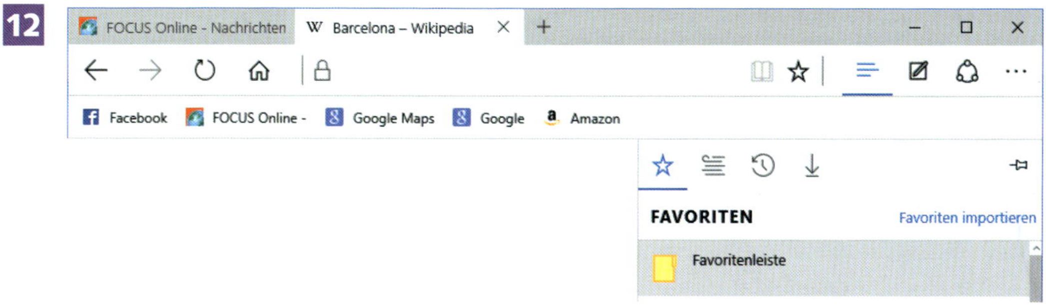

10 Schalten Sie um auf die Leseliste, hier finden Sie alle gespeicherten Einträge. Klicken Sie einen Eintrag an, um ihn offline zu öffnen.

11 Wählen Sie im *Aktionen*-Menü *Einstellungen* und schalten Sie die Favoritenleiste ein.

12 Die Leiste wird unterhalb der Steuersymbole angezeigt, die Einträge verwalten Sie über den Ordner *Favoritenleiste*.

Ende

Nicht mehr aktuelle Einträge in der Favoritenleiste löschen Sie am schnellsten über das Kontextmenü (*Entfernen*).

TIPP

Um einen Link in die Favoritenleiste aufzunehmen, wählen Sie nach dem Klick auf das Favoritensymbol *Favoritenleiste* als Ziel.

HINWEIS

Start

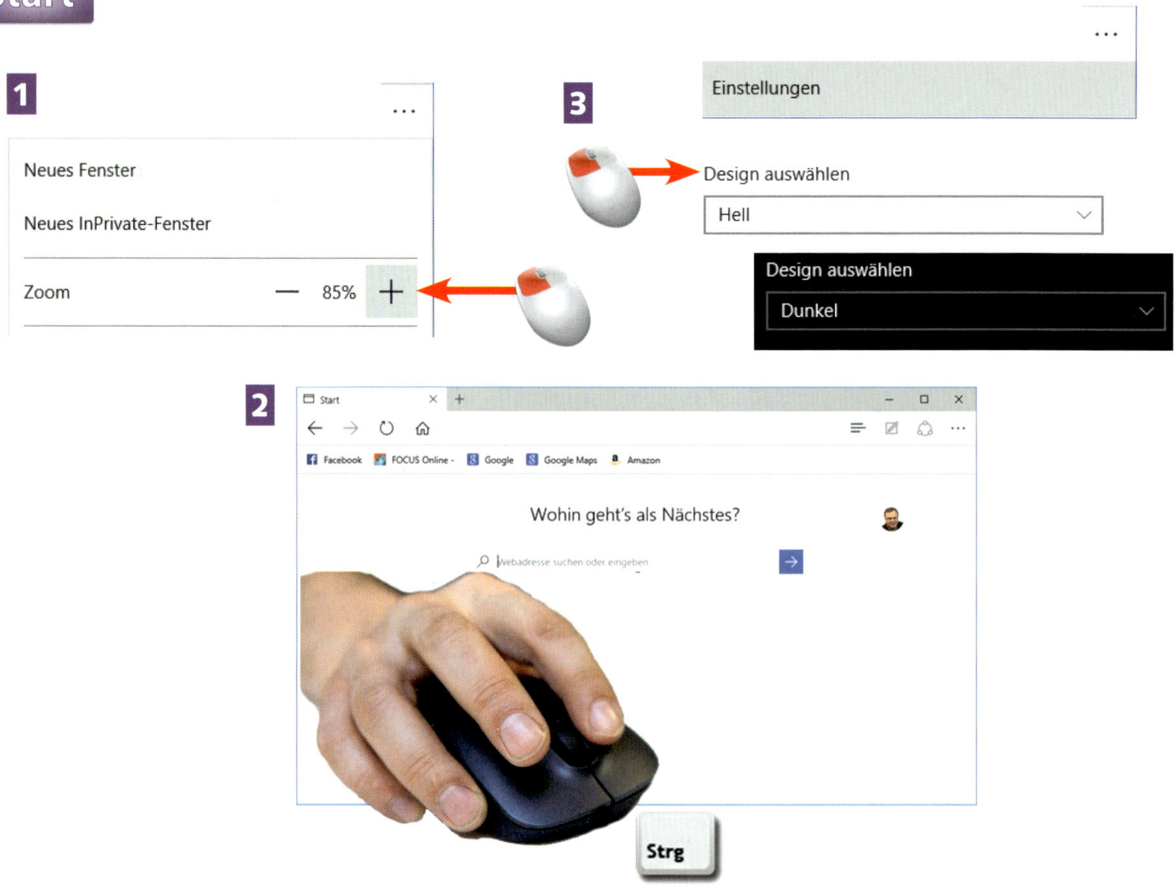

1 Im *Aktionen*-Menü finden Sie den Zoomregler, klicken Sie auf das Plus- oder Minuszeichen, um die Ansichtsgröße zu ändern.

2 Mit dem Mausrad können Sie die Seite ebenfalls zoomen, halten Sie die [Strg]-Taste gedrückt und drehen Sie daran.

3 Entscheiden Sie sich in den *Einstellungen* für *Design auswählen* und stellen Sie das Browserfenster wahlweise hell oder dunkel ein.

Stellen Sie den Hintergrund Ihres Browsers dunkel ein, wenn es zu hell ist. Passen Sie den Zoom an und verwenden Sie die Leseansicht, wenn Sie Webseiten auf dem Tablet oder Smartphone lesen wollen.

WISSEN

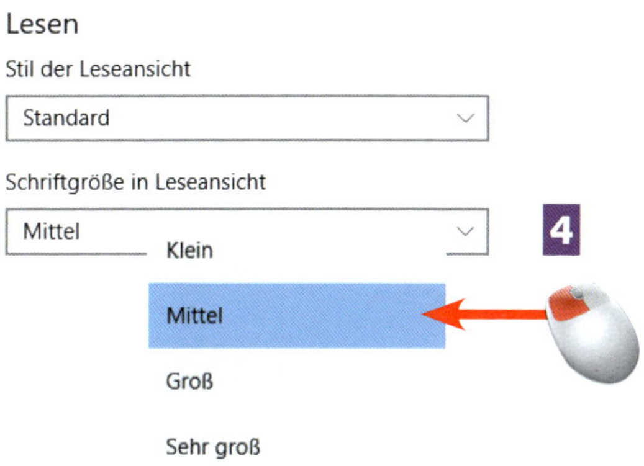

6

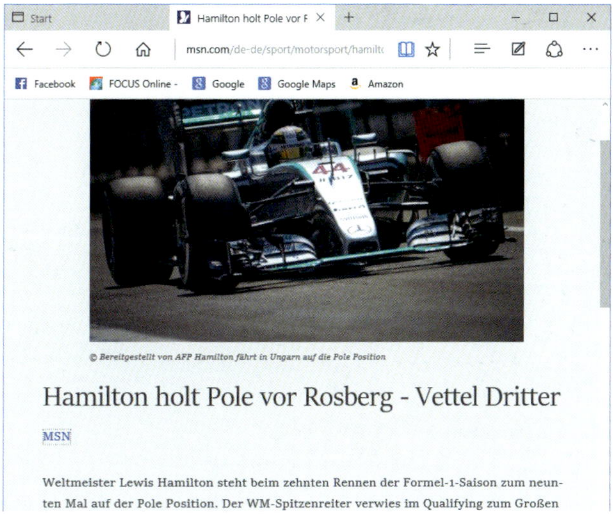

5

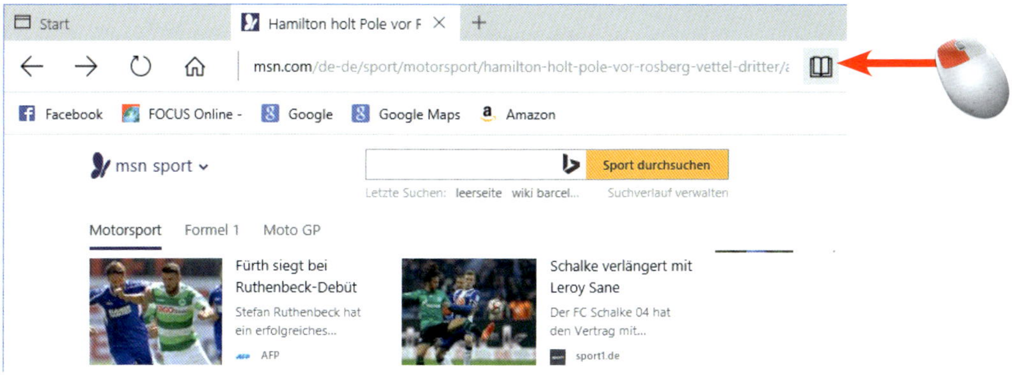

4 Stil und Schriftgröße der Leseansicht finden Sie ebenfalls in den *Einstellungen*.

5 Schalten Sie eine angezeigte Seite auf die Leseansicht um, …

6 … können Sie den Text besser und größer lesen, auch die Bilder sind vergrößert.

Ende

Tastenkombination für die Leseansicht: Strg + ⇧ + R.

TIPP

Die Leseansicht schalten Sie mit einem weiteren Klick oder Tippen auf das Leseansicht-Symbol wieder aus.

HINWEIS

Start

1

2

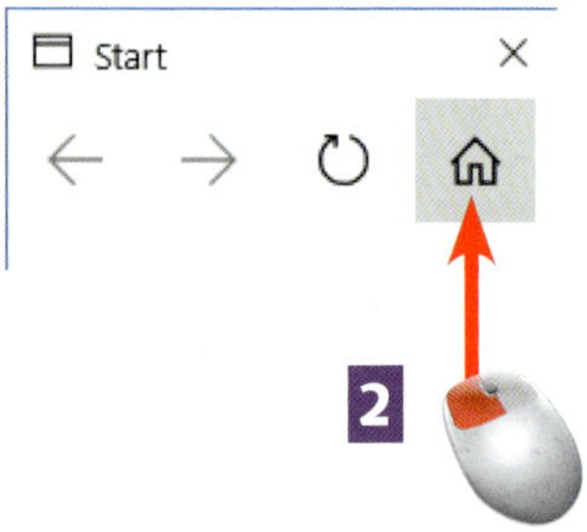

3

1 Starten Sie Microsoft Edge, wird standardmäßig die Startseite des Microsoft-Onlinedienstes MSN angezeigt.

2 Klicken Sie auf das Haussymbol, schaltet Edge im aktuellen Tab auf die Startseite um.

3 Öffnen Sie die *Einstellungen* und bestimmen Sie, was Edge nach dem Start anzeigt.

Mit welcher Seite Microsoft Edge startet, entscheiden Sie selbst. Richten Sie Ihre Lieblingsseite(n) als Startseite(n) ein und bestimmen Sie die Reihenfolge der Anzeige in den *Einstellungen*.

WISSEN

4

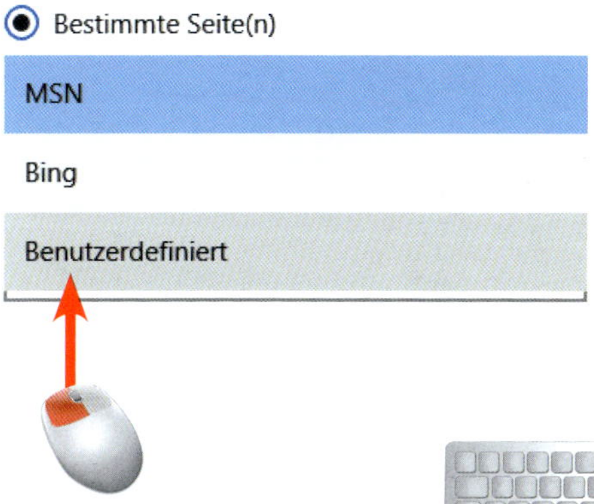

5

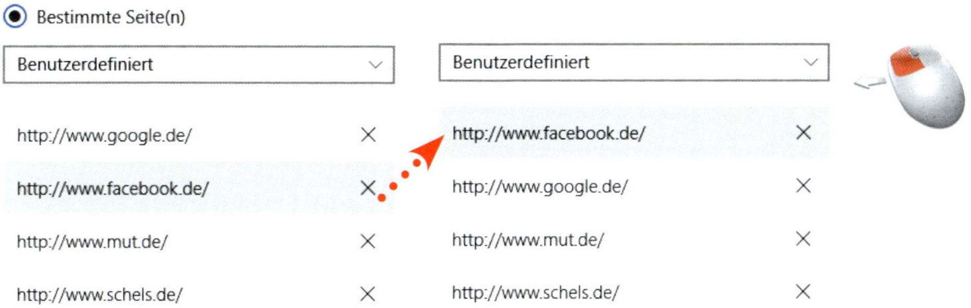

6

4 Schalten Sie auf *Bestimmte Seite(n)* und wählen Sie *Benutzerdefiniert*.

5 Geben Sie die Adresse(n) der Seite(n) ein, die Sie mit dem Start des Browsers aktivieren möchten.

6 Um die Reihenfolge zu ändern, ziehen Sie einen Link einfach mit gedrückter Maustaste an eine neue Position.

Ende

MSN: Microsoft Network, ein Onlineportal mit zahlreichen kostenlosen Nachrichtendiensten.

FACHWORT

Unter *Einstellungen/Erweiterte Einstellungen* lässt sich das Startseitensymbol ein- oder ausschalten.

HINWEIS

Start

1

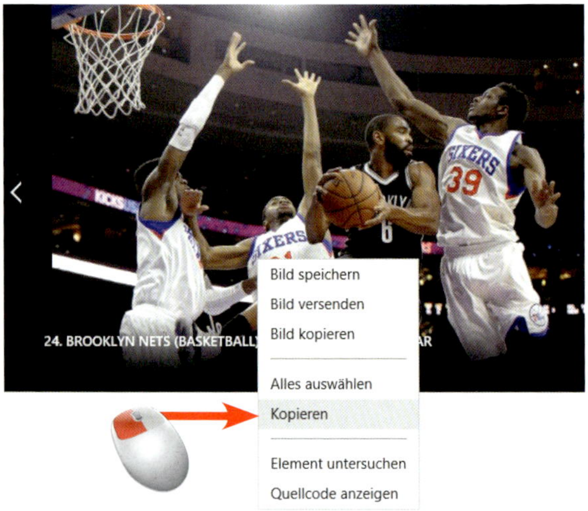

2

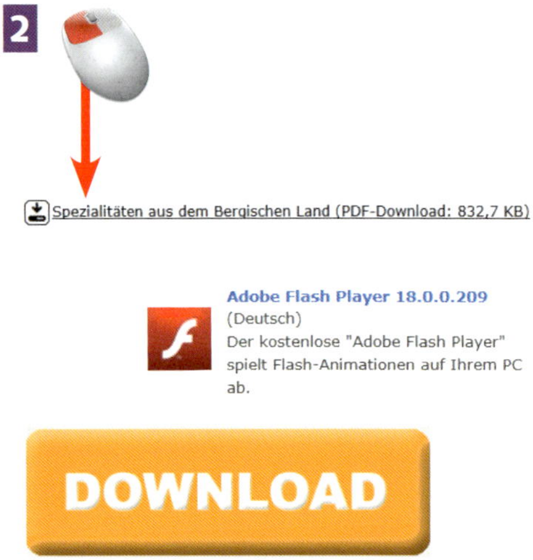

3

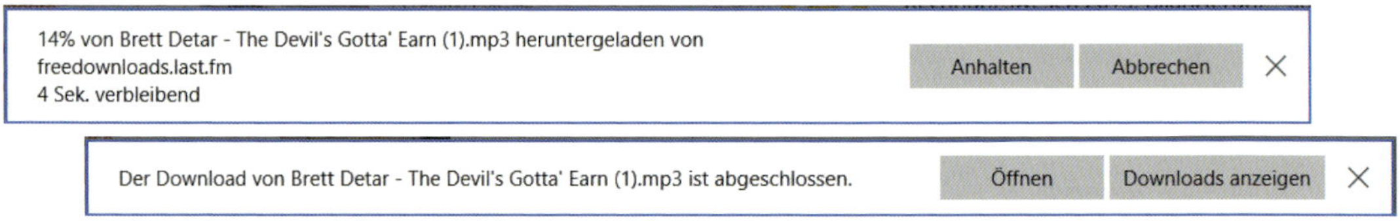

1 Bilder auf Webseiten können Sie (nur für den privaten Gebrauch) einfach über das Kontextmenü kopieren oder als Bilddatei speichern.

2 Klicken Sie auf einen angebotenen Downloadlink.

3 Der Download startet sofort, am unteren Bildrand sehen Sie die Statusmeldungen.

Videos, Sounds, Programme, E-Books und PDF-Dateien werden auf Webseiten über Schaltflächen oder Links zum Download angeboten. Windows 10 speichert die Dateien im *Downloads*-Ordner unter Ihrem Benutzerprofil.

WISSEN

4

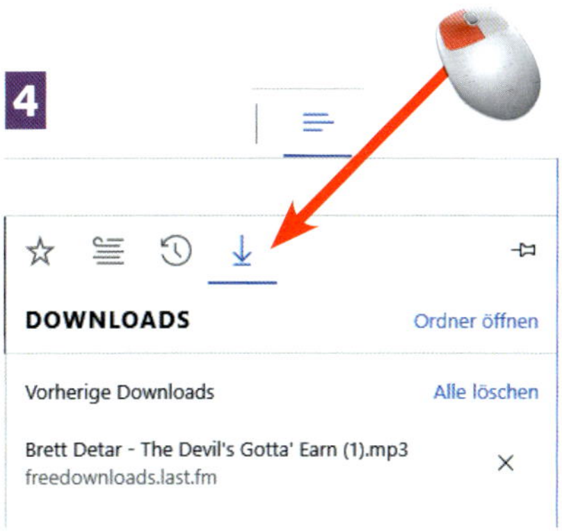

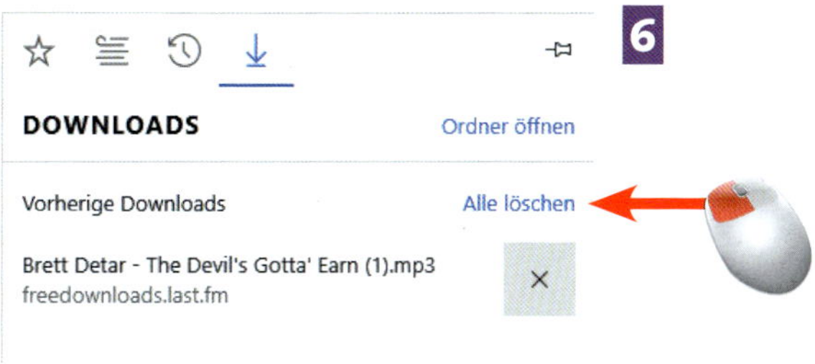

6

5

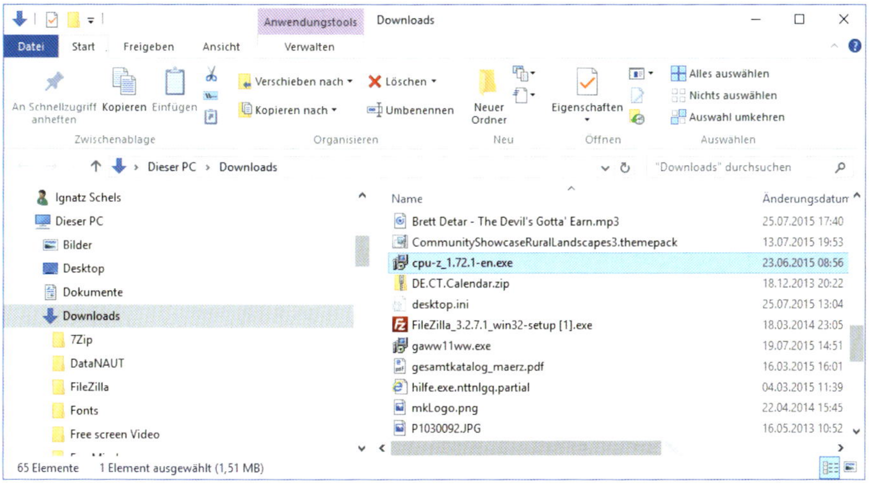

4 Die Downloads finden Sie im Hub. Schalten Sie um auf das *Downloads*-Register.

5 Mit *Ordner öffnen* aktivieren Sie den Ordner in einem Windows-Explorer-Fenster. Hier sehen Sie alle Dateien.

6 Klicken Sie auf *Löschen* oder *Alle löschen*, um die Downloadliste zu leeren.

Ende

Downloads aus dem Internet sind die größte Gefahr für die Sicherheit. Überprüfen Sie Downloads vor dem Ausführen immer auf Viren und Schadsoftware!

HINWEIS

Zeigen Sie mit dem Mauszeiger auf den Downloadlink. Achten Sie auf die Anzeige unten in der Statuszeile. Sie zeigt die Quelle und den Dateinamen des Downloads an.

TIPP

Start

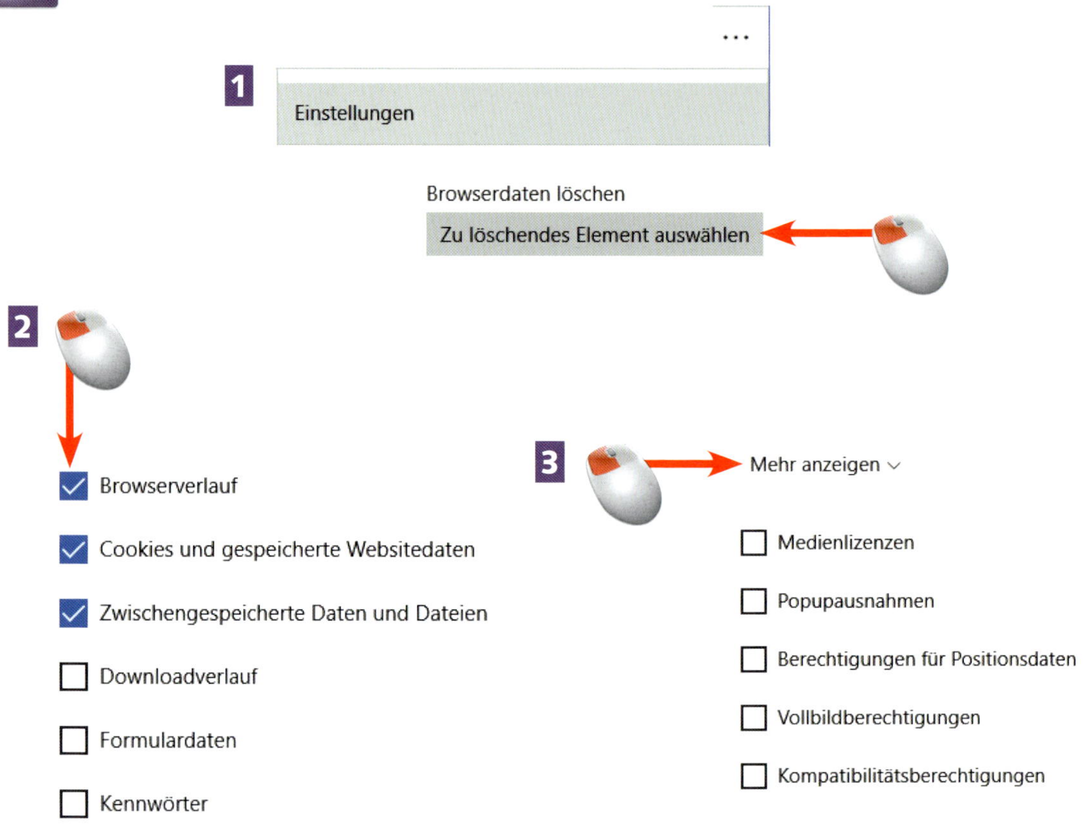

1 Schalten Sie im *Aktionen*-Menü um auf *Einstellungen* und löschen Sie Ihre Browserdaten.

2 Kreuzen Sie alle Elemente an, die der Browser auf Ihrer Festplatte gespeichert hat.

3 Unter *Mehr anzeigen* finden Sie weitere Hinterlassenschaften des Browsers.

Wenn Sie mit Ihrem Computer in öffentlichen Netzen unterwegs sind, sollten Sie sicherstellen, dass niemand Ihre Daten abgreift. Surfen Sie nur mit InPrivate. Löschen Sie regelmäßig Cookies und andere temporäre Daten, die der Browser auf Ihrer Festplatte hinterlässt.

WISSEN

4

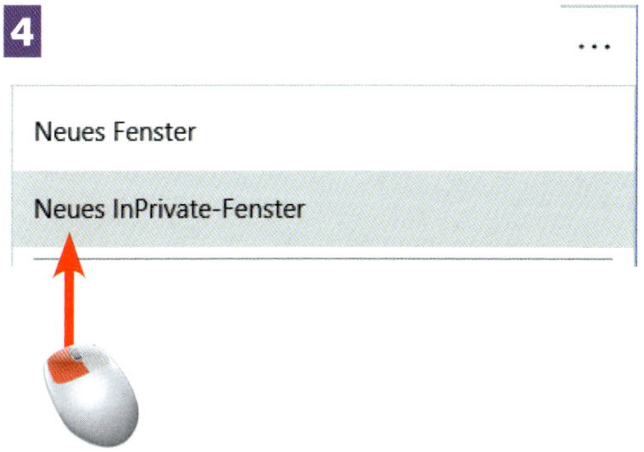

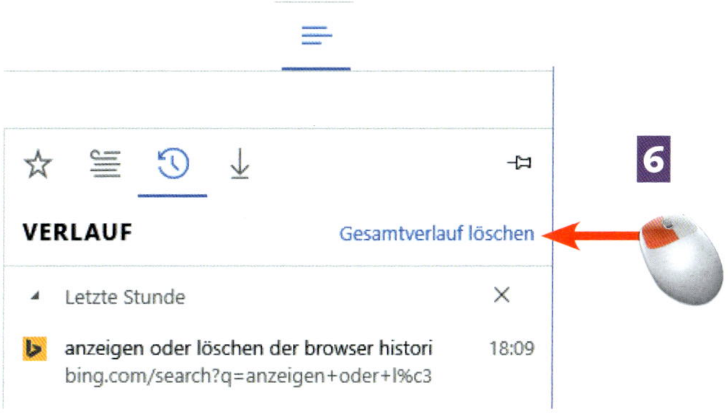

6

5

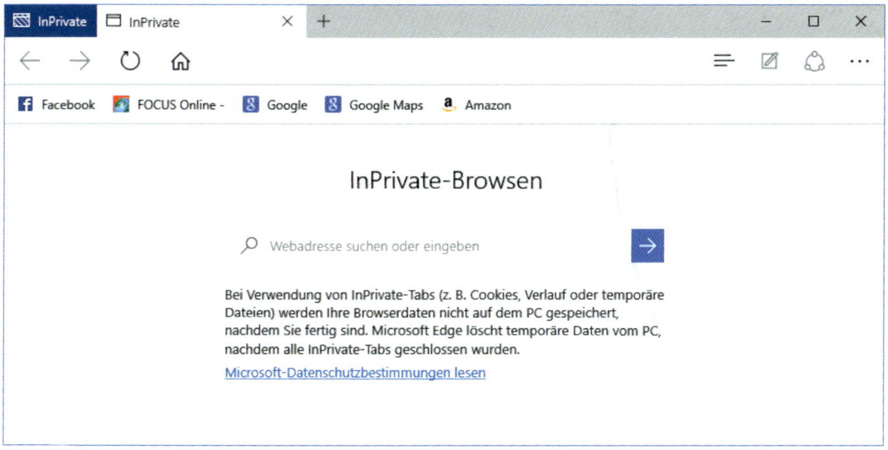

4 Wählen Sie im *Aktionen*-Menü *Neues InPrivate-Fenster* für eine sichere Browsersitzung.

5 InPrivate wird in einem neuen Browserfenster gestartet. Surfen Sie mit dieser Einstellung, löscht Microsoft Edge alle temporären Dateien.

6 Im Hub finden Sie den Verlauf Ihrer Browsersitzungen, klicken Sie auf *Gesamtverlauf löschen*, um diese Daten zu entfernen.

In den erweiterten Einstellungen finden Sie zusätzliche Sicherheitseinstellungen.

HINWEIS

Temporäre Dateien braucht der Browser in der Regel, um bereits geladene Daten schnell wieder abzurufen. Sie werden in diesen Ordnern gespeichert:
C:\Windows\Temp
C:\Users\<benutzername>\AppData\Local\Temp

HINWEIS

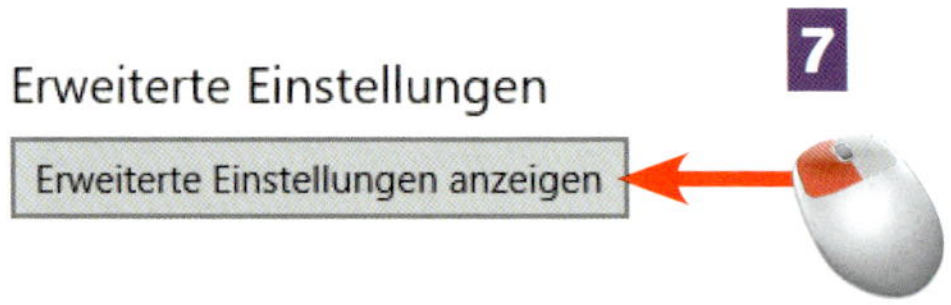

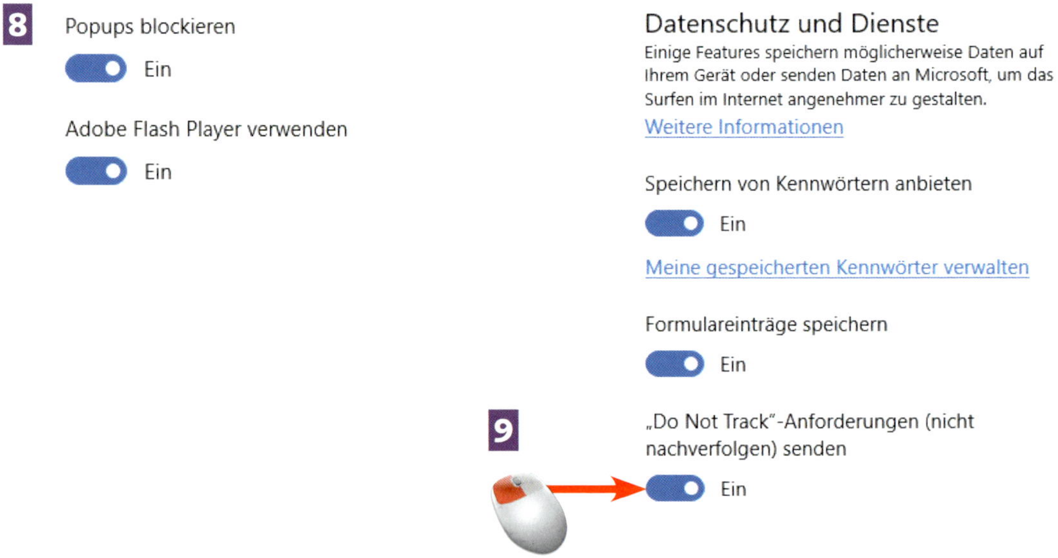

7 Aktivieren Sie die *Einstellungen* im *Aktionen*-Menü und wählen Sie *Erweiterte Einstellungen anzeigen*.

8 Hier können Sie *Popups blockieren* oder den Adobe Flash Player dazuschalten.

9 Überprüfen Sie Ihre von Webseiten angeforderten und gespeicherten Kennwörter und schalten Sie *Do Not Track* ein.

In den erweiterten Einstellungen bietet Microsoft Edge einige wichtige Sicherheitstools wie den *Popup-Blocker*, *Do Not Track* und den *SmartScreen-Filter* an.

WISSEN

10

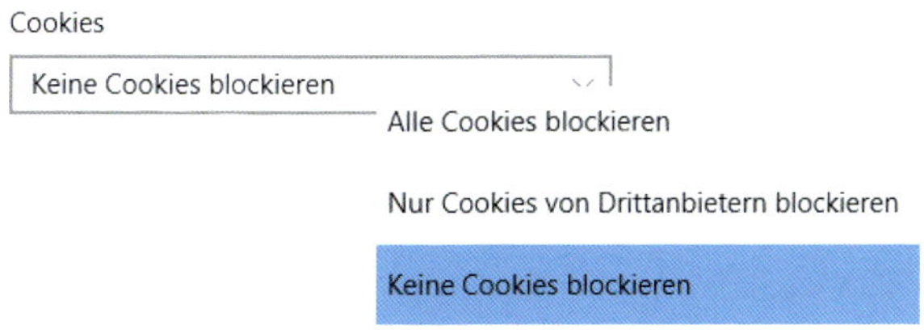

12

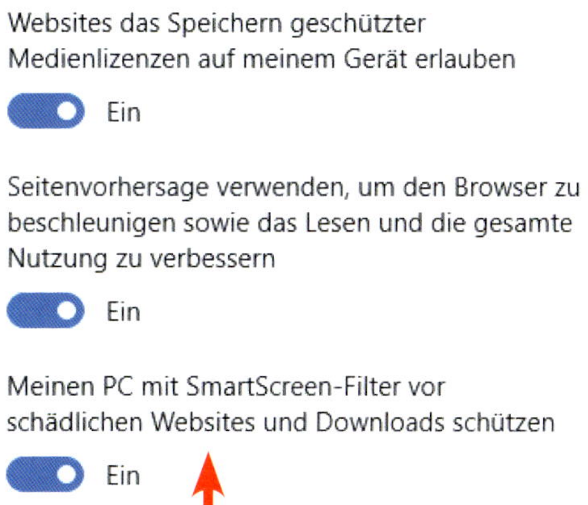

11

10 Cookies von Drittanbietern können Sie blockieren oder ganz abschalten.

11 Von diesen Optionen ist besonders der SmartScreen-Filter wichtig.

12 Sehen Sie sich auf den Microsoft-Seiten die Beschreibung zu diesem Tool an, das Ihren Rechner vor Trojanern und Phishing schützt.

Ende

HINWEIS

Cookies sind kein Sicherheitsrisiko, sollten aber überwacht werden.

FACHWORT

Pop-ups: unerwünschte Werbefenster.
Do Not Track: Webseiten dürfen kein Benutzerprofil anlegen.
Cookies: Textdateien, die von besuchten Webseiten auf der Festplatte hinterlegt werden.

Start

1

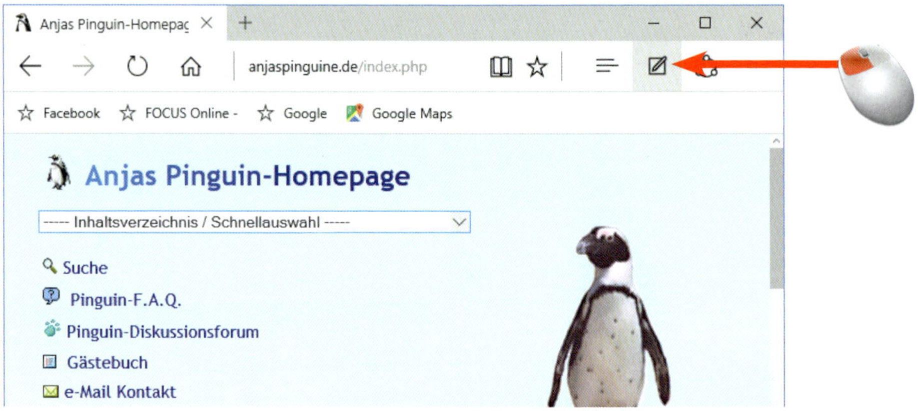

2

3

1 Aktivieren Sie eine Webseite und klicken Sie auf das Symbol *Webseitennotiz*.

2 Stellen Sie in der Symbolleiste die gewünschte Stiftart und -farbe ein und zeichnen Sie mit dem Mauszeiger.

3 Mit diesem Symbol fügen Sie Notizen ein, schreiben Sie diese über die Tastatur.

Endlich müssen Sie Ihre Schätze aus dem Internet nicht mehr undokumentiert archivieren oder Ihren Freunden zeigen. Fügen Sie Webseitennotizen ein, zeichnen Sie mit Stift und Marker und schreiben Sie kleine Anmerkungen. Dann speichern Sie die Webseite in den Favoriten oder teilen sie per Mail mit Ihren Freunden.

WISSEN

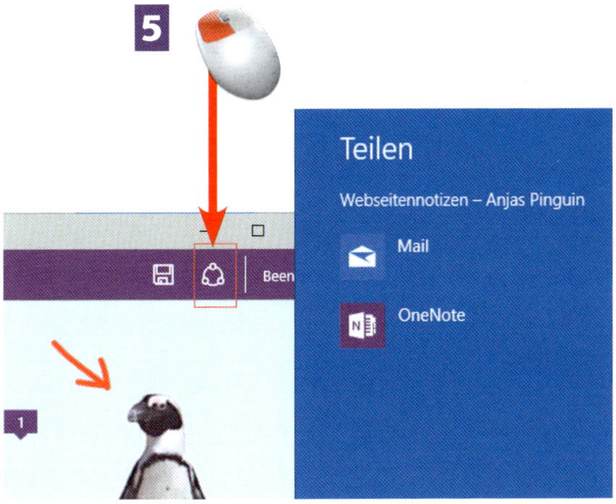

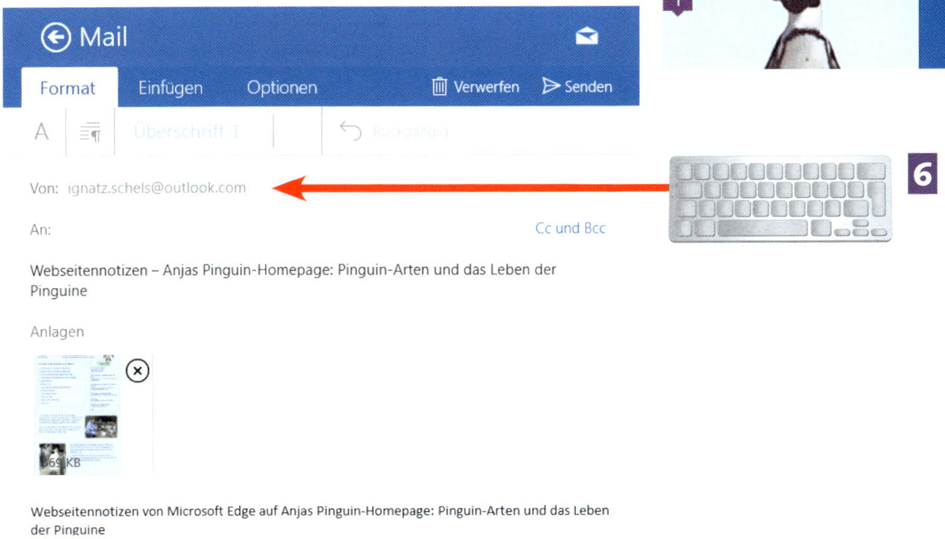

4 Ein Klick auf den Radierer und Sie können die Objekte durch Anklicken löschen. Die Option im Feld darunter löscht alle Notizen.

5 Klicken Sie auf *Teilen*, um die Webseite mit Ihren Notizen per Mail zu versenden oder über eine andere App zu teilen.

6 Geben Sie den Empfänger ein und schicken Sie ihm die Webseite mit Ihren Webseitennotizen.

Ende

Klicken Sie auf das Diskettensymbol, um die Seite mit den Webnotizen in den Favoriten oder als Leseliste zu speichern.

HINWEIS

Mit dem Scherensymbol kopieren Sie einen Ausschnitt aus der Webseite in die Zwischenablage. Ziehen Sie mit dem Mauszeiger einen Kopierrahmen und klicken Sie auf *Kopieren*.

HINWEIS

Netzwerk- und Internet-verbindungen

9

Start

1

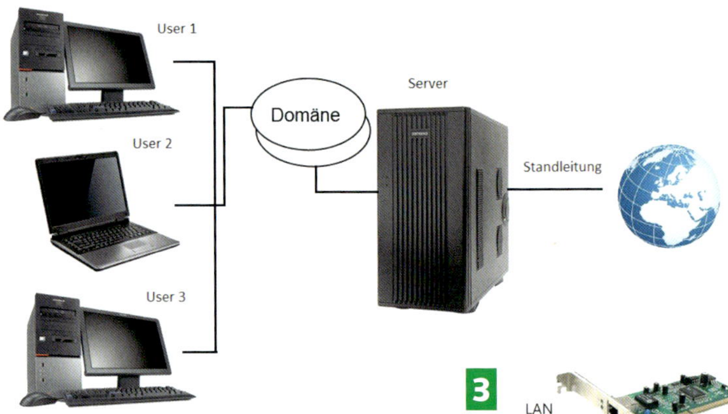

3

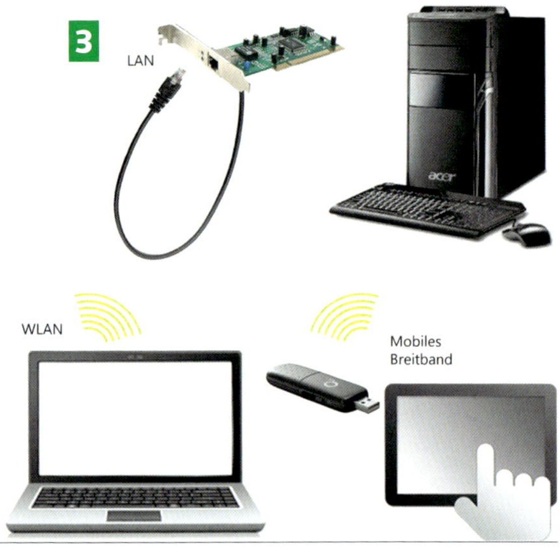

2

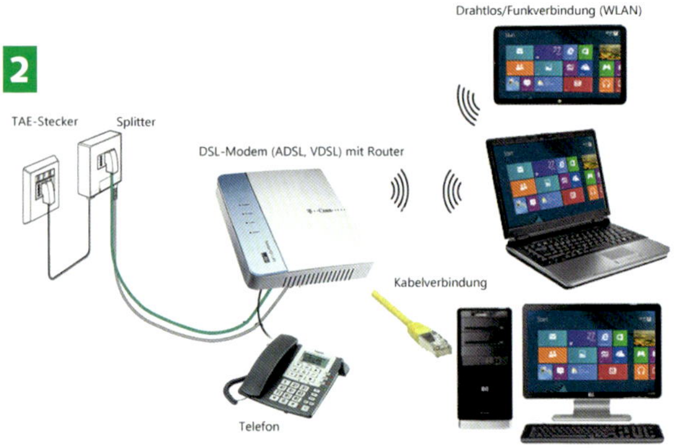

1 Im Firmennetz (Client-Server-Netz) sind alle Computer mit einem Server verbunden, der über eine Standleitung Verbindung zum Internet hat.

2 Private Netzwerke verbinden sich über Modem und Router mit dem Telekommunikationsdienst (zum Beispiel Telekom).

3 Desktop-PCs haben WLAN oder Netzwerkadapter, Notebooks und Tablets verbinden sich über WLAN oder einen Surfstick. Eingeschaltet wird meist mit Fn+F10.

Für die Verbindung in ein Netz oder zum Internet brauchen Sie WLAN oder einen Netzwerkadapter, ein DSL-Modem mit Router oder einen Zugang zum Server. Dann kann es losgehen, den Rest übernimmt Windows 10.

WISSEN

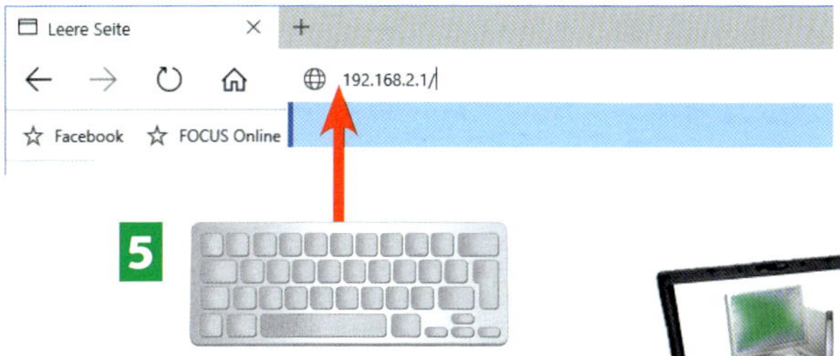

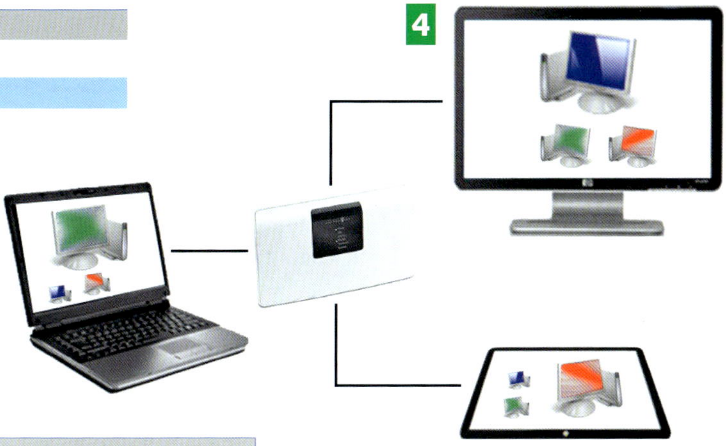

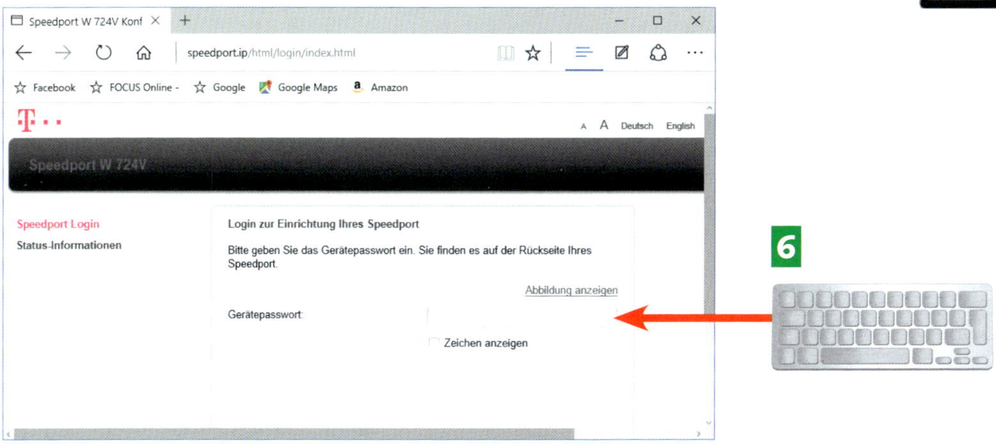

4 Über den Router sind alle Geräte im Netz auch untereinander verbunden.

5 Der Router lässt sich mit dem Internetbrowser konfigurieren. Geben Sie die Adresse *192.168.2.1* ein.

6 Jetzt können Sie sich mit dem Gerätepasswort anmelden und den Namen sowie die Zugangsdaten anpassen.

Ende

Wenn *192.168.2.1* für den Router nicht funktioniert, aktivieren Sie die Eingabeaufforderung und geben *ipconfig* ein. Die Gateway-Adresse ist der Router.

TIPP

Alternative Zugriffsadressen für Router:
speedport.ip (Telekom)
fritz.box (FRITZ!Box)

TIPP

Start

1

2

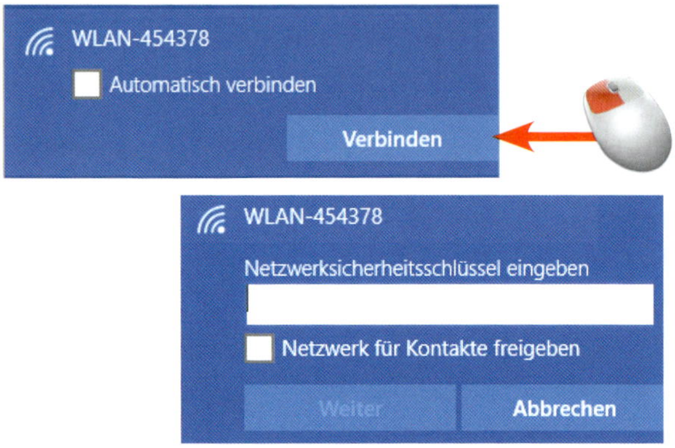

3

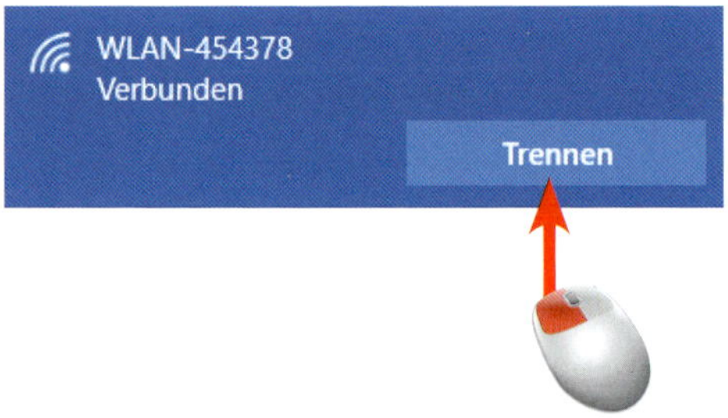

1 Klicken Sie in der Taskleiste auf das Netzwerksymbol, um alle verfügbaren Verbindungen anzuzeigen.

2 Um eine Verbindung herzustellen, öffnen Sie ein WLAN und klicken auf *Verbinden*. Geben Sie den Netzwerkschlüssel oder die Kennung ein.

3 Eine erfolgreiche Verbindung ist an *Verbunden* zu erkennen. Um sie zu trennen, klicken Sie das Symbol an und wählen *Trennen*.

Überprüfen Sie Ihre Netzwerkverbindung in der Taskleiste oder in den *Einstellungen*. Geben Sie den Sicherheitsschlüssel für den Router oder die Zugangsdaten für LAN oder Surfstick ein.

WISSEN

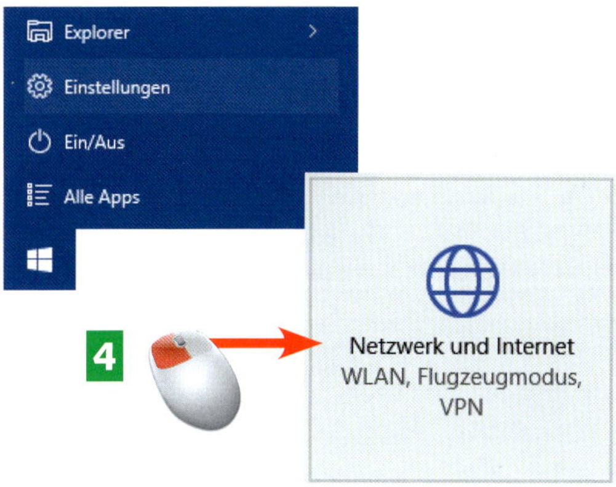

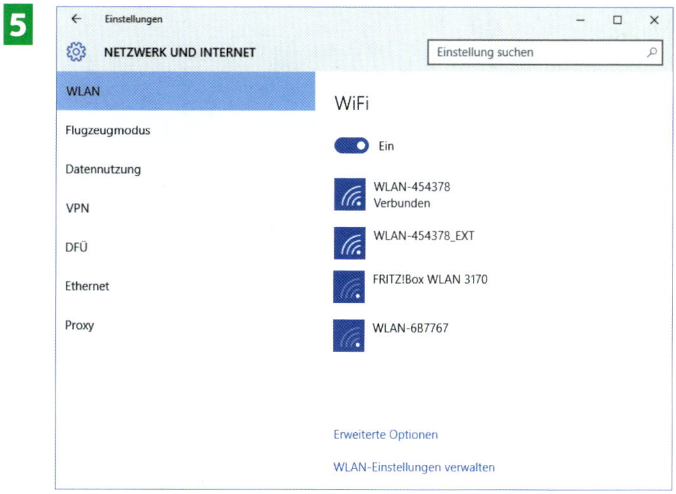

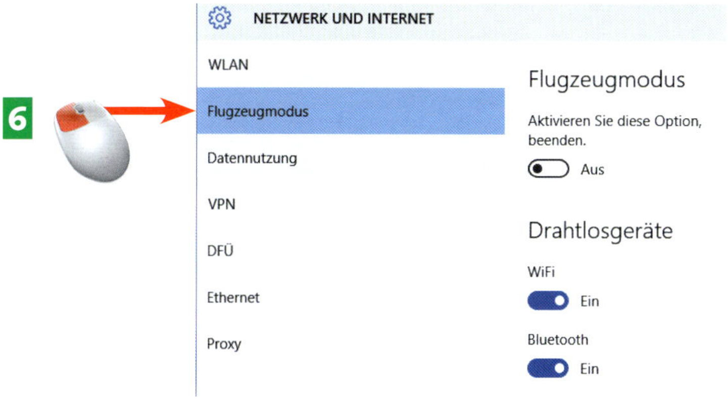

4 Klicken Sie im Startmenü auf *Einstellungen* oder holen Sie die *Einstellungen* aus dem Startmenü und wählen Sie *Netzwerk und Internet*.

5 Unter *WLAN* sehen Sie den Status und alle Verbindungen.

6 Mit dem Flugzeugmodus schalten Sie die Verbindung ab, ohne sie zu trennen. Hier können Sie auch Bluetooth-Geräte kurzfristig abschalten.

Die Option *Automatisch verbinden* stellt bei mehreren verfügbaren WLANs sicher, dass das ausgewählte Netzwerk automatisch verbunden wird.

HINWEIS

WLANs haben eine Reichweite bis zu 300 Metern. Deshalb sehen Sie auch die Netzwerke Ihrer Nachbarn. Das Symbol zeigt an, wie gut die Verbindung ist.

HINWEIS

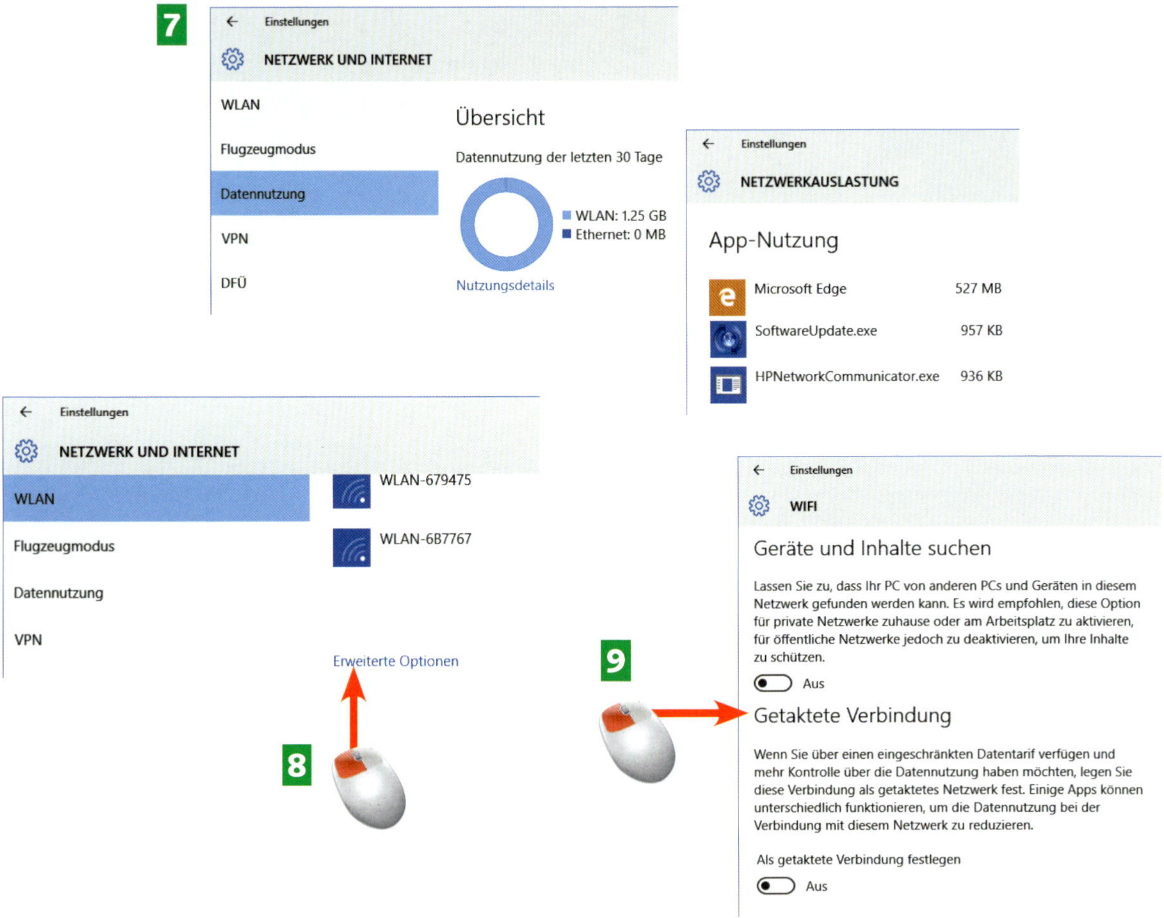

7 Unter *Datennutzung* überprüfen Sie, wie viele MByte und GByte die letzten Tage übertragen wurden.

8 Aktivieren Sie die erweiterten Optionen für das aktive Netz.

9 Schalten Sie die Netzwerkerkennung in öffentlichen Netzen aus und verwenden Sie die getaktete Verbindung, wenn Sie keine Flatrate haben.

Ob WLAN oder Breitbandnetz, Flatrate oder Roaming, Windows 10 erkennt verfügbare Verbindungen automatisch. Sehen Sie sich die Datennutzung an und geben Sie Ihr Netz für Kontakte und zum Skypen frei.

WISSEN

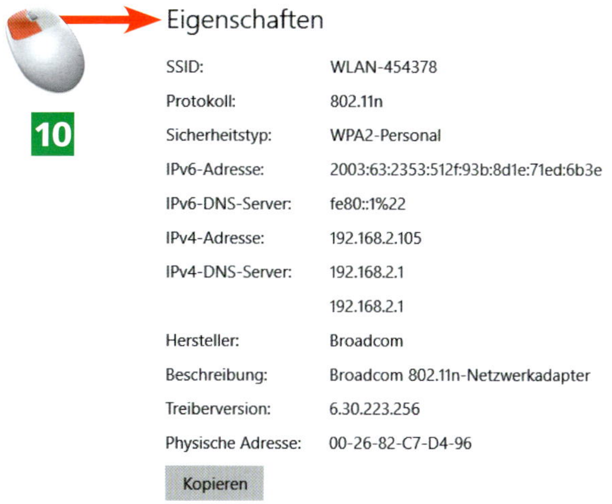

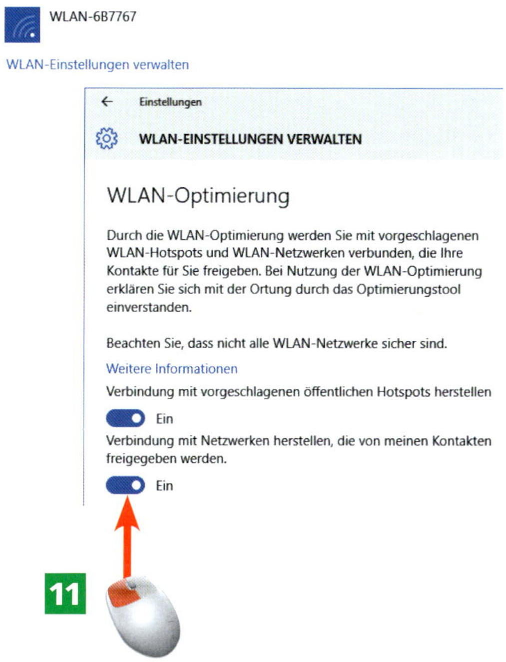

10 Unter *Eigenschaften* werden die technischen Informationen der aktiven Netzwerkverbindung angezeigt.

11 In den WLAN-Einstellungen stellen Sie die Schalter auf *Ein*, damit öffentliche Hotspots und Netzwerke der Kontakte angezeigt werden.

12 Geben Sie hier die Netzwerke für Kontakte, Facebook-Freunde und für Skype-Verbindungen frei.

Ende

Schalten Sie die *Getaktete Verbindung* ein, wenn Ihre Verbindung ein begrenztes Datenvolumen enthält und Surfen oder Downloads zu (meist hohen) Zusatzkosten führen.

HINWEIS

Der Flugzeugmodus schaltet auch Bluetooth aus.

HINWEIS

Start

1

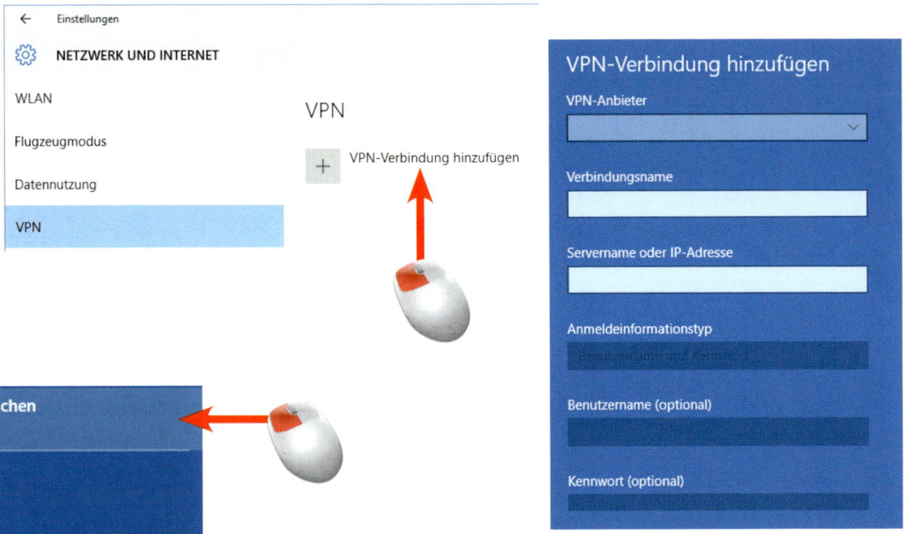

2

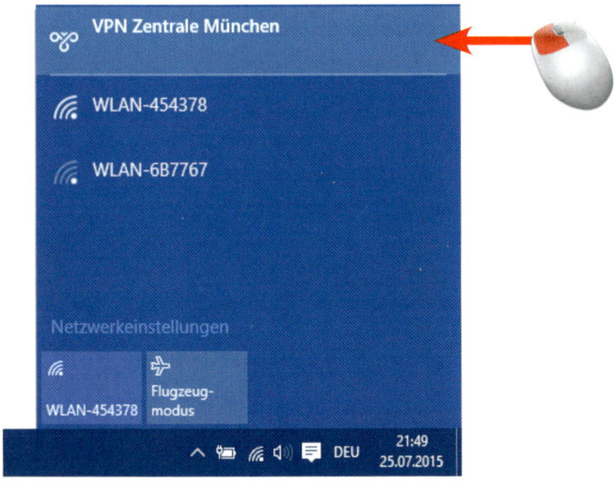

3

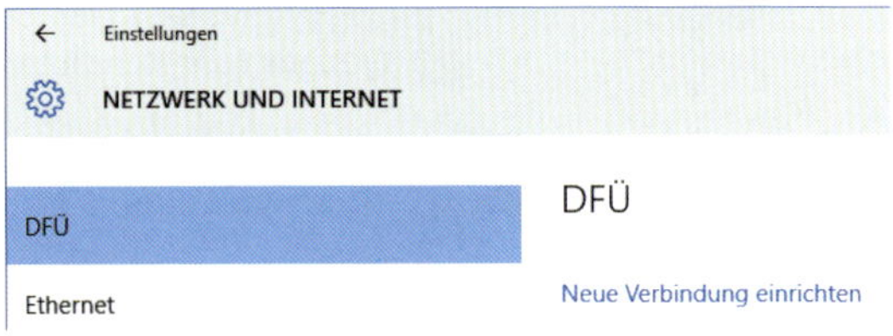

1 Für VPN-Verbindungen geben Sie den Servernamen, Benutzer und Kennwort an. Die virtuelle Verbindung wird gespeichert ....

2 ... und steht damit in der Liste der verfügbaren Netzwerke. Klicken Sie den Eintrag an, um die Verbindung zu starten.

3 Für ältere Verbindungen über Modem richten Sie eine DFÜ-Verbindung ein.

Auch für virtuelle Netzwerke (VPN), Kabelverbindungen via Ethernet und DFÜ ist Windows 10 bestens gerüstet. Was nicht automatisch erkannt wird, lässt sich bequem manuell einrichten.

WISSEN

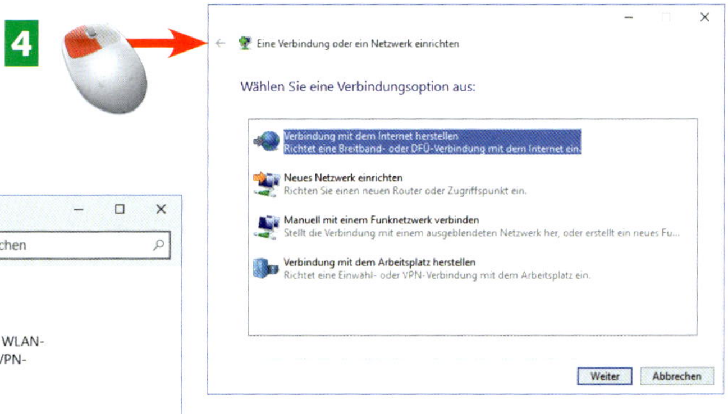

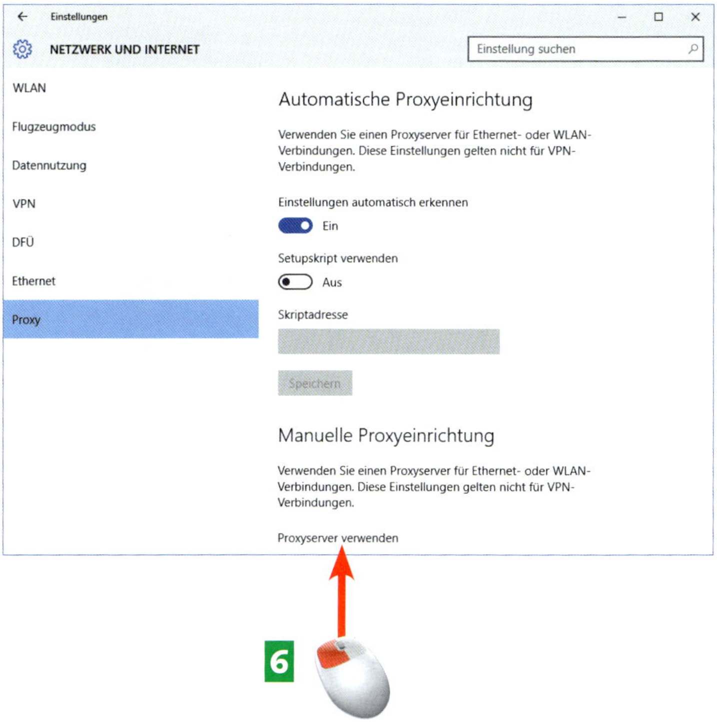

4 Legen Sie eine neue Verbindung an und geben Sie die Zugangsdaten des Dienstanbieters ein.

5 Ethernet-Kabelverbindungen werden automatisch erkannt, hier können Sie sie verwalten und bei Bedarf den Adapter neu einrichten.

6 Falls Ihre Verbindung die Unterstützung eines Proxyservers braucht, lassen Sie diesen automatisch erkennen oder richten ihn manuell ein.

Ende

VPN: **V**irtual **P**rivate **N**etwork – Verbindung aus dem lokalen Netz in ein fremdes Netz
Ethernet: Software und Hardware für Kabelnetze
DFÜ: Datenfernübertragung

FACHWORT

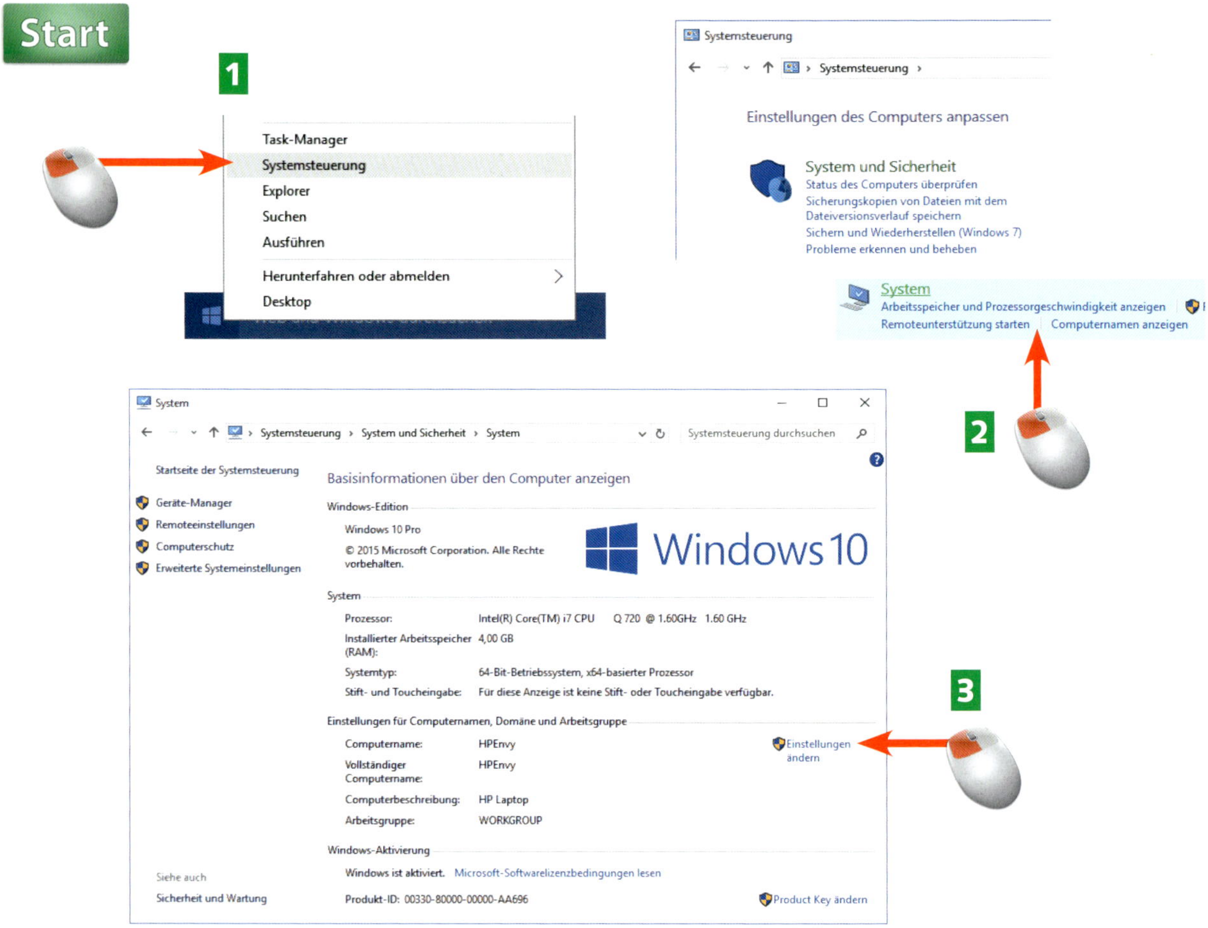

1 Klicken Sie mit der rechten Maustaste auf das Startsymbol und wählen Sie *Systemsteuerung*.

2 Schalten Sie unter *System und Sicherheit* auf *System*.

3 Unter *Einstellungen ändern* können Sie den Namen des Computers und die Netzzugehörigkeit ändern.

Damit Sie sich mit Ihrem Computer im Netzwerk anmelden können, geben Sie ihm einen Namen und weisen ihm eine Arbeitsgruppe oder eine Domäne im Firmennetz zu.

WISSEN

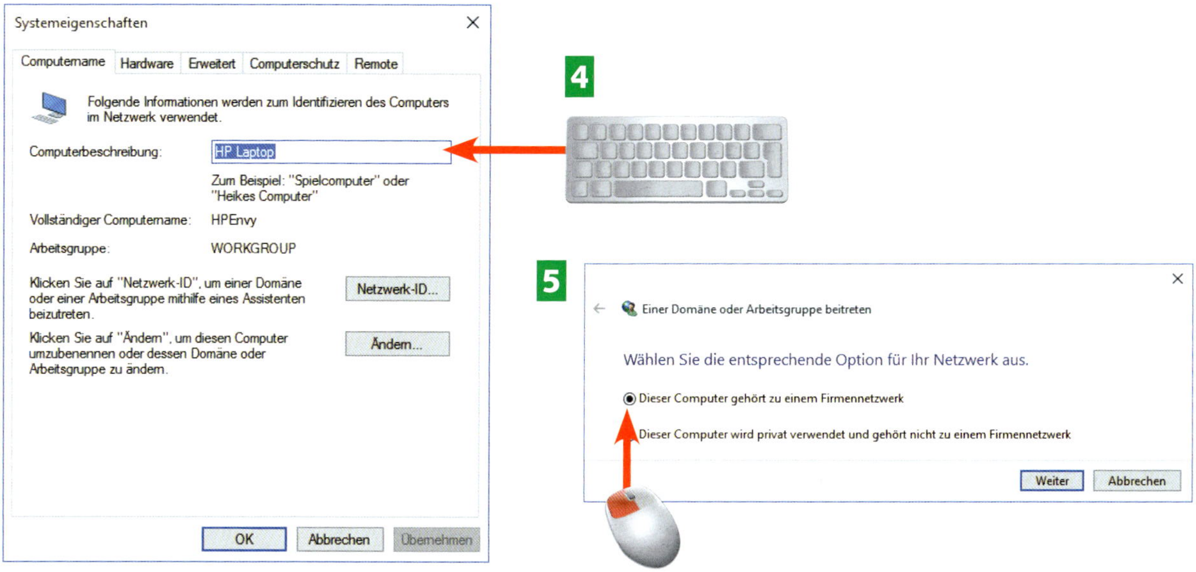

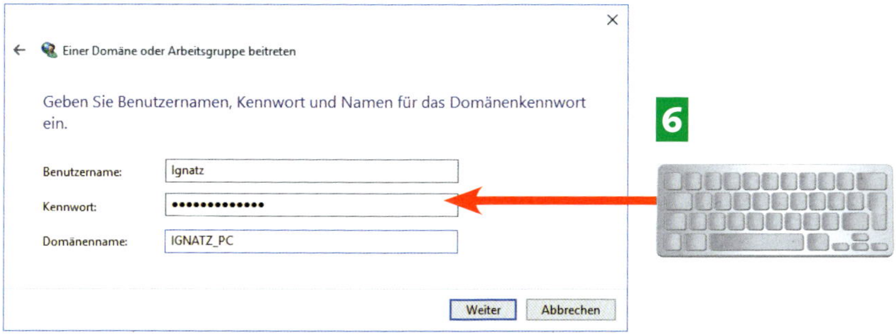

4 Tragen Sie den Computernamen ein und weisen Sie den Computer einer Arbeitsgruppe zu.

5 Die Schaltfläche *Netzwerk-ID* bietet die Möglichkeit, den Computer im Firmen- oder Arbeitsplatznetz anzumelden.

6 Geben Sie Benutzername, Kennwort und – falls nötig – die Domäne ein, in der sich der Computer befindet.

Ende

Verwenden Sie für Computernamen nur Zeichen von A bis Z und Zahlen von 0 bis 9. Nicht erlaubt sind Leerzeichen und diese Sonderzeichen: < > ; : " * + = \ / ? ,

HINWEIS

Arbeitsgruppen werden nur in Arbeitsplatznetzwerken verwendet. Firmen und Behörden verwenden Client-Server-Netze, in denen sich die Benutzer an Domänen anmelden.

HINWEIS

Start

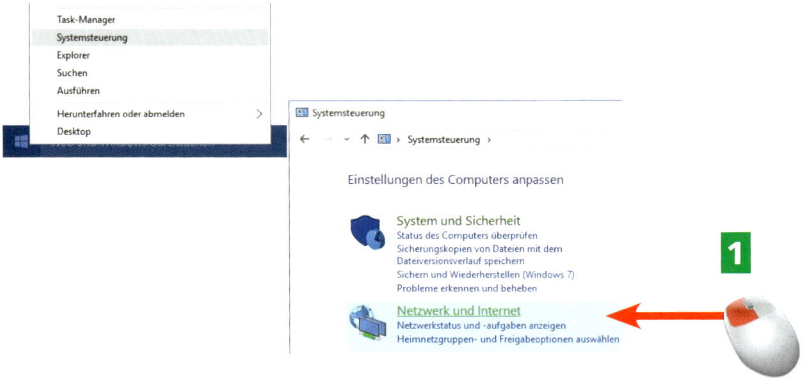

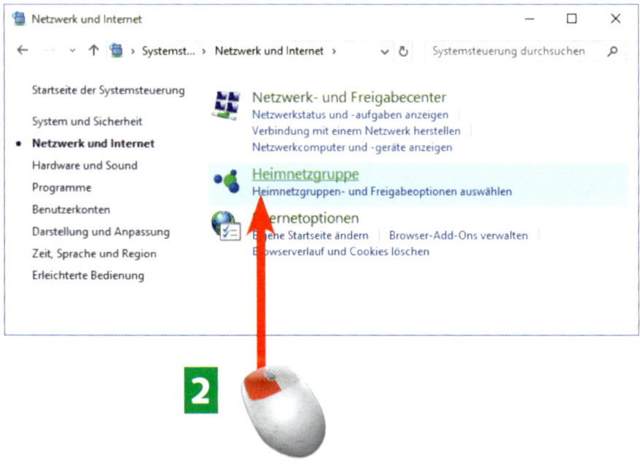

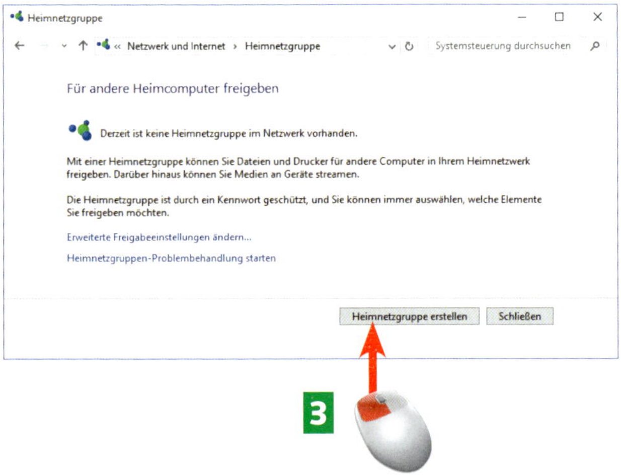

1 Starten Sie die *Systemsteuerung* aus dem Kontextmenü des Startsymbols und wählen Sie *Netzwerk und Internet*.

2 Klicken Sie auf die Gruppe *Heimnetzgruppe*.

3 Wählen Sie *Heimnetzgruppe erstellen* und bestätigen Sie weitere Fragen der Systemsteuerung.

Die einfachste Methode, Computer und Tablets miteinander zu verbinden, ist eine Heimnetzgruppe. Legen Sie eine solche an oder treten Sie einer Gruppe bei, die von einem anderen Computer erstellt wurde.

WISSEN

4

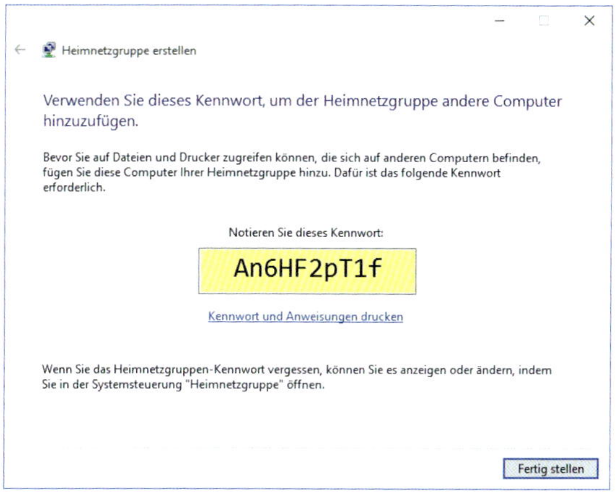

6

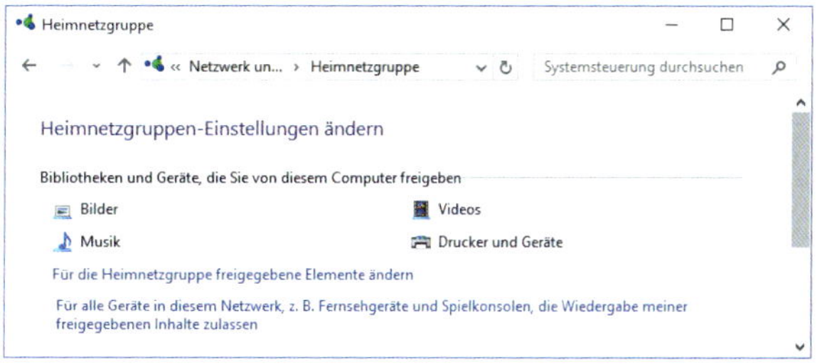

5

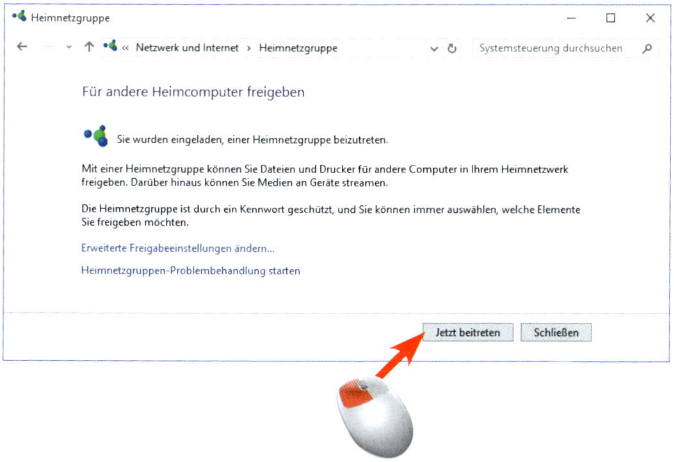

4 Windows 10 erzeugt ein Kennwort, das andere Netzteilnehmer für den Zugang zum Heimnetzwerk eingeben müssen.

5 Um einer bereits angelegten Heimnetzgruppe beizutreten, klicken Sie auf *Jetzt beitreten*.

6 Bestätigen Sie alle Freigaben und geben Sie das Kennwort ein, wenn es angefordert wird. Alle Einstellungen können Sie jederzeit wieder ändern.

Ende

Wenn bereits eine Heimnetzgruppe besteht, wird diese angezeigt, Sie können dieser nur beitreten, aber selbst keine neue Gruppe erstellen.

HINWEIS

In den erweiterten Freigabeeinstellungen können Sie Ihr Benutzerkonto für die Verbindungsaufnahme festlegen.

HINWEIS

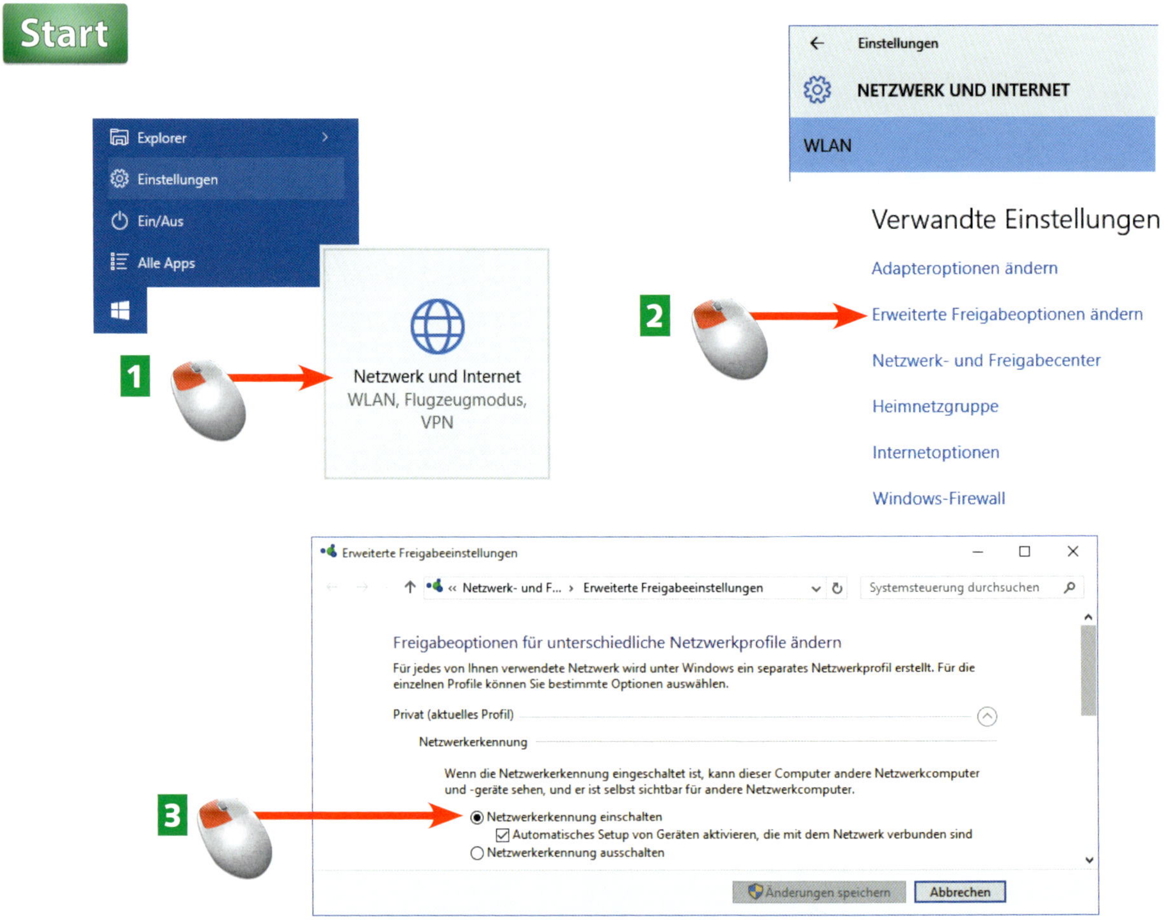

1 Aktivieren Sie die *Einstellungen* im Startmenü und wählen Sie *Netzwerk und Internet*.

2 Wählen Sie *WLAN/Erweiterte Freigabeoptionen ändern*.

3 Im Netzwerk- und Freigabecenter können Sie die *Netzwerkerkennung* für Ihren Computer ein- oder ausschalten.

Das private Netz schützt Windows durch die Firewall, im öffentlichen Netz sollten Sie Ihren Computer nicht anzeigen lassen und keine Dateien oder Geräte freischalten.

WISSEN

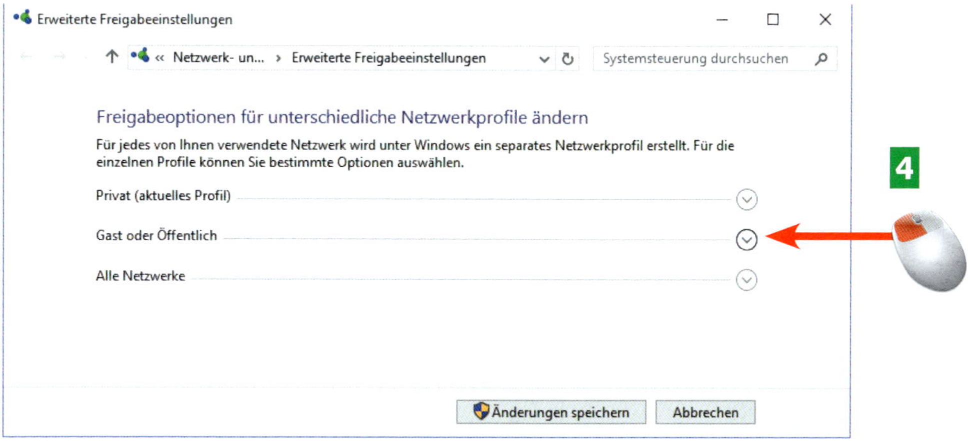

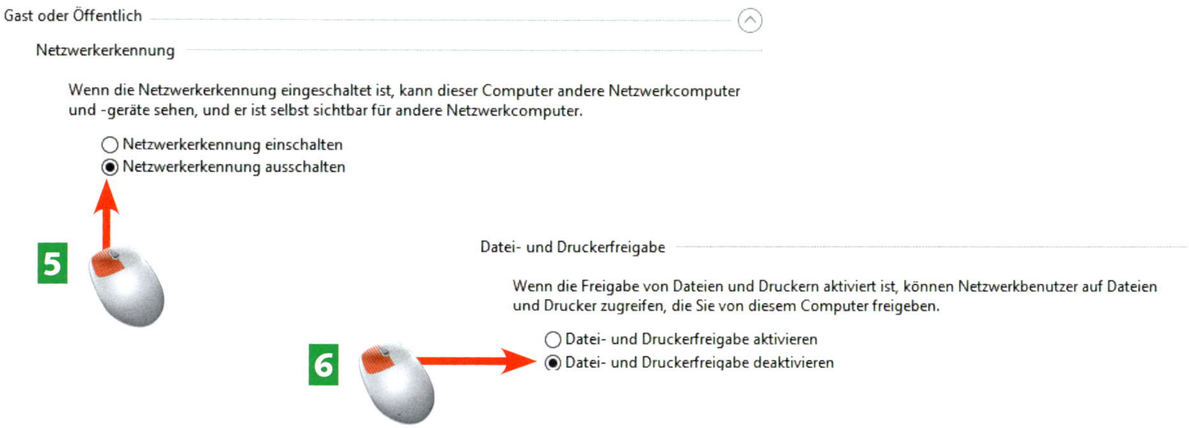

4 Stellen Sie hier das Netzwerkprofil ein, schalten Sie um auf *Öffentliche Netzwerke*.

5 Schalten Sie die *Netzwerkerkennung* für öffentliche Netzwerke aus, damit Ihr Computer in diesen nicht sichtbar ist.

6 Deaktivieren Sie auch die *Datei- und Druckerfreigabe* für öffentliche Netze.

Ende

Schalten Sie auf ein öffentliches Netz um, wird die Heimnetzgruppe automatisch deaktiviert.

HINWEIS

Klicken oder tippen Sie im Netzwerk- und Freigabecenter den Netzwerknamen an, erhalten Sie detaillierte Informationen über die Verbindung.

TIPP

Start

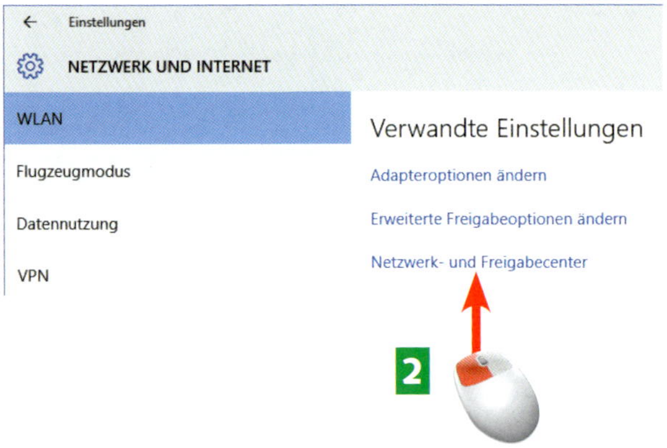

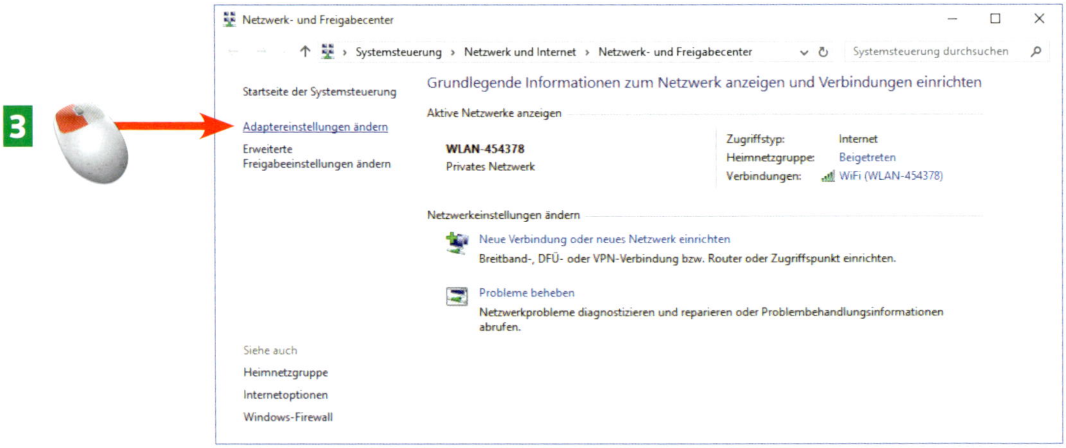

1 Aktivieren Sie die *Einstellungen* im Startmenü und wählen Sie *Netzwerk und Internet*.

2 Wählen Sie *WLAN/Netzwerk- und Freigabecenter*.

3 Alle Verbindungen werden angezeigt, klicken Sie auf *Adaptereinstellungen ändern*.

Im Netzwerk- und Freigabecenter überprüfen Sie Ihre Verbindung, die Netzwerkadapter und deren Protokolle und IP-Adressen. Es bietet auch eine Liste der Geräte an, auf die Sie über das Netzwerk Zugriff haben.

WISSEN

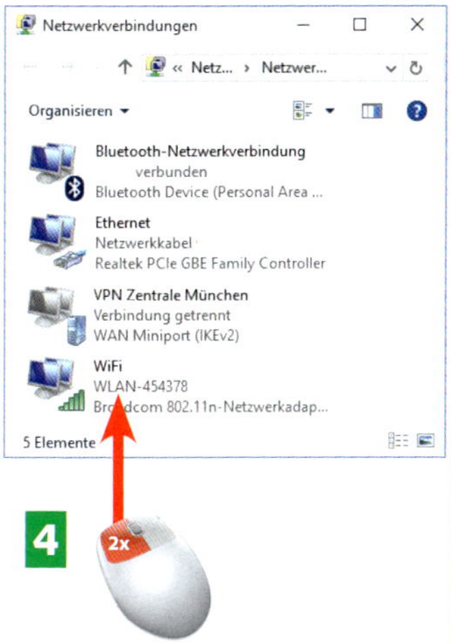

4

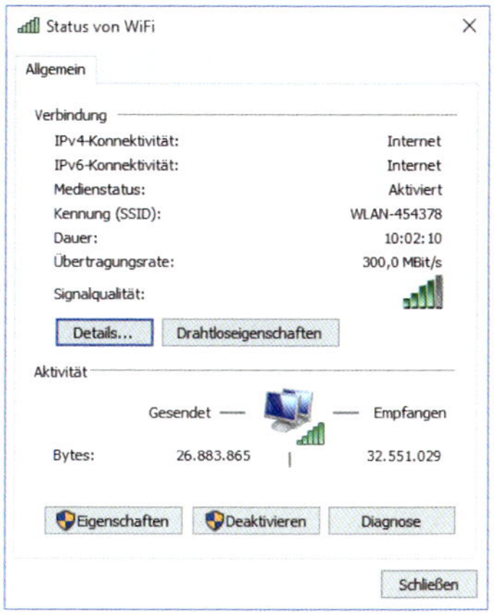

6

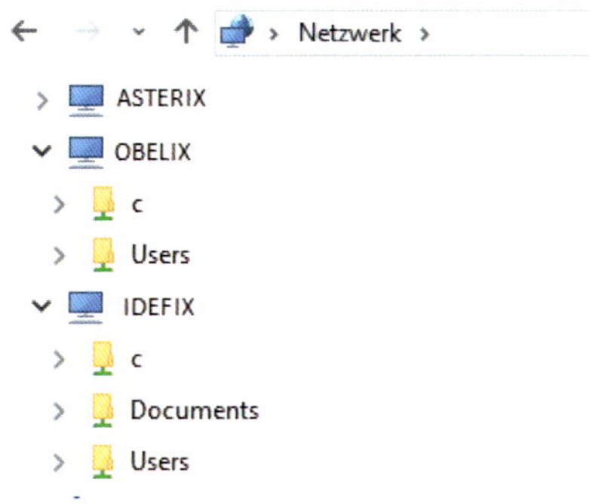

5

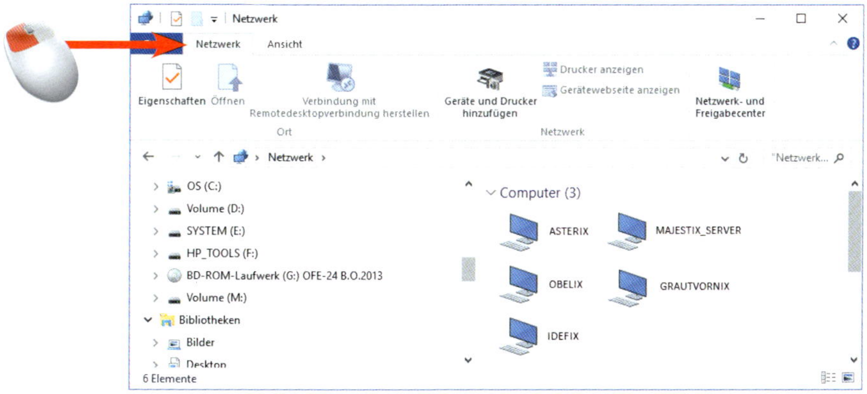

4 Hier sind alle Adapter gelistet, öffnen Sie per Doppelklick auf einen Eintrag die Einstellungen, um den Status zu überprüfen.

5 Die Computer im Netzwerk können Sie auch mit dem Windows-Explorer überprüfen, klicken Sie in der Navigation auf *Netzwerk*.

6 Öffnen Sie einen Computer im Navigationsbereich, sehen Sie alle freigegebenen Ordner und Laufwerke.

Ende

Bei technischen Problemen sehen Sie sich die Adaptereinstellungen an. Deaktivieren Sie die Verbindung und starten Sie sie neu.

HINWEIS

In größeren Netzen wird Ihrem Computer eine feste IP-Adresse zugewiesen. Diese Adresse können Sie in der Adaptereinstellung überprüfen.

HINWEIS

Start

1

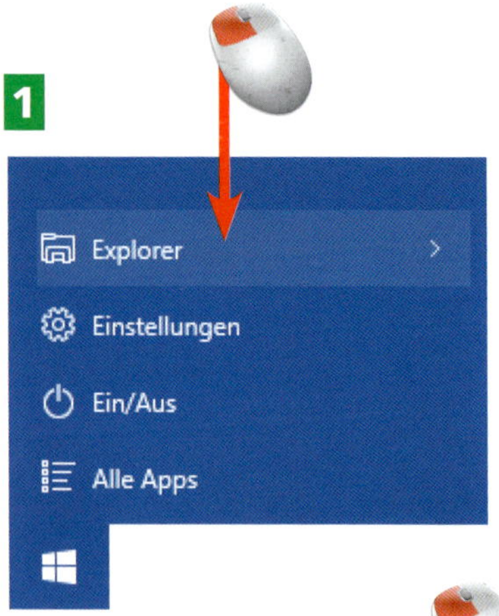

2

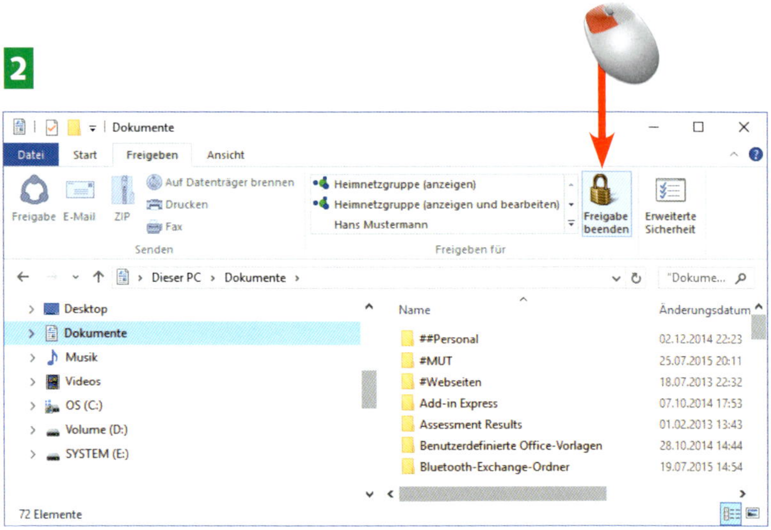

3

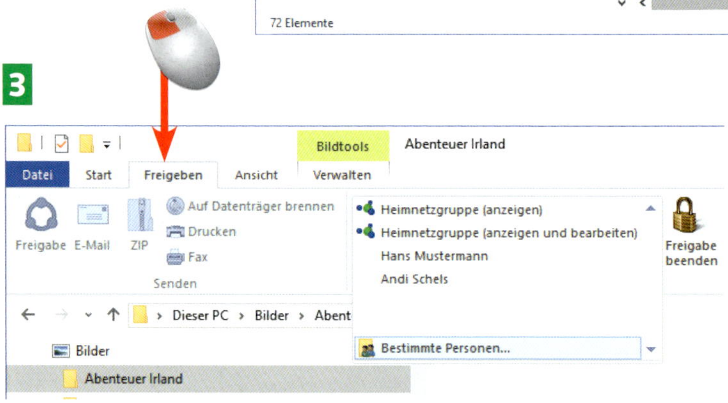

1 Starten Sie den Windows-Explorer über das Symbol in der Taskleiste des Desktops.

2 Markieren Sie einen Ordner oder eine Bibliothek (hier *Dokumente*) und klicken Sie auf *Freigabe/Freigabe beenden*.

3 Markieren Sie einen Ordner in einer Bibliothek und öffnen Sie die Liste unter *Freigeben*.

Alle Bibliotheken und Ordner für alle Benutzer freizugeben, ist nicht immer sinnvoll. Nutzen Sie die Freigabe im Windows-Explorer, um Freigaben auf einzelne Elemente oder Benutzer zu beschränken, und weisen Sie gezielt Lese- oder Schreib-/Lesezugriffe zu.

WISSEN

4

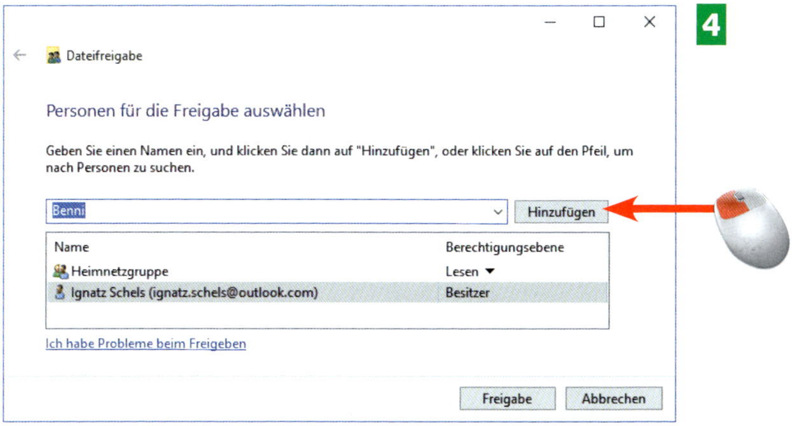

5

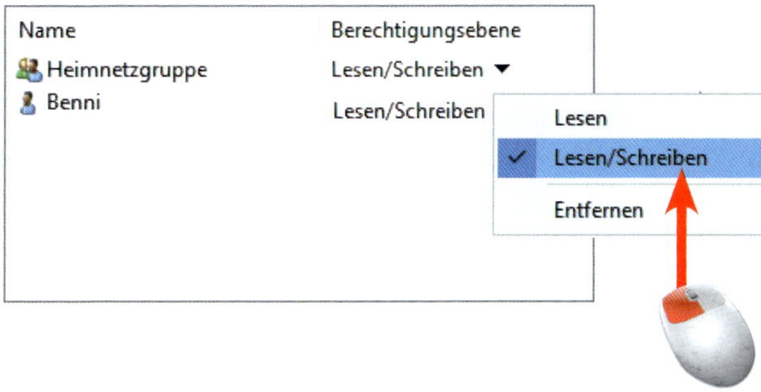

6

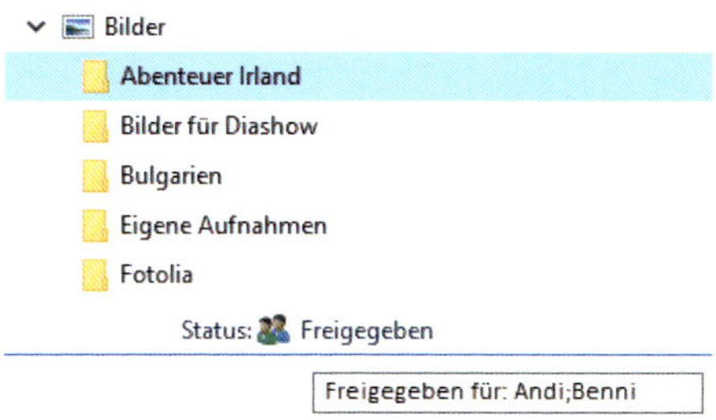

4 Fügen Sie Benutzer aus der Liste mit *Hinzufügen* in die Freigabeliste ein.

5 In der Spalte *Berechtigungsebene* bestimmen Sie die Berechtigungen der einzelnen Benutzer.

6 Zeigen Sie mit dem Mauszeiger auf einen Ordner, meldet die Statuszeile bereits die Freigaben dafür.

Ende

Mit der Freigabeliste können Bibliotheken und Ordner für die gesamte Heimnetzgruppe oder für einzelne Benutzer freigegeben werden.

HINWEIS

Freigaben lassen sich sogar für einzelne Dateien individuell zuweisen.

TIPP

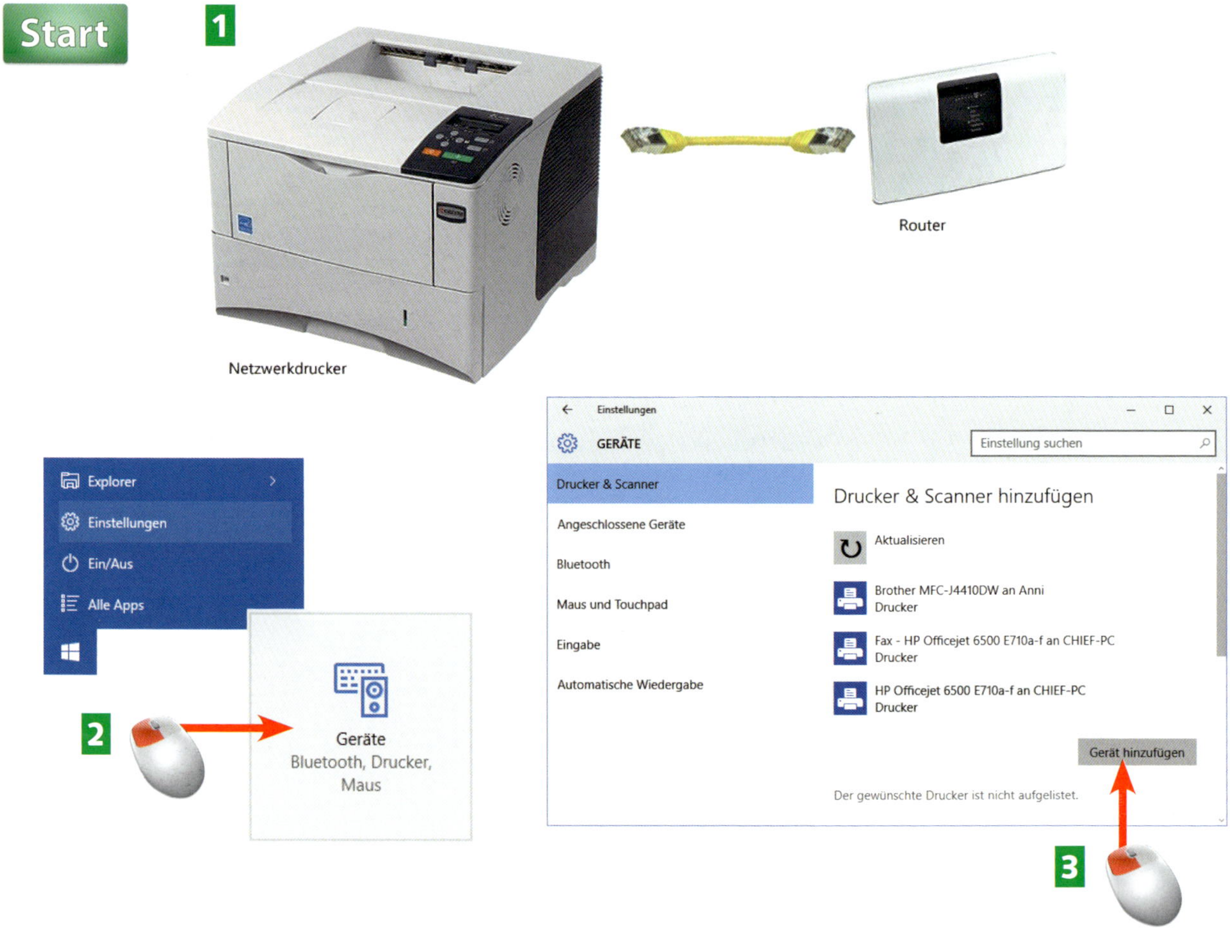

1 Netzwerkdrucker werden über Netzwerkkabel und Hubs oder per WLAN mit dem Netzwerk verbunden.

2 Aktivieren Sie die *Einstellungen* im Startmenü und wählen Sie *Geräte*.

3 Klicken Sie auf *Gerät hinzufügen* und wählen Sie einen angezeigten Drucker mit Netzwerkverbindung.

Ein Netzwerkdrucker spart Hardwarekosten – mehrere Benutzer arbeiten mit einem Drucker. Installieren Sie ihn über die Systemsteuerung und vergessen Sie die Freigabe nicht.

WISSEN

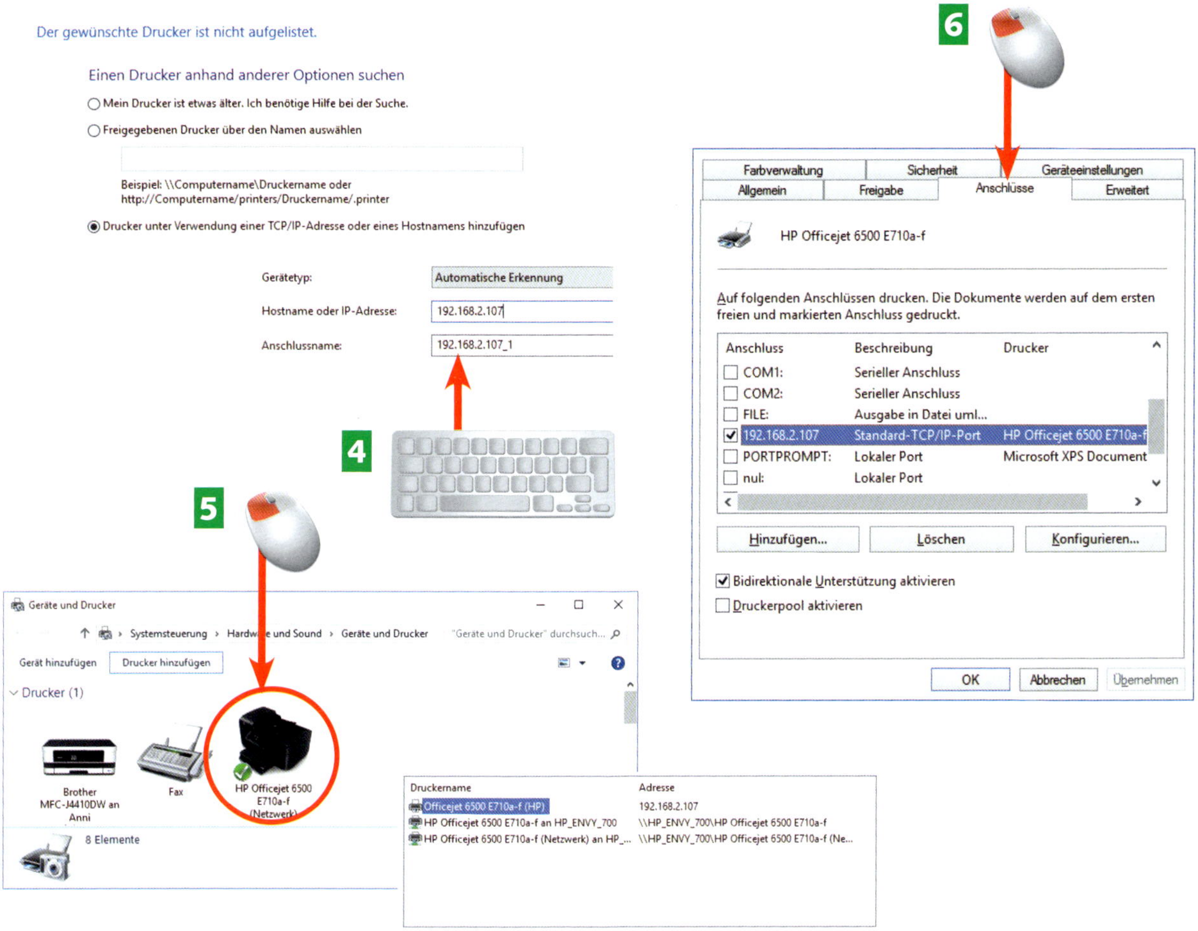

4 Geben Sie den Drucker im Netzwerk frei, tragen Sie einen passenden Namen ein.

5 Für detaillierte Druckereinstellungen schalten Sie in die Systemsteuerung. Der Netzwerkdrucker wird mit IP-Adresse angezeigt.

6 In den Eigenschaften des Druckersymbols finden Sie alle Einstellungen, u. a. die IP-Adresse unter *Anschlüsse*.

Ende

Nicht netzwerkfähige Drucker lassen sich über einen Printserver im Netzwerk betreiben, in diesem Fall müssen Sie einen solchen als Gerät hinzufügen.

TIPP

Im Client-Server-Netzwerk geben Sie den Servernamen vor der IP-Adresse ein: *\\server\192.168.2.107*

HINWEIS

Start

1

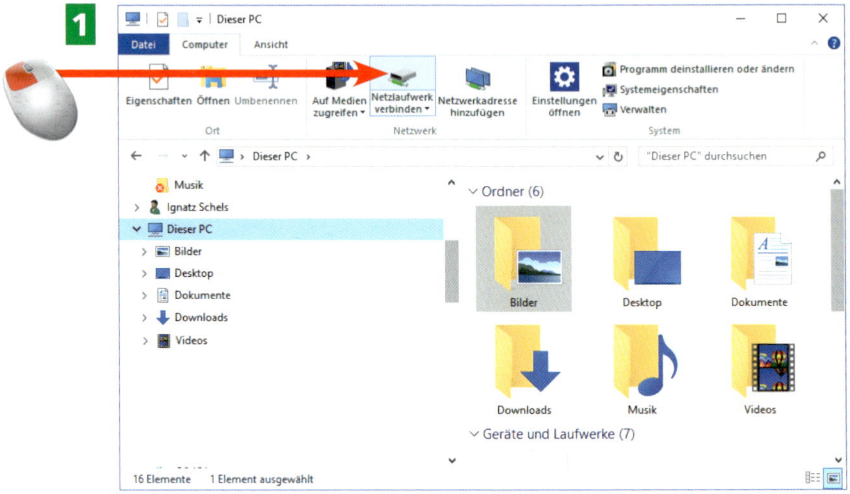

2

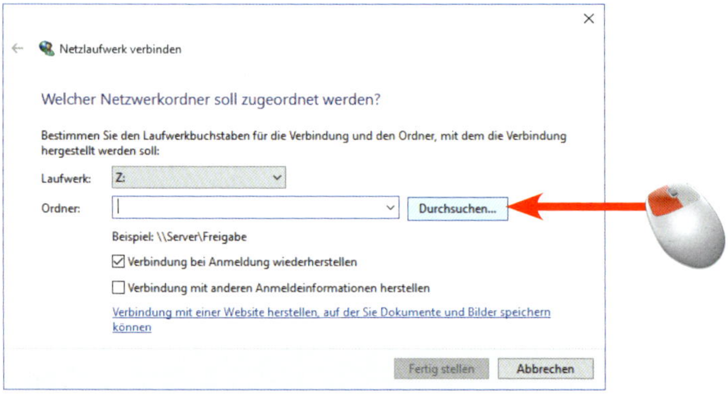

3

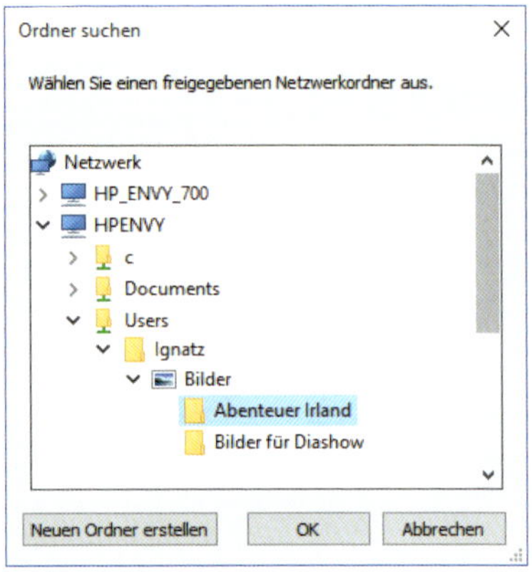

1 Aktivieren Sie den Windows-Explorer, schalten Sie im Navigator auf *Dieser PC* und klicken Sie auf *Netzlaufwerk verbinden*.

2 Bestimmen Sie einen Laufwerkbuchstaben und klicken Sie auf *Durchsuchen*.

3 Suchen Sie den Computer und wählen Sie einen Ordner aus der Ordnerstruktur.

Netzlaufwerke sind schnelle Verbindungen zu Laufwerken, Bibliotheken oder Ordnern auf anderen Datenträgern oder im Netzwerk. Weisen Sie dem Element einfach einen neuen Laufwerkbuchstaben zu.

WISSEN

4

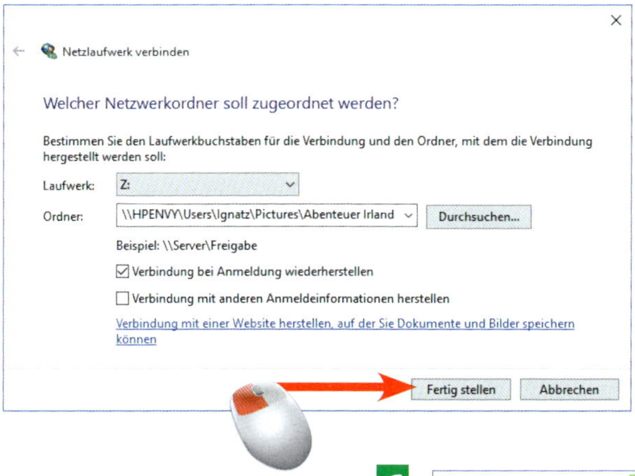

5

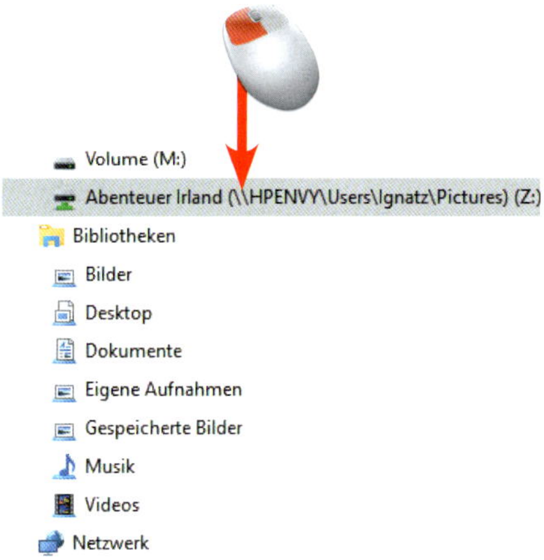

6

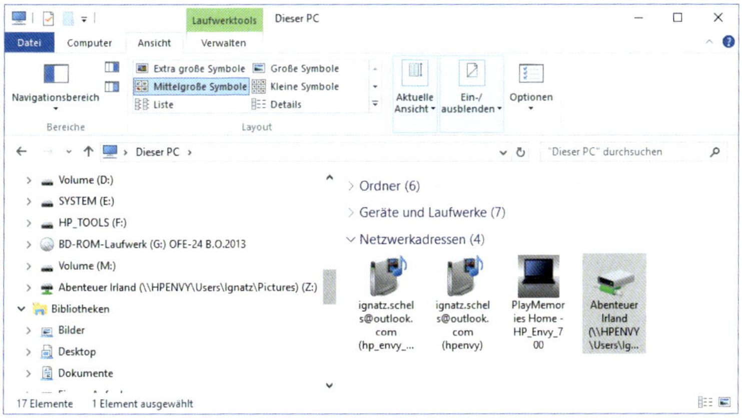

4 Mit *Fertig stellen* wird das neue Netzlaufwerk angelegt ...

5 ... und steht anschließend im Navigator zur Auswahl.

6 Unter *Dieser PC* ist das Netzlaufwerk jetzt ebenfalls vertreten.

Ende

Der Freigabename für ein ganzes Laufwerk (zum Beispiel *C:*): *\\\\Servername\\C$*

TIPP

Alternativ zum Computer- oder Gerätenamen können Sie auch die IP-Adresse verwenden: *\\\\192.168.2.1\\Users\\Username*

HINWEIS

Start

1

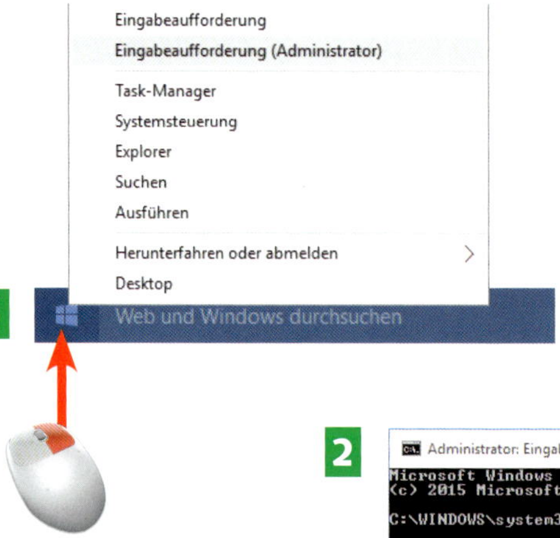

2

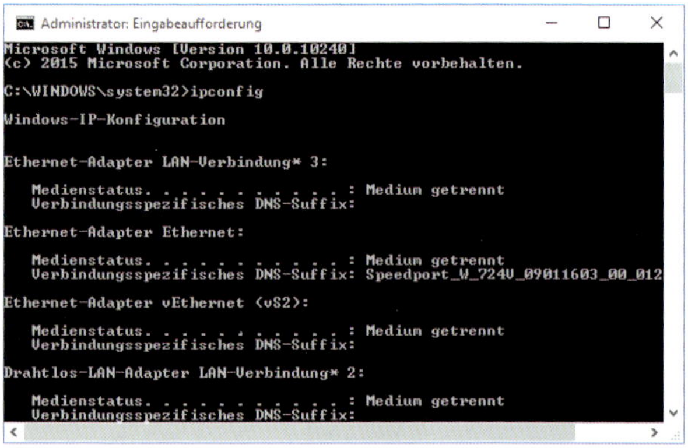

3

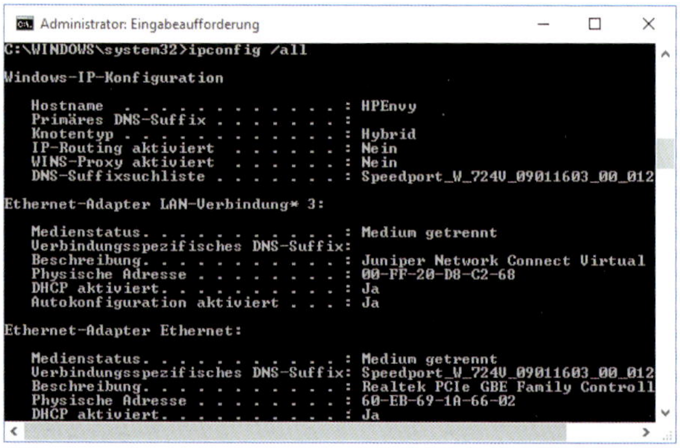

1 Klicken Sie mit der rechten Maustaste auf das Startsymbol und aktivieren Sie die Eingabeaufforderung für Administratoren.

2 Mit *ipconfig* erhalten Sie eine Übersicht über die IP-Konfiguration des Systems und Netzwerks.

3 Geben Sie *ipconfig /?* ein, zeigt der Bildschirm alle Optionen an. *ipconfig /all* listet alle Netzwerkadressen auf.

Mit der Eingabeaufforderung, einem alten Kommandoeditor aus dem Steinzeit-Betriebssystem DOS, setzen Sie Befehle ab, um das Netzwerk oder die Netzgeschwindigkeit zu prüfen, IP-Adressen zu ermitteln und Usernamen aufzuspüren.

WISSEN

4

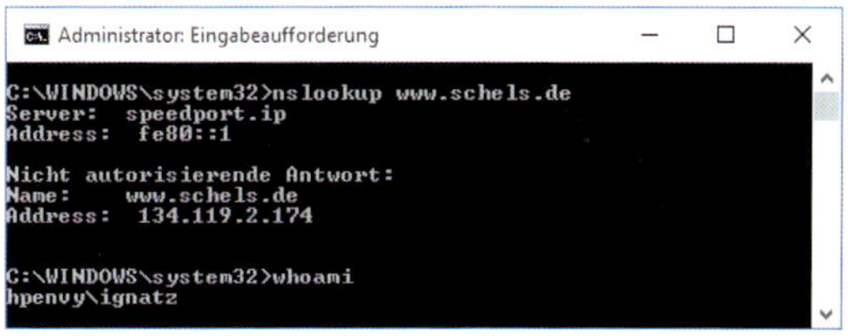

5

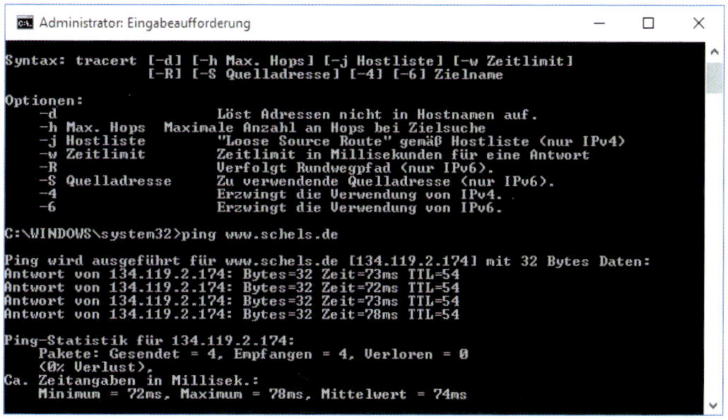

6

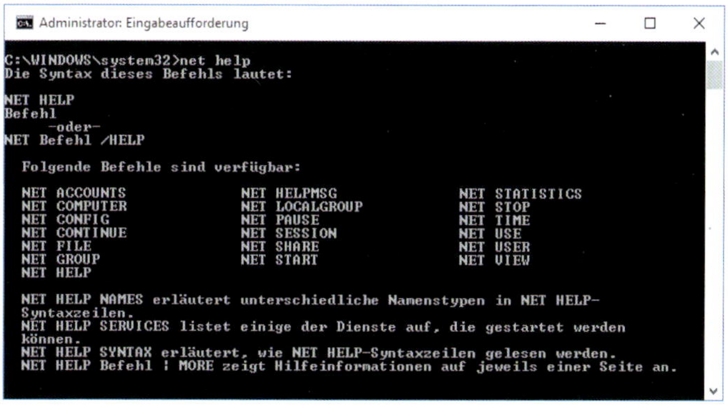

4 Der Befehl *nslookup* zeigt die IP-Adresse einer WWW-Adresse an, *whoami* den Namen des Computers und den Benutzernamen.

5 Mit *tracert* und *ping* finden Sie Verbindungen und testen die Verbindungsgeschwindigkeit zu IP-Adressen.

6 Der Befehl *net* bietet viele Informationen rund um das Netzwerk, zum Beispiel Benutzernamen, Gruppen und freigegebene Objekte.

Ende

Der Befehl *tracert* zeigt alle Datenstationen an, die Datenpakete überwinden müssen, um zu einer Adresse zu gelangen.

Der Nachrichtendienst im Netz: Schicken Sie mit *msg username "Nachricht"* eine Meldung an einen anderen Benutzer. Weitere cmd-Befehle:
Bildschirm leeren: *cls*
Ordner und Dateien: *dir /a*
Ende: *exit*

HINWEIS

TIPP

Sicherheit, Datenschutz und Konten

10

Start

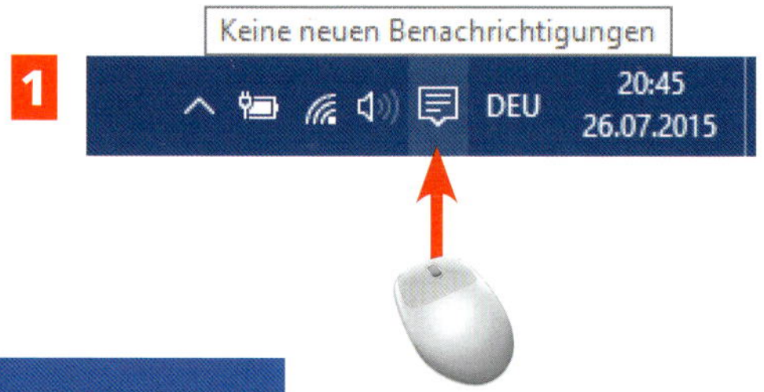

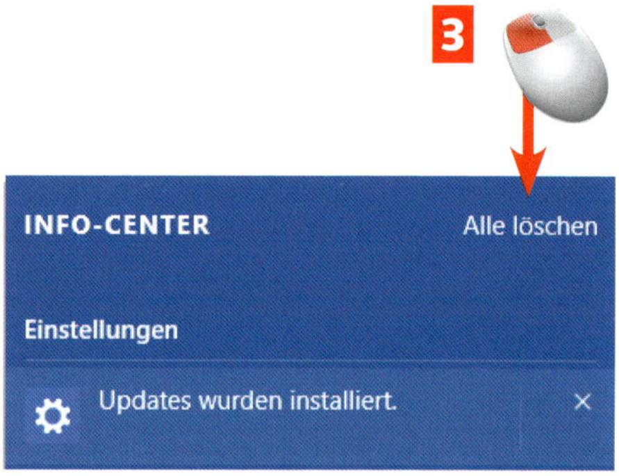

1. Achten Sie auf das Symbol im Systembereich des Desktops. Zeigen Sie darauf, um die Meldungen des Info-Centers zu sehen.
2. Klicken Sie das Symbol an und markieren Sie gleich die Meldungen, um die Problembehandlung zu starten.
3. Löschen Sie einzelne Meldungen oder alle Meldungen im Info-Center.

Probleme mit dem System, mit Geräten, Gerätetreibern, installierten Apps oder Programmen zeigt Windows im Info-Center an. Auch wichtige Meldungen über Updates, neue Treiber oder aktualisierte Apps finden Sie dort.

WISSEN

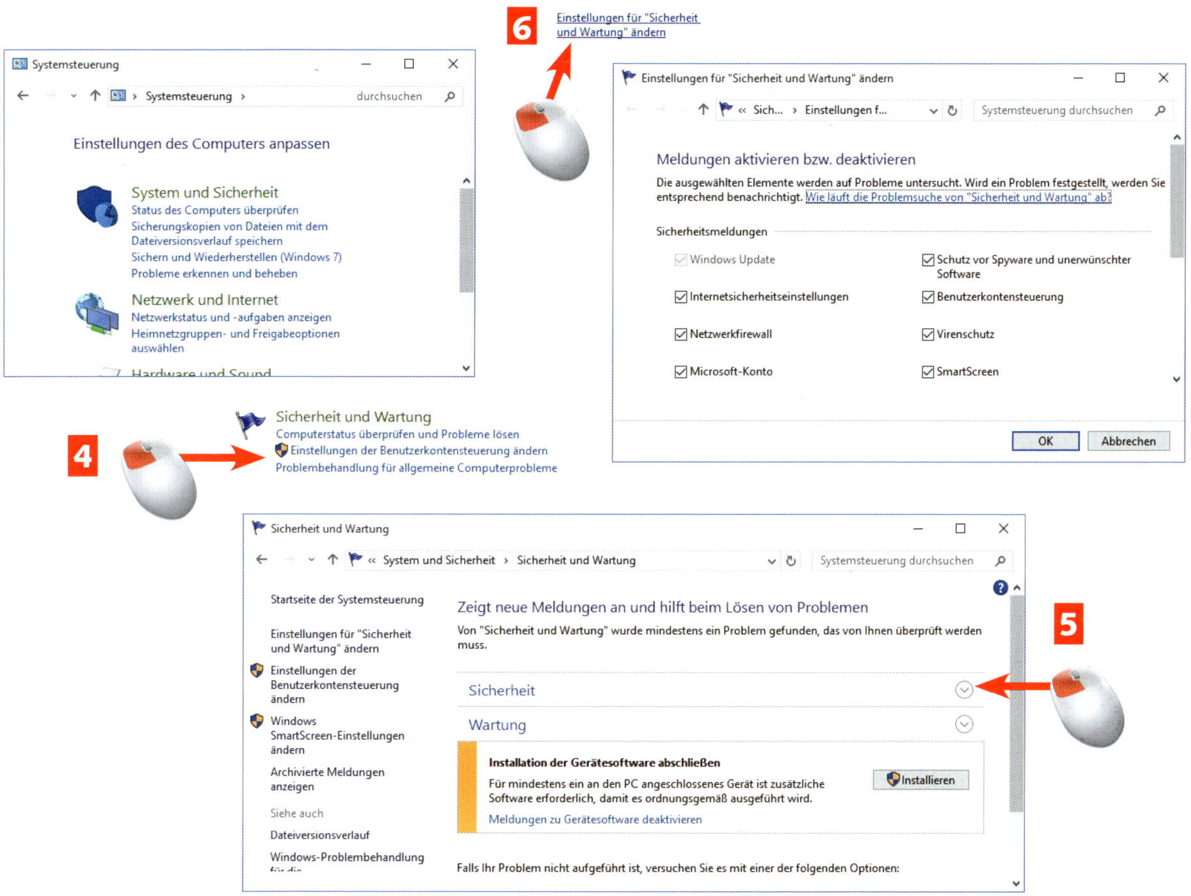

4 Öffnen Sie in der *Systemsteuerung* die Option *Sicherheit und Wartung*.

5 Zwei Kategorien, *Sicherheit* und *Wartung*, stehen zur Auswahl. Klicken Sie auf das Pfeilsymbol, um eine davon zu öffnen.

6 Aktivieren Sie die Option *Einstellungen für "Sicherheit und Wartung" ändern*. Hier finden Sie die einzelnen Sicherheitsmeldungen.

Ende

Hardwareprobleme leitet Microsoft auch an Hersteller weiter. Deshalb kann es passieren, dass Sie eine Nachricht oder ein Downloadangebot für neue Hardwaretreiber bekommen.

HINWEIS

Achten Sie auf die Farbe der Meldung unter *Sicherheit und Wartung*:
Grün = gut
Orange = problematisch
Rot = kritisch

HINWEIS

Start

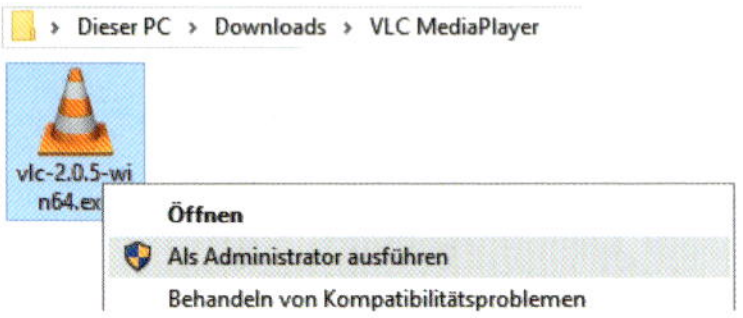

1

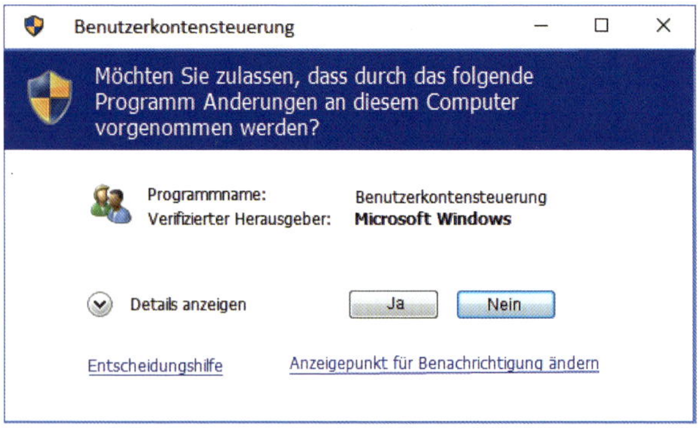

3

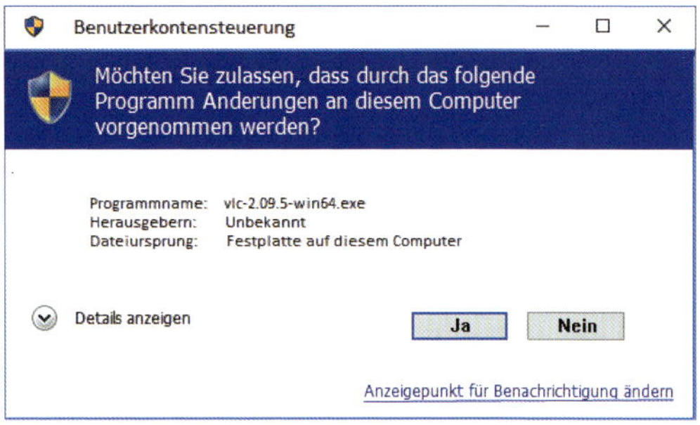

2

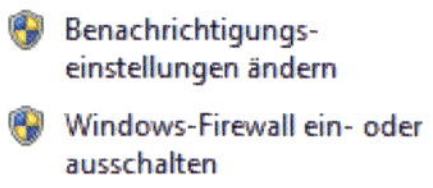

1 Sicherheitswarnungen erhalten Sie, wenn Sie sicherheitsrelevante Änderungen in Windows vornehmen oder Apps installieren.

2 Das Windows-Security-Symbol kennzeichnet sicherheitsrelevante Elemente in Fenstern und Meldungen.

3 Installieren Sie eine App oder ein Programm, muss die Meldung bestätigt werden. Lassen Sie sich das Zertifikat anzeigen.

Sicherheitsmeldungen sind zwar manchmal lästig, schützen aber zuverlässig vor Angriffen durch Viren oder andere Schadprogramme. Für Ihre eigenen Aktionen unter Windows können Sie die Sicherheitsmeldungen abschalten, für die Zugriffe aus Apps oder Programmen sollten sie aber stehen bleiben.

WISSEN

4

5

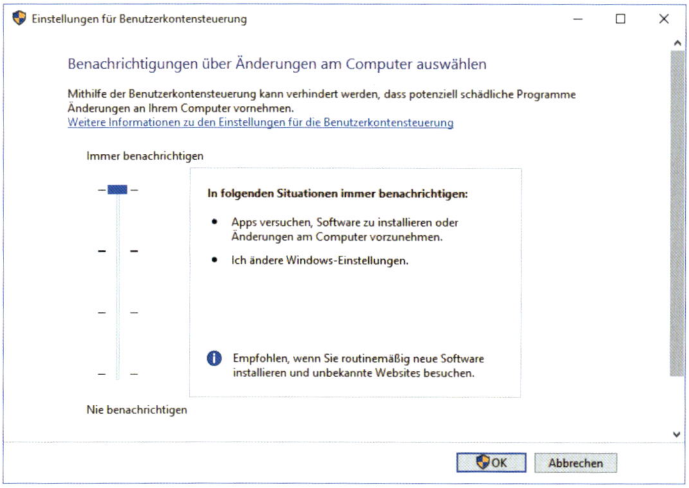

6

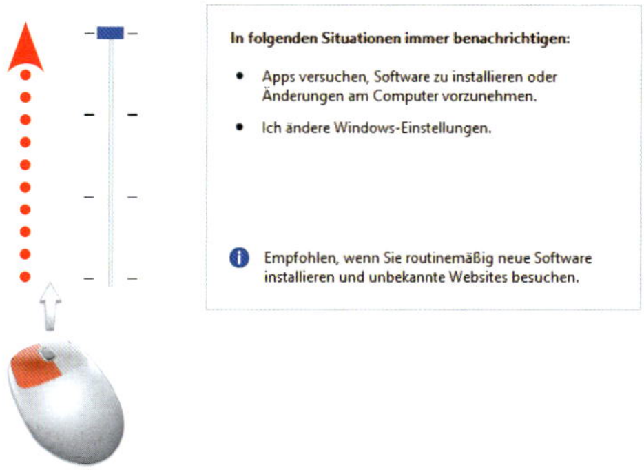

4 Aktivieren Sie in der Systemsteuerung unter *System und Sicherheit* die Einstellungen der Benutzerkontensteuerung.

5 Mit dem Regler in dieser Position werden Sie nur gewarnt, wenn Apps oder Programme Änderungen am System vornehmen.

6 Schieben Sie den Regler ganz nach oben, erhalten Sie Warnmeldungen vor jeder (sicherheitsrelevanten) Aktion unter Windows.

Ende

Für Änderungen an den Sicherheitseinstellungen müssen Sie mit einem Konto mit Administratorrechten angemeldet sein.

HINWEIS

Die Sicherheitsmeldung kann auch mit *Anzeigepunkt ändern* in der Sicherheitsmeldung abgeschaltet werden.

HINWEIS

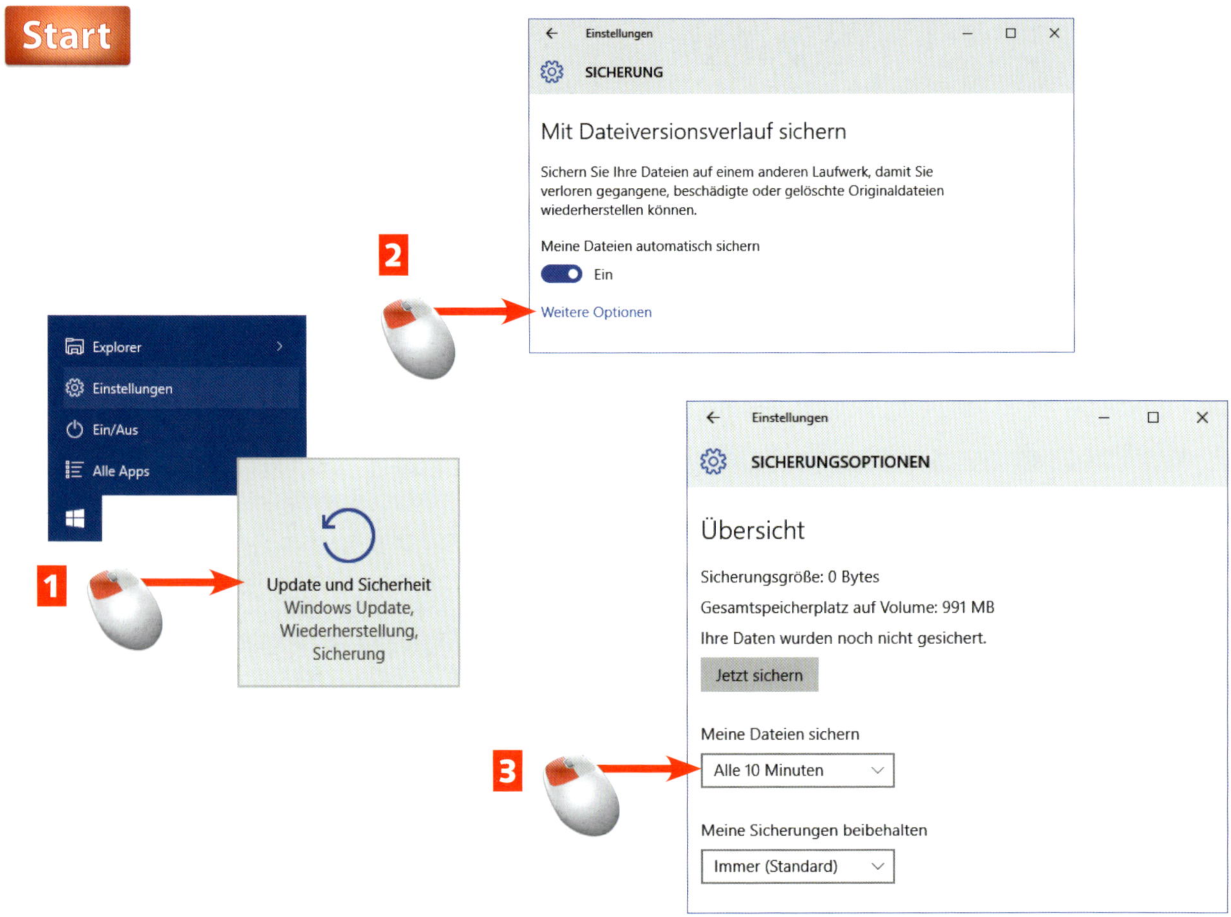

1 Wählen Sie im Startmenü *Einstellungen/Update und Sicherheit*.

2 Schalten Sie den Dateiversionsverlauf ein, um Ihre Dateiversionen zu sichern. Klicken Sie auf *Weitere Optionen*.

3 Legen Sie mit dem Sicherungsintervall fest, wann die Dateien archiviert werden, und geben Sie an, wie lange sie aufbewahrt werden sollen.

Sichern Sie Ihre Daten mit dem Dateiversionsverlauf, können Sie alte Versionen Ihrer Dateien jederzeit wieder zurückholen. Nehmen Sie am besten ein anderes Laufwerk für die Sicherung.

WISSEN

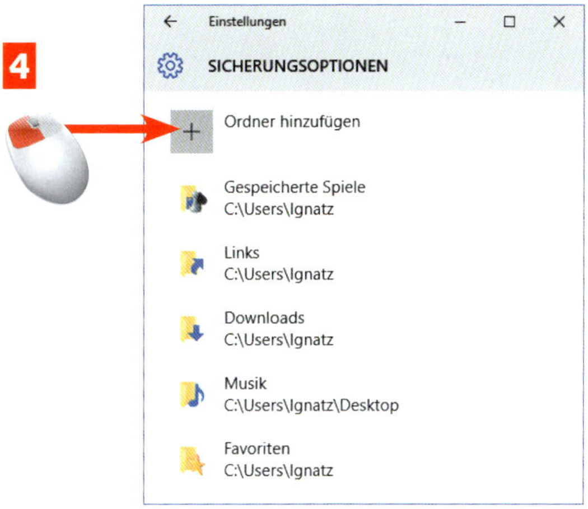

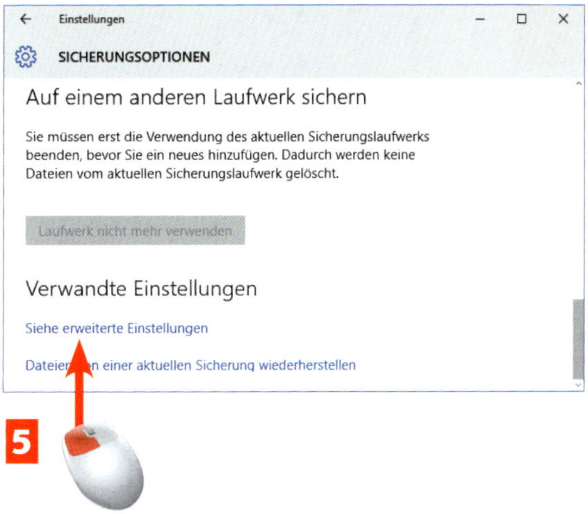

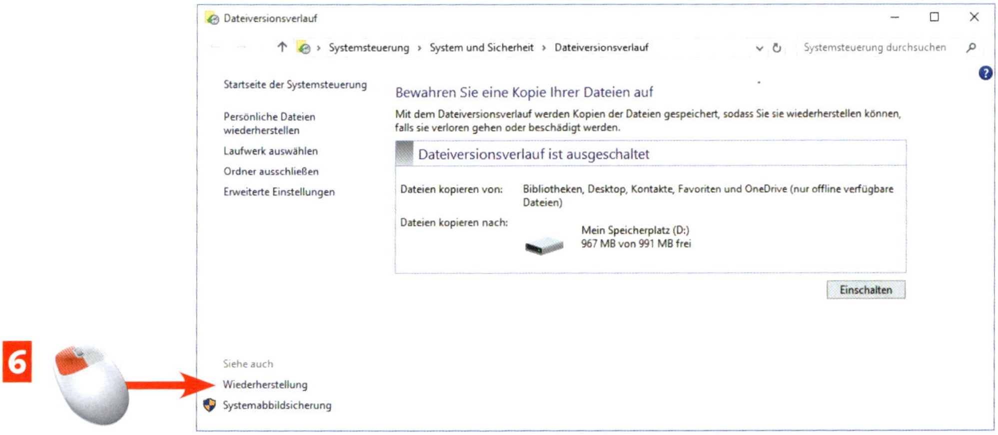

4 Das ist die Liste der Ordner, deren Dateien gesichert werden. Fügen Sie weitere Ordner hinzu oder schließen Sie welche aus.

5 Geben Sie das Laufwerk an, auf dem die Dateiversionen gesichert werden. Klicken Sie auf *Siehe erweiterte Einstellungen*.

6 Die Dateien werden im Ordner *FileHistory* gespeichert. Über die Systemsteuerung können Sie ältere Dateiversionen wiederherstellen.

Ende

HINWEIS

Definieren Sie in den erweiterten Einstellungen einen anderen Zeitraum (Monate, Jahre), werden die Sicherungsdaten nach Ablauf der Zeit gelöscht.

TIPP

Mit *Ordner ausschließen* nehmen Sie Ordner in die Liste auf, die nicht im Dateiversionsverlauf gesichert werden.

Start

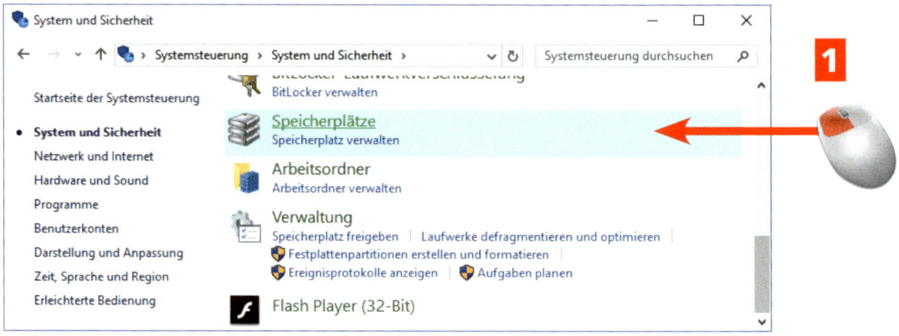

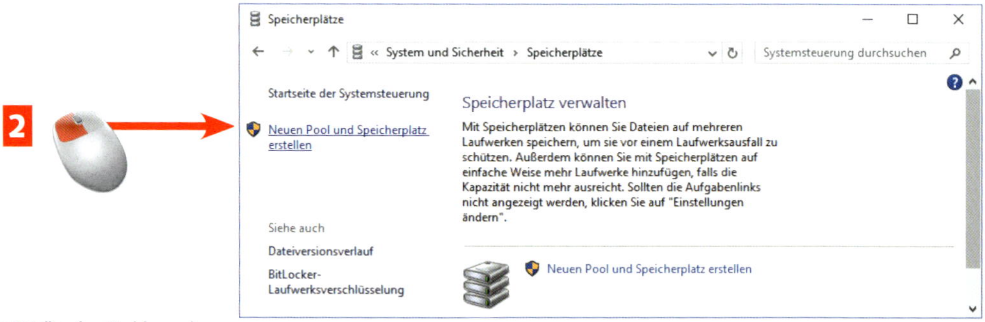

1 Wählen Sie in der Systemsteuerung *System und Sicherheit/Speicherplätze*.

2 Klicken Sie auf *Neuen Pool und Speicherplatz erstellen*.

3 Markieren Sie die Festplatten und virtuellen Laufwerke, die Sie dem Pool hinzufügen möchten. Ein Klick auf *Dateien anzeigen* zeigt die zu löschenden Daten.

Mit diesem Tool in der Systemsteuerung fassen Sie unterschiedliche Speichermedien zu einem riesigen Speicherpool zusammen. Dieser virtuelle Speicher lässt sich durch Hinzufügen weiterer Speichermedien jederzeit vergrößern.

WISSEN

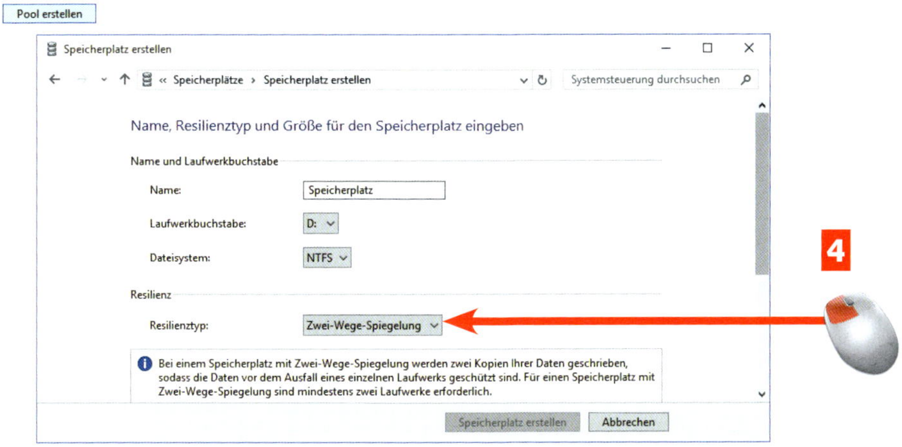

4

5

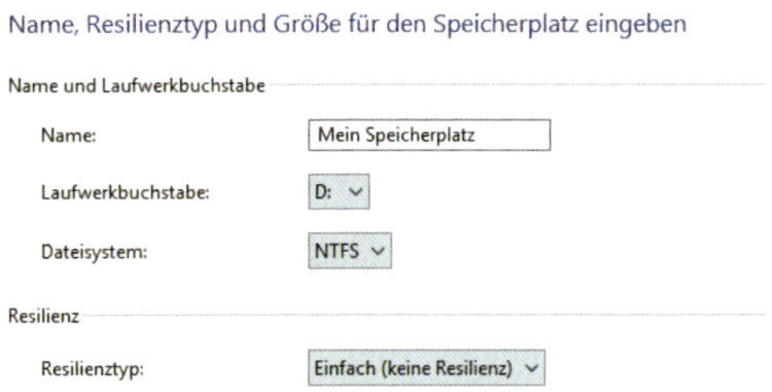

6

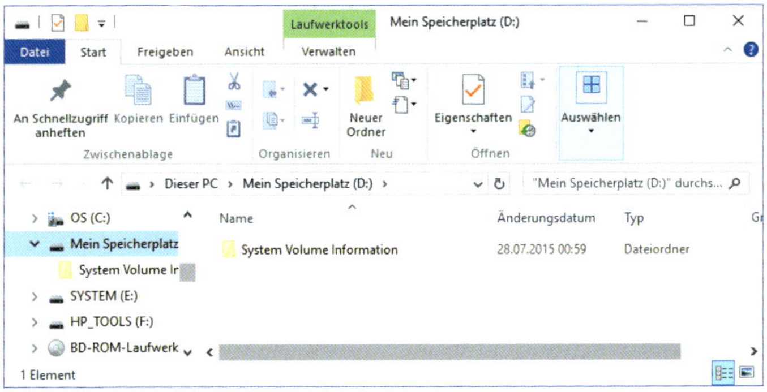

4 Klicken Sie auf *Pool erstellen*. Geben Sie den Namen und die Größe ein und wählen Sie unter *Resilienztyp* die Anzahl der Spiegelungen.

5 Mit *Speicherplatz erstellen* wird der Speicherplatz auf dem Pool erstellt, die Datenträger werden dazu neu formatiert.

6 Pool und Speicherplatz sind erstellt, Sie können Laufwerke umbenennen und den Pool auch wieder löschen.

Ende

Achten Sie darauf, dass Windows 10 nicht mehr auf eine Festplatte in einem Speicherpool zugreifen kann. Wird der Speicherplatz knapp, weist das System darauf hin. Der Speicherplatz kann durch Hinzufügen weiterer Festplatten vergrößert werden.

HINWEIS

In einem Pool können mehrere Speicherplätze erstellt werden. Ein Pool kann erst gelöscht werden, nachdem alle Speicherplätze gelöscht wurden.

HINWEIS

Start

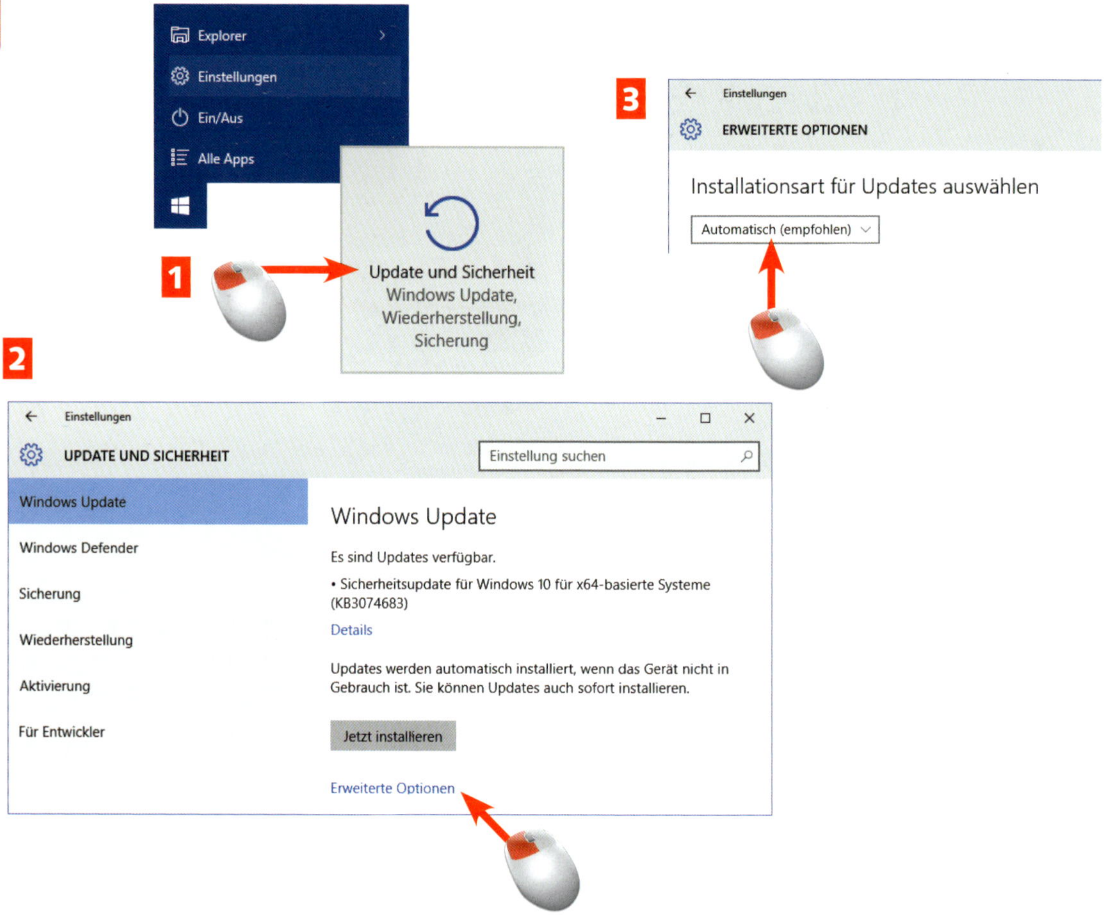

1 Unter *Einstellungen/Update und Sicherheit* im Startmenü finden Sie *Windows Update*.

2 Hier sehen Sie anstehende Updates. Sie können diese gleich installieren. Klicken Sie auf *Erweiterte Optionen*, …

3 … und stellen Sie die Installationsart auf *Automatisch*.

Das automatische Windows Update stellt sicher, dass Ihr System immer auf dem neusten Stand ist. In der Pro-Version können Sie Updates auch manuell abholen.

WISSEN

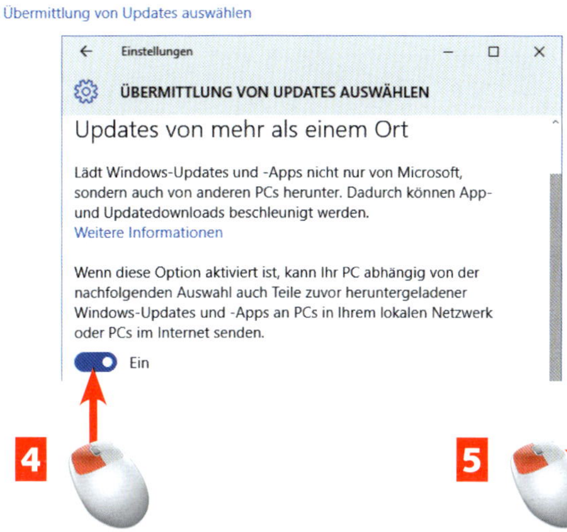

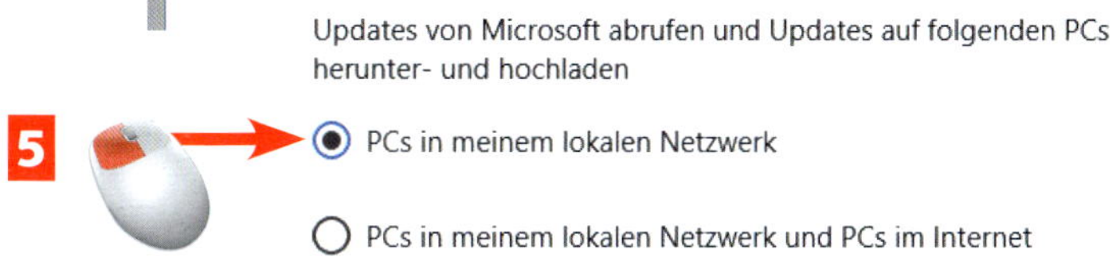

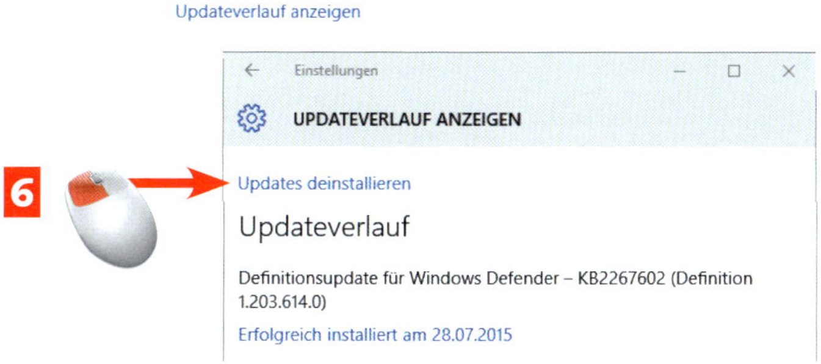

4 Bestimmen Sie, dass Updates auch von anderen PCs im Netz übermittelt werden.

5 Wählen Sie PCs im lokalen Netzwerk oder zusätzlich PCs im Internet.

6 Der *Updateverlauf* zeigt die zuletzt installierten Updates. Löschen Sie einzelne Updates, falls diese Probleme bereiten.

Ende

Wenn Sie ein Updateintervall einstellen, muss der Computer zu diesem Zeitpunkt aktiv oder im Energiesparmodus sein.

HINWEIS

Windows Update unterscheidet zwischen wichtigen, empfohlenen und optionalen Updates.

HINWEIS

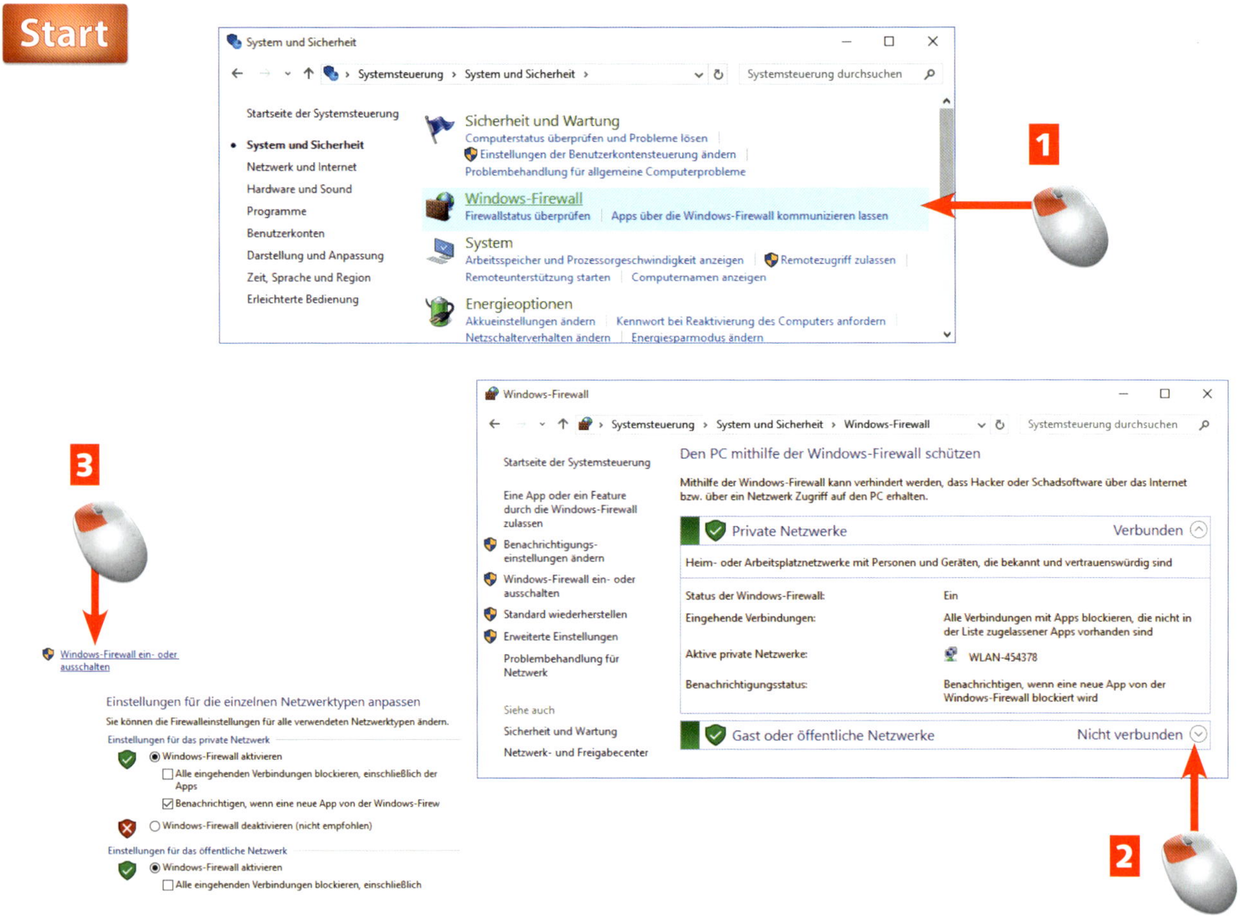

1 Unter *System und Sicherheit* finden Sie in der Systemsteuerung die *Windows-Firewall*.

2 Klicken Sie auf die Pfeilsymbole, um die Firewall für die Netzwerktypen anzupassen.

3 Mit *Windows-Firewall ein- oder ausschalten* lässt sich die Firewall für beide Netzwerktypen aktivieren oder deaktivieren.

Wie eine Brandschutzmauer lässt die Firewall keine Angriffe über das Netz zu und blockiert Zugriffe, die dem System schaden könnten. Schalten Sie die Firewall für das private und öffentliche Netz ein und überprüfen Sie, ob Apps und Programme kontrolliert werden.

WISSEN

4

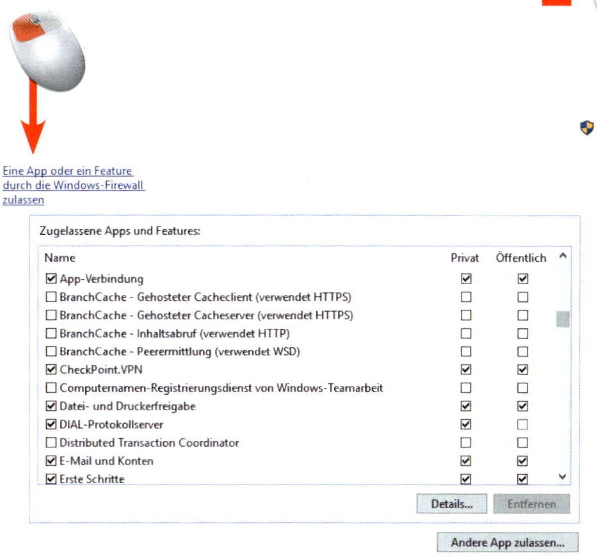

5

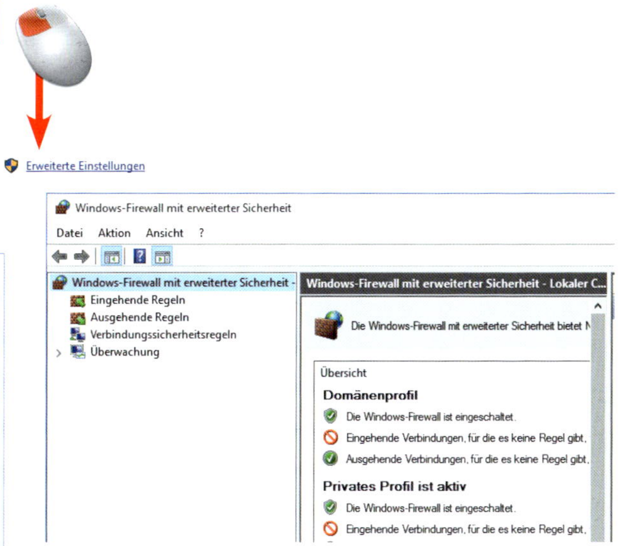

6

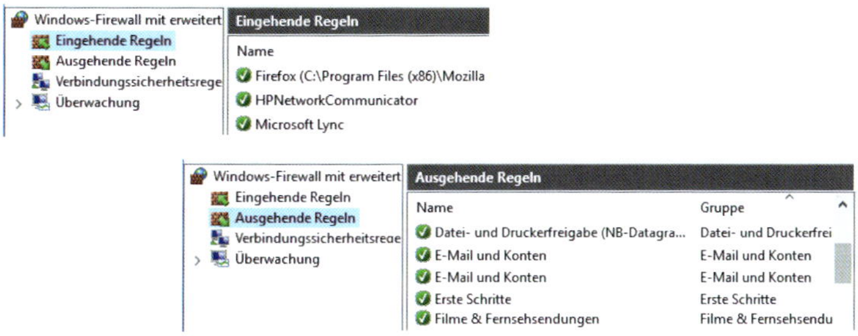

4 Mit dieser Option erhalten Sie eine Übersicht über Apps und Programme, die mit der Firewall kommunizieren.

5 Wählen Sie *Erweiterte Einstellungen*, um Regeln für die Firewall zu definieren.

6 Hier finden Sie eingehende und ausgehende Regeln und ein Überwachungsprotokoll.

Ende

Unter *Überwachung/Firewall* finden Sie in den erweiterten Sicherheitseinstellungen ein Protokoll der Firewall-Aktivitäten.

HINWEIS

WLAN-Router verfügen ebenfalls über eine Firewall. Wenn Sie nach Blockierungen suchen, sehen Sie auch beim Router nach (siehe Kapitel 9).

HINWEIS

Start

1

3

2

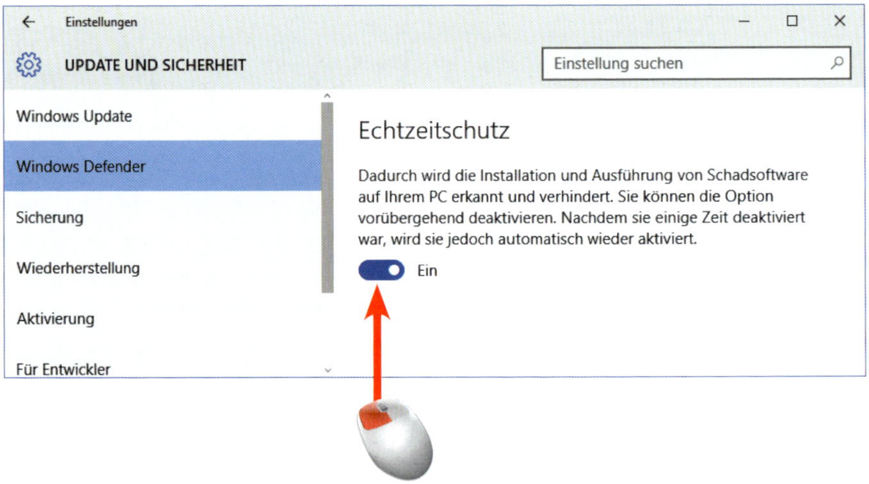

1 Wählen Sie *Einstellungen/Update und Sicherheit* im Startmenü.

2 Schalten Sie auf *Windows Defender* um und stellen Sie den Echtzeitschutz ein.

3 Mit diesen Optionen übermitteln Sie Informationen an Microsoft, die zur Verbesserung des Virenschutzprogramms dienen.

Windows Defender schützt Ihren Computer vor Viren und Spyware. Mit der Installation wird der Defender automatisch auf Echtzeitschutz gestellt, Sie können ihn aber auch einsetzen, um Datenträger (etwa USB-Sticks) vor der Nutzung auf Schadsoftware zu überprüfen.

WISSEN

Ausschluss hinzufügen

4

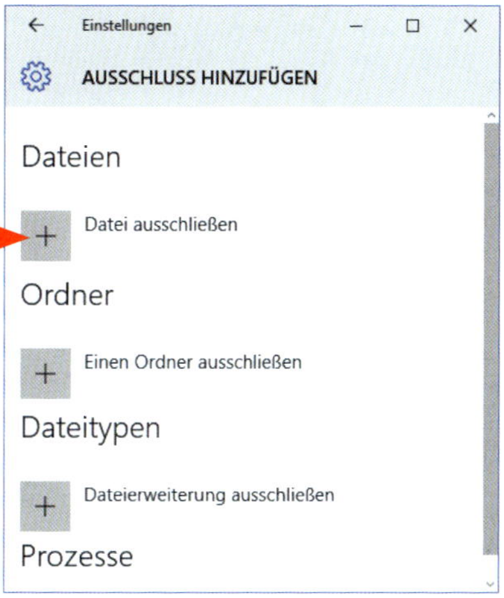

6

Windows Defender verwenden

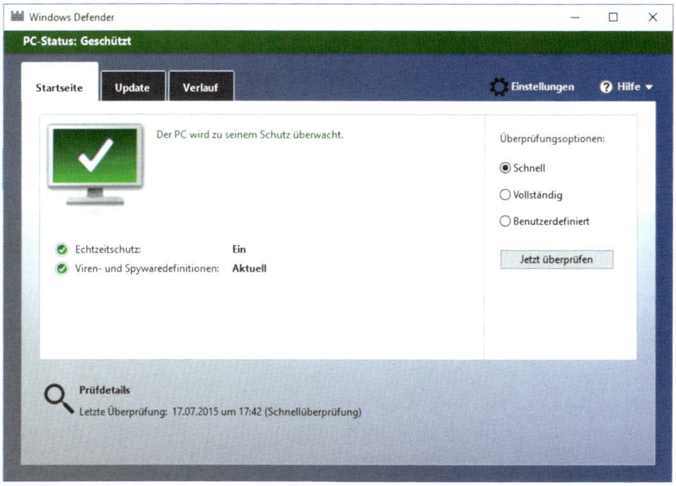

5

Versionsinfo

Antischadsoftware-Clientversion:	4.8.10240.16384
Modulversion:	1.1.11903.0
Virendefinition:	1.203.614.0
Antispyware-Definition:	1.203.614.0
Version des Moduls des Netzwerkinspektionssystems:	2.1.11804.0
Version der Definition des Netzwerkinspektionssystems:	115.3.0.0

4 Hier können einzelne Dateien, Dateitypen, Ordner oder Prozesse von der Überprüfung durch den Defender ausgeschlossen werden.

5 Die *Versionsinfo* gibt Auskunft über den aktuellen Stand der Virenschutzsoftware.

6 Klicken Sie auf *Windows Defender verwenden*, um das Virenschutzprogramm zu starten.

Die Definitionen sind eine Datenbank mit den aktuellsten Beschreibungen von Viren und Schadware. Schalten Sie die automatischen Updates nicht ab, damit Windows 10 immer die neusten Definitionen laden kann.

HINWEIS

Windows Defender findet im Unterschied zu früheren Versionen auch Viren und Trojaner und ersetzt die *Microsoft Security Essentials*. Er sendet auch Nachrichten, wenn Apps wichtige Einstellungen ändern.

HINWEIS

7

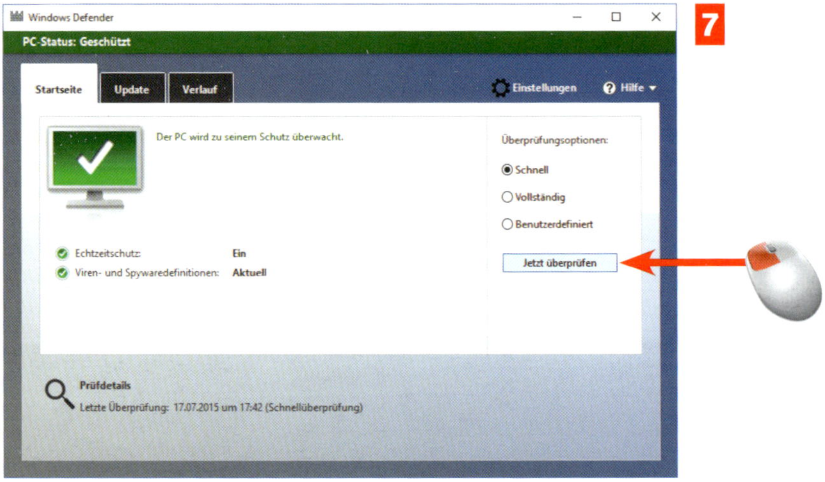

9

8

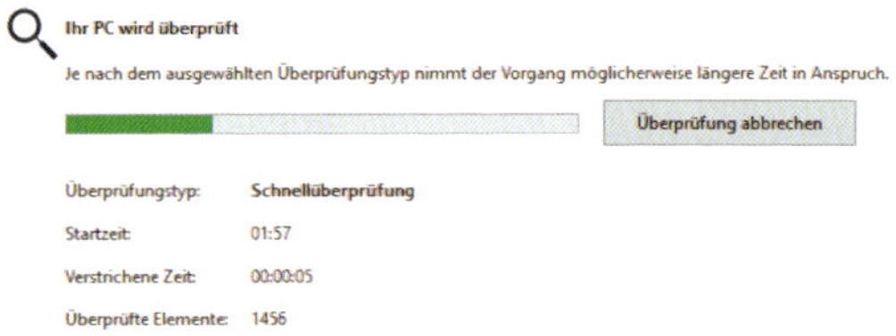

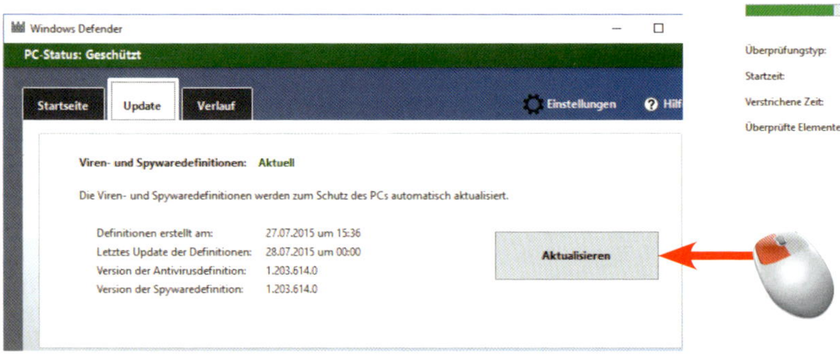

7 Schalten Sie die passende Überprüfungsoption ein und klicken Sie auf *Jetzt überprüfen*.

8 Während der Überprüfung wird die Anzahl der überprüften Dateien angezeigt.

9 Unter dem Register *Update* sehen Sie den Status der Virendefinitionsdatei. Klicken Sie auf *Aktualisieren*.

Starten Sie die Überprüfung eines Datenträgers manuell, bevor Sie Daten von diesem importieren oder Apps oder Programme starten. Windows Defender stellt schädliche Dateien sofort unter Quarantäne.

WISSEN

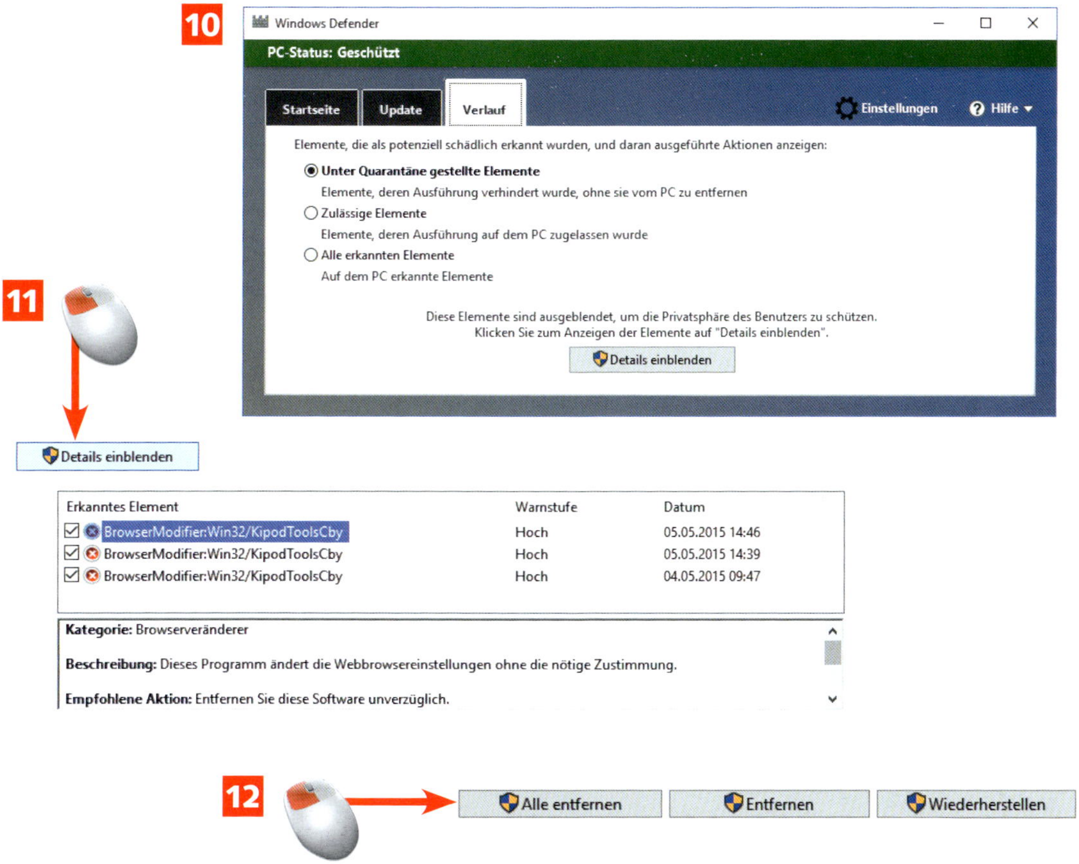

10 Wechseln Sie in das Register *Verlauf*, um erkannte und unter Quarantäne gestellte Elemente einzusehen.

11 Klicken Sie auf *Details einblenden* und markieren Sie alle Dateien, die als schädlich eingestuft werden.

12 Mit Klick auf *Alle entfernen* löschen Sie die Schaddateien vom Datenträger.

Ende

HINWEIS

Sollte der Defender versehentlich eine Datei als schädlich einstufen und unter Quarantäne stellen, markieren Sie diese im Verlauf und wählen *Wiederherstellen*.

TIPP

Lesen Sie die Beschreibung zur markierten Datei, sie stammt aus der Virendefinition.

HINWEIS

Arbeiten Sie während der Überprüfung nicht an Ihrem Computer, weil dabei weitere temporäre Dateien entstehen können.

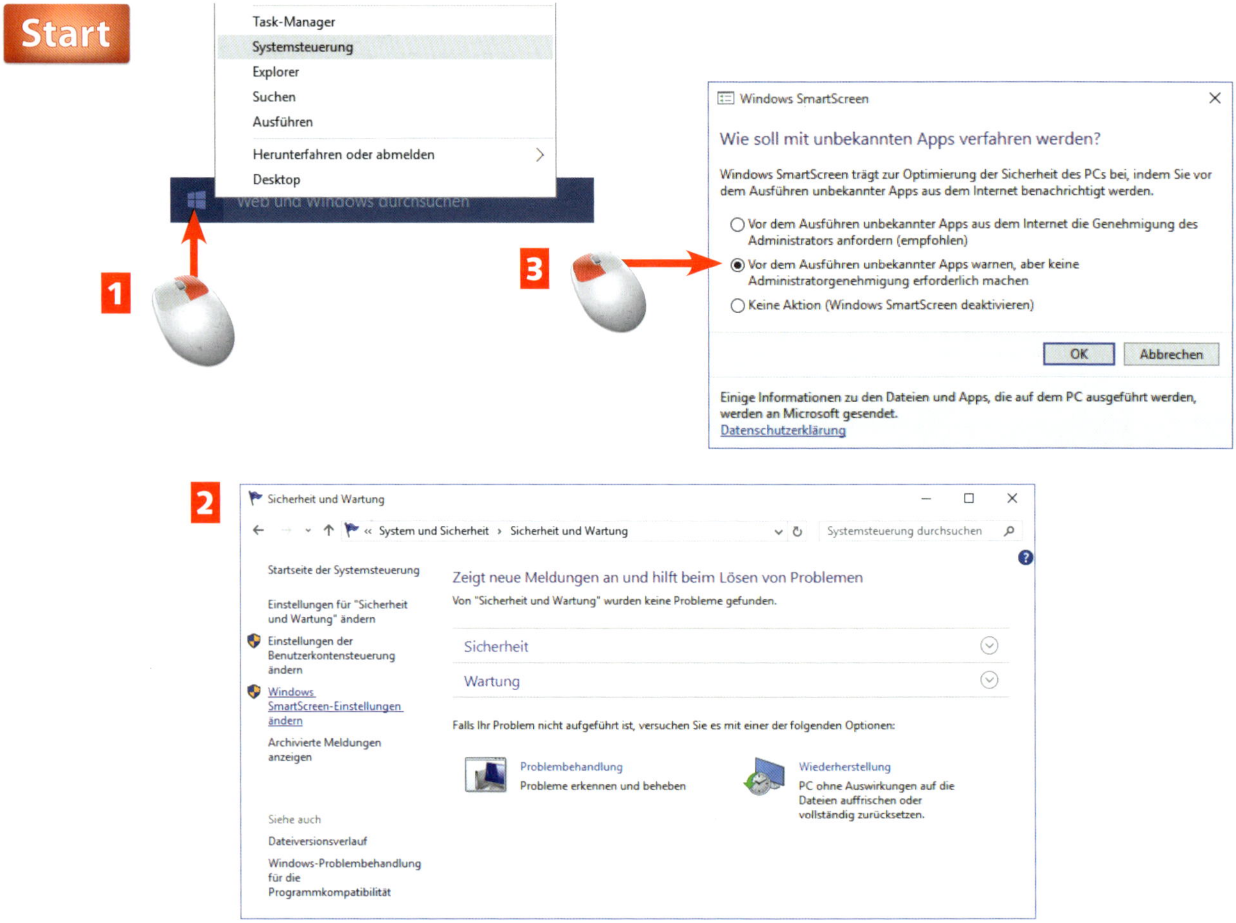

1 Starten Sie die *Systemsteuerung* aus dem Kontextmenü des Startmenüs.

2 Unter *Sicherheit und Wartung* finden Sie Einstellungen für den SmartScreen-Filter.

3 Stellen Sie mit der zweiten Option sicher, dass Windows 10 vor unsicheren Programmen warnt.

Mit dem SmartScreen-Filter schützen Sie Ihren PC vor Schadsoftware, hauptsächlich vor Malware (Viren), AdWare (unerwünschte Werbebotschaften) und Phishing-Software (Ausspähen von Kennwörtern und Kontoinformationen).

WISSEN

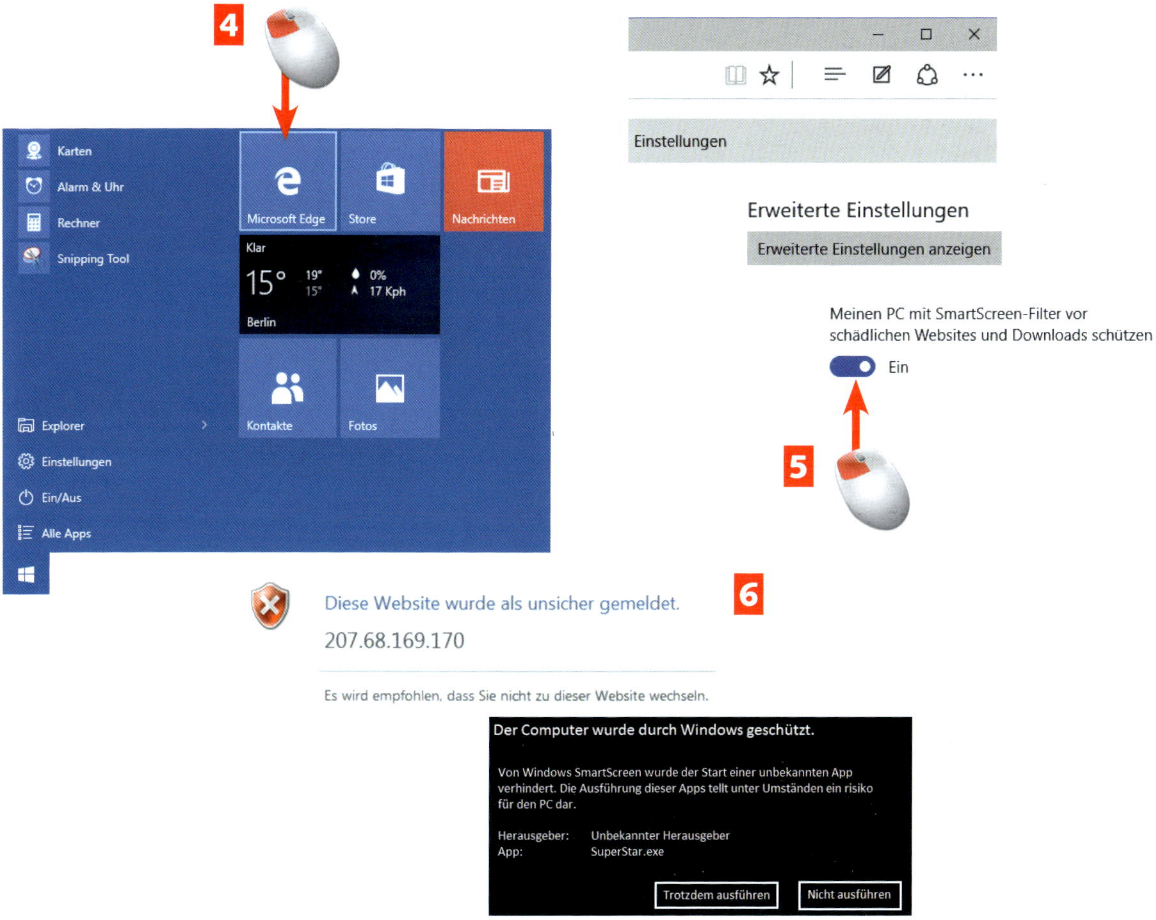

4 Starten Sie Microsoft Edge aus dem Startmenü.

5 Hier finden Sie den Schalter für den SmartScreen-Filter unter den erweiterten Einstellungen.

6 Der SmartScreen-Filter wird aktiv, wenn Sie eine unsichere App starten oder eine potenziell gefährliche Webseite öffnen.

Ende

Mit aktivem SmartScreen-Filter werden automatisch Informationen über die Nutzung von Apps an Microsoft gesendet.

HINWEIS

Mit dieser Windows-App schalten Sie den SmartSceen-Filter ein oder aus: *C:\Windows\system32\SmartscreeenSettings.exe*

TIPP

Start

1

3

2

1 Voraussetzung für BitLocker ist ein Computer mit TPM-Chip (**T**rusted **P**latform **M**odule) oder alternativ ein USB-Stick mit Schlüssel.

2 Mit BitLocker wird ein Datenträger per Hardware und Software verschlüsselt und kann nur vom Anwender selbst entschlüsselt werden.

3 Beim Startvorgang (Booten) prüft BitLocker den Hashwert im TPM. Bootsektorviren haben damit keine Chance.

BitLocker ist eine Datenträgerverschlüsselung auf Sektorenebene. Das System schützt alle Daten auf dem Datenträger, fügt einen Kennwortschutz zum Booten ein und lässt keine Bootvorgänge mit anderen Systemen (Linux) zu.

WISSEN

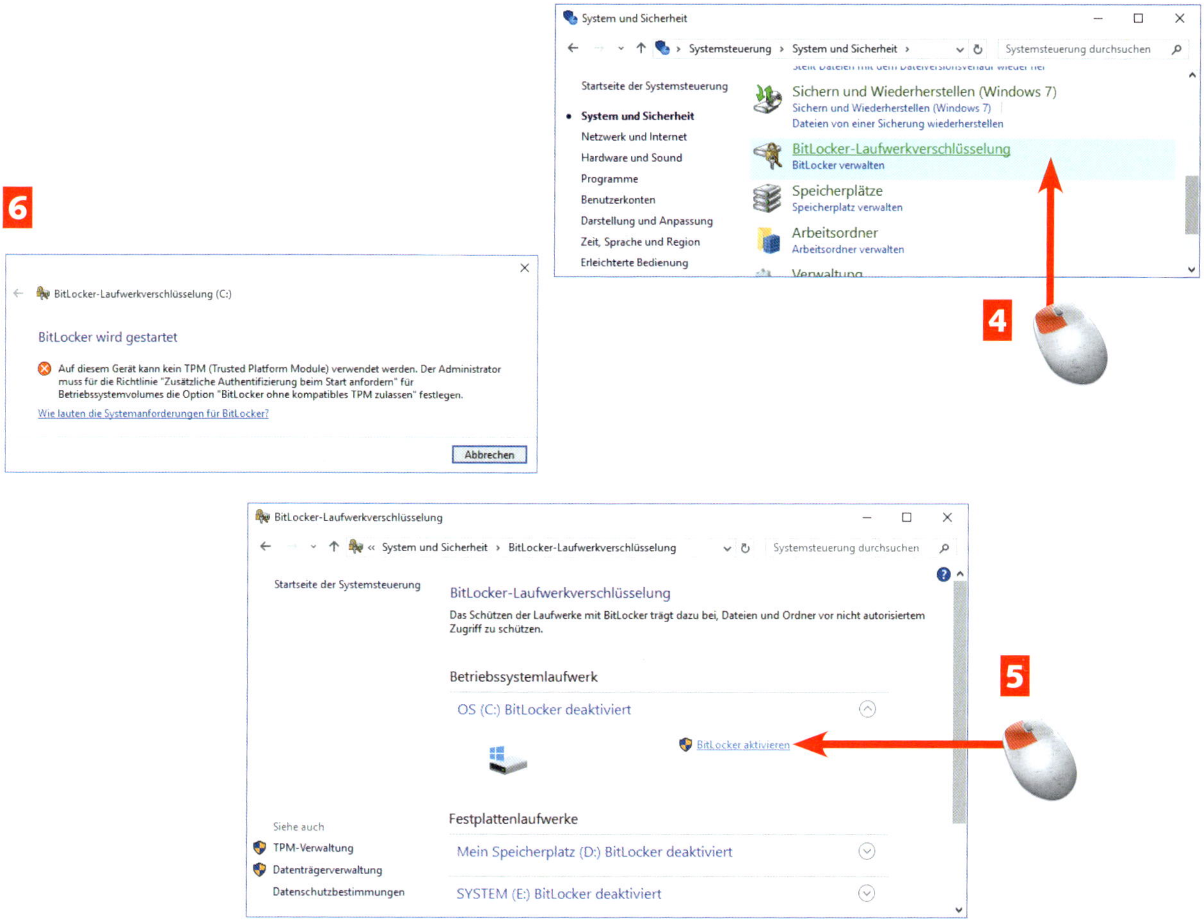

4 Aktivieren Sie BitLocker unter *System und Sicherheit* in der Systemsteuerung.

5 Markieren Sie das Laufwerk, das Sie verschlüsseln möchten, und wählen Sie *BitLocker aktivieren*.

6 Geben Sie ein Kennwort ein oder verwenden Sie eine SmartCard zur Verschlüsselung des Datenträgers.

Ende

Mit *TPM-Verwaltung* schalten Sie zur Konsole für die Verwaltung des Trusted Platform Module um.

HINWEIS

Technische Voraussetzungen:
TPM-Chip-Spezifikation: 1.2
BIOS: TCG 1.2-konform,
USB-Support in der Pre-Boot-Phase

HINWEIS

Start

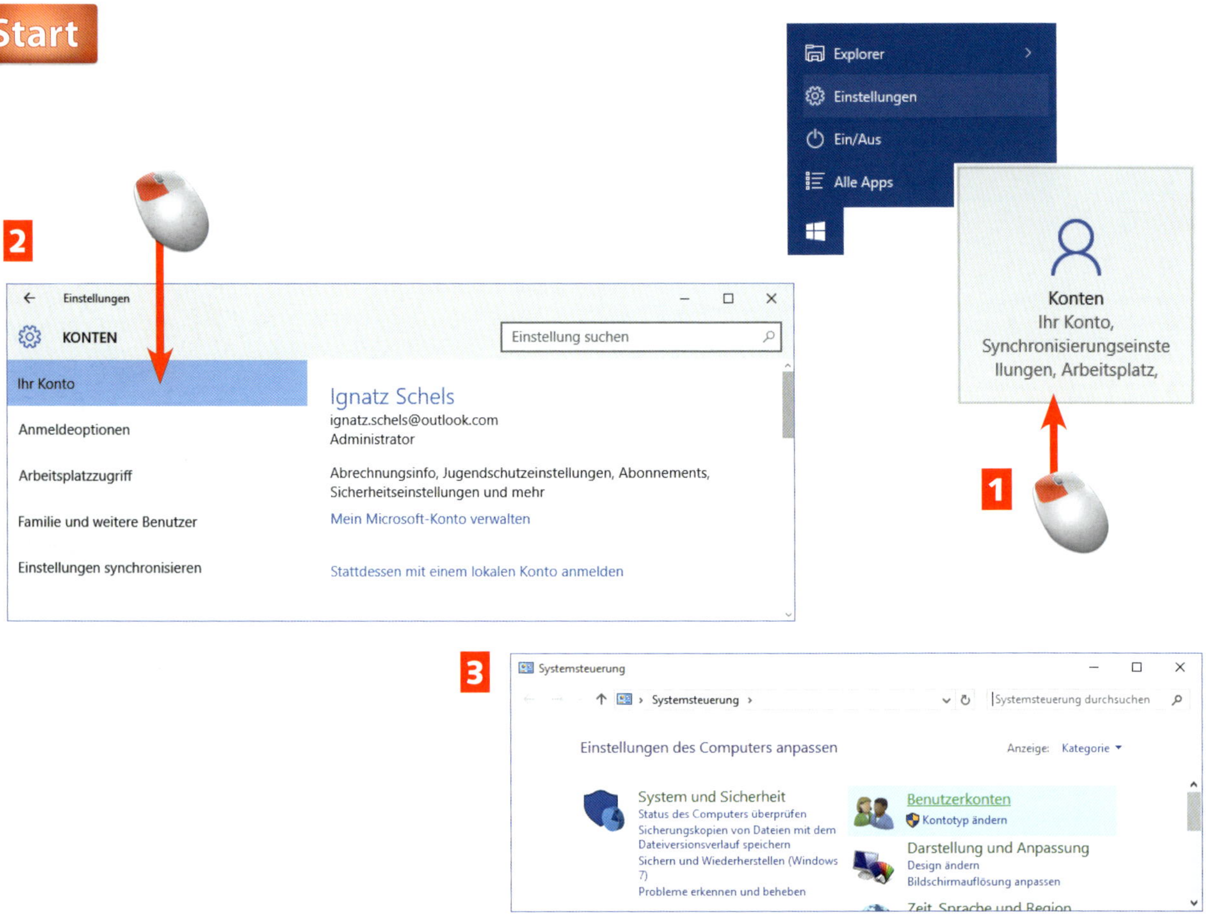

1 In den PC-Einstellungen auf dem Startbildschirm finden Sie die Konten.

2 Unter *Ihr Konto* verwalten Sie das Microsoft-Konto oder schalten um auf ein lokales Konto.

3 Die Benutzerkonteneinstellungen finden Sie auch in der *Systemsteuerung*.

Mit den erweiterten Benutzereinstellungen in der Systemsteuerung können Sie Benutzern Administratorrechte zuweisen, Konten hinzufügen und löschen sowie ein (eingeschränktes) Gastkonto aktivieren.

WISSEN

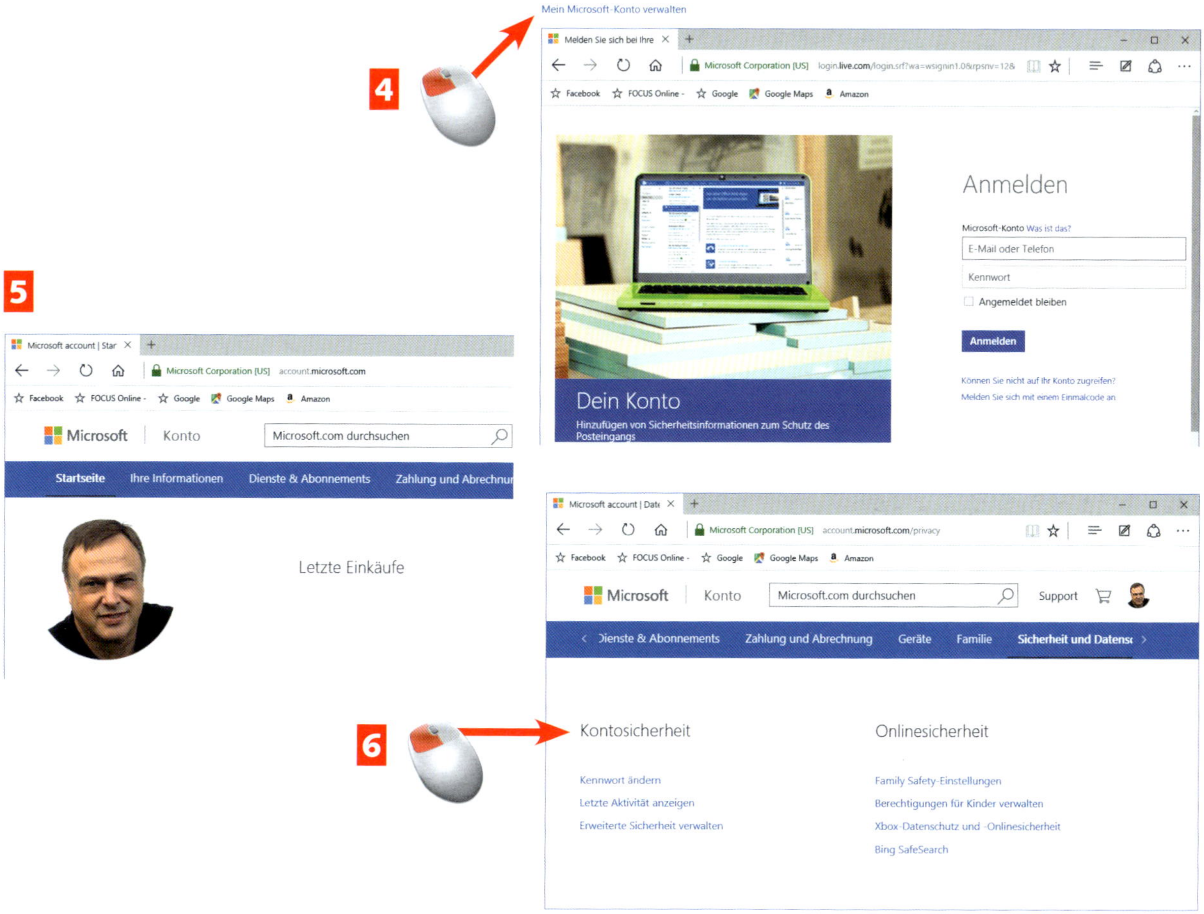

4 Klicken Sie auf *Mein Konto verwalten* und melden Sie sich über den Browser bei Microsoft an.

5 Hier finden Sie alle Einstellungen Ihres Kontos: Dienste, Abrechnungen, Zahlungen u. a.

6 Unter *Sicherheit und Datenschutz/Kontosicherheit* überprüfen Sie die Sicherheitseinstellungen für Ihr Konto.

Löschen Sie ein Konto, können Sie die Dateien aus den Bibliotheken in einen Ordner verschieben. Andere Einstellungen, z. B. im Mailprogramm oder in den Kontakten oder Nachrichten aus den Apps, können nicht gesichert werden.

HINWEIS

Die Beschreibungen der allgemeinen Kontoeinstellungen finden Sie in Kapitel 2 »Einstellungen«.

HINWEIS

Die Änderung des Kontotyps von *Standard* auf *Administrator* kann natürlich nur von einem Administratorkonto aus erfolgen.

HINWEIS

7

9

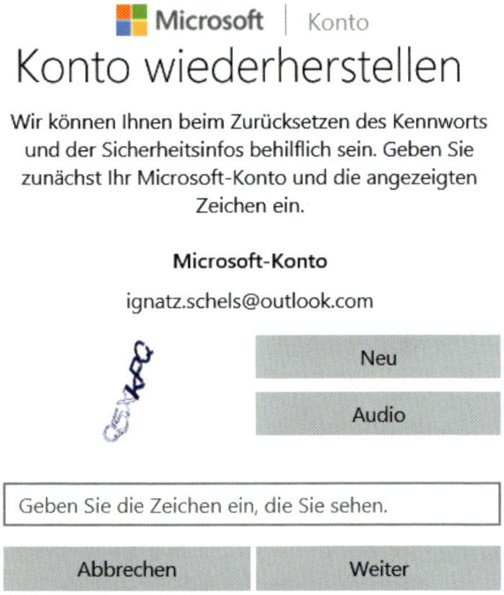

8

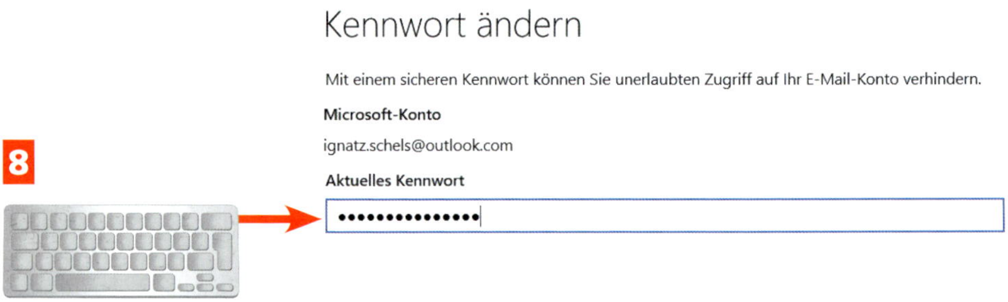

7 Auf der Startseite haben Sie die Möglichkeit, Ihren Kontonamen und das Kennwort zu ändern.

8 Um das Kennwort ändern zu können, geben Sie zunächst das alte Kennwort ein.

9 Mit dem Link *Ich habe mein Kennwort vergessen* aktivieren Sie die Kennwortrücksetzungsinformationen.

Das Microsoft-Konto ist fast so sicher wie Fort Knox, Kennwörter und Zahlungsinformationen lassen sich aber relativ einfach einrichten oder ändern – auch für die Xbox und für Skype.

WISSEN

10

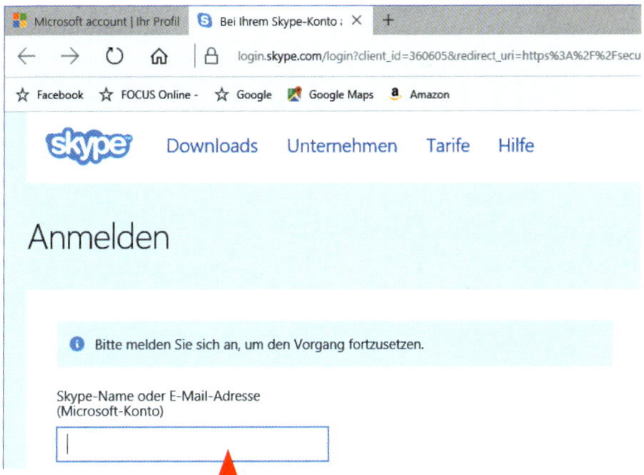

11

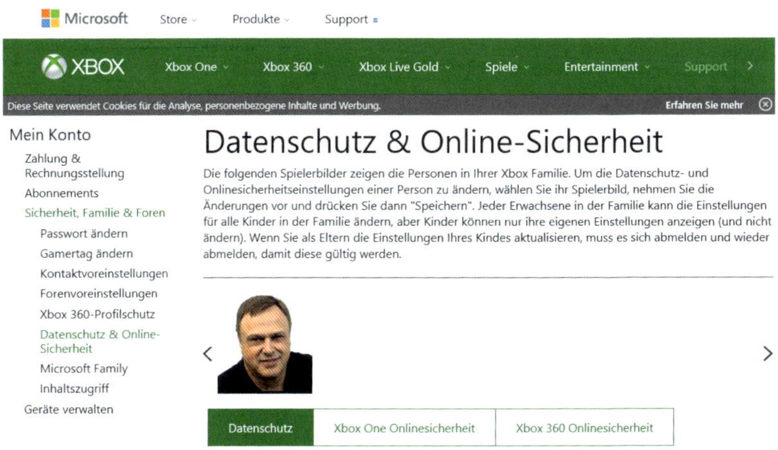

12

10 Unter *Ihre Informationen* finden Sie auch die Anmeldedaten für die Xbox und für Skype.

11 Hier verwalten Sie das Xbox-Profil, den Gamertag und die Zahlungsinformationen.

12 Hier richten Sie auch Ihren Skype-Zugang ein.

Ende

HINWEIS

Das alte Kennwort wird bei der Wiederherstellung nicht mehr angezeigt, Sie können nur ein neues einrichten.

TIPP

Unter *Dienste & Abonnements* finden Sie Office 365, Office Online, Outlook und Bing-Prämien.

Start

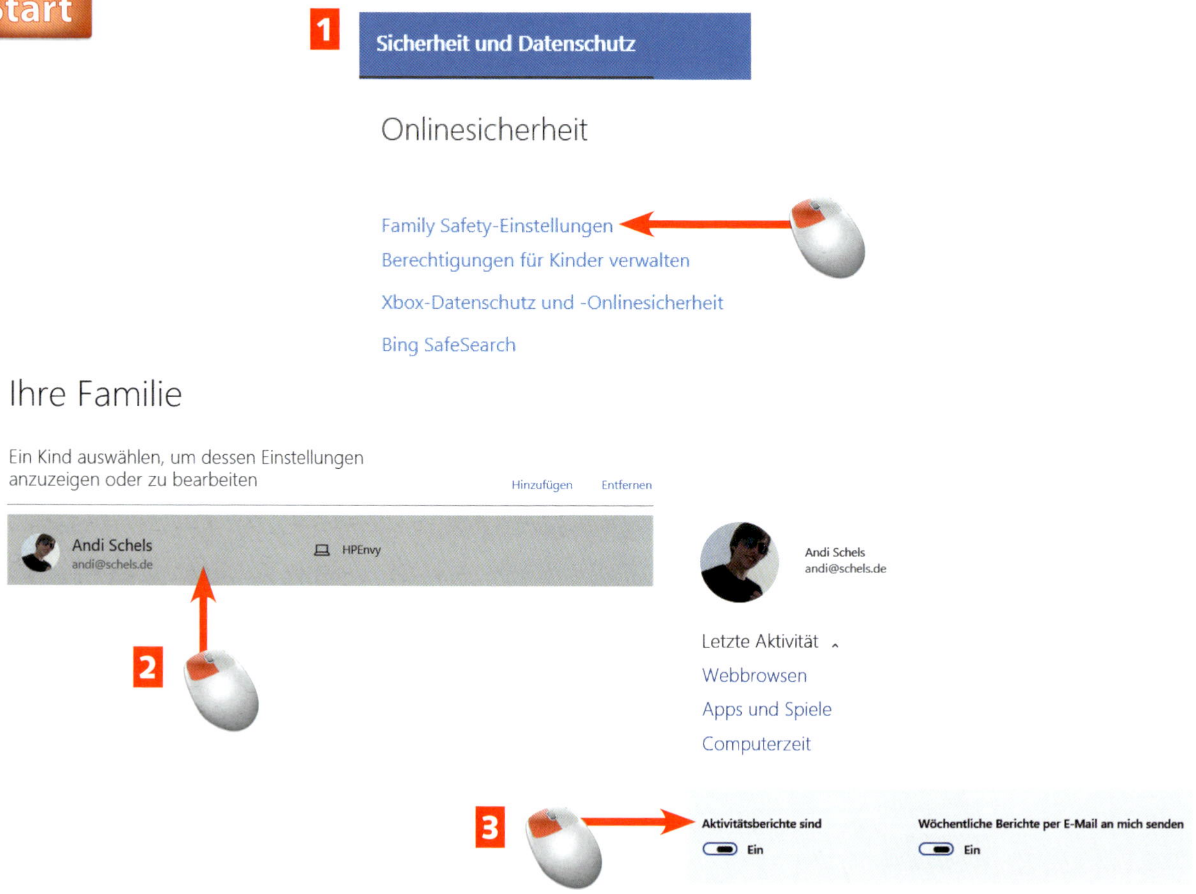

1. Die *Family Safety-Einstellungen* finden Sie unter *Sicherheit und Datenschutz*.
2. Fügen Sie ein neues Konto für ein Familienmitglied hinzu oder klicken Sie ein bestehendes an, um die Einstellungen zu ändern.
3. Unter *Letzte Aktivität* schalten Sie Berichte ein, die automatisch erstellt und an Ihre Mailadresse gesendet werden.

Mit Family Safety kontrollieren Sie Benutzerkonten von Kindern und Jugendlichen. Sperren Sie nicht jugendfreie Webseiten und unsichere Apps oder den Zugriff auf den App-Store und setzen Sie die Nutzungszeiten fest.

WISSEN

4

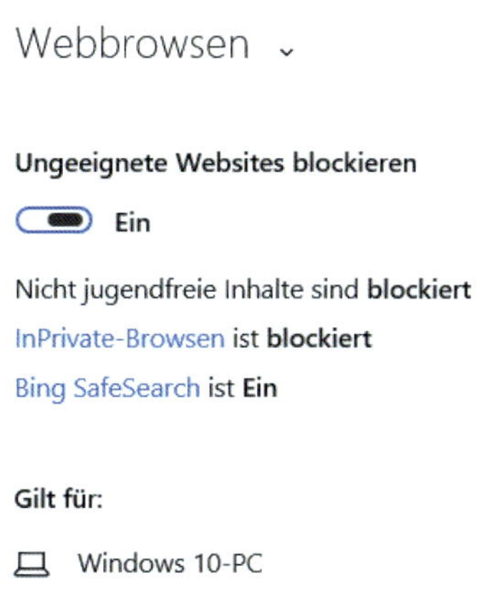

5

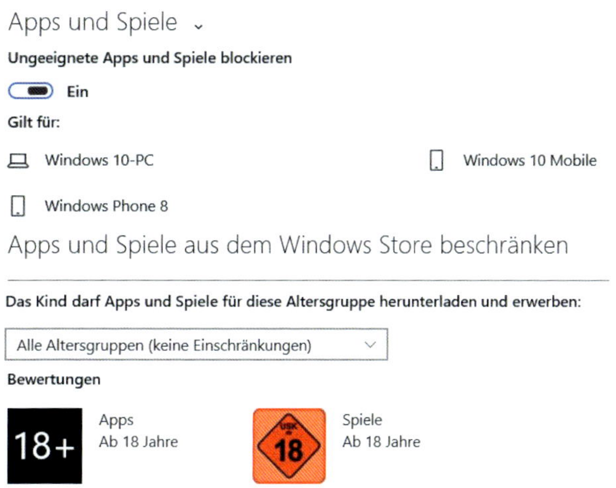

6

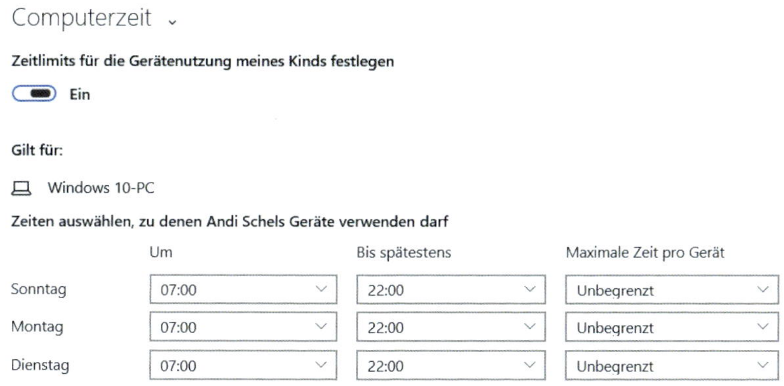

4 Blockieren Sie unter *Webbrowsen* nicht jugendfreie Inhalte sowie InPrivate und schalten Sie *Bing SafeSearch* ein.

5 Unter *Apps und Spiele* verhindern Sie das Installieren bestimmter App-Kategorien aus dem Store.

6 Legen Sie die Computerzeit fest, die das Familienmitglied an den einzelnen Wochentagen am PC verbringen darf.

Ende

Mit *Benutzeraktivitäten* erhalten Sie Aktivitätsberichte, die Sie auf Ihr Microsoft-Konto übertragen können, etwa über besuchte Webseiten, verwendete Apps und Spiele oder Downloads.

HINWEIS

Unter *Windows Store- und Spieleinschränkungen* können Sie Spiele mit Altersbeschränkung allgemein oder installierte Apps einzeln sperren oder freigeben.

TIPP

Start

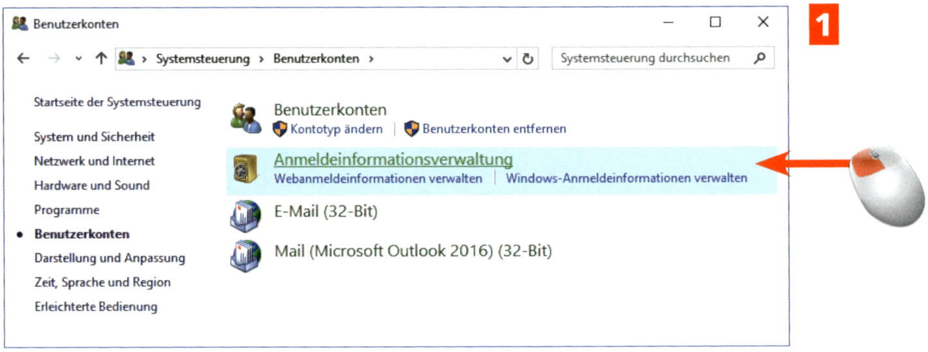

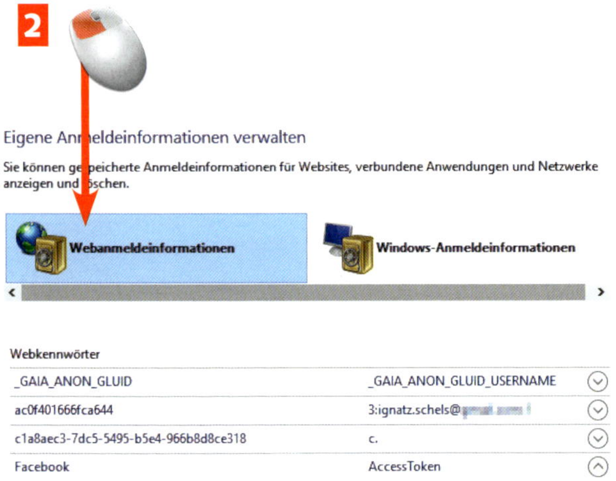

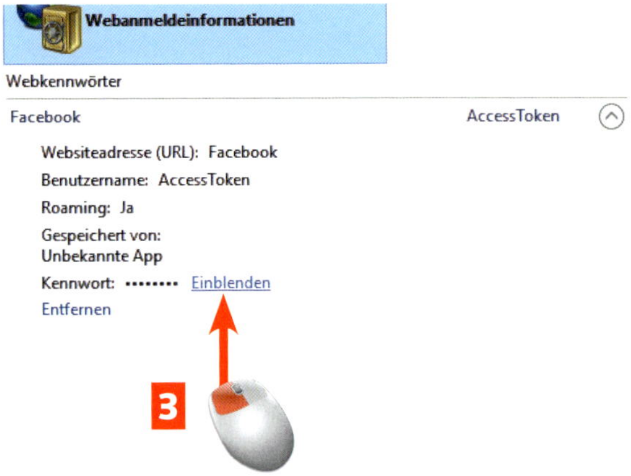

1 Aktivieren Sie die *Anmeldeinformationsverwaltung* in der Systemsteuerung in der Kategorie *Benutzerkonten*.

2 Unter *Webanmeldeinformationen* finden Sie Webseiten-Kennwörter, zum Beispiel von Amazon, Facebook, Google, eBay oder Kindle.

3 Klicken Sie auf *Einblenden*, wird zunächst Ihr Anmeldekennwort angefordert, danach sehen Sie das gespeicherte Kennwort.

Die Anmeldeinformationsverwaltung ist Ihr Passwort-Safe in der Cloud. Windows speichert Benutzernamen und Kennwörter an einem zentralen Ort in »Tresoren« und meldet Sie mit diesen Informationen automatisch bei Webseiten und anderen PCs an.

WISSEN

4

5

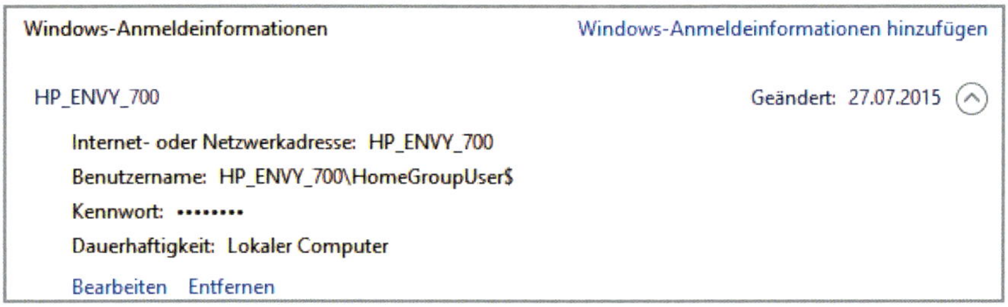

6

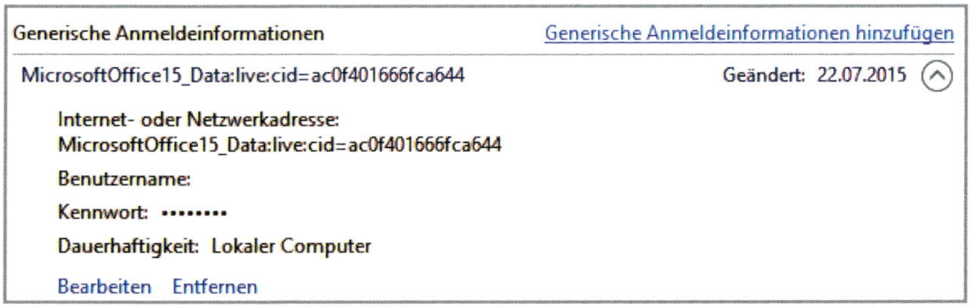

4 Schalten Sie um auf die *Windows-Anmeldeinformationen*. Hier sind alle Ihre Anmeldepasswörter gespeichert.

5 Hier sehen Sie alle Geräte, auf denen Sie sich mit Ihrem Microsoft-Konto angemeldet haben.

6 Die generischen Anmeldeinformationen enthalten die Informationen über Ihre Microsoft-Konten.

Ende

Loggen Sie sich mit Ihrem Microsoft-Konto auf einem anderen Computer ein, erhalten Sie eine Sicherheitsmeldung von Microsoft und müssen diese bestätigen. Dann speichert Windows Gerätenamen und Konto in den Anmeldeinformationen.

HINWEIS

Mit *Anmeldedaten sichern* speichern Sie die Anmeldeinformationen für alle Geräte auf einem USB-Stick.

TIPP

Start

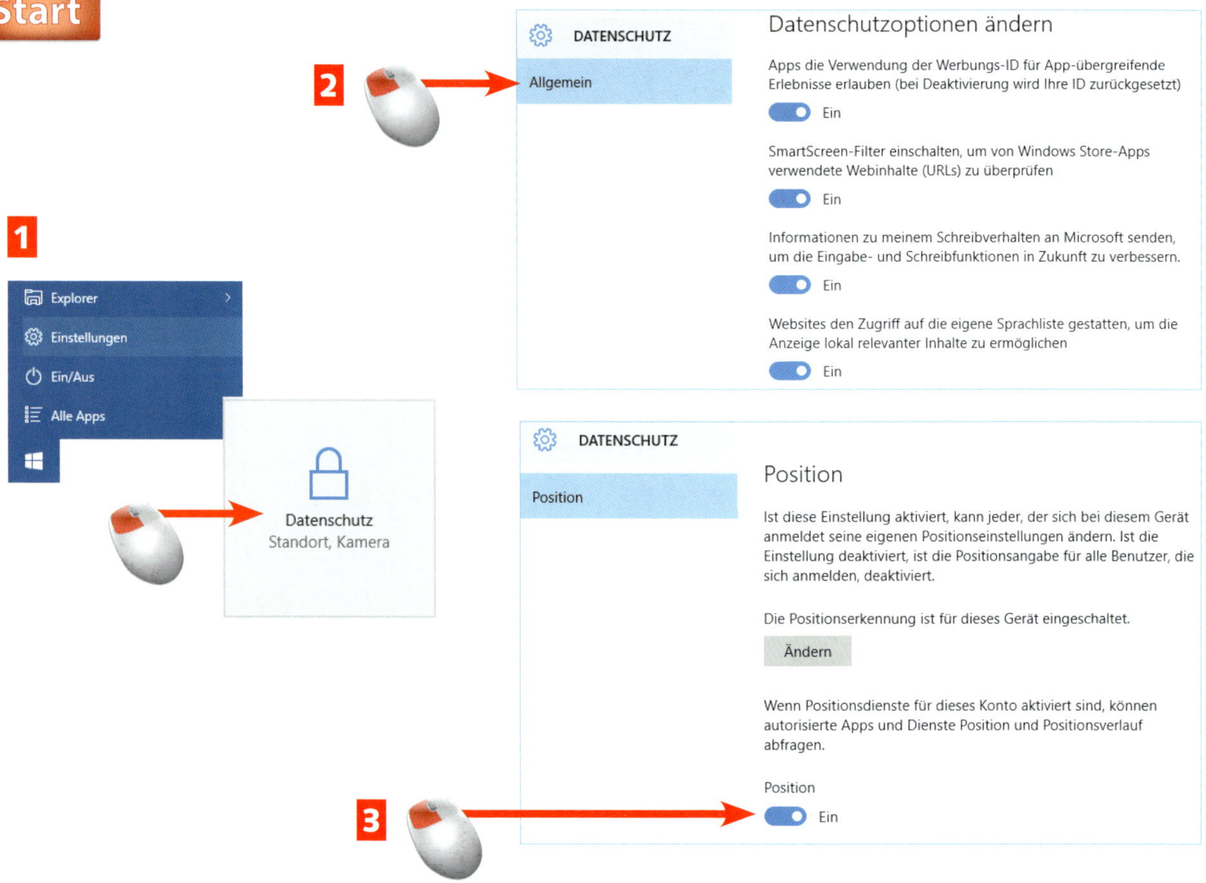

1 Alles zum Thema Datenschutz finden Sie unter *Einstellungen/Datenschutz*.

2 Überprüfen Sie die allgemeinen Datenschutzoptionen.

3 Positionsdienste müssen für Apps erlaubt werden, die mit der Position des Benutzers arbeiten (zum Beispiel *Wetter* oder *Karten*).

Apps sind ständig in Aktion, holen Daten aus Onlinediensten und senden benutzerspezifische Informationen über das Netz. Überprüfen Sie die Datenschutzeinstellungen und schalten Sie ab, was nicht aktiv sein muss.

WISSEN

4

5

6

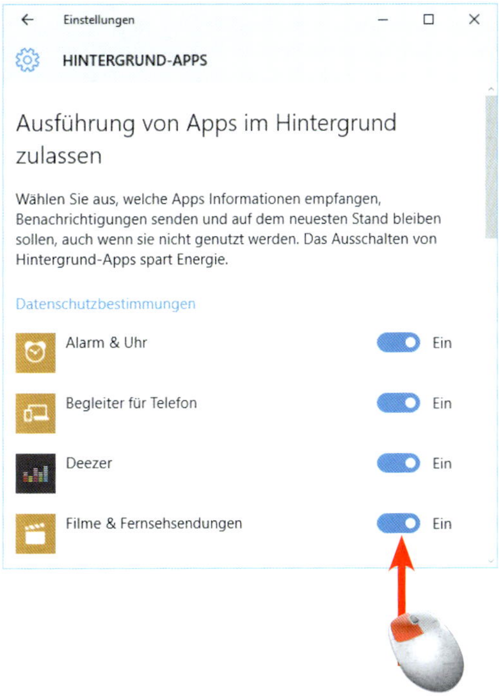

4 Schalten Sie die Erlaubnis für die Apps aus, wenn Sie Ihre Position nicht bekannt geben wollen.

5 Apps, die auf die Kamera und das Mikrofon zugreifen, können ein Sicherheitsrisiko darstellen, schalten Sie den Zugriff daher besser ab.

6 Hintergrund-Apps arbeiten, auch wenn sie nicht aktiv sind. Schalten Sie aus, was keine Daten importieren oder exportieren soll.

Ende

Windows 10 fordert häufig Feedback zu bestimmten Aktionen an. Unter *Feedback und Diagnose* schalten Sie diese Fragen ab.

HINWEIS

Nützliches Zubehör

11

Start

2

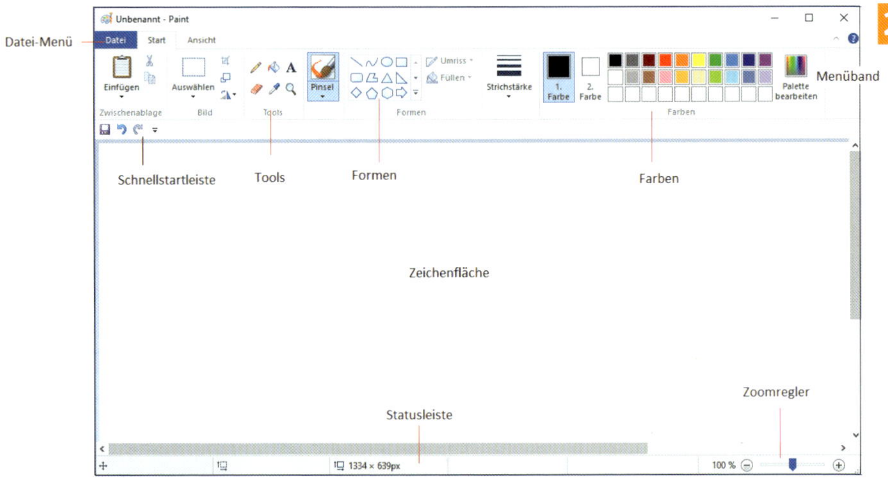

1

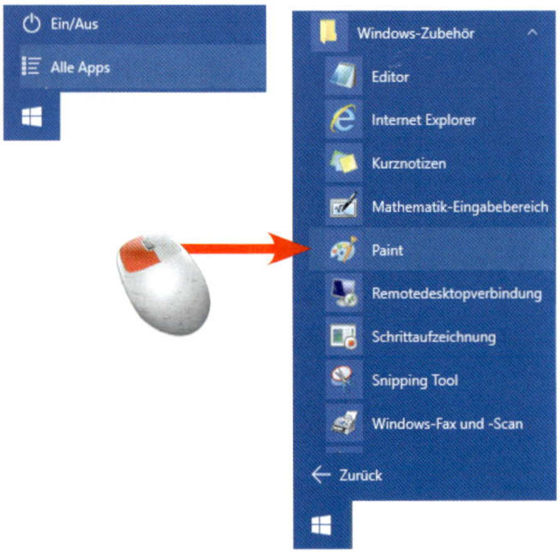

3

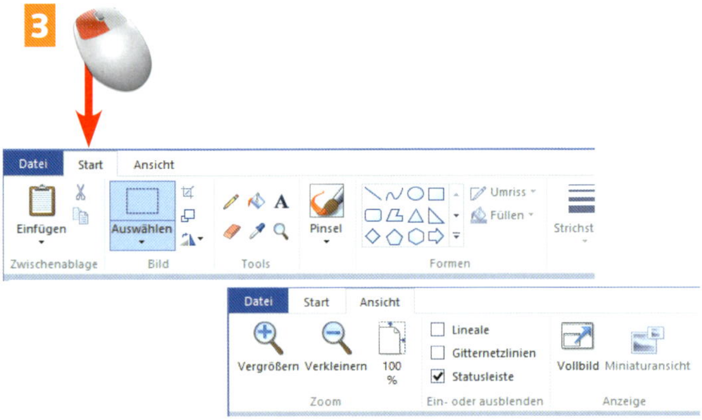

1 Schalten Sie im Startmenü auf die Ansicht für alle Apps und starten Sie die App *Paint* unter *Windows-Zubehör*.

2 Die Zeichenwerkzeuge befinden sich im Menüband, gezeichnet wird auf der Zeichenfläche.

3 Schalten Sie zwischen den Registern *Start* und *Ansicht* um.

Paint ist eine kleine, aber nützliche App zum Malen und Zeichnen oder zur Bearbeitung von Pixelbildern. Starten Sie sie aus der *Windows-Zubehör*-Gruppe.

WISSEN

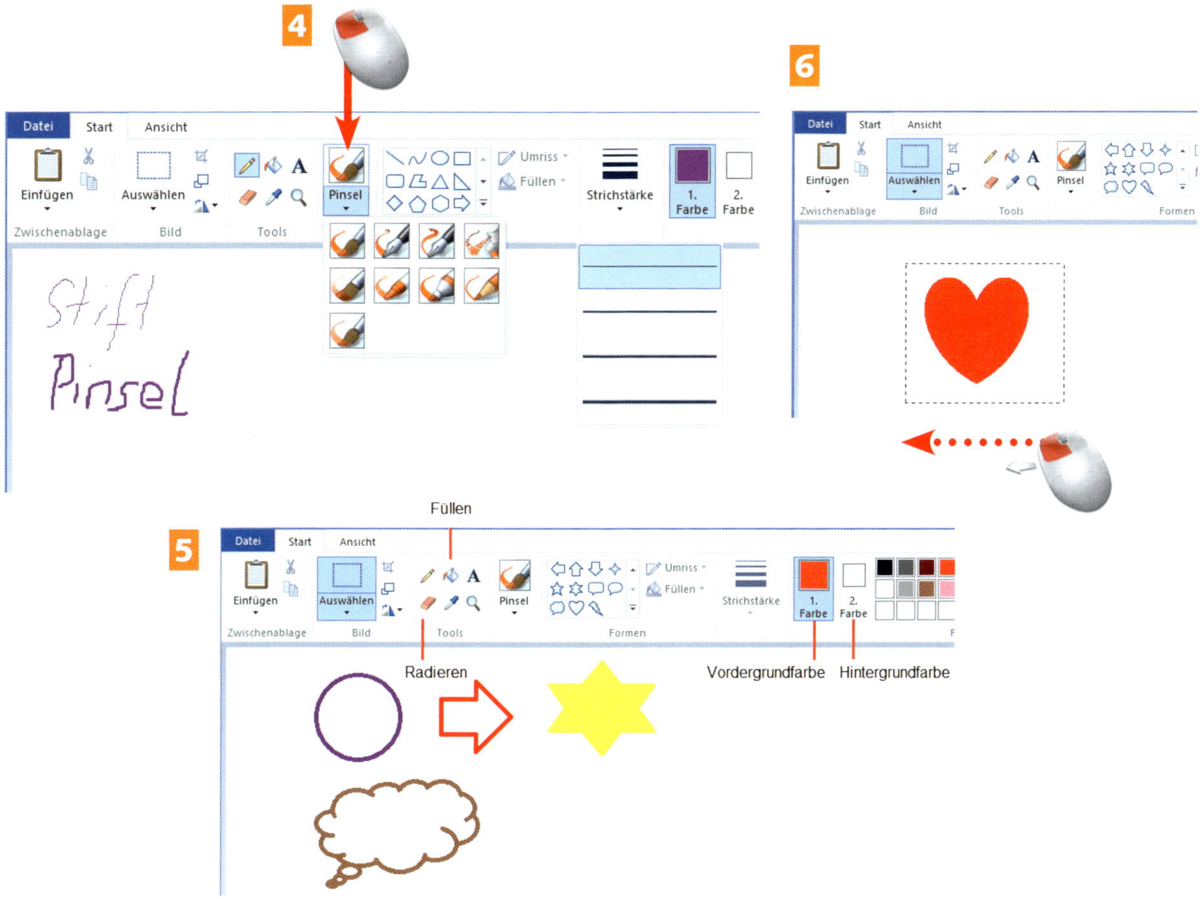

4 Wählen Sie ein Werkzeug (*Stift*, *Pinsel*) und zeichnen Sie mit gedrückter Maustaste.

5 Mit der Formenbibliothek erstellen Sie Piktogramme oder geometrische Formen.

6 Schalten Sie auf das Auswahlwerkzeug und ziehen Sie mit gedrückter Maustaste einen Rahmen um den Bereich, den Sie verschieben wollen.

Farbe 1 ist die Rahmenfarbe oder Füllfarbe, Farbe 2 die Hintergrundfarbe. Schalten Sie sie vor dem Zeichnen um.

HINWEIS

Halten Sie beim Zeichnen die ⇧-Taste gedrückt, um Linien im 45- und 90°-Winkel, Quadrate oder Kreise zu zeichnen.

TIPP

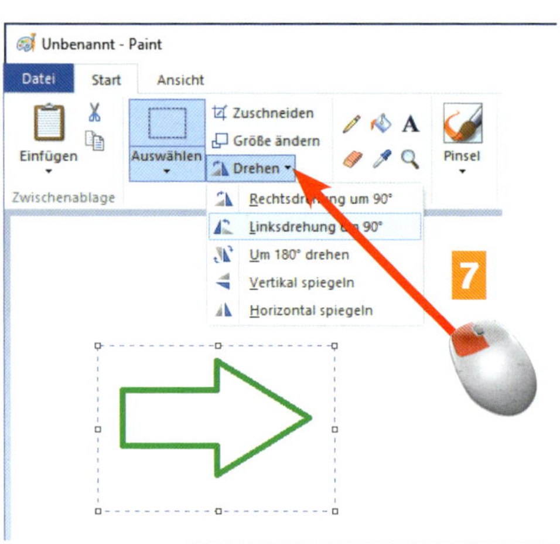

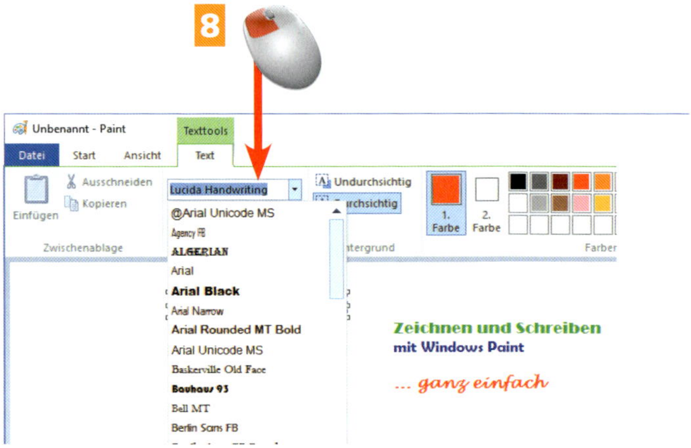

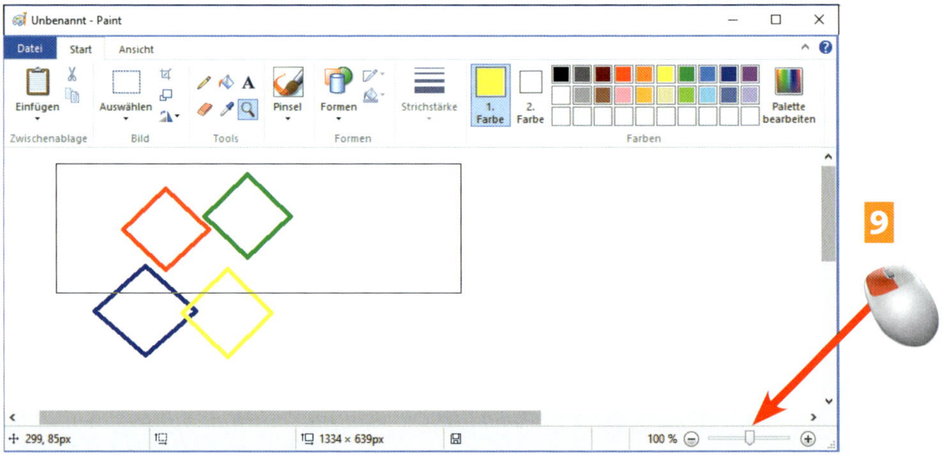

7 Markieren Sie einen Ausschnitt und wählen Sie *Drehen*, um die Auswahl zu drehen oder zu spiegeln.

8 Mit dem Textwerkzeug schreiben Sie. Zahlreiche Schriftarten stehen zur Auswahl. Ziehen Sie den Textbereich vorher mit gedrückter Maustaste auf.

9 Lupe und Zoomregler vergrößern und verkleinern den Bildausschnitt. Klicken Sie links, um zu vergrößern, und rechts, um zu verkleinern.

Mit etwas Übung gelingen mit der App *Paint* die tollsten Zeichnungen. Vergessen Sie nicht, Ihre Arbeit zu speichern.

WISSEN

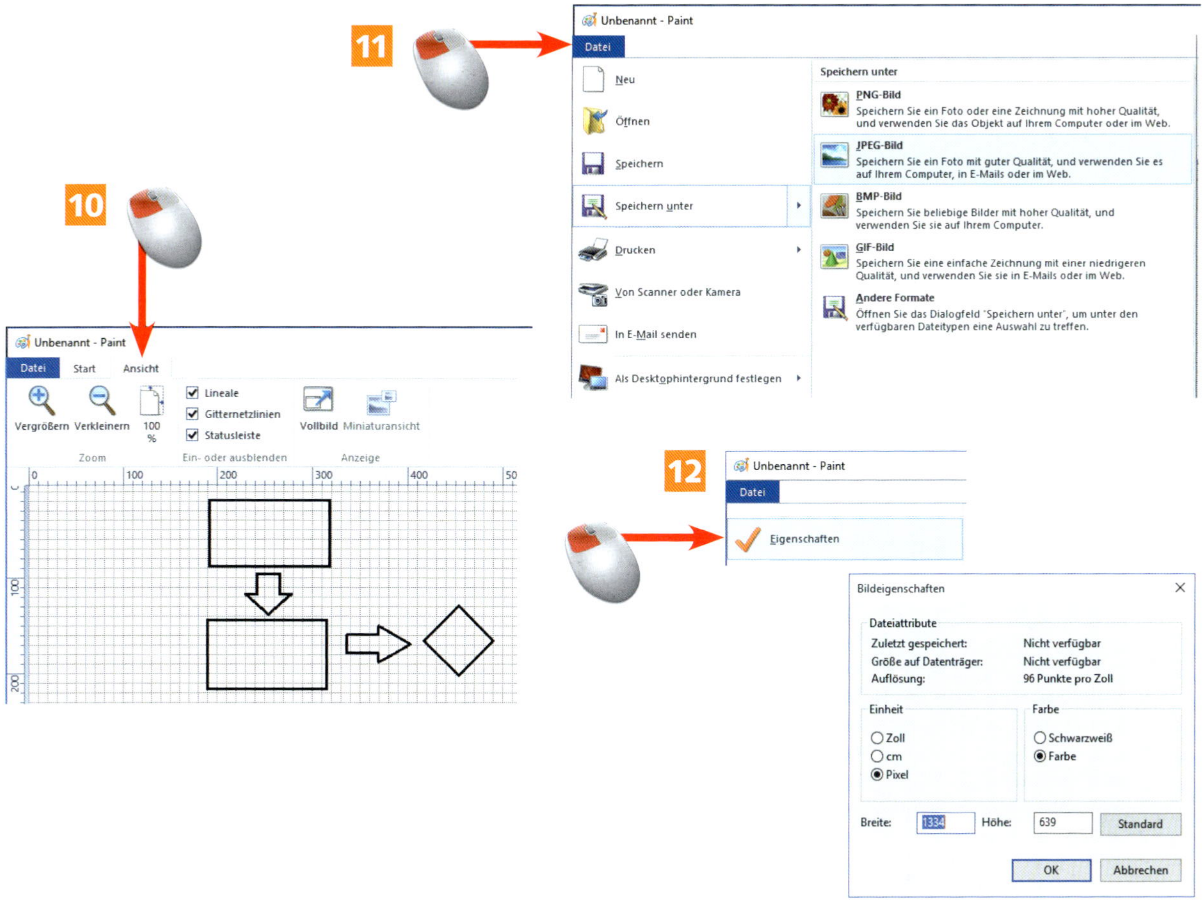

10 Schalten Sie unter *Ansicht* die Lineale und Gitternetze ein, um exakter zu zeichnen.

11 Im *Datei*-Menü finden Sie die Befehle, um Dateien zu laden, zu drucken und unter mehreren Grafikformaten zu speichern.

12 Unter *Datei/Eigenschaften* bestimmen Sie die Maßeinheit und die Größe der Zeichen- bzw. Druckfläche.

Ende

Die App *Paint* arbeitet mit einer Auflösung von 96 dpi (**d**ots **p**er **i**nch), das ist für die Fotobearbeitung allerdings nicht ausreichend. Verwenden Sie dafür eine gute Foto-App.

HINWEIS

Bildschirmfotos (Screenshots) können Sie mit [Win]+[Druck] gleich in eine PNG-Datei »schießen« oder mit [Druck] bzw. [Alt]+[Druck] (aktuelles Fenster) in die Zwischenablage legen. Holen Sie den Inhalt von dort mit [Strg]+[V].

TIPP

Start

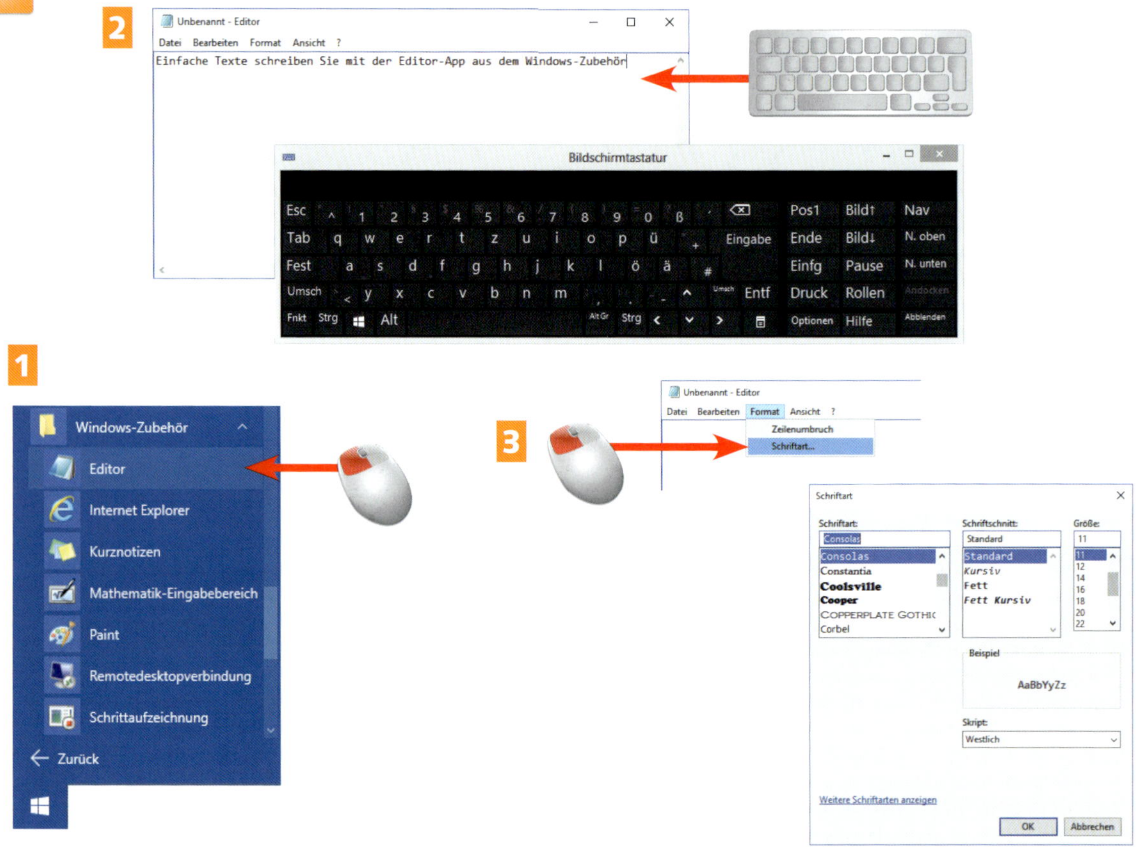

1 Wählen Sie im Startbildschirm in der Anzeige aller Apps die App *Editor* aus der Gruppe *Windows-Zubehör*.

2 Schreiben Sie an der Cursorposition oder kopieren Sie mit Strg+V Texte aus der Zwischenablage in den Textbereich.

3 Zeilenumbruch, Schriftarten und Schriftgrößen finden Sie im *Format*-Menü.

Der Windows-10-Editor ist eine kleine App für Textaufgaben, bei denen keine Formatierungen oder Layoutarbeiten benötigt werden.

WISSEN

4

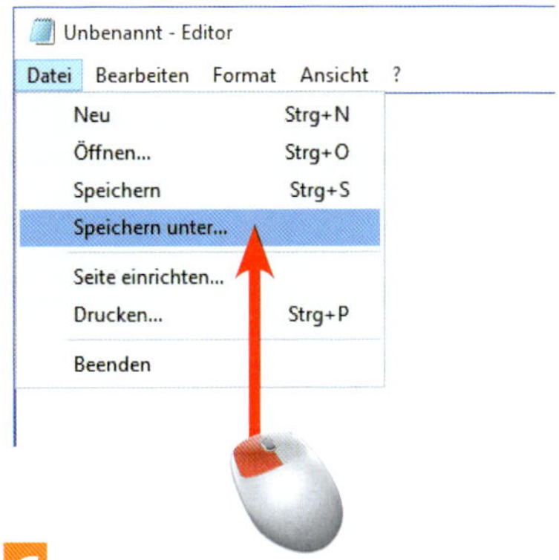

5

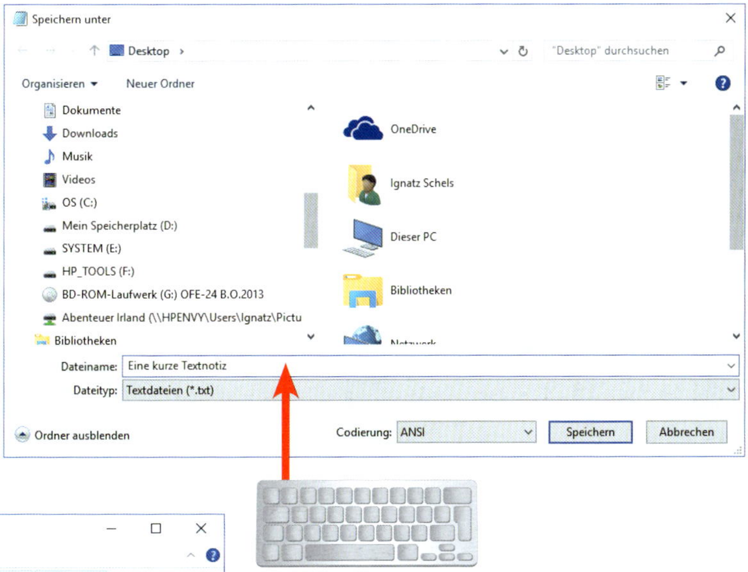

6

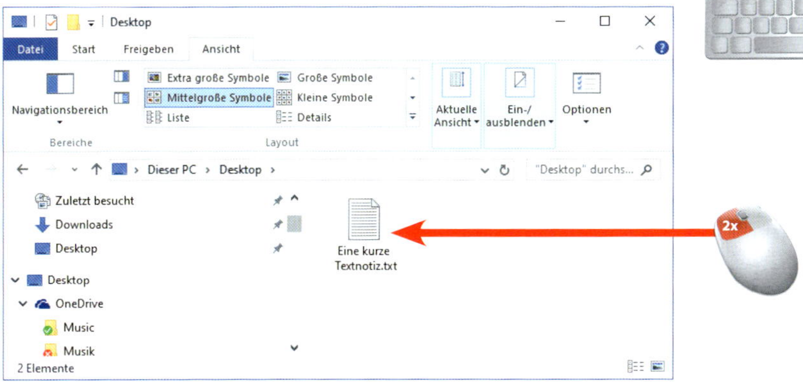

4 Speichern Sie Ihren Editor-Text mit *Datei/Speichern unter*.

5 Wählen Sie den Zielordner und geben Sie einen Dateinamen an. Die Dateiendung *.txt* wird automatisch angefügt.

6 Der Text wird gespeichert, im Zielordner finden Sie ihn anschließend als Dateisymbol. Klicken Sie es gleich doppelt an, um den Text im Editor zu öffnen.

Ende

Unter *Datei speichern* können Sie die Codierung von ANSI (Standard) auf Unicode oder UTF-8 ändern.

TIPP

Unicode und UTF-8 sind erweiterte Standards mit internationalen Zeichensätzen.

HINWEIS

ANSI (**A**merican **N**ational **S**tandards **I**nstitute): Norm für Windows-Zeichen im 8-Bit-Format.

FACHWORT

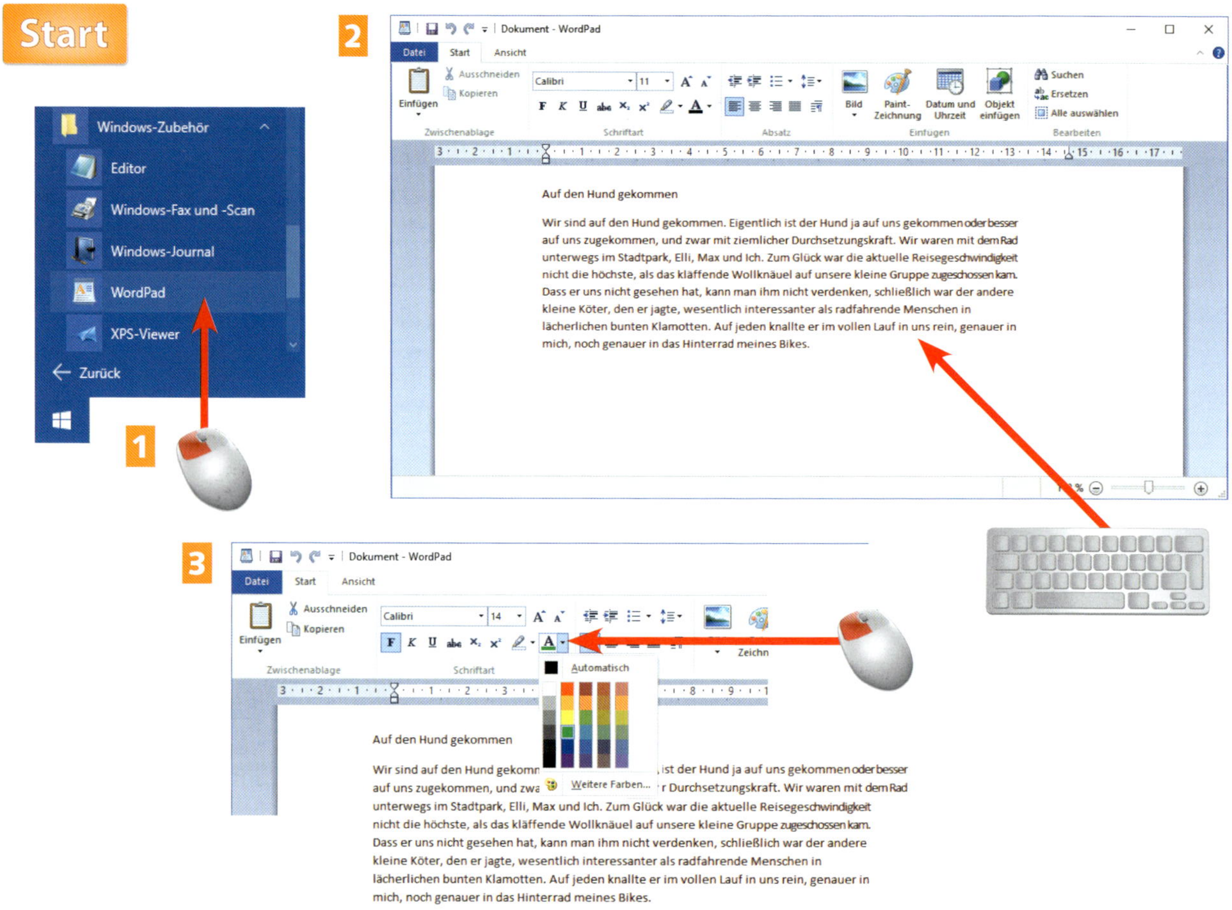

1 Drücken Sie die rechte Maustaste im Startbildschirm, wählen Sie *Alle Apps* und starten Sie die App *WordPad*.

2 Geben Sie den Text ein, schreiben Sie Absatz für Absatz und drücken Sie die [↵]-Taste für den Absatzumbruch.

3 Markieren Sie einzelne Textstellen. Im Menüband finden Sie Formatierwerkzeuge (Fett, Kursiv, Farben etc.).

Die App *WordPad* ist ein gutes Textverarbeitungsprogramm mit allen Werkzeugen und Formatierungen, die Sie für diese Aufgabe brauchen. Schreiben Sie Briefe, Einladungen, Notizen etc. oder endlich Ihren eigenen Roman.

WISSEN

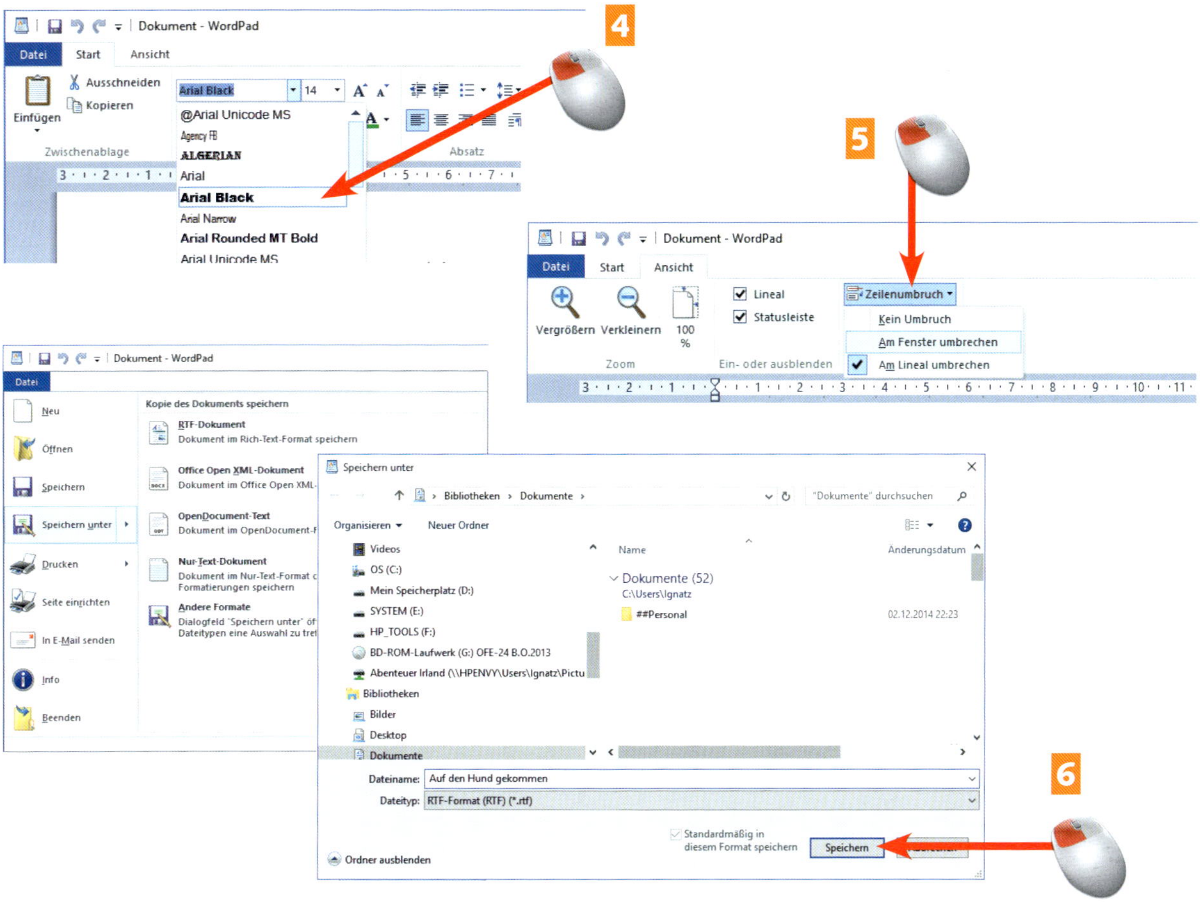

4 Wählen Sie die passende Schrift und Schriftgröße für den markierten Text oder stellen Sie diese an der Cursorposition ein.

5 Im Register *Ansicht* finden Sie weitere Werkzeuge, schalten Sie das Lineal und den automatischen Zeilen- oder Fensterumbruch ein.

6 Klicken Sie auf das *Datei*-Menü und speichern Sie den Text als Datei im RTF-Format oder in einem anderen Textdatenformat.

RTF ist das **R**ich **T**ext **F**ormat, ein älteres Dateiformat für ANSI-Texte. Speichern Sie die Datei im Office-Open-Format, kann sie mit Microsoft Word bearbeitet werden.

FACHWORT

Mit gedrückter Strg-Taste und dem Mausrad zoomen Sie die Textfläche. Auf dem Tablet ziehen Sie mit zwei Fingern.

TIPP

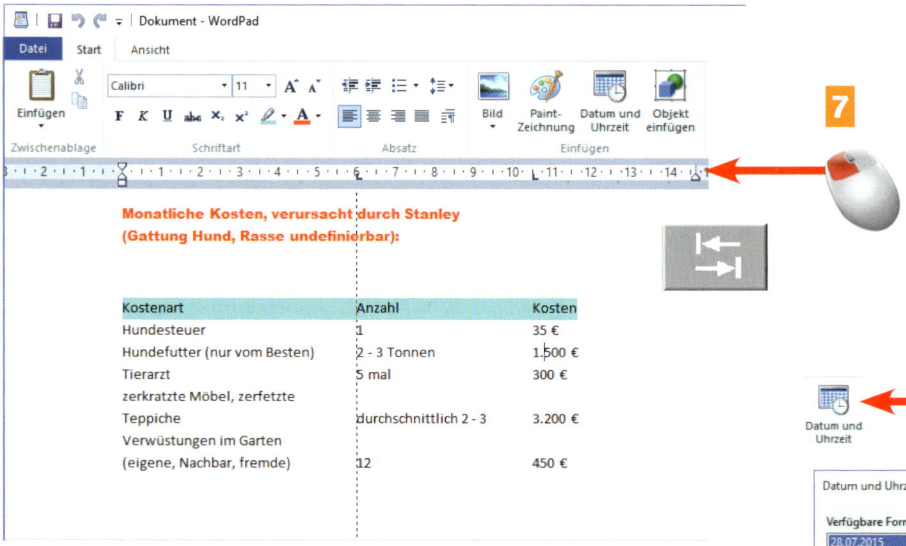

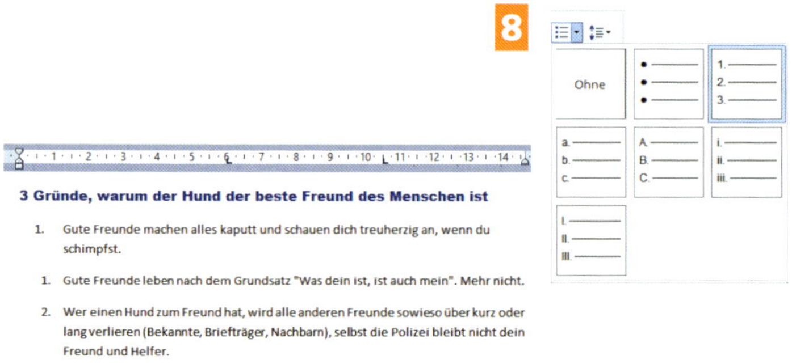

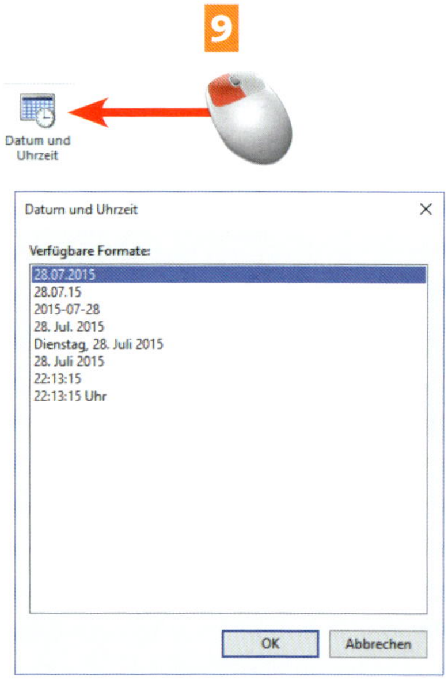

7 Tabellen schreiben Sie mit Tabulatorsprüngen (⭾-Taste) zwischen den Spalten. Klicken Sie in das Lineal, um die Tabstopps zu setzen.

8 Aufzählungen und Nummerierungen werden mit Listenzeichen versehen, Abstände regelt das Lineal.

9 Mit *Datum und Uhrzeit* fügen Sie das Tagesdatum an der Schreibmarke ein. Wählen Sie ein passendes Format aus.

Mit Tabulatorsprüngen und Tabstopps, Aufzählungs-, Nummerierungszeichen und grafischen Elementen wird WordPad richtig komfortabel für größere Textaufgaben.

WISSEN

10

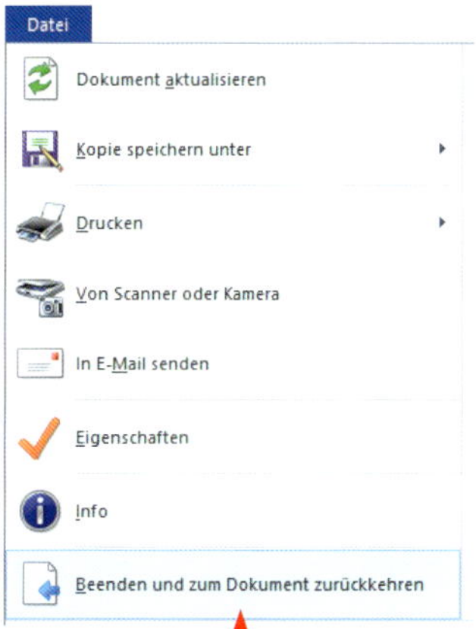

12

11

10 Klicken Sie auf *Paint-Zeichnung*, um eine Grafik einzufügen. Zeichnen Sie im Paint-Fenster oder holen Sie Bilder über die Zwischenablage in das Dokument.

11 Mit *Beenden und zum Dokument zurückkehren* im *Datei*-Menü schalten Sie wieder zu WordPad zurück.

12 Die Grafik wird an der Schreibmarke eingefügt.

Ende

Die Grafik vergrößern oder verkleinern Sie über die schwarzen Markierungspunkte an den Rändern und Kanten. Ein Doppelklick befördert sie wieder in das Paint-Fenster.

HINWEIS

Um einen Tabstopp zu entfernen, ziehen Sie ihn mit gedrückter Maustaste aus dem Lineal.

TIPP

Start

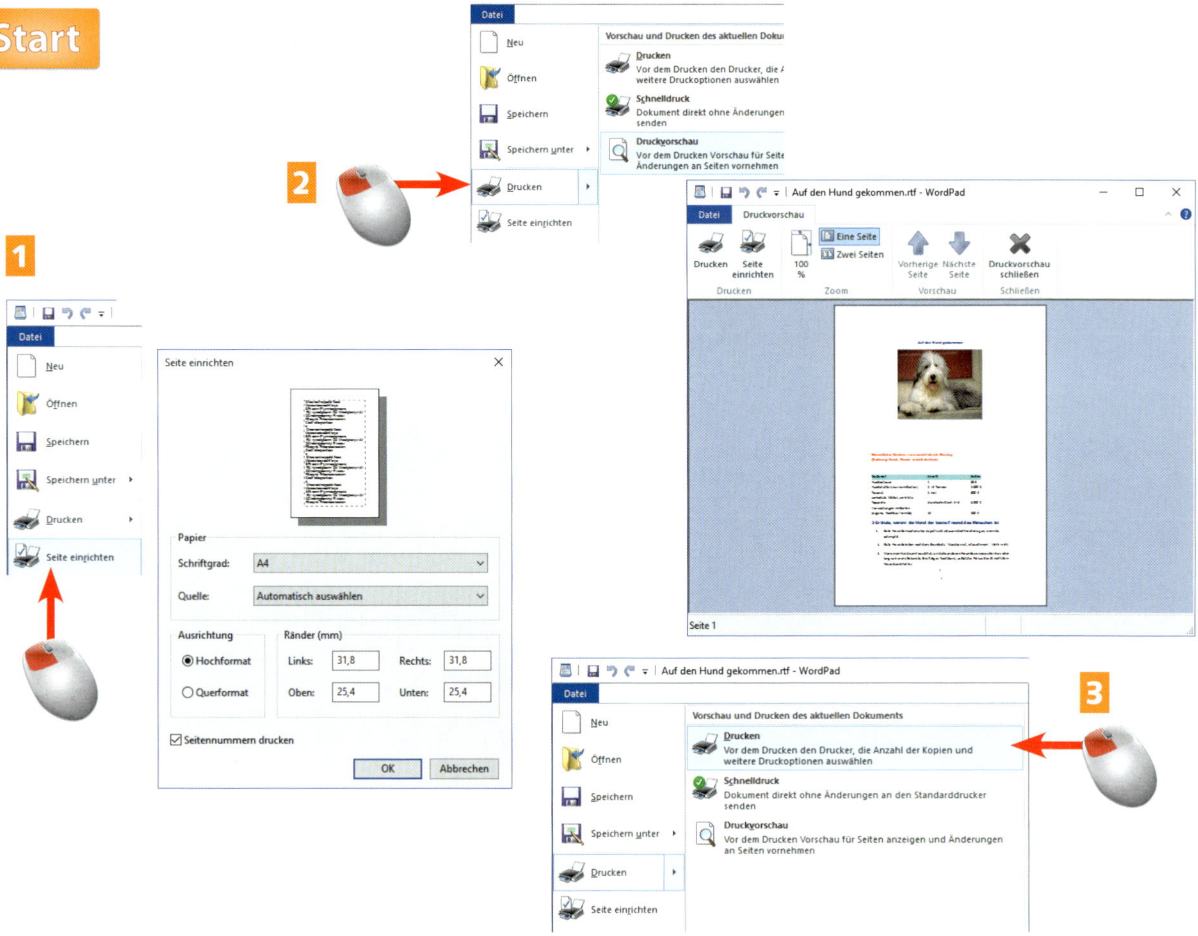

1 Mit *Seite einrichten* im *Datei*-Menü passen Sie Seitengröße, Format und Seitenränder an.

2 Wählen Sie *Drucken/Druckvorschau*, um das Druckergebnis zu überprüfen. Schließen Sie die Druckvorschau wieder.

3 Senden Sie den Text an den angeschlossenen Drucker oder wählen Sie einen anderen Drucker aus.

Wenn Sie Ihren Drucker und den Druckeranschluss – wie in Kapitel 6 beschrieben – richtig konfiguriert haben, können Sie das Drucklayout Ihres Textes anpassen und das Dokument zu Papier bringen.

WISSEN

4

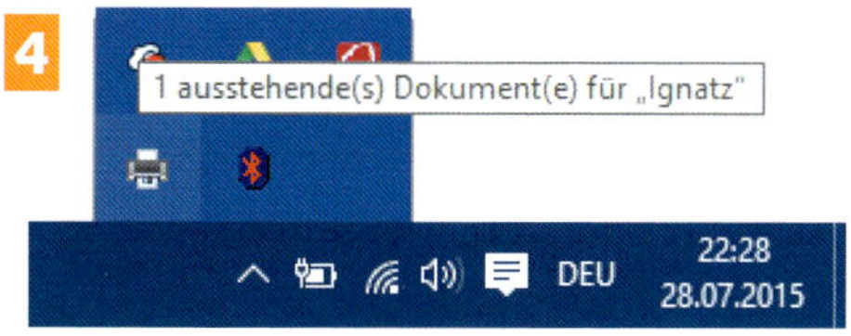

5

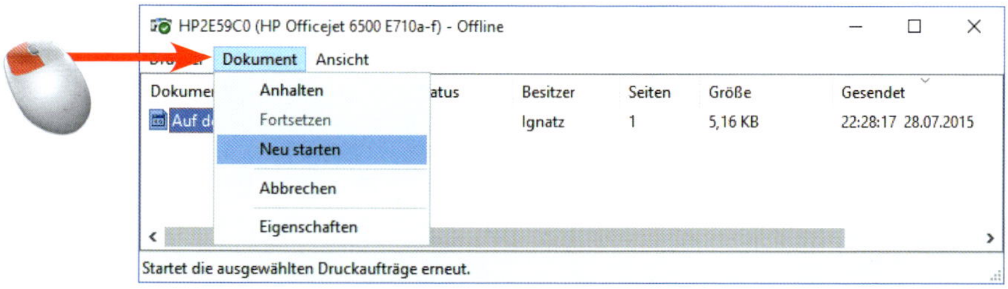

6

4 Im Systembereich der Taskleiste taucht ein Druckersymbol auf, solange der Ausdruck »gespoolt« wird. Öffnen Sie das Spoolfenster ...

5 ... und überprüfen Sie den Status des Ausdrucks. Bearbeiten Sie die Druckaufträge über die Menüs des Spoolfensters.

6 Wenn alles korrekt eingerichtet und der Drucker bereit ist, wird Ihr Textdokument aus WordPad gedruckt.

Ende

Spoolen: Hintergrunddruck. Die Daten werden zwischengespeichert, der Benutzer kann weiterarbeiten, während gedruckt wird.

FACHWORT

Eine schnelle Tastenkombination: Drücken Sie Strg+P, um sofort zu drucken.

TIPP

Start

2

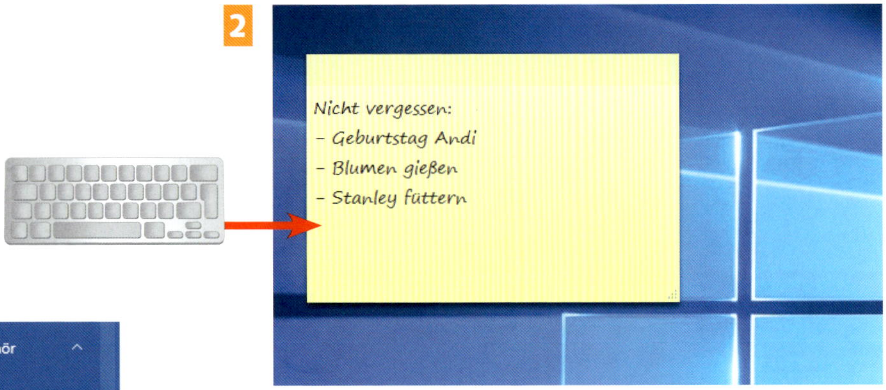

1

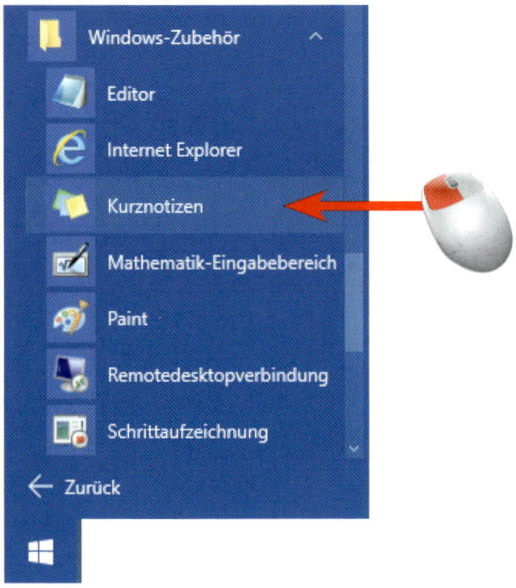

3

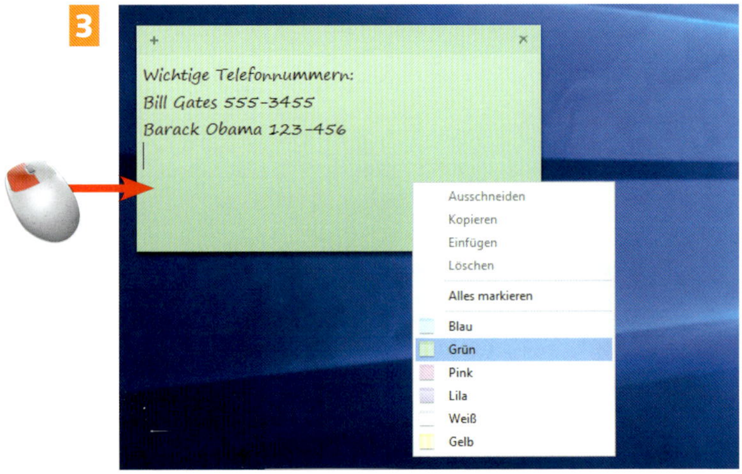

1 Wählen Sie im Startbildschirm in der Anzeige aller Apps die App *Kurznotizen* aus der Gruppe *Windows-Zubehör*.

2 Die Kurznotiz wird auf dem Desktop angelegt, tragen Sie Ihre Notizen ein.

3 Mit dem Pluszeichen legen Sie eine weitere Notiz an. Im Kontextmenü finden Sie die Hintergrundfarben.

Die kleinen, gelben Notizzettel, die an die wichtigen Dinge erinnern – mit der App *Kurznotizen* haben Sie auch in Windows die Möglichkeit, sie überall hinzupinnen. Und sie müssen nicht gelb sein …

WISSEN

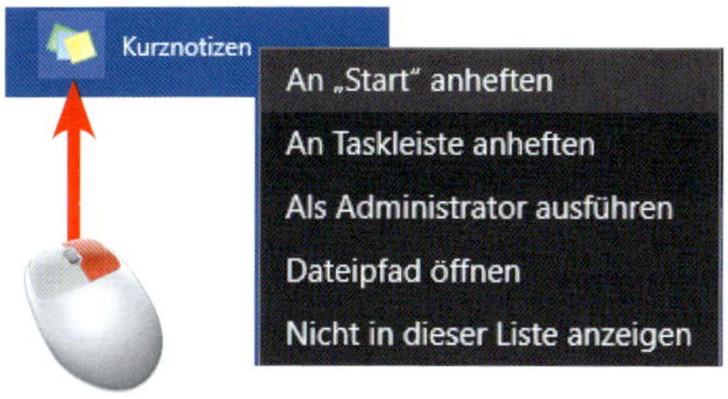

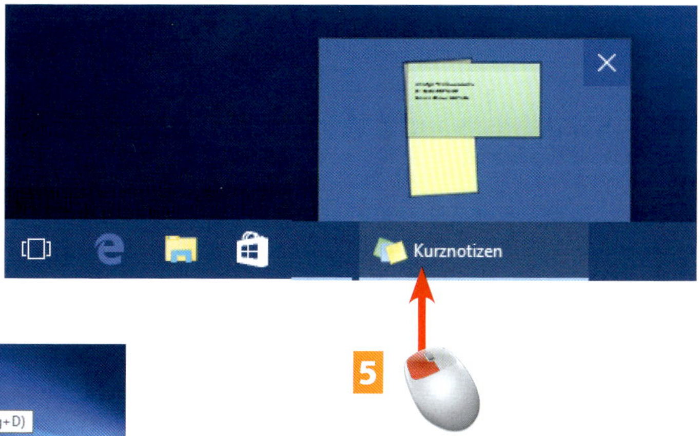

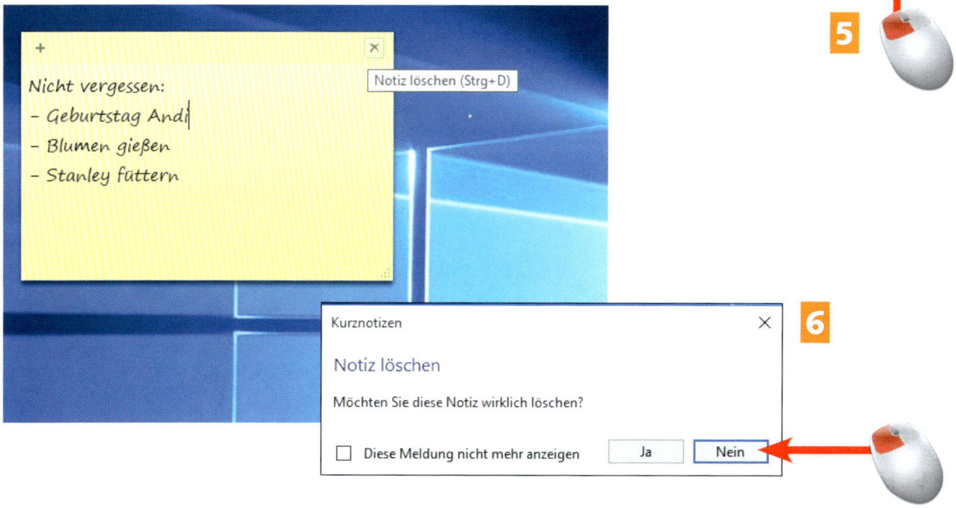

4 Klicken Sie mit der rechten Maustaste auf das App-Symbol im Startbildschirm und heften Sie die App an Startmenü und Taskleiste.

5 Jetzt genügt ein Klick auf die Kachel oder das Symbol, um alle Notizen einzublenden.

6 Mit dem X-Symbol löschen Sie eine Notiz, die Meldung können Sie abschalten.

Ende

Eine schnelle Tastenkombination für Kurznotizen: Strg+N.

TIPP

Hintergrundfarben kategorisieren Notizen: Gelb für wichtig, Grün für weniger wichtig, Rot für dringend.

TIPP

Start

1

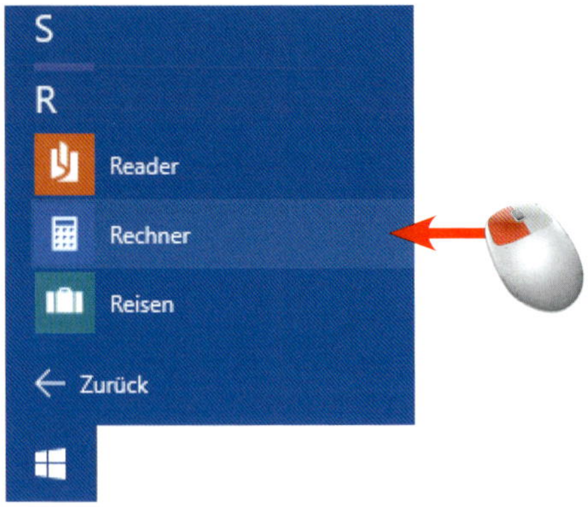

2

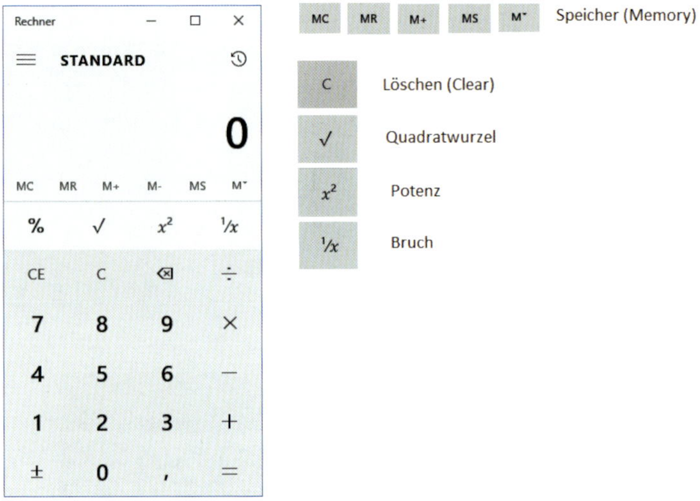

3

1 Wählen Sie im Startbildschirm in der Anzeige aller Apps die App *Rechner* aus der Gruppe *Windows-Zubehör*.

2 Der Rechner bietet die wichtigsten arithmetischen Funktionen sowie *Speicher (Memory)* an.

3 Schalten Sie in den Modus *Wissenschaftlich* um.

Auf den ersten Blick ist die App *Rechner* ein gewöhnlicher digitaler Taschenrechner. Aber – mit den Modi *Wissenschaftlich* und *Programmierer* wird sie richtig professionell. Ein Spezialmodus rechnet sogar Maßeinheiten um.

WISSEN

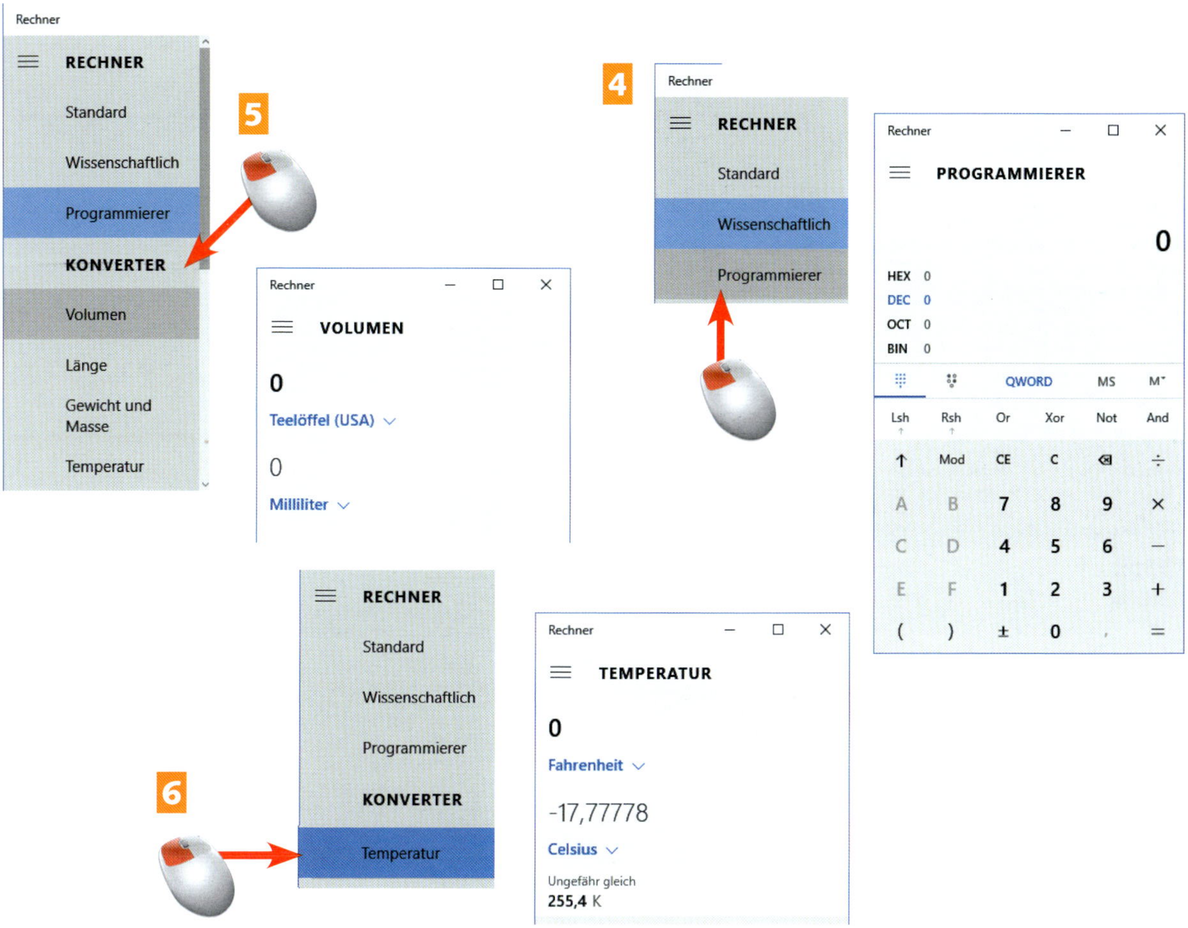

4 Der *Programmierer*-Modus stellt die digitalen Rechenmodi Hexadezimal, Dezimal, Oktal und Binär zur Auswahl.

5 Schalten Sie den Modus *Konverter* ein, um technische Einheiten umzurechnen oder Datumsdifferenzen zu ermitteln.

6 Mit dem *Temperatur*-Modus rechnen Sie in Fahrenheit, Celsius oder Kelvin um.

Ende

Rechengenauigkeit: Im Modus *Wissenschaftlich* 32 Stellen, im *Programmierer*-Modus nur Ganzzahlen, 64 Bit.

HINWEIS

Start

1

2

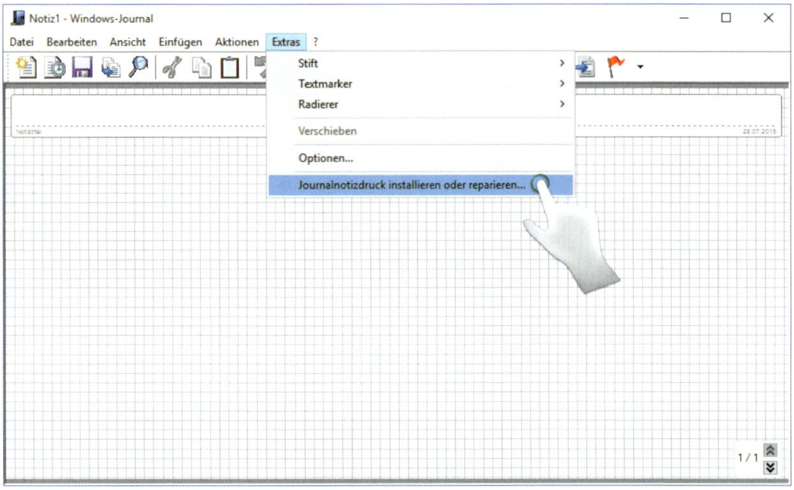

3

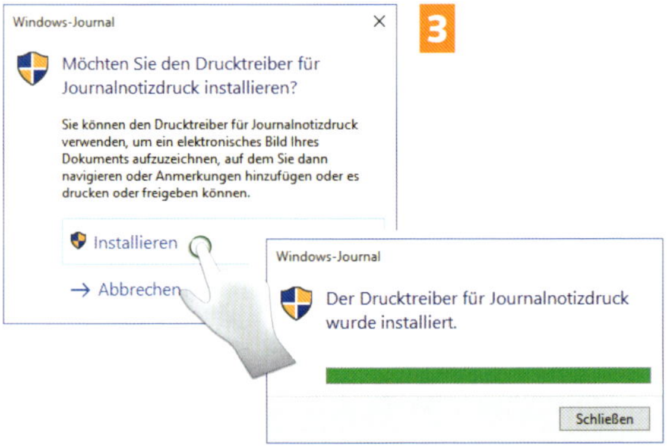

1 Schalten Sie im Startbildschirm in die Ansicht *Alle Apps* und starten Sie die App *Windows-Journal* aus der Gruppe *Windows-Zubehör*.

2 Installieren Sie zuerst den Drucktreiber für Journalnotizdruck. Im *Extras*-Menü finden Sie eine Option, um diese Installation nachzuholen.

3 Tippen Sie auf *Installieren*, und der Journalnotizdruck wird installiert.

Windows-Journal ist eine App für Tablet-Benutzer, die schnelle handschriftliche Notizen auf ihrem Gerät festhalten wollen. Die App übersetzt Handschrift in Text und bietet die Möglichkeit, Notizdateien zu speichern und zu drucken.

WISSEN

4

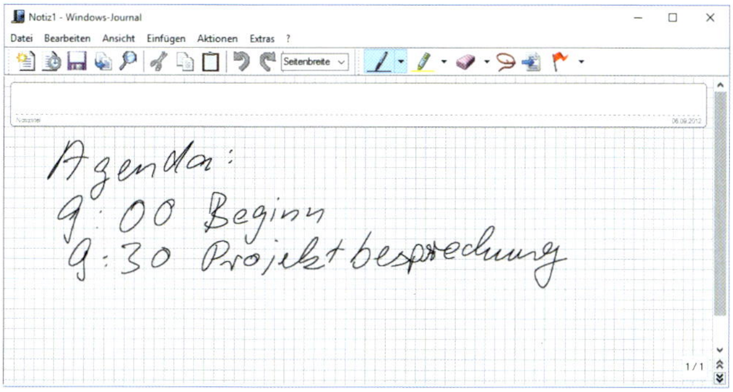

6

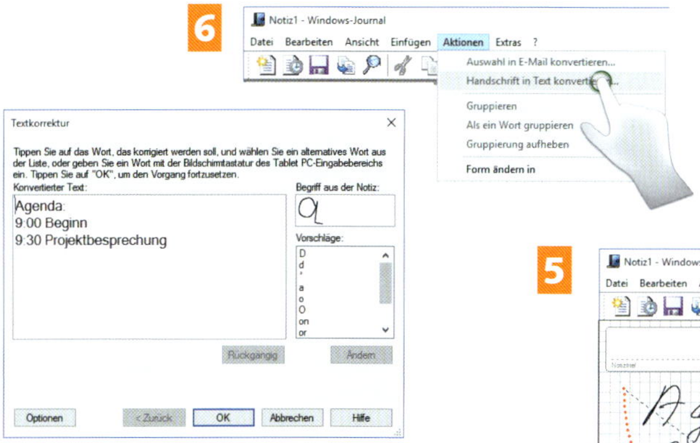

5

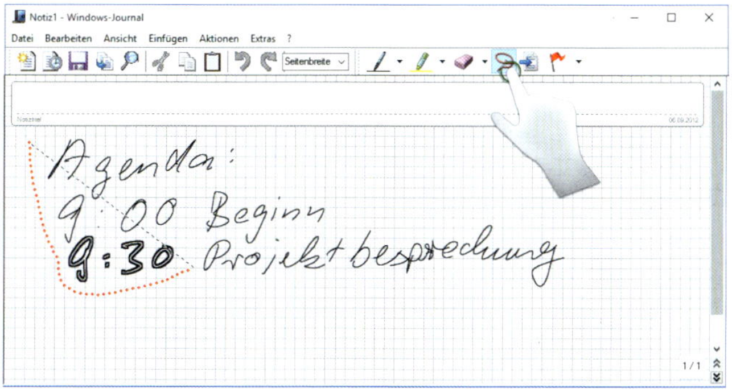

4 Schreiben Sie jetzt mit dem Stift Ihre Notizen in die Journalfläche.

5 Tippen Sie das Auswahltool an und ziehen Sie einen Auswahlrahmen um den handschriftlichen Text.

6 Wählen Sie *Aktionen/Handschrift in Text konvertieren*. Bessern Sie nicht erkannte Wörter über die Liste aus.

HINWEIS

Unter *Datei/Neue Notiz von Vorlage* finden Sie viele Vorlagen vom Millimeterpapier bis zum Kalender.

TIPP

Benutzen Sie die Werkzeuge in der Symbolleiste: Alternative Stiftbreite, Textmarker, Radierer. Flaggen können als Objekte gesetzt und ausgeschnitten, nicht radiert werden.

7

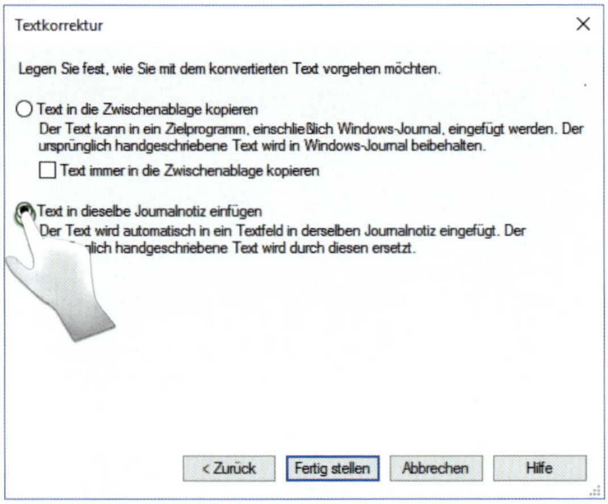

8

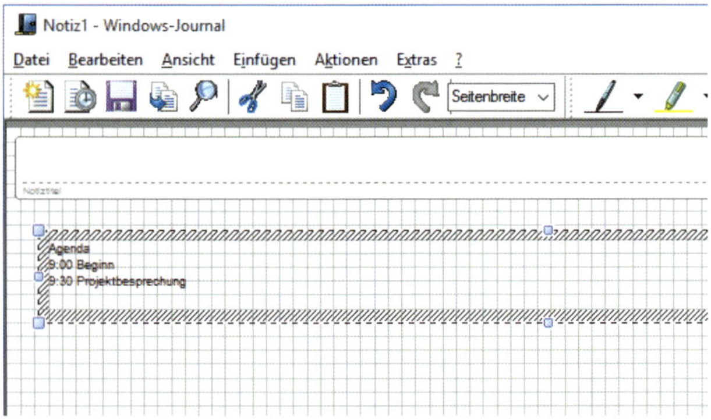

9

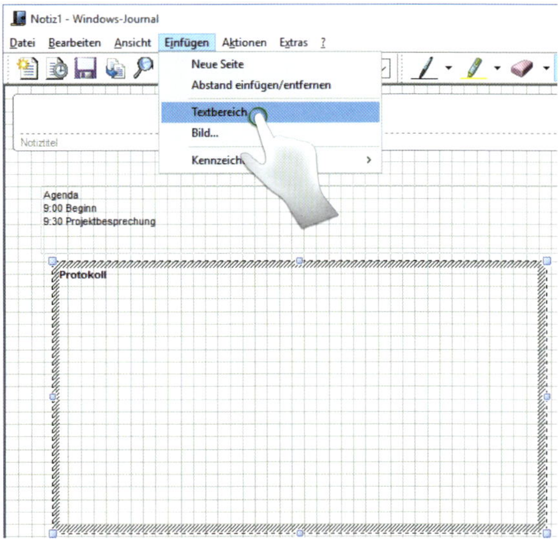

7 Wenn der handgeschriebene Text korrigiert ist, können Sie ihn in die Zwischenablage kopieren oder als Text in die Notiz einfügen.

8 Jetzt steht der Text in der Notiz zur Verfügung.

9 Wählen Sie *Einfügen/Textbereich*, wenn Sie digitalen Text anstelle von Handschrift verwenden wollen.

Drucken Sie Ihre konvertierten Notizen als Journalnotiz aus. Wenn Sie lieber mit Textboxen arbeiten wollen, holen Sie diese aus dem *Einfügen*-Menü.

WISSEN

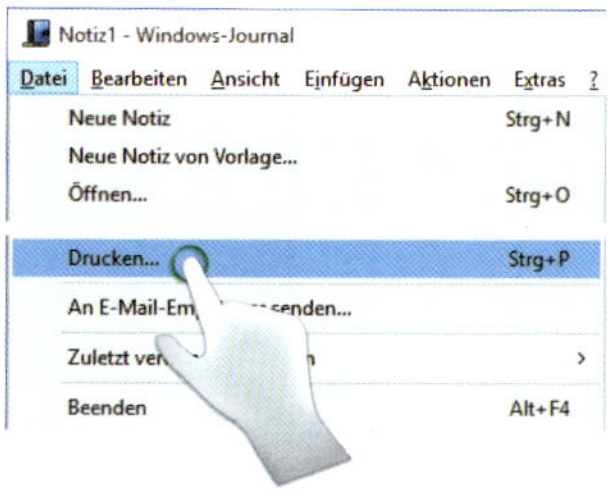

10

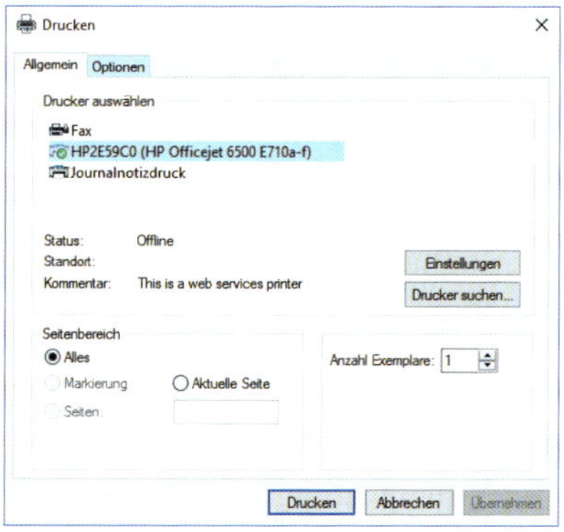

11

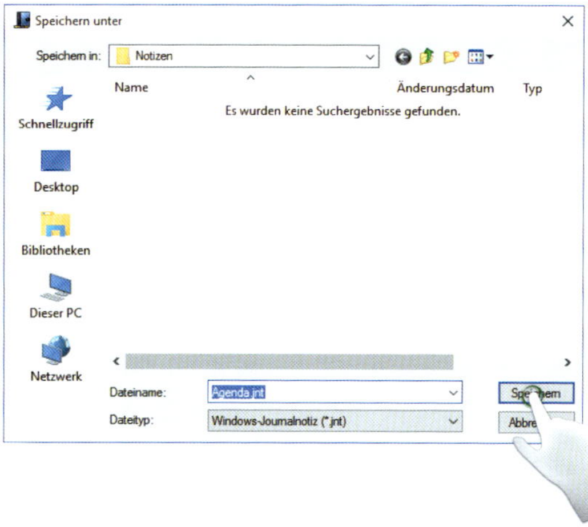

12

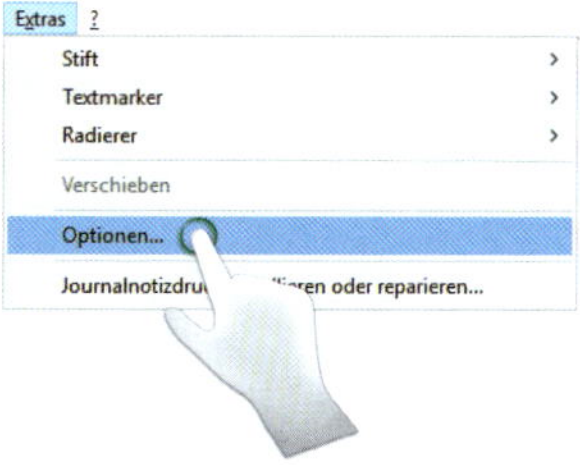

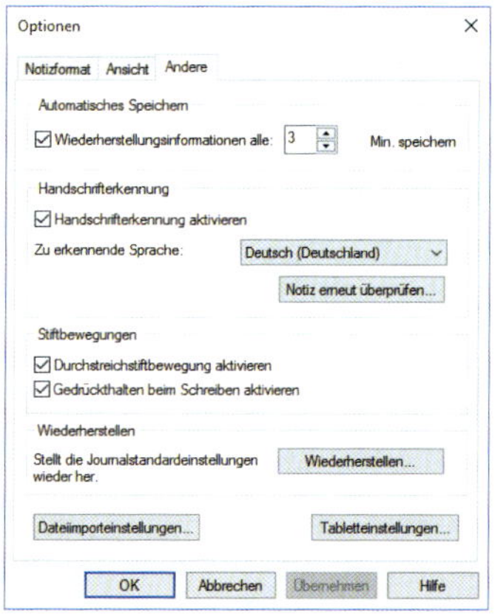

10 Mit *Datei/Drucken* wird die Notiz an den Journaldrucker geschickt.

11 Speichern Sie die Journalnotiz mit *Datei/Speichern unter* ab.

12 Unter *Extras/Optionen* finden Sie Einstellungen für die Schrift und Handschrifterkennung.

Ende

Mit *Einfügen/Bild* holen Sie grafische Objekte (Zeichnungen, Fotos) in die Notiz.

TIPP

Unter *Aktionen* können Sie einen markierten Text sofort als E-Mail versenden. Im *Datei*-Menü finden Sie die Option, um die ganze Notiz per Mail zu verschicken.

HINWEIS

Start

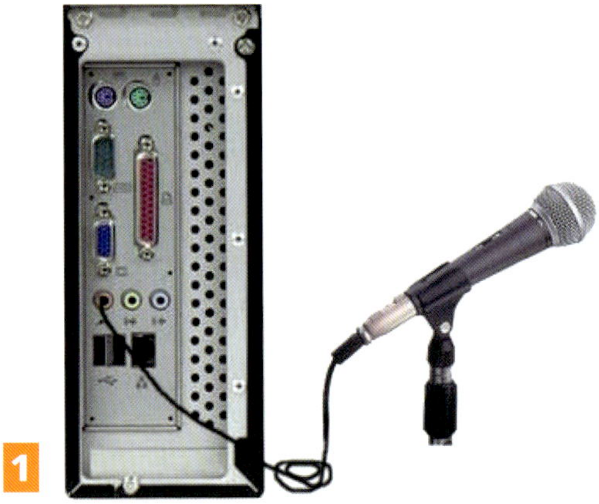

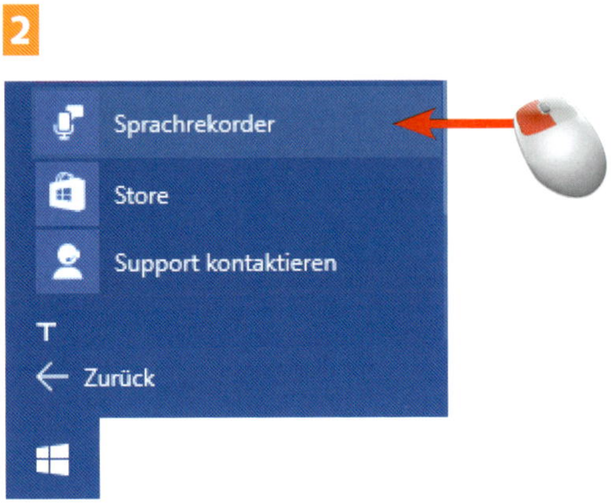

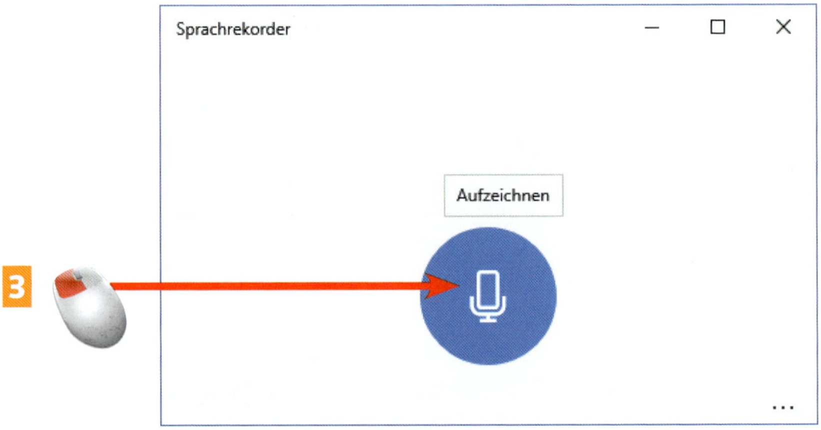

1 Schließen Sie ein Mikrofon an Ihren Computer oder an das Tablet an.

2 Schalten Sie im Startbildschirm auf die Ansicht *Alle Apps* um und starten Sie den Sprachrekorder.

3 Klicken Sie auf das Mikrofonsymbol, um die Aufnahme zu starten.

Mit der App *Sprachrekorder* nehmen Sie Sounds über das Mikrofon auf und speichern die Aufnahmen als Dateien im WMA-Format.

WISSEN

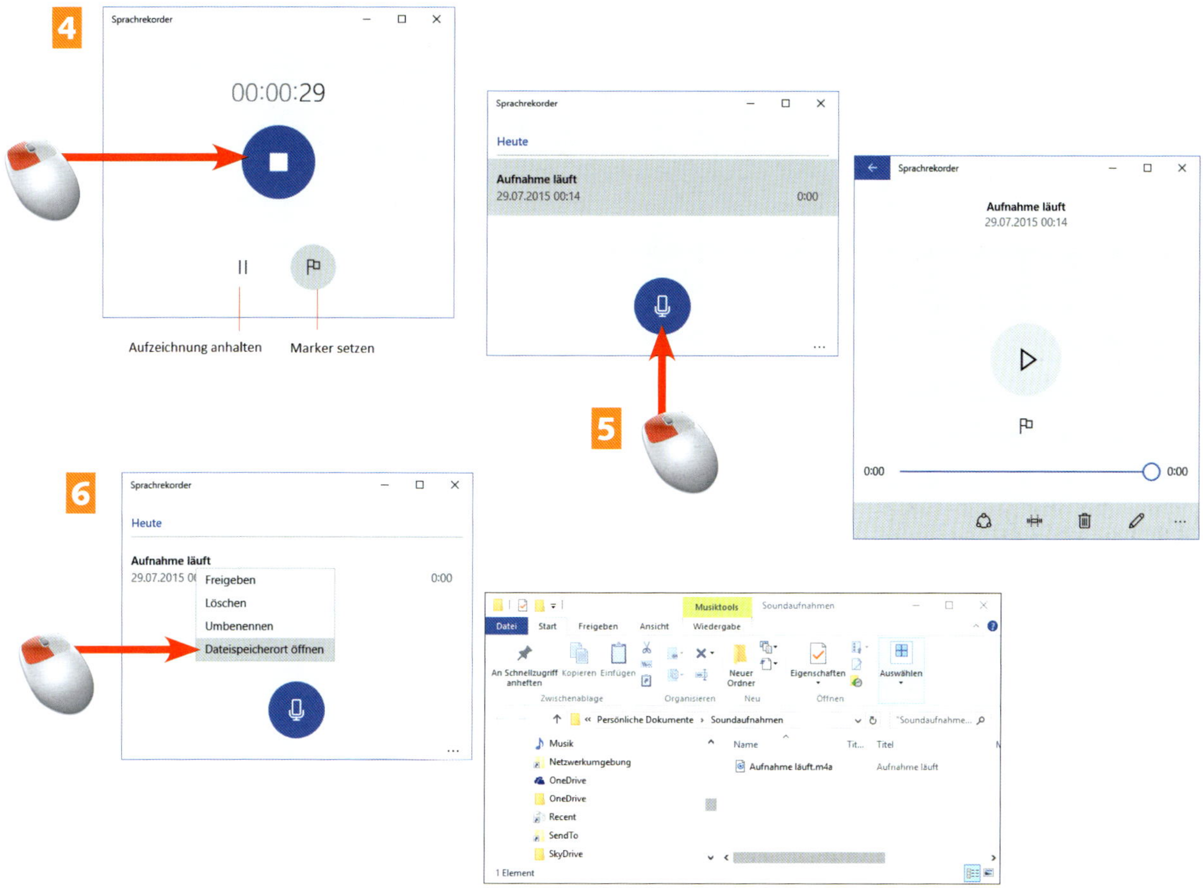

4 Um die Aufnahme zu beenden, klicken Sie wieder auf das Symbol in der Mitte.

5 Die Aufnahme wird sofort gespeichert, klicken Sie auf das Symbol, um sie abzuhören.

6 Im Kontextmenü der Aufnahme finden Sie die Option, um den Dateispeicherort zu öffnen.

Ende

WMA-Dateien können mit entsprechenden Apps oder Programmen in MP3 konvertiert werden. iTunes macht das automatisch.

HINWEIS

Die Option zum Umbenennen der Aufnahme finden Sie ebenfalls im Kontextmenü.

HINWEIS

Wenn Sie nur eine Pause einlegen wollen, klicken Sie auf *Aufnahme beenden*, brechen den Speichervorgang ab und klicken wieder auf *Aufnahme fortsetzen*.

TIPP

Start

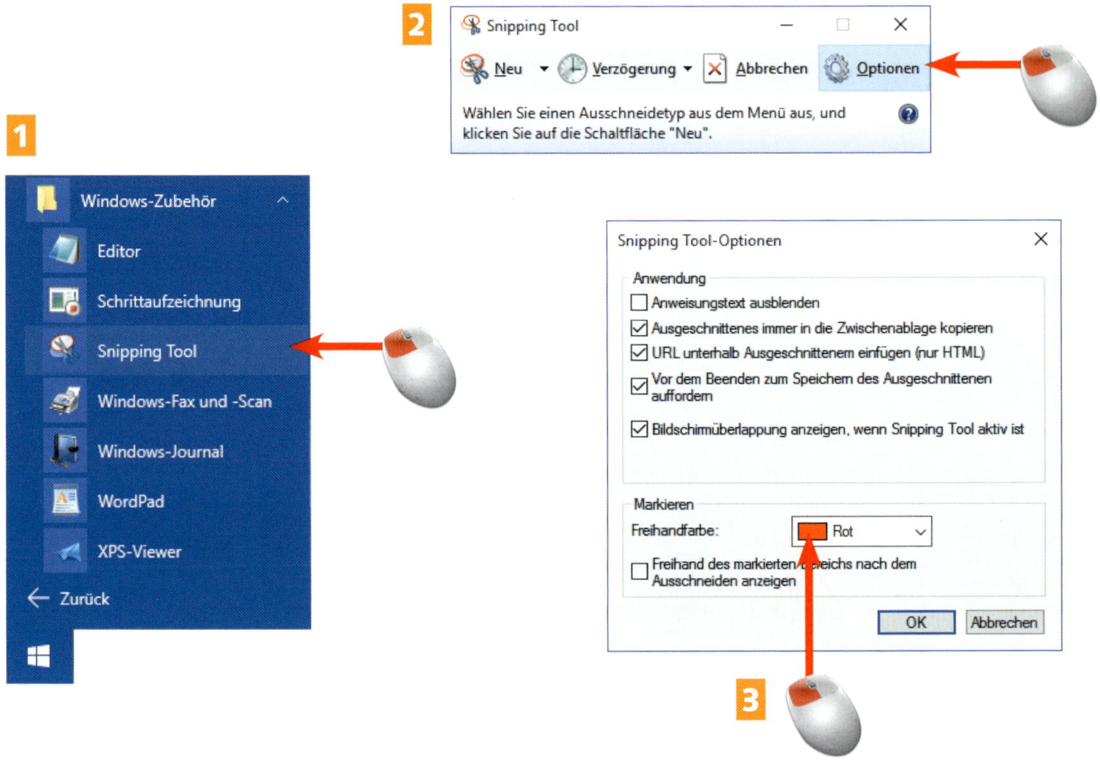

1 Schalten Sie im Startbildschirm auf die Ansicht *Alle Apps* um und starten Sie *Snipping Tool* aus der Gruppe *Windows-Zubehör*.

2 Das Tool wird auf dem Desktop aktiviert, wählen Sie *Optionen*.

3 Stellen Sie die Optionen ein und wählen Sie eine Farbe für den Markierungsrahmen.

Mit der App *Snipping Tool* schießen Sie Bildschirmfotos (Screenshots). Kopieren Sie Teile des Desktops oder ganze Fenster und speichern Sie Fotos als Bilddatei oder über die Zwischenablage.

WISSEN

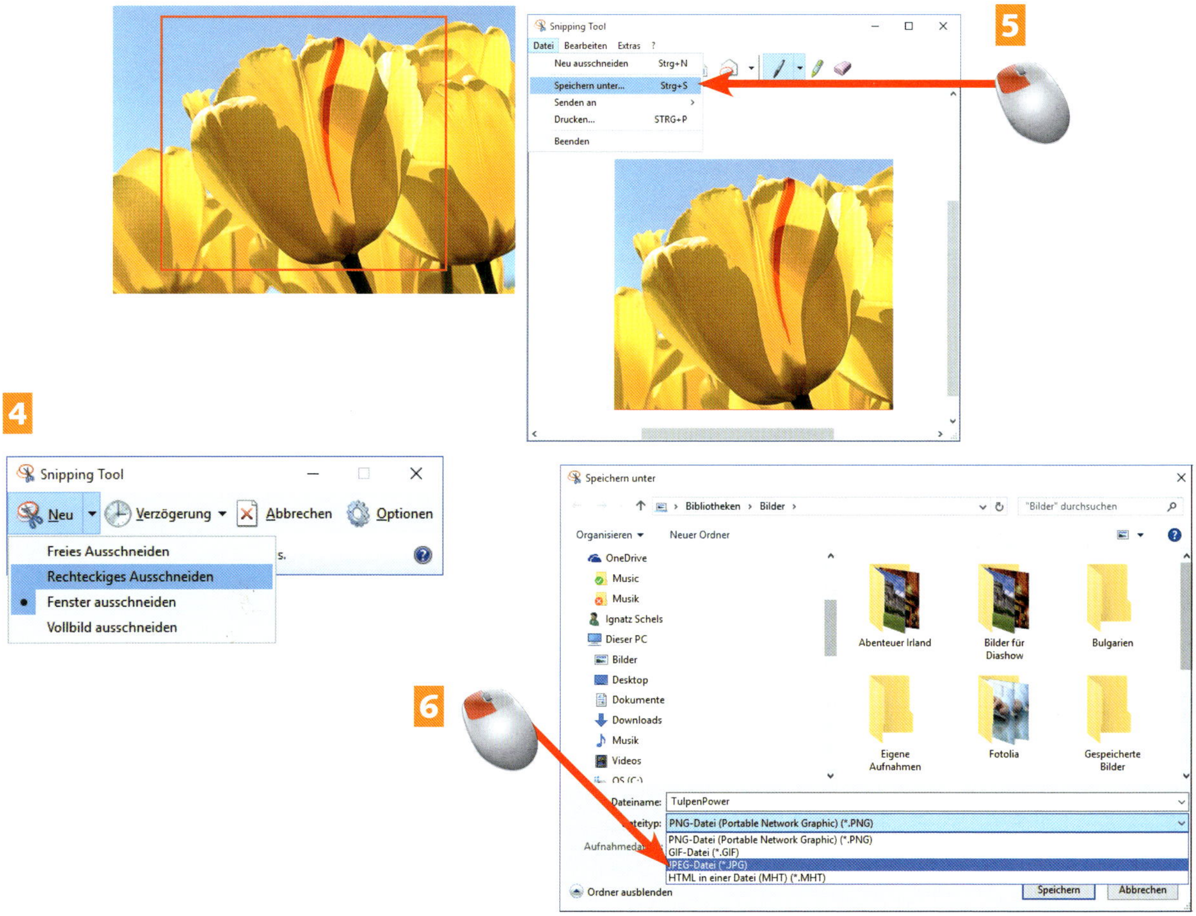

4 Unter *Neu* bestimmen Sie die Art des Ausschneidens (frei, rechteckig, Fenster oder Vollbild).

5 Ziehen Sie mit gedrückter Maustaste einen Rahmen um den gewünschten Ausschnitt und wählen Sie *Datei/Speichern unter*.

6 Geben Sie einen Dateinamen an und bestimmen Sie den Dateityp. Zur Auswahl stehen PNG, GIF, JPEG und HTML.

Ende

Bildschirmfotos schießen Sie auch mit der Druck-Taste:
Ganzer Desktop: Druck
Aktives Fenster oder aktiver Dialog: Alt+Druck

HINWEIS

Programme wie Snagit oder easy Whiteboard bieten natürlich mehr, z. B. Videos aufzeichnen oder Zeichenwerkzeuge.

TIPP

Start

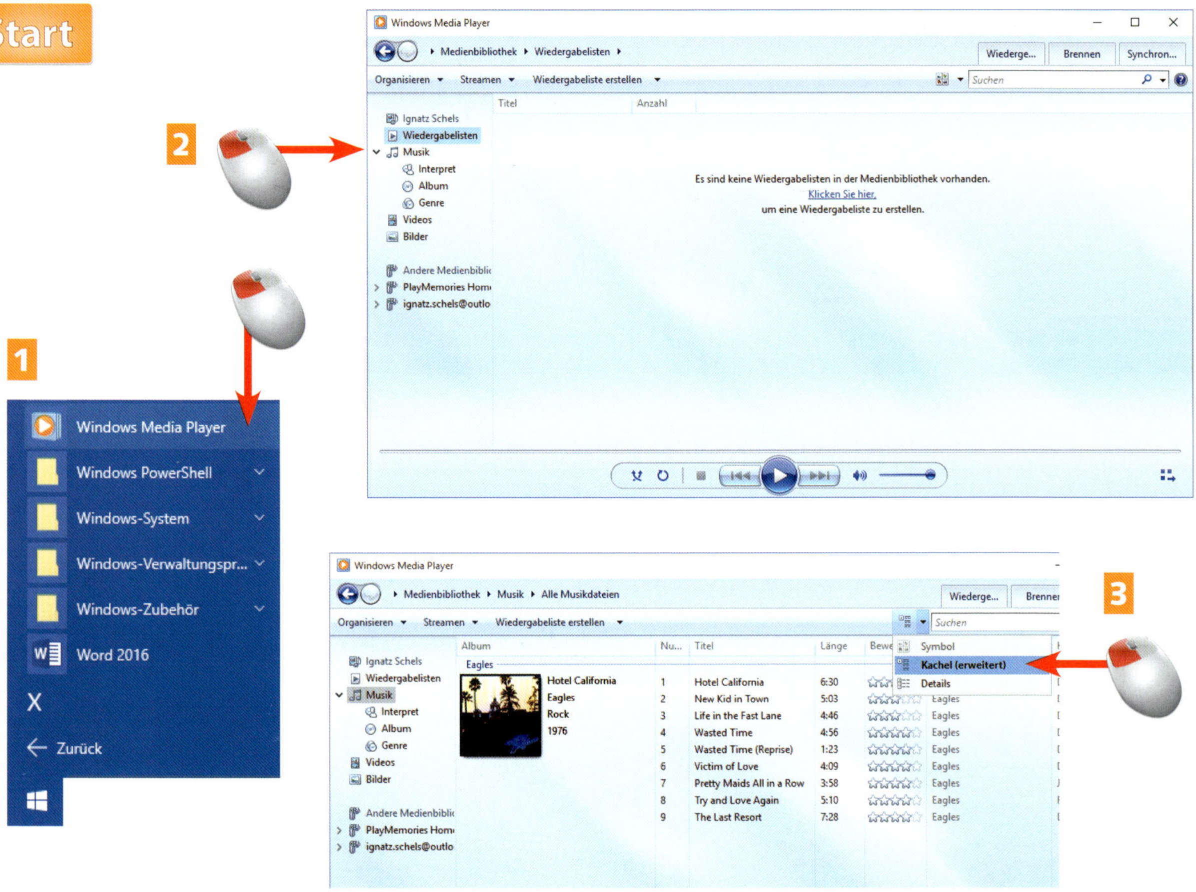

1 Schalten Sie im Startbildschirm um auf die Ansicht *Alle Apps* und starten Sie *Windows Media Player* aus der Gruppe *Windows-Zubehör*.

2 Im Navigationsbereich finden Sie die Bibliotheken *Musik*, *Videos* und *Bilder*. Wählen Sie eine Bibliothek aus.

3 Die Dateien aus der Bibliothek (hier *Musik*) werden angezeigt, stellen Sie die Anzeige auf *Kacheln* oder *Details*.

Die App *Windows Media Player* spielt Ihre Songs und Videos ab oder zeigt die Bilder aus der *Bilder*-Bibliothek an. Sie können weitere Ordner mit Multimedia-Dateien hinzufügen und so Ihre persönliche Medienbibliothek gestalten.

WISSEN

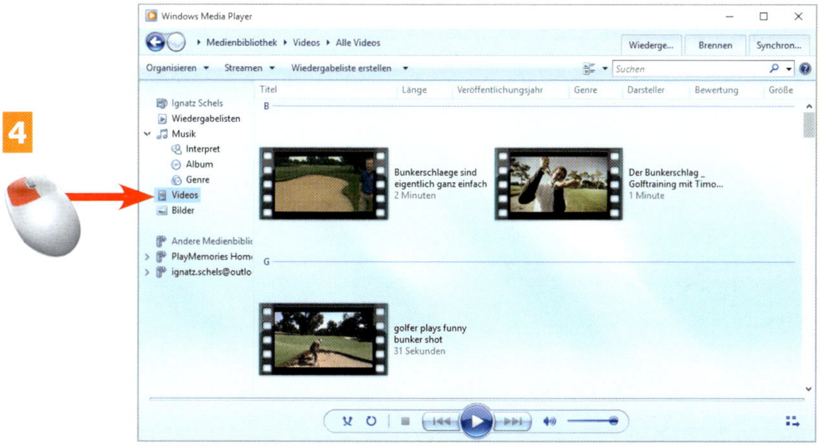

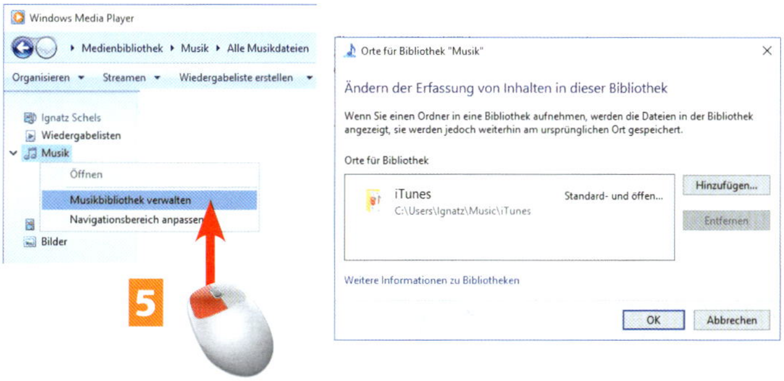

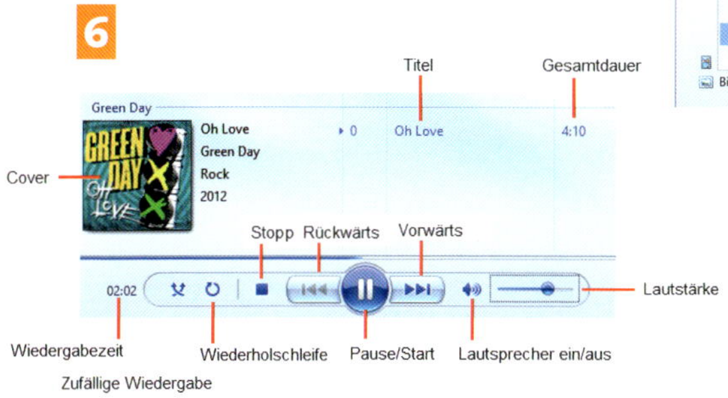

4 Markieren Sie eine andere Bibliothek, zum Beispiel *Videos*.

5 Klicken Sie mit der rechten Maustaste auf die Kategorie und wählen Sie *Musikbibliothek verwalten*.

6 Über die Wiedergabeleiste starten Sie den markierten Titel, spielen ihn in einer Schleife ab oder wählen die zufällige Wiedergabe.

Der Windows Media Player kann keine Video-CDs oder DVDs abspielen, dazu brauchen Sie eine passende App bzw. Software (Nero Burning ROM, VLC, FLV u. a.).

HINWEIS

Das Windows Media Center aus der Vorgängerversion gibt es in Windows 10 nicht mehr.

HINWEIS

8

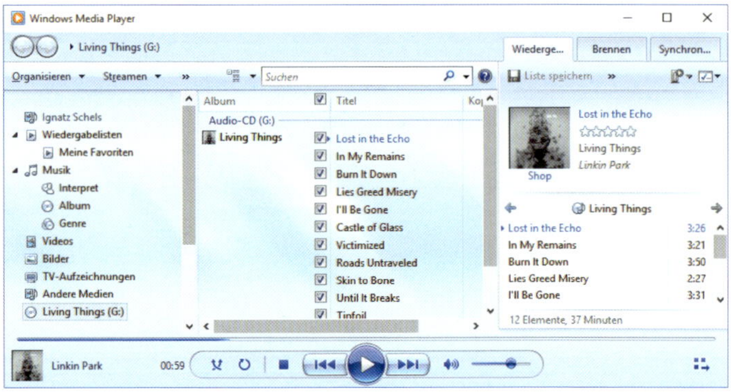

7

9

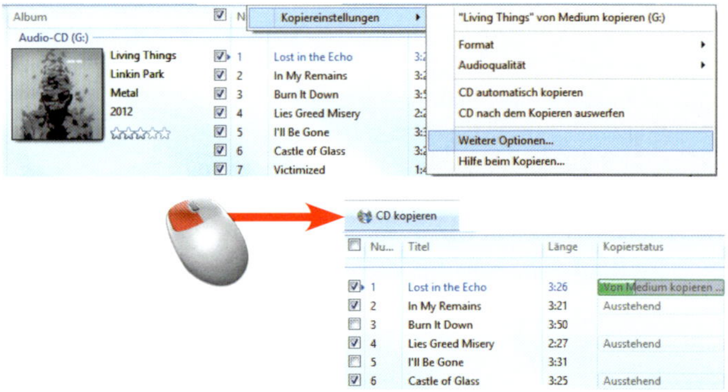

7 Legen Sie eine Musik-CD ein, startet der Windows Media Player sofort die Wiedergabe. Schalten Sie um auf die Bibliothek.

8 Hier sehen Sie alle Titel und können einzelne für die Wiedergabe markieren oder abwählen.

9 Um die CD-Titel in die Musikbibliothek zu kopieren, passen Sie die Kopieroptionen an und starten mit *CD kopieren*.

Musik und Videos von CDs oder USB-Sticks gibt der Media Player sofort wieder, dazu schaltet er in den Wiedergabemodus. Nutzen Sie die App auch, um CDs zu importieren oder Musik-CDs zu erstellen.

WISSEN

10

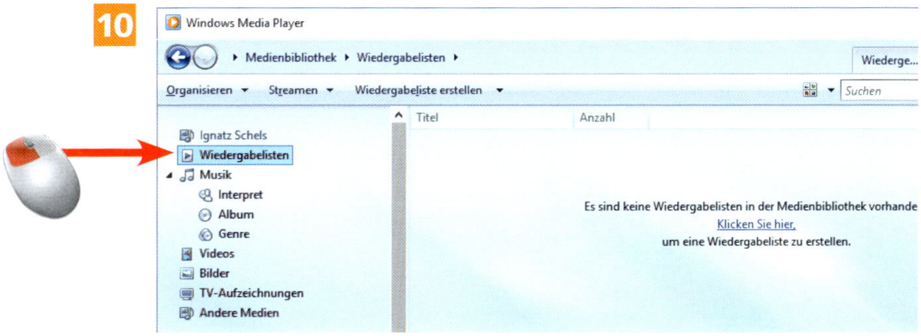

12

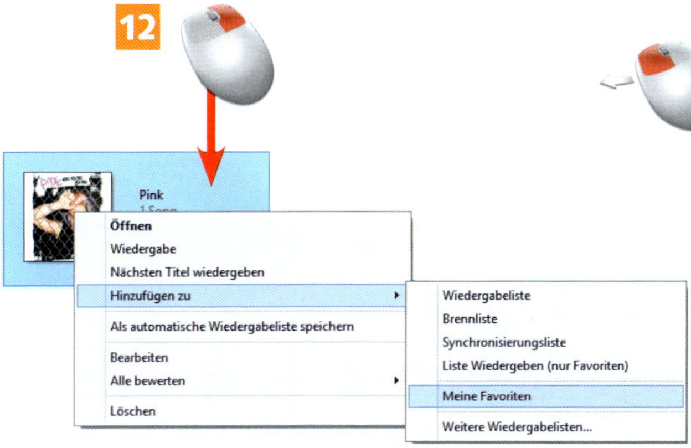

11

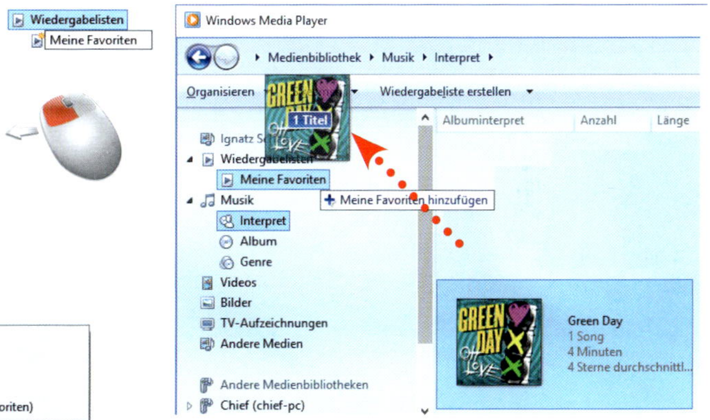

10 Erstellen Sie eine Wiedergabeliste für Ihre Lieblingstitel.

11 Geben Sie der Wiedergabeliste einen Namen und ziehen Sie die Titel einfach aus der Titelliste in die Wiedergabeliste.

12 Klicken Sie einen Titel mit der rechten Maustaste an, finden Sie alle Wiedergabelisten im Kontextmenü.

Ende

Um eine CD zu brennen, schalten Sie um auf *Brennen*, ziehen die gewünschten Titel einfach in die Brennliste und starten mit *Brennvorgang starten*.

HINWEIS

Mit *Synchronisieren* können Sie Ihren MP3-Player mit Ihren Musikbibliotheken synchronisieren. Apple-iPhone-Daten werden mit iTunes verwaltet (*www.apple.com/de/itunes*).

HINWEIS

Start

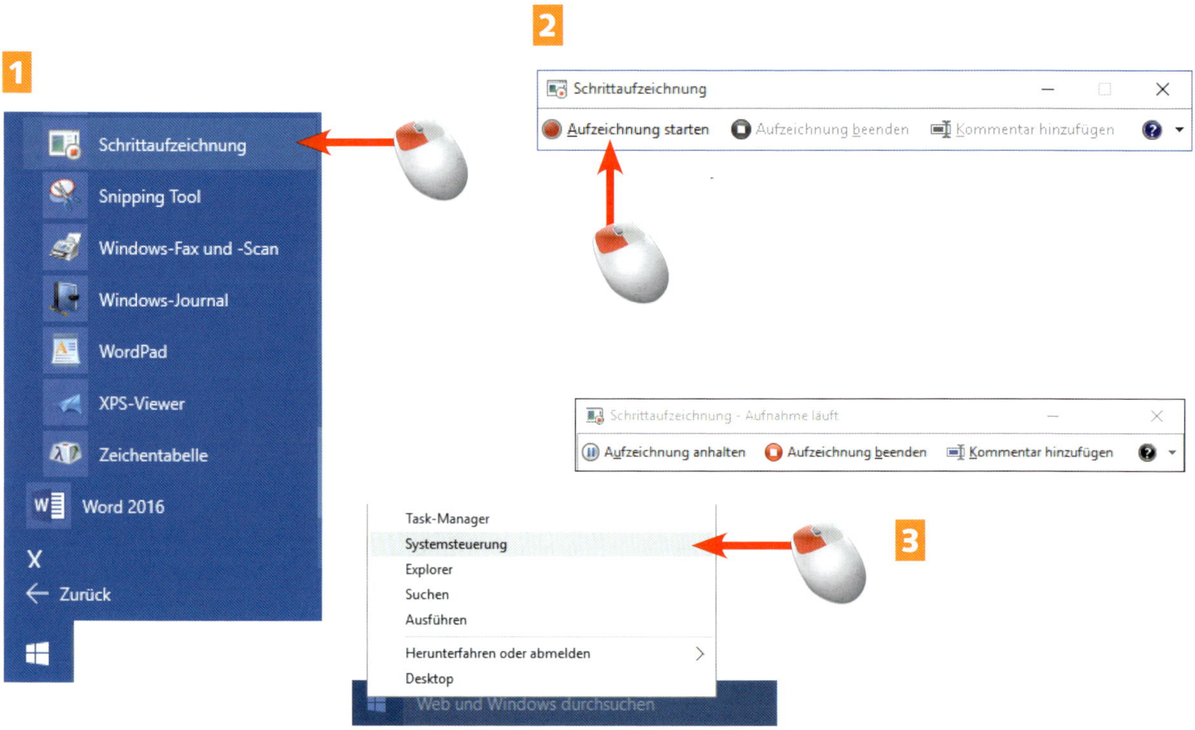

1 Schalten Sie im Startbildschirm auf die Ansicht *Alle Apps* um und starten Sie *Schrittaufzeichnung* aus der Gruppe *Windows-Zubehör*.

2 Klicken Sie auf *Aufzeichnung starten*, wenn Sie bereit sind, Ihre Aktionen aufzuzeichnen.

3 Die Aufzeichnung läuft, führen Sie alle Aktionen aus. Hier zum Beispiel das Einrichten des Bildschirmschoners über die *Systemsteuerung*.

Für Schulungs- und Lernunterlagen ein ideales Werkzeug: Die Schrittaufzeichnung protokolliert Ihre Aktivität auf dem Bildschirm. Sie können Kommentare abgeben und das Ganze als Dateiarchiv speichern.

WISSEN

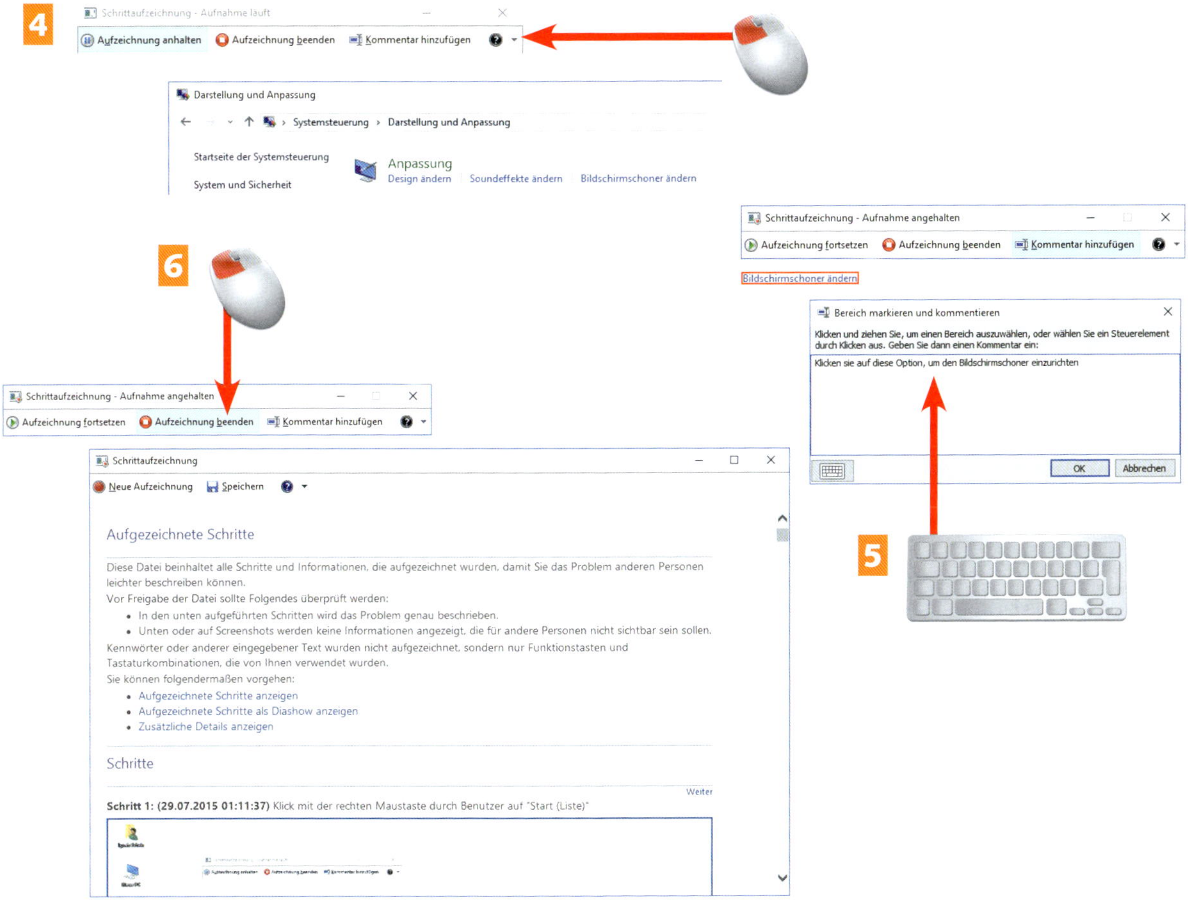

4 Klicken Sie auf *Kommentar hinzufügen*, wenn Sie einen Schritt kommentieren wollen.

5 Markieren Sie den Bereich, für den der Kommentar gedacht ist, und tragen Sie einen Kommentartext ein. Mit Klick auf *OK* geht es weiter.

6 Wenn alle Schritte aufgezeichnet sind, stoppen Sie mit *Aufzeichnung beenden*.

Für Kommentare können Sie Bereiche markieren. Windows 10 zeichnet einen Rahmen um den Bereich, zum Beispiel ein Fenster, eine Option oder ein Symbol, das angeklickt wird.

HINWEIS

Sie können die Aufzeichnung anhalten und wieder fortsetzen.

HINWEIS

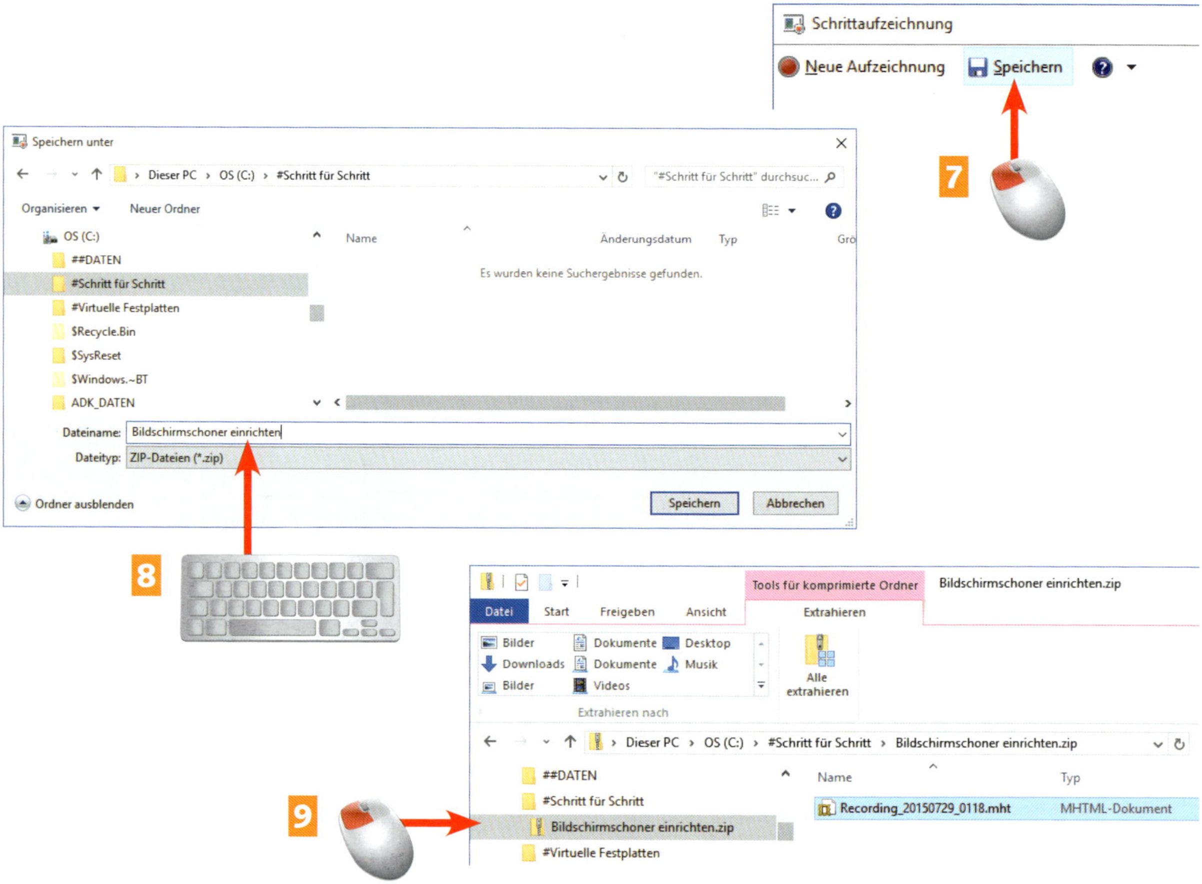

7 Klicken Sie auf *Speichern*, um die aufgezeichneten Schritte in Dateiform zu speichern.

8 Suchen Sie einen passenden Ordner auf einem Datenträger und geben Sie einen Dateinamen ein. Die Datei wird als ZIP-Archiv gespeichert.

9 Ein Klick nach dem Speichern auf das ZIP-Archiv in der Navigation zeigt, dass es eine MHT-Datei enthält.

Speichern Sie Ihre Schrittaufzeichnung, Windows legt ein ZIP-Archiv an, da die Dateien mit den vielen Screenshots ziemlich groß werden. Zum Abspielen können Sie ein Textprogramm (Word) oder den Browser benutzen.

WISSEN

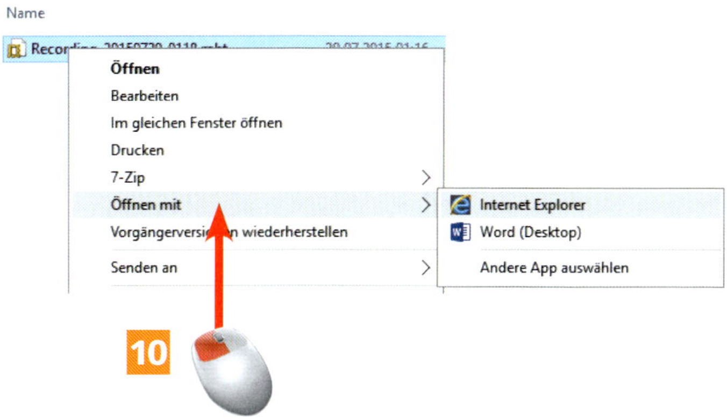

11

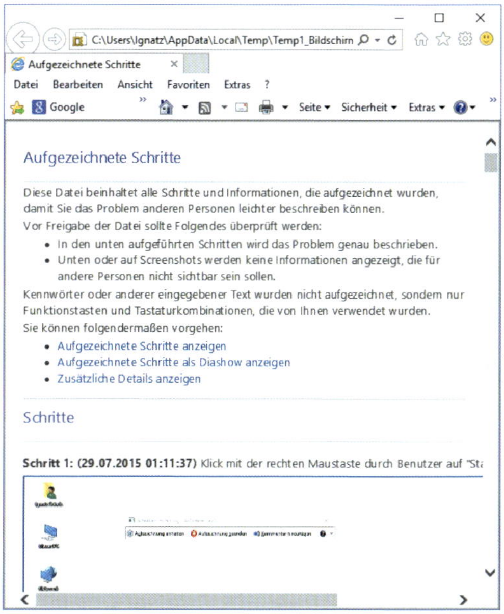

12

10 Zum Abspielen der Aufzeichnung extrahieren Sie das Archiv. Klicken Sie die MHT-Datei mit der rechten Maustaste an und wählen Sie *Öffnen mit*.

11 Öffnen Sie die Datei mit dem Browser oder mit einem Textprogramm (Word). Angeboten wird, was installiert ist.

12 Die Aktionen sind Schritt für Schritt mit Screenshots aufgezeichnet. Eigene Kommentare finden Sie neben der Schrittnummer.

Ende

MHT: MIME Encapsulation of Aggregate HTML Documents. Ein Dateiformat, das HTML-Webseiten inklusive Grafiken speichert.

FACHWORT

Zum Abspielen wird der ältere Browser Internet Explorer angeboten, weil dieser MIME-fähig ist.

HINWEIS

Systemsteuerung spezial 12

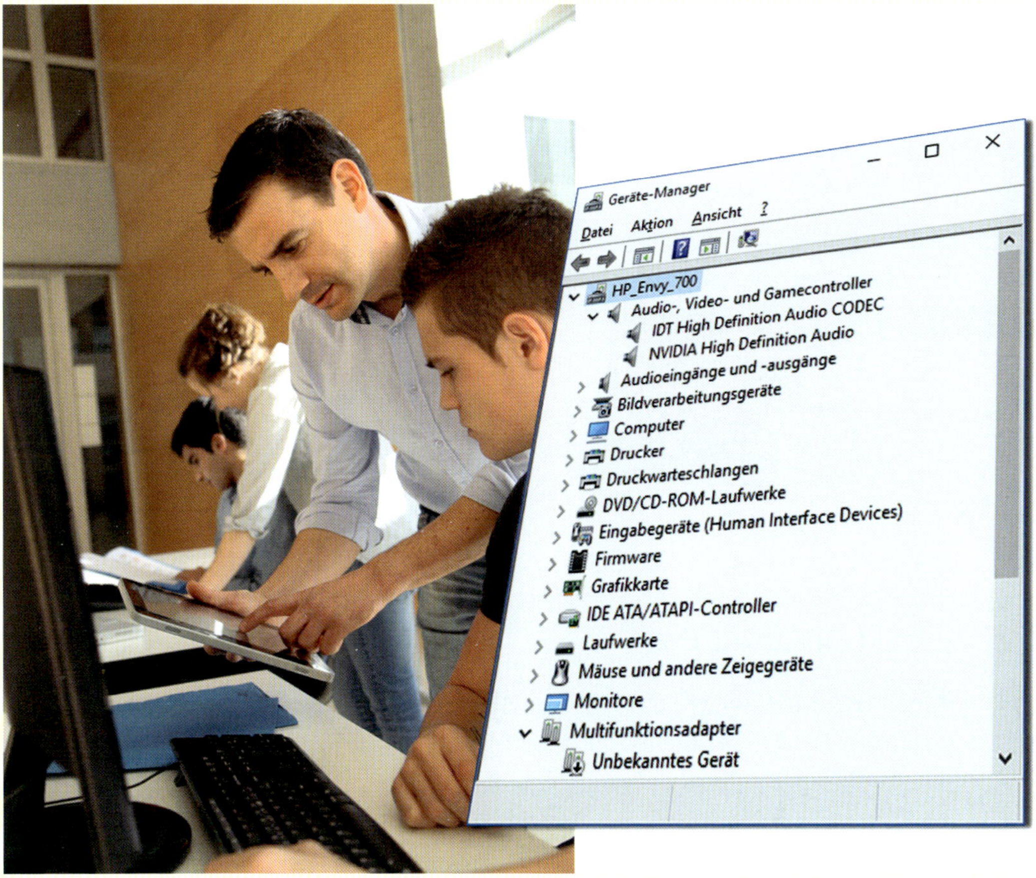

Start

1

2

3

1 Programme installieren Sie über die Cloud. Windows 10 bietet eine App für die Einrichtung von Microsoft Office 365 an.

2 Holen Sie sich ein Abonnement der Software und installieren Sie die Programme auf allen Geräten, die zu Ihrem Microsoft-Konto gehören.

3 Natürlich können Sie auch weiterhin Programme über CDs oder DVDs installieren. Legen Sie den Datenträger ein, ...

Windows-Programme installieren Sie heute aus der Cloud. Sie müssen keine Datenträger mehr kaufen, abonnieren Sie die Software einfach.

WISSEN

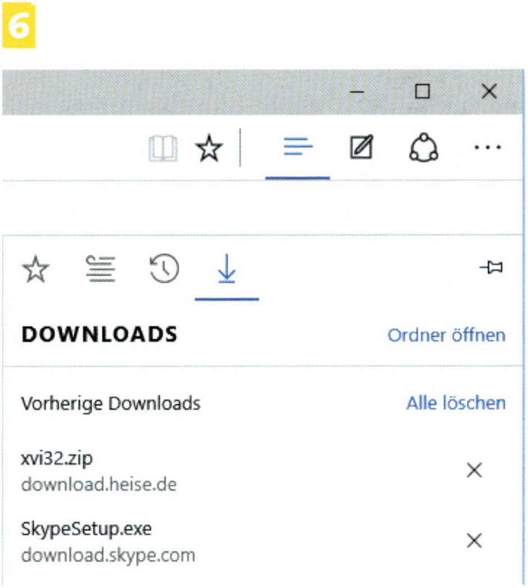

4 ... und starten Sie die Installation über das Installationsprogramm (*start.exe* oder *setup.exe*).

5 Programme, die auf Webseiten zum Download angeboten werden, holen Sie zuerst in den Downloadordner des Browsers.

6 Öffnen Sie in Microsoft Edge den Hub und sehen Sie sich die *Downloads* der Programme an, die Sie aus dem Internet geladen hatten.

Ende

Apps installieren Sie über den App-Store (siehe Kapitel 4), Downloads können Sie auch gleich über die Downloadleiste ausführen.

HINWEIS

Start

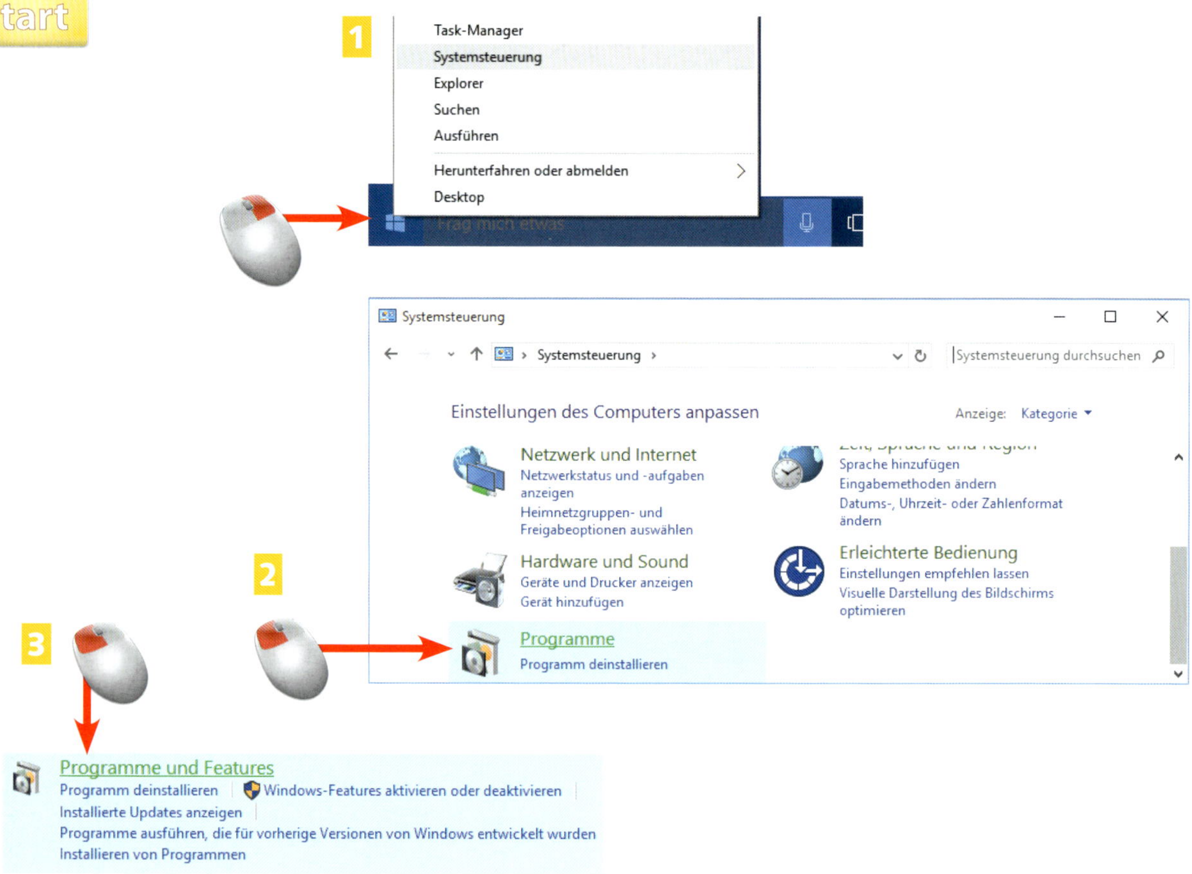

1 Starten Sie die *Systemsteuerung* per Klick mit der rechten Maustaste auf das Startsymbol oder über die *Einstellungen*.

2 Wählen Sie in der Systemsteuerung die Option *Programme*.

3 Markieren Sie *Programme und Features* für die Liste aller installierten Programme.

Mit der Programmliste in der Systemsteuerung behalten Sie immer den Überblick über Ihre Windows-Programme und können – falls nötig – Programme reparieren oder deinstallieren.

WISSEN

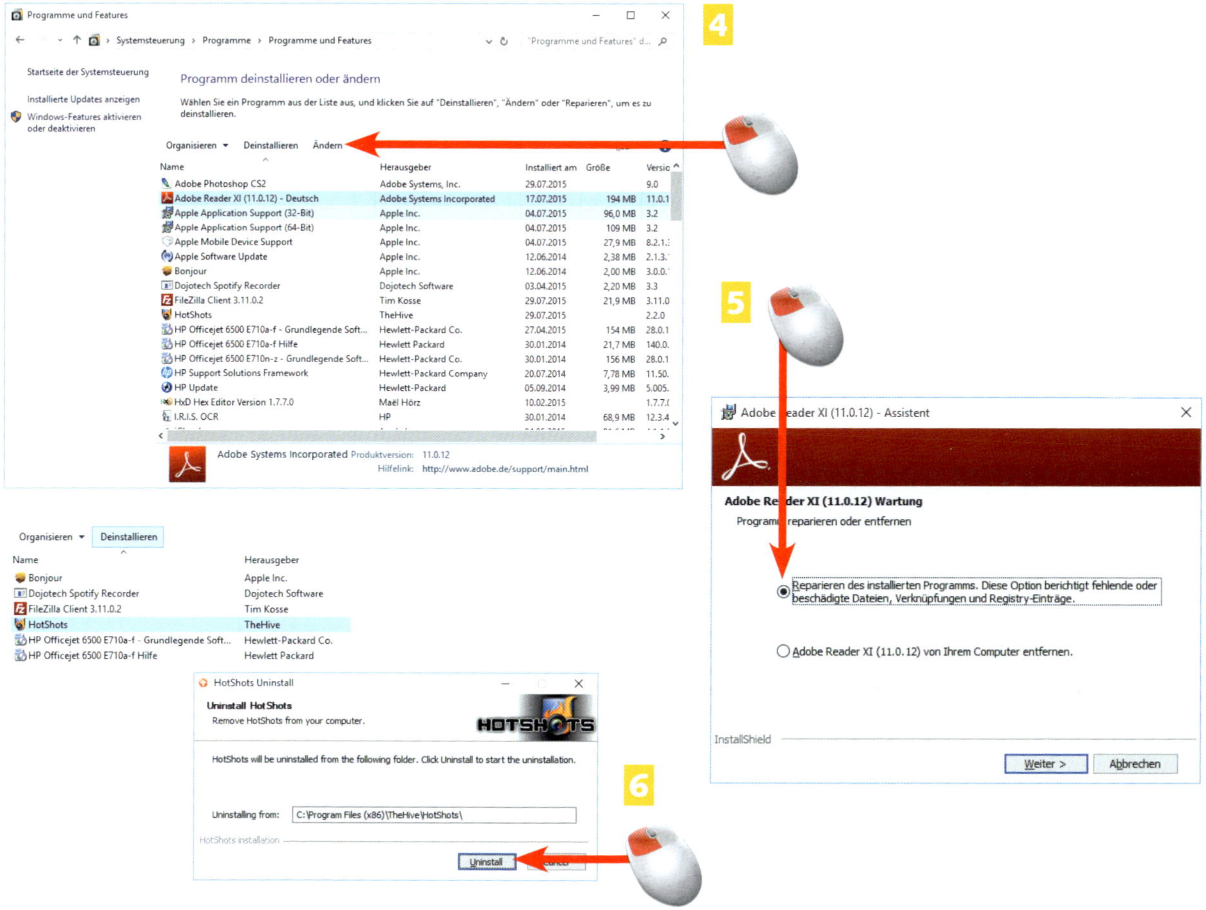

4 Die Liste zeigt alle Programme mit Installationsdatum und Größe an. Markieren Sie ein Programm und wählen Sie *Ändern* oder *Reparieren*.

5 Bestätigen Sie die Informationen des Installationsassistenten für eine Änderung oder Reparatur.

6 Um ein Programm zu entfernen, markieren Sie es in der Liste und wählen *Deinstallieren*. Auch damit startet ein Assistent.

Ende

Reparieren und *Ändern* werden nur angeboten, wenn das Programm bei der Installation einen entsprechenden Dienst eingerichtet hatte.

Achten Sie auf die Statusleiste in der Programmliste, sie zeigt ausführliche Informationen zum markierten Programm.

HINWEIS

TIPP

Start

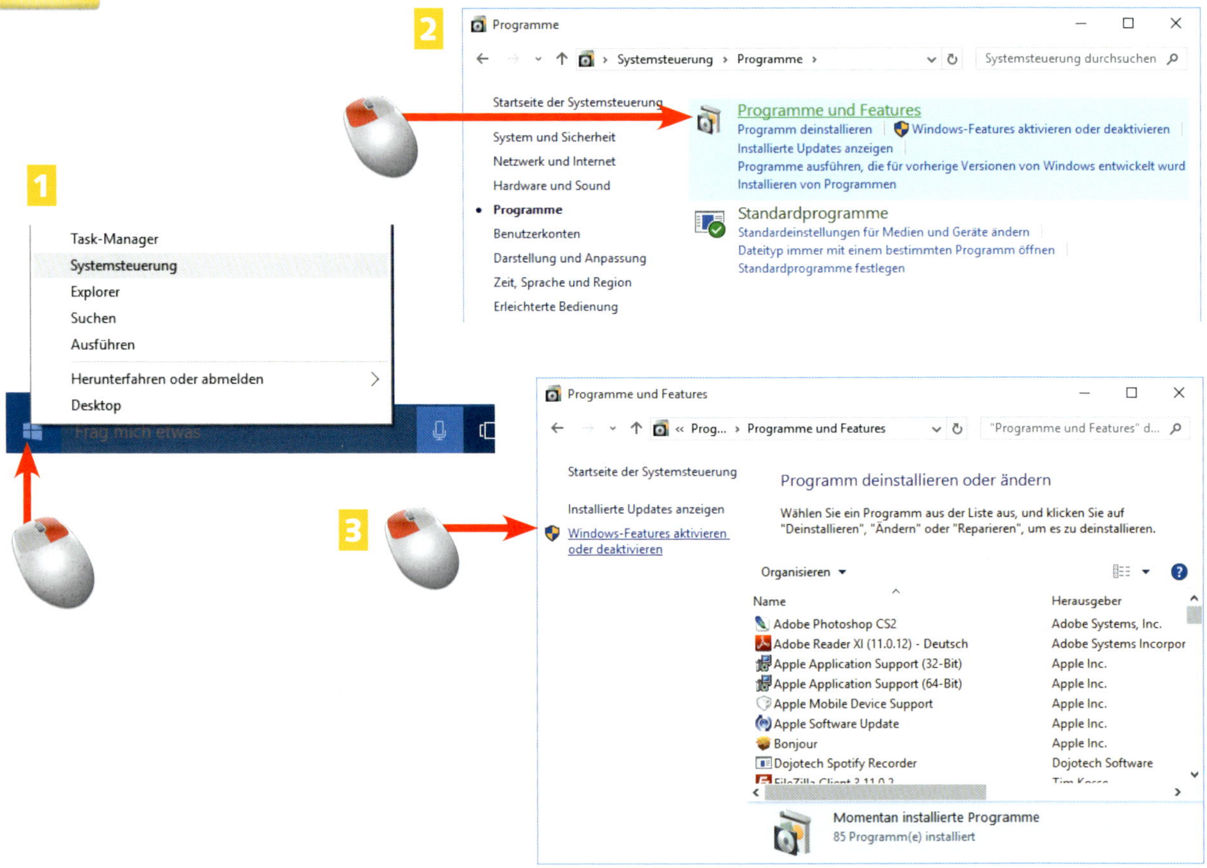

1 Starten Sie die *Systemsteuerung* per Klick mit der rechten Maustaste auf das Startsymbol oder über die *Einstellungen*.

2 Wählen Sie in der Systemsteuerung *Programme/Programme und Features*.

3 Wählen Sie *Windows-Features aktivieren oder deaktivieren*.

Die Windows-Features sind eine Sammlung von Spezialprogrammen für Netzwerk- und Internetprofis. Viele davon werden nur für den Serverbetrieb gebraucht.

WISSEN

5

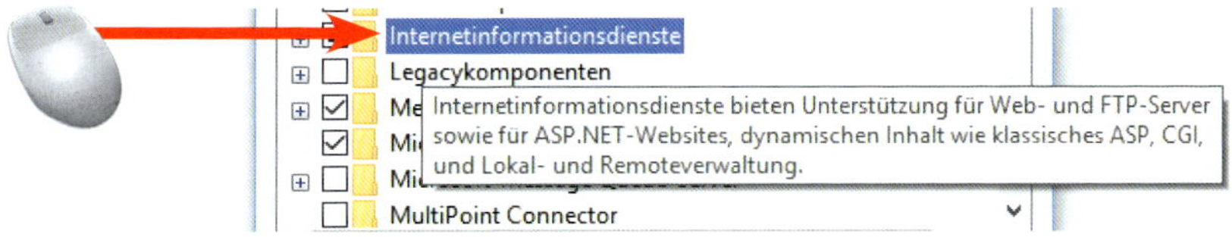

4

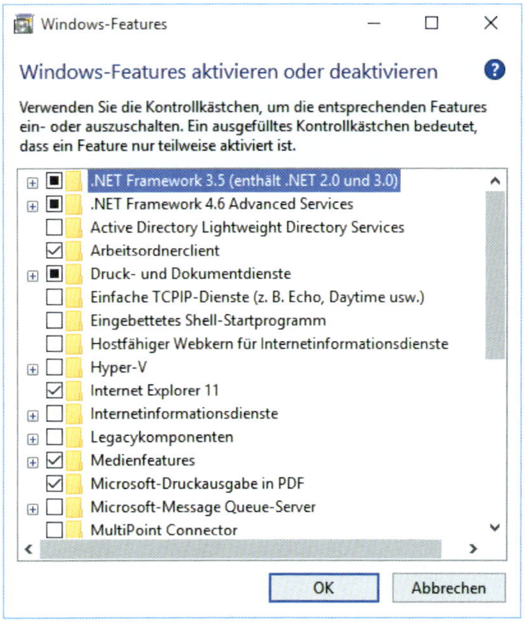

6

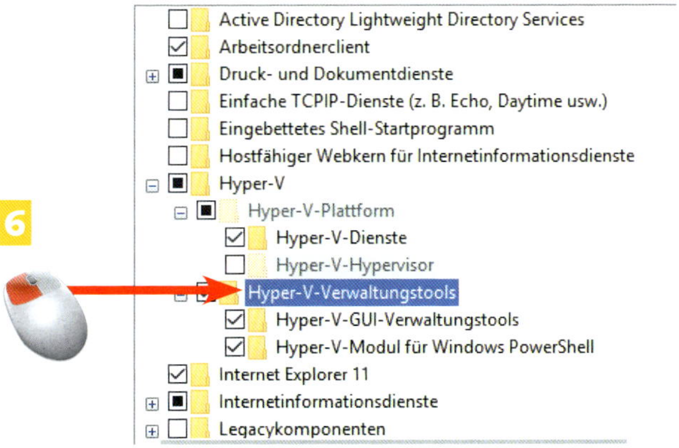

4 Die Windows-Features werden angezeigt, angekreuzte Einträge sind bereits installiert.

5 Zeigen Sie mit der Maus auf ein Feature für detaillierte Informationen.

6 Aktivieren oder deaktivieren Sie ein Feature und bestätigen Sie mit *OK*. Achten Sie auf die Warnmeldungen.

Ende

Der Windows Media Player wird hier unter *Medienfeatures* angeboten. Das Windows Media Center wird unter Windows 10 nicht mehr unterstützt.

HINWEIS

Hyper-V ist ein Feature für virtuelle Maschinen. Aktivieren Sie die Plattform und die Verwaltungstools.

HINWEIS

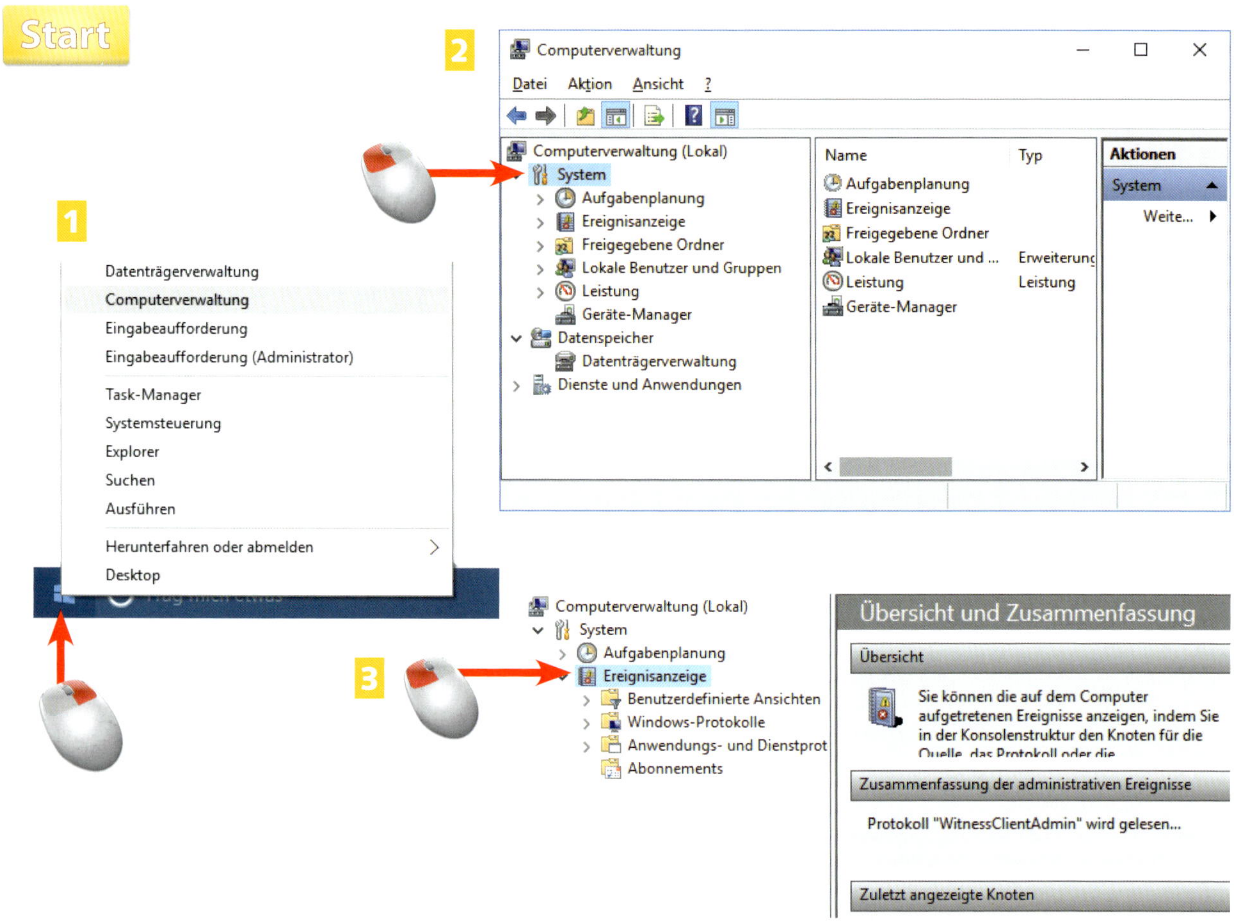

1 Klicken Sie mit der rechten Maustaste auf das Startsymbol und wählen Sie *Computerverwaltung*.

2 Markieren Sie die Kategorie *System*. Hier finden Sie sechs Dienstprogramme.

3 In der *Ereignisanzeige* stehen die System- und Sicherheitsprotokolle zur Verfügung.

Die Computerverwaltung ist eine Konsole mit Programmen für die Verwaltung von lokalen und Remotecomputern, unterteilt in die Kategorien *Systemprogramme*, *Speichergeräte*, *Dienste* und *Anwendungen*.

WISSEN

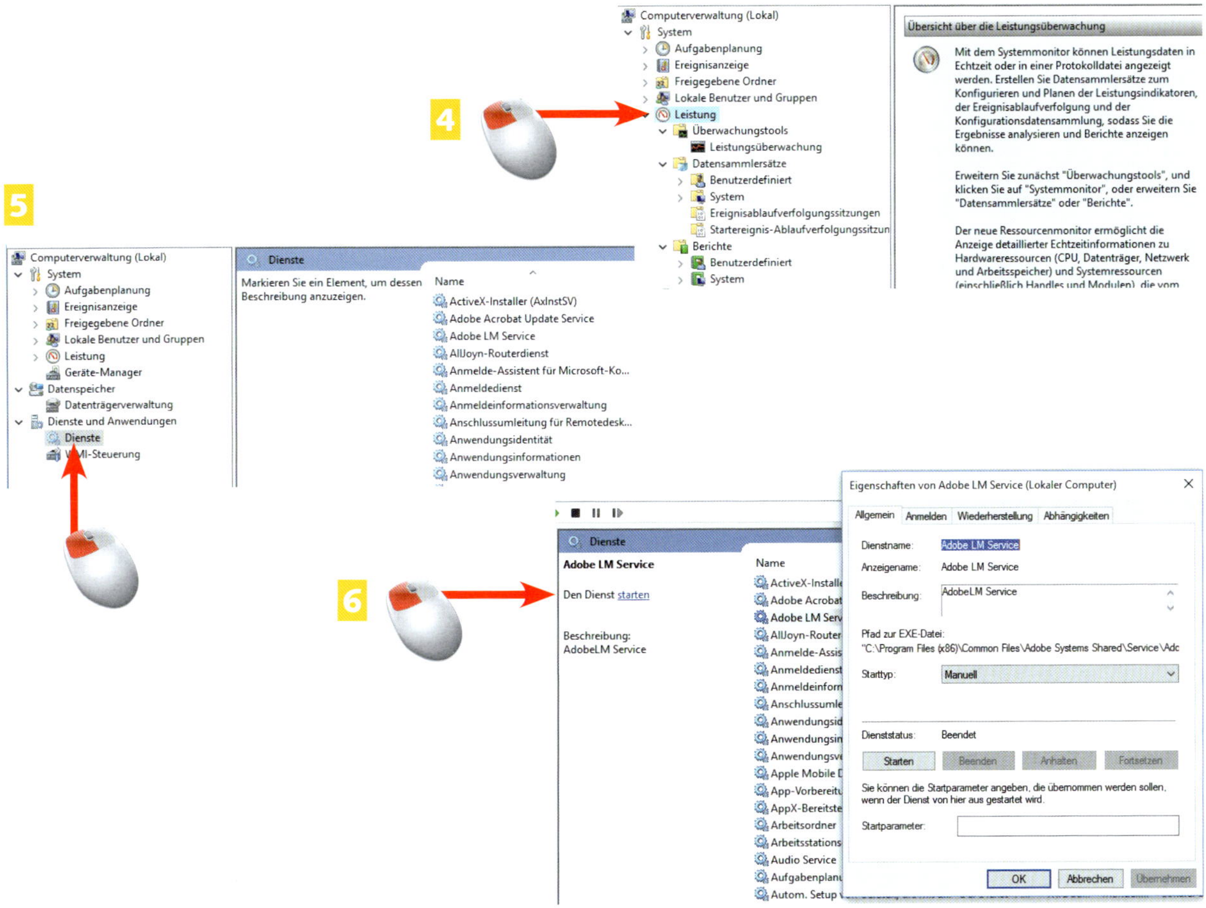

4 Die Kategorie *Leistung* enthält Protokolle und Berichte für die Computerleistung.

5 Schalten Sie unter *Dienste und Anwendungen* auf *Dienste* und markieren Sie einen Dienst.

6 Jetzt können Sie den Dienst beenden oder neu starten oder per Doppelklick konfigurieren.

Ende

Unter *Lokale Benutzer und Gruppen* finden Sie die Benutzerkonten (siehe Kapitel 10).

HINWEIS

Freigegebene Ordner zeigt, welche Ordner in Ihrem Netzwerk freigegeben sind. Im *Aktionen*-Fenster lassen sich weitere Freigaben definieren.

HINWEIS

Start

1

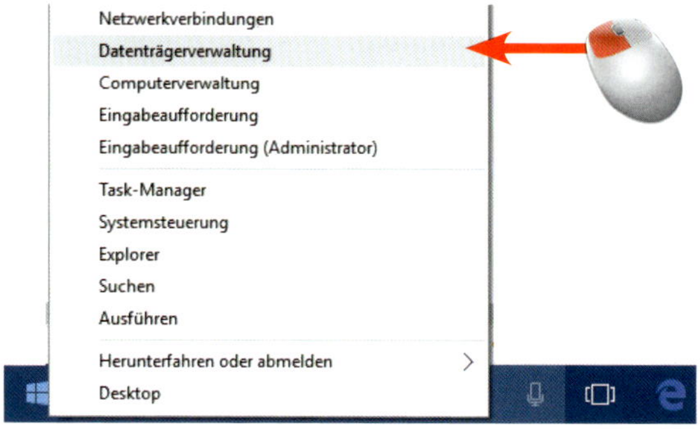

3

2

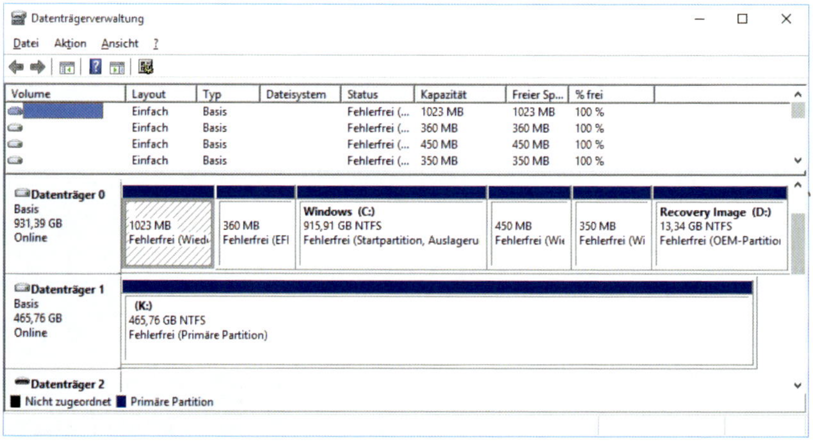

1 Klicken Sie mit der rechten Maustaste auf das Startsymbol und wählen Sie *Datenträgerverwaltung*.

2 Die Datenträgerverwaltung zeigt alle Partitionen auf Ihrem Computer an, die aktive Partition ist schraffiert.

3 Klicken Sie mit der rechten Maustaste in eine Partition und ändern Sie Laufwerkbuchstaben und den Pfad.

Kontrollieren Sie mit der Datenträgerverwaltung Ihre Festplattenpartitionen, verkleinern und vergrößern Sie diese oder löschen Sie, was nicht mehr gebraucht wird.

WISSEN

4

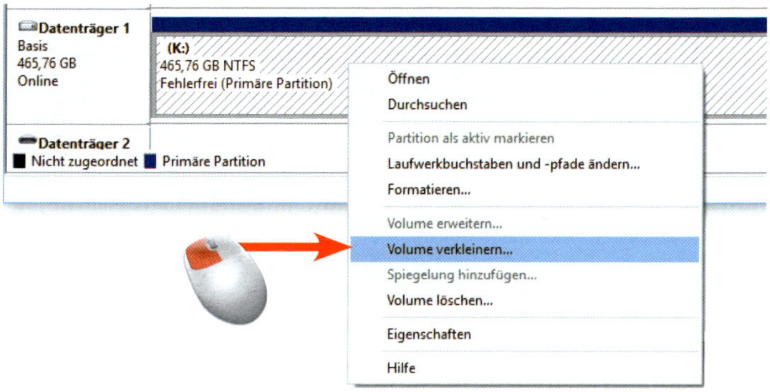

5

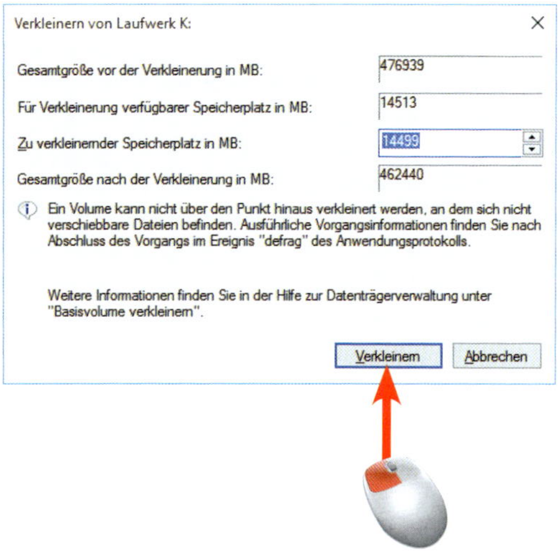

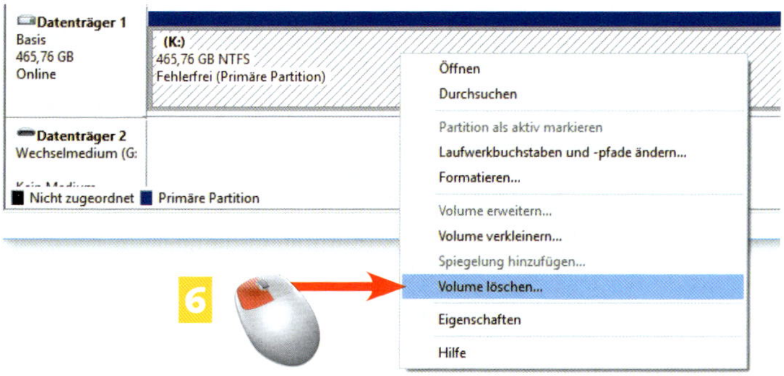

6

4 Mit *Volume verkleinern* reduzieren Sie den von der Partition benötigten Platz auf der Festplatte. Geben Sie den Speicherplatz in MByte an.

5 Geben Sie den zu verkleinernden Speicherplatz in MByte an.

6 Löschen Sie Partitionen, die nicht in Gebrauch sind, um den Speicherplatz frei zu machen.

Ende

Sie können nur Partitionen bearbeiten, die nicht aktiv sind. Beachten Sie, dass beim Formatieren oder Löschen einer Partition alle Daten darauf unwiederbringlich verloren gehen.

HINWEIS

Mit *Eigenschaften* (rechte Maustaste auf eine Partition) erhalten Sie detaillierte Informationen und Ereignisanzeigen.

TIPP

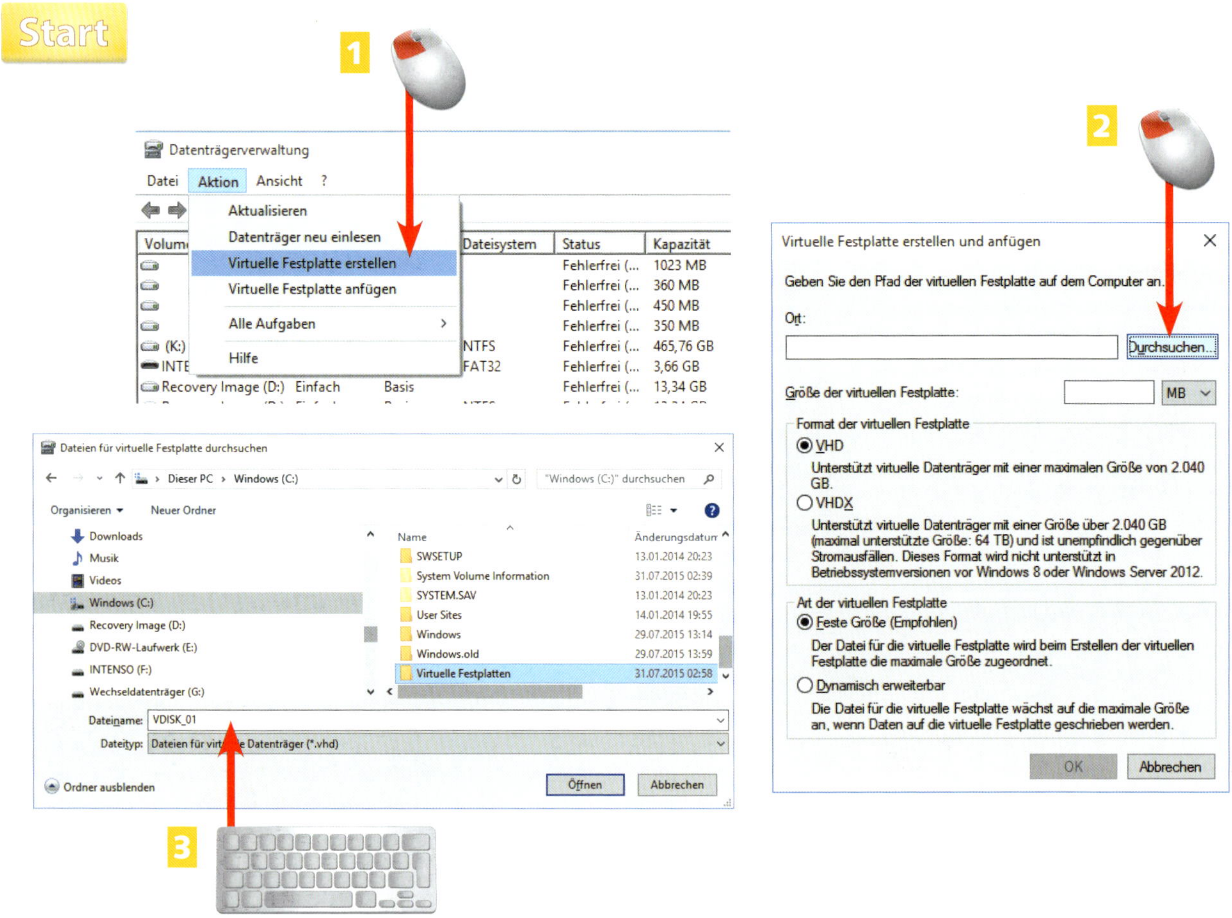

1 Starten Sie die Datenträgerverwaltung und wählen Sie *Aktion/Virtuelle Festplatte erstellen*.

2 Mit *Durchsuchen* bestimmen Sie Speicherort und Dateiname der virtuellen Festplatte.

3 Legen Sie einen neuen Ordner an, geben Sie den Dateinamen ein und bestätigen Sie mit *Öffnen*.

Virtuelle Festplatten sind eine nützliche Alternative, um auf einem Rechner mit mehreren Betriebssystemen zu arbeiten. Die Datenträgerverwaltung bietet die Möglichkeit, virtuelle Festplatten anzulegen.

WISSEN

4

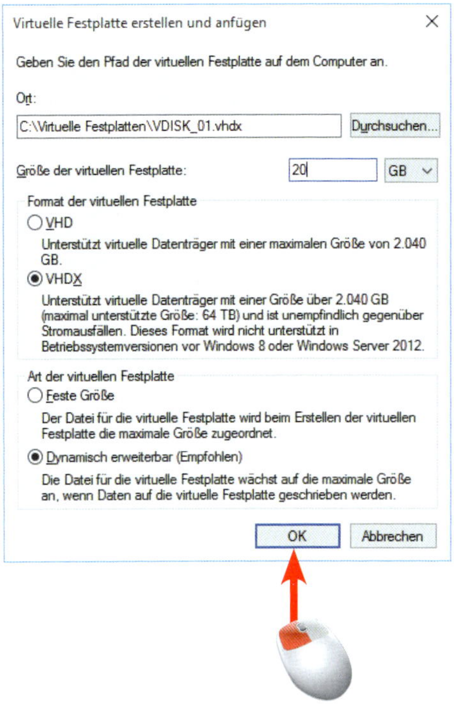

5

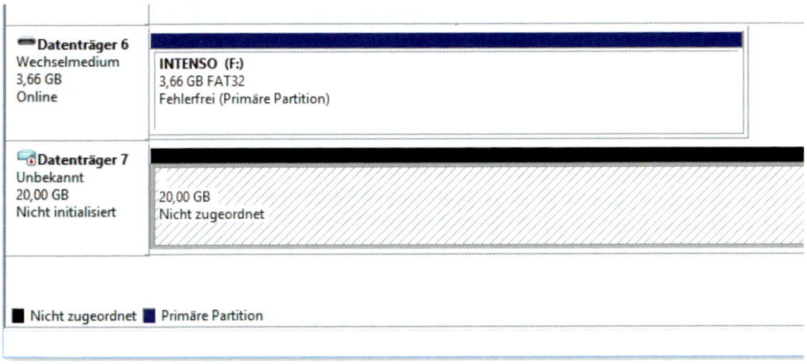

6

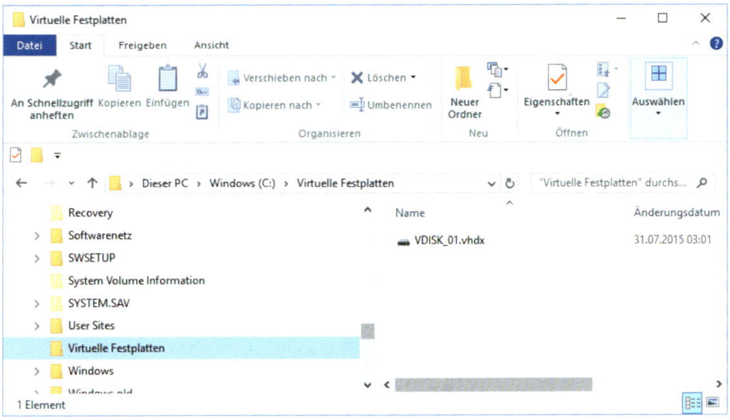

4 Bestimmen Sie Größe, Typ und Format der neuen virtuellen Festplatte und bestätigen Sie mit *OK*.

5 Die virtuelle Festplatte wird erstellt und steht anschließend in der Datenträgerverwaltung als neues Volume bereit.

6 Im Ordner für virtuelle Festplatten können Sie die neu angelegten Dateien überprüfen (hier VHDX und VHD).

Ende

VHD-Festplatten sind auf eine Größe von 2 TByte begrenzt, eine VHDX-Platte kann maximal 16 TByte groß sein und ist leistungsfähiger als VHD.

HINWEIS

Für die Installation eines Betriebssystems auf einer virtuellen Festplatte verwenden Sie Software wie VMware oder Oracle VirtualBox. Windows 10 stellt mit Hyper-V eine eigene App für virtuelle Festplatten zur Verfügung.

HINWEIS

Start

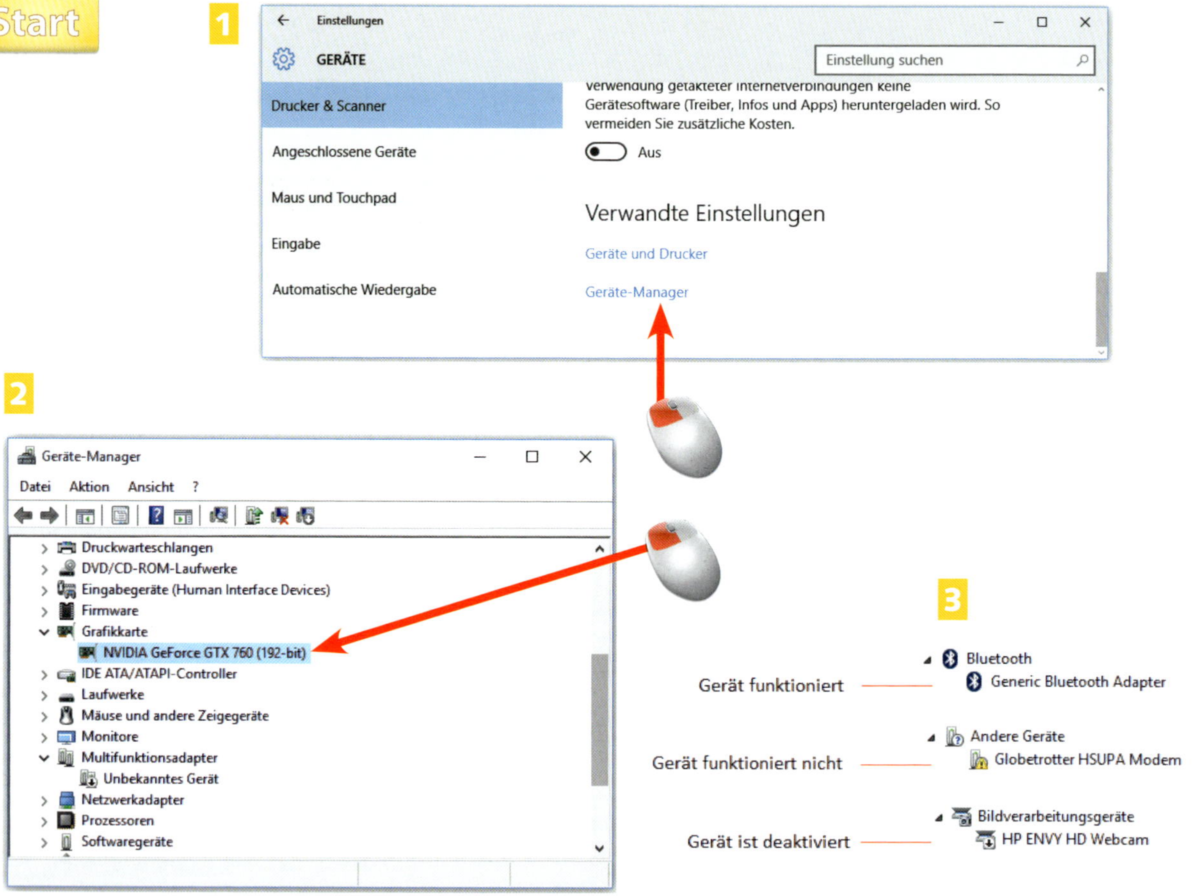

1 Aktivieren Sie den Geräte-Manager über *Start/Einstellungen/Geräte* oder in der Systemsteuerung unter *Hardware und Sound*.

2 Die Geräte werden nach Typ geordnet angezeigt. Öffnen Sie eine Kategorie, um die Geräte aufzulisten.

3 Ein Warnsymbol am Gerät zeigt an, ob das Gerät deaktiviert ist oder nicht funktioniert.

Der Geräte-Manager zeigt alle auf dem Computer installierten Hardwarekomponenten mit Gerätetreibern und Ressourcen. Nutzen Sie ihn, um Fehler in der Hardware aufzuspüren, neue Treiber zu installieren oder instabile Geräte auszuschalten.

WISSEN

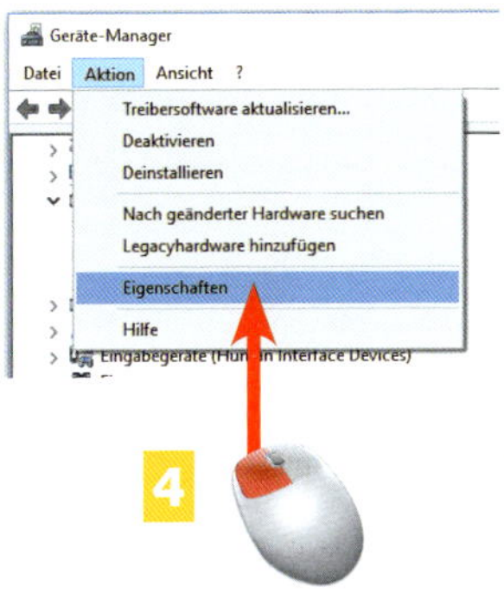

4

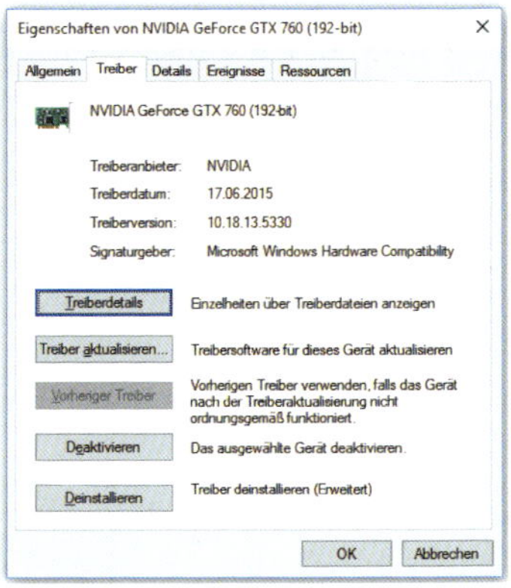

5

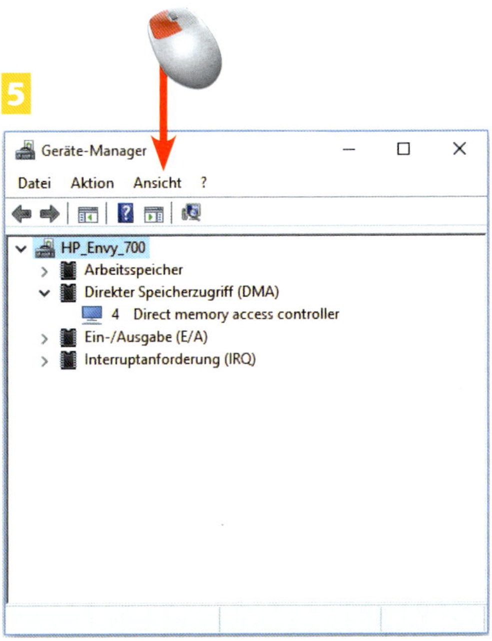

6

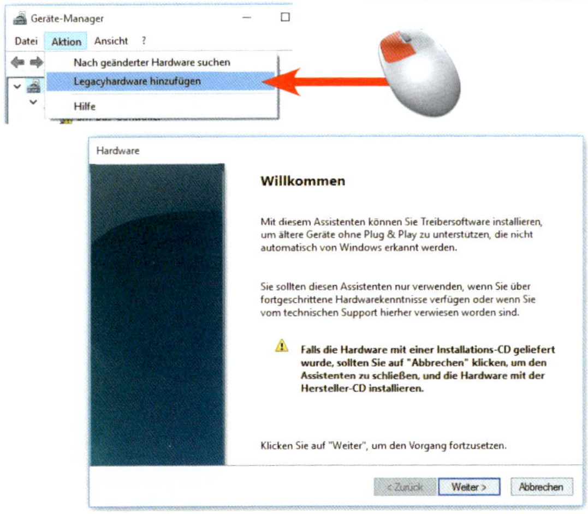

4 Über *Aktion/Eigenschaften* können Sie Gerätetreiber aktualisieren, Geräte aktivieren, deaktivieren oder deinstallieren.

5 Schalten Sie unter *Ansicht* die Ressourcenansicht ein, werden die Geräte nach Ressourcen geordnet.

6 Fügen Sie Legacyhardware hinzu, wenn Sie Geräte benutzen, die nicht automatisch von Windows erkannt und installiert werden.

Ende

Legacyhardware ist Hardware, die kein Plug-and-play unterstützt. Der Assistent bietet eine Auswahl von Herstellern und Modellkomponenten an. Schalten Sie unter *Ansicht* die versteckten Geräte ein, um diese Hardware zu sehen.

HINWEIS

Ressourcen sind u. a. DMA-Kanäle, Ein-/Ausgabe-Ports, IRQ und Speicheradressen.

HINWEIS

Start

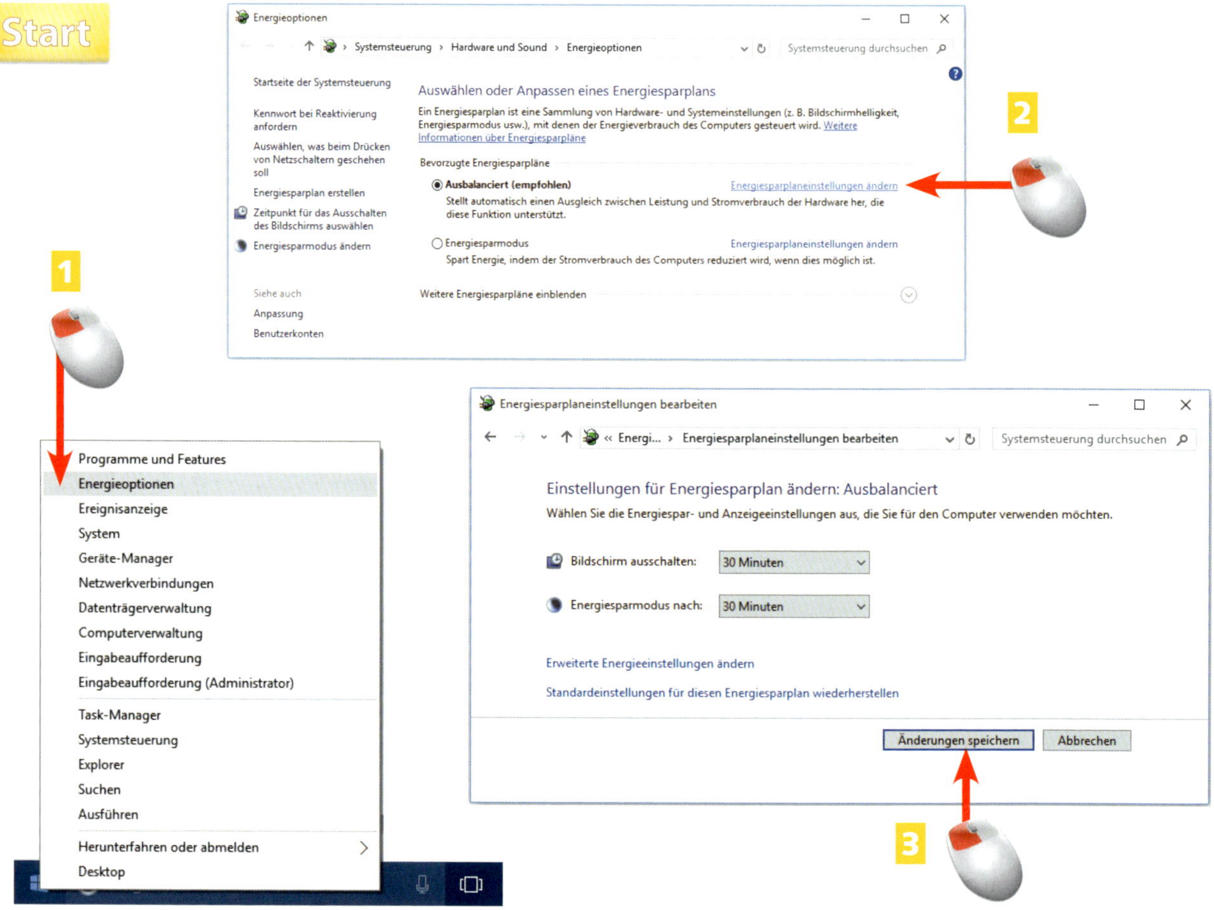

1 Aktivieren Sie die Energieoptionen im Kontextmenü des Startmenüs oder in der Systemsteuerung unter *Hardware und Sound*.

2 Zwei Energiesparpläne stehen zur Auswahl, wählen Sie *Energiesparplaneinstellungen ändern*.

3 Regeln Sie hier die Ausschaltzeiten für Akku- und Netzbetrieb und passen Sie die Bildschirmhelligkeit an.

Mit Windows 10 arbeiten Sie umweltbewusst und energiesparend. Für Netz- und Akkubetrieb gibt es unterschiedliche Energiesparpläne, die Sie nach eigenen Wünschen in allen Details anpassen können.

WISSEN

4

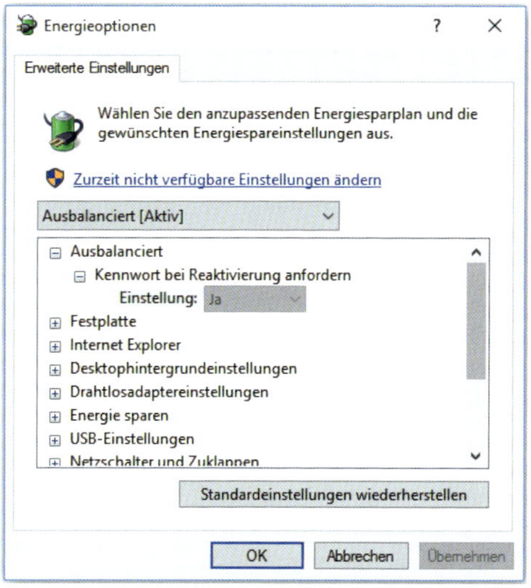

6

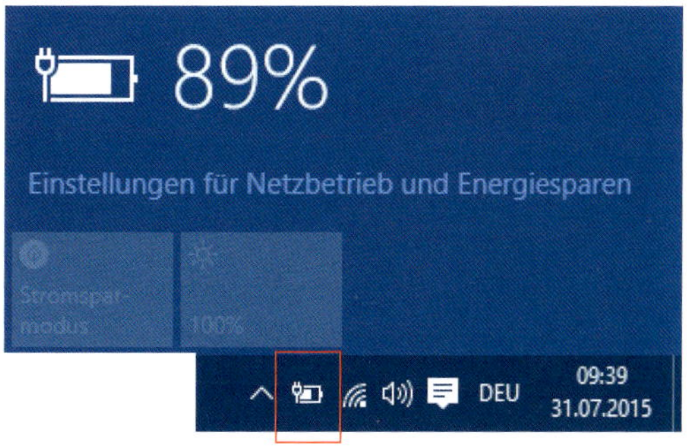

5

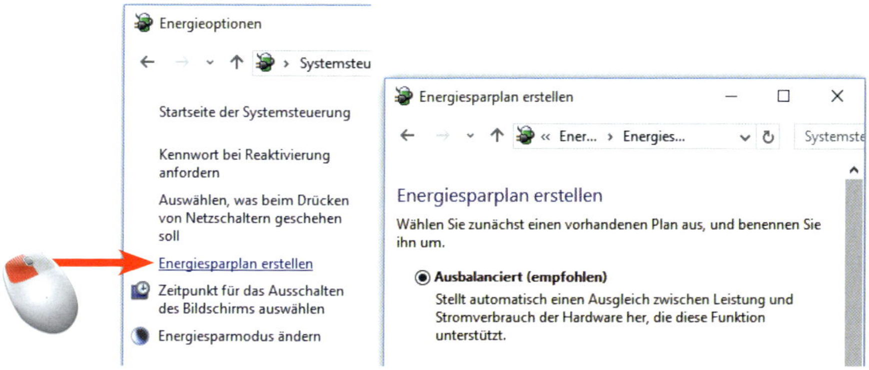

4 Unter *Erweiterte Einstellungen* finden Sie weitere Optionen, zum Beispiel für den WLAN-Adapter oder den Akkuzustand.

5 Wählen Sie *Energiesparplan erstellen* und legen Sie einen eigenen Energiesparplan an.

6 Der Infobereich der Taskleiste zeigt den Energiemodus an, hier können Sie ihn bei Bedarf auch umschalten.

Ende

Nutzen Sie auch das Windows-Mobilitätscenter für die Anzeige und Einstellung der Energieoptionen.

HINWEIS

Klappen Sie im Notebook- oder Laptop-Betrieb einfach den Deckel zu, das System geht automatisch in den Energiesparmodus.

TIPP

Start

1

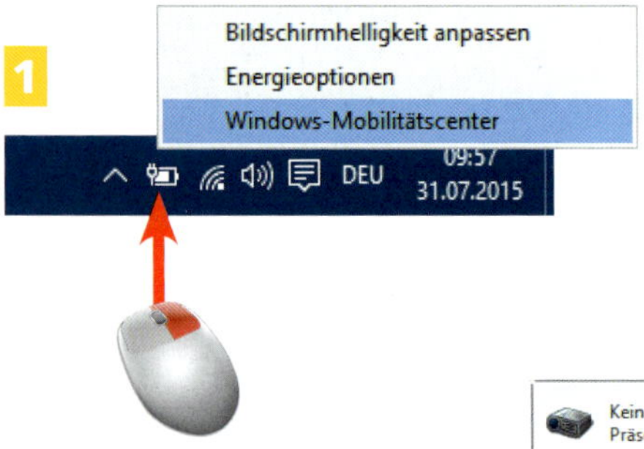

2

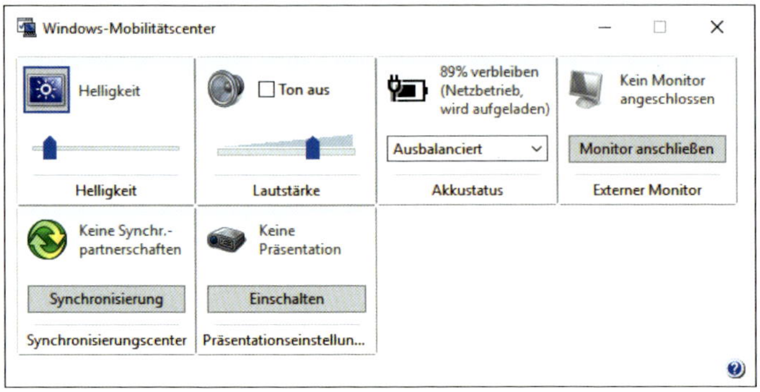

3

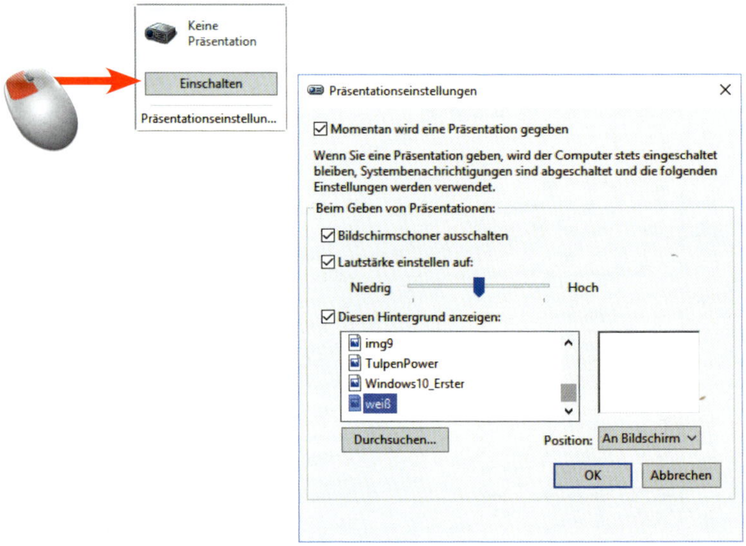

1 Das *Mobilitätscenter* finden Sie im Kontextmenü des Energiesymbols in der Taskleiste.

2 Das Mobilitätscenter für Laptops und Notebooks enthält alle Optionen, die sonst an unterschiedlichen Stellen der Systemsteuerung zu finden sind.

3 Schalten Sie für Präsentationen mit dem mobilen Gerät den Präsentationsmodus ein und regeln Sie Lautstärke, Bildschirmschoner und Hintergrundbild.

Wenn Sie Ihren Laptop, Ihr Notebook oder das Tablet an unterschiedlichen Orten verwenden, müssen Sie schnell auf Helligkeits- oder Lautstärkeeinstellungen zugreifen oder in den Präsentationsmodus schalten. Nutzen Sie dafür das Mobilitätscenter.

WISSEN

4

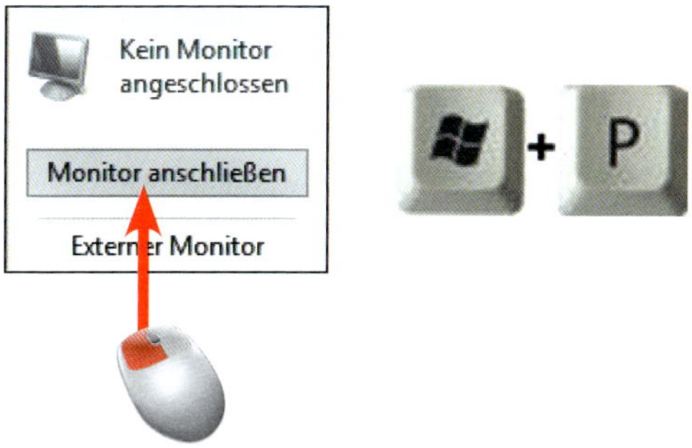

5

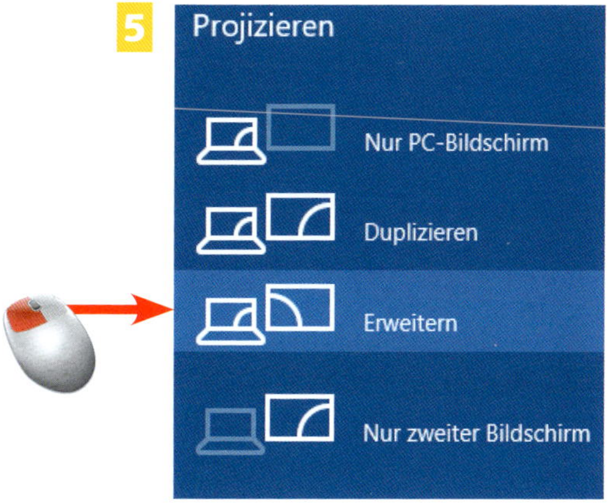

6

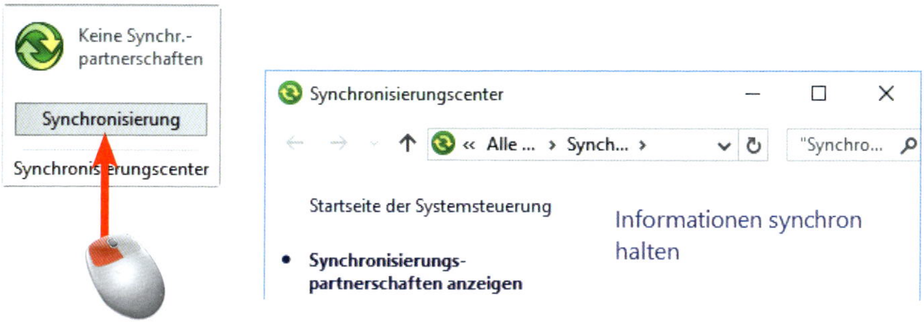

4 Klicken Sie auf *Monitor anschließen* oder drücken Sie [Win]+[P], wenn ein zweiter Monitor angeschlossen wird.

5 Mit *Duplizieren* wird Windows auf beiden Bildschirmen gezeigt, *Erweitern* erweitert den Desktop auf den zweiten Monitor.

6 Im *Synchronisierungscenter* synchronisieren Sie Ihre Dateien mit dem Server oder erstellen Offlinedateien.

Ende

Zum Synchronisieren von Dateien muss eine Partnerschaft mit dem Server eingerichtet werden.

HINWEIS

Start

1

2

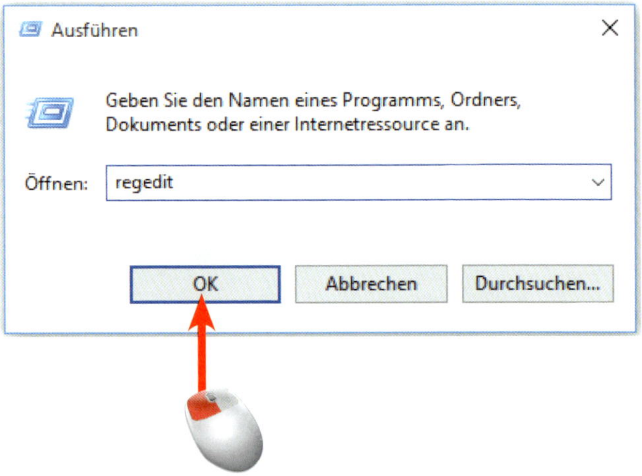

3

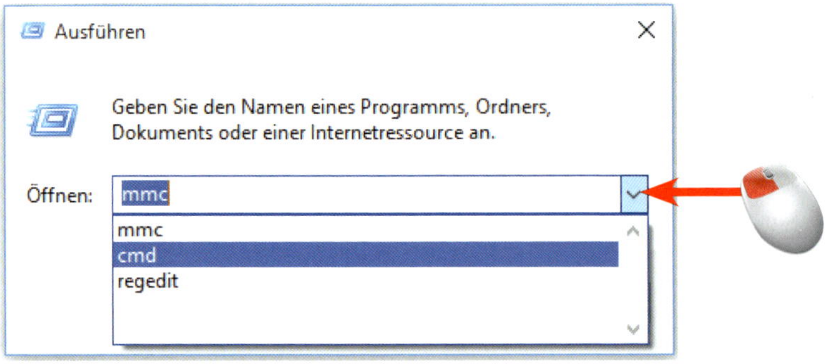

1 Klicken Sie mit der rechten Maustaste auf das Startsymbol oder suchen Sie die App in der Ansicht *Alle Apps*. Wählen Sie *Ausführen*.

2 Geben Sie den Aufruf eines Programms oder einer Systemsteuerungskomponente ein und bestätigen Sie mit *OK*.

3 Die Liste enthält die letzten Eingaben, klicken Sie auf das Pfeilsymbol.

Wer lieber ohne Menüs und Symbole arbeiten möchte, gibt Programm- und Dateiaufrufe oder Systemsteuerungselemente unter *Ausführen* ein. Die Eingabeaufforderung erfordert Systembefehle im DOS-Modus.

WISSEN

4

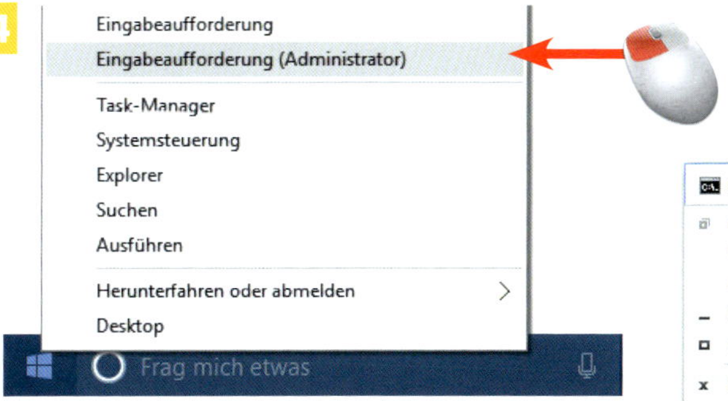

6

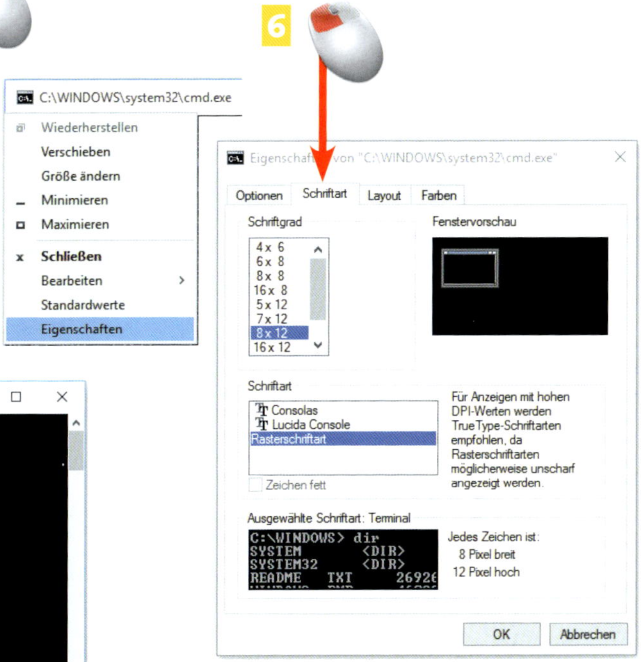

5

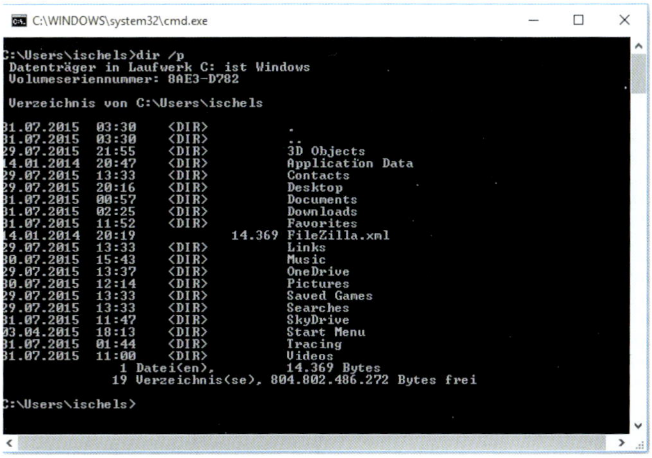

4 Klicken Sie mit der rechten Maustaste auf das Startsymbol oder suchen Sie die App *Eingabeaufforderung* in der Ansicht *Alle Apps*.

5 Geben Sie die Befehle am »Prompt« ein und bestätigen Sie mit der ↵-Taste.

6 Klicken Sie links oben und wählen Sie *Einstellungen* wie Puffer, Schriftart, Schriftgröße und Farbe.

Ende

Geben Sie in die Eingabeaufforderung *help* ein, erhalten Sie eine Liste der häufigsten Befehle:
DIR, *COPY*, *CLS*, *RENAME* u. a.

HINWEIS

Schnelle Befehle unter *Ausführen*:
devmgmt.msc – Geräte-Manager
control – Systemsteuerung
dxdiag – DirectX-Steuerprogramm
msconfig – Systemkonfiguration

TIPP

Start

1

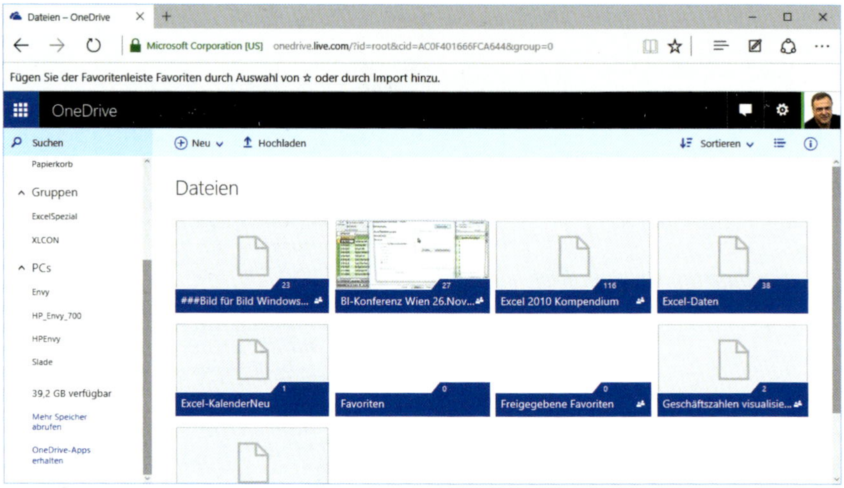

2

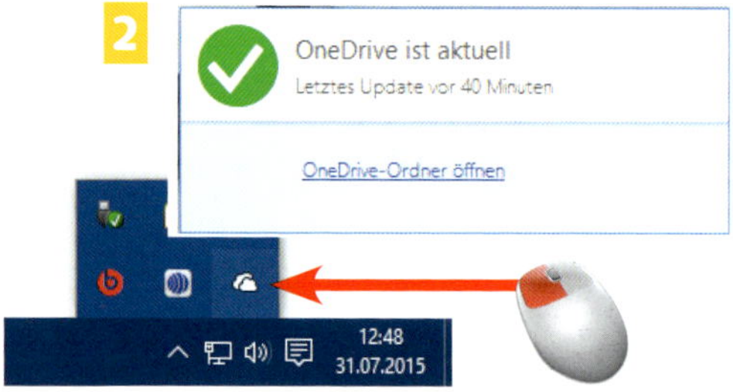

3

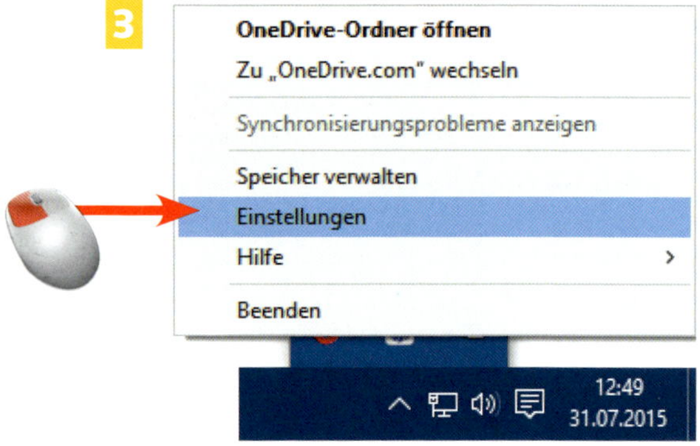

1 Registrieren Sie sich für OneDrive mit der Anlage eines Kontos. 15 GByte Speicherplatz sind kostenlos.

2 Die Symbolgruppe in der Taskleiste bietet ein Symbol für die OneDrive-App an. Klicken Sie es an und überprüfen Sie den Status.

3 Im Kontextmenü des OneDrive-App-Symbols finden Sie die *Einstellungen*.

Willkommen in der Cloud. Mit Windows 10 und OneDrive sichern Sie Fotos, Videos und Dokumente auf virtuellen Speichern im Internet, synchronisieren Ihre Dateien und teilen Ihre Cloud mit anderen Benutzern.

WISSEN

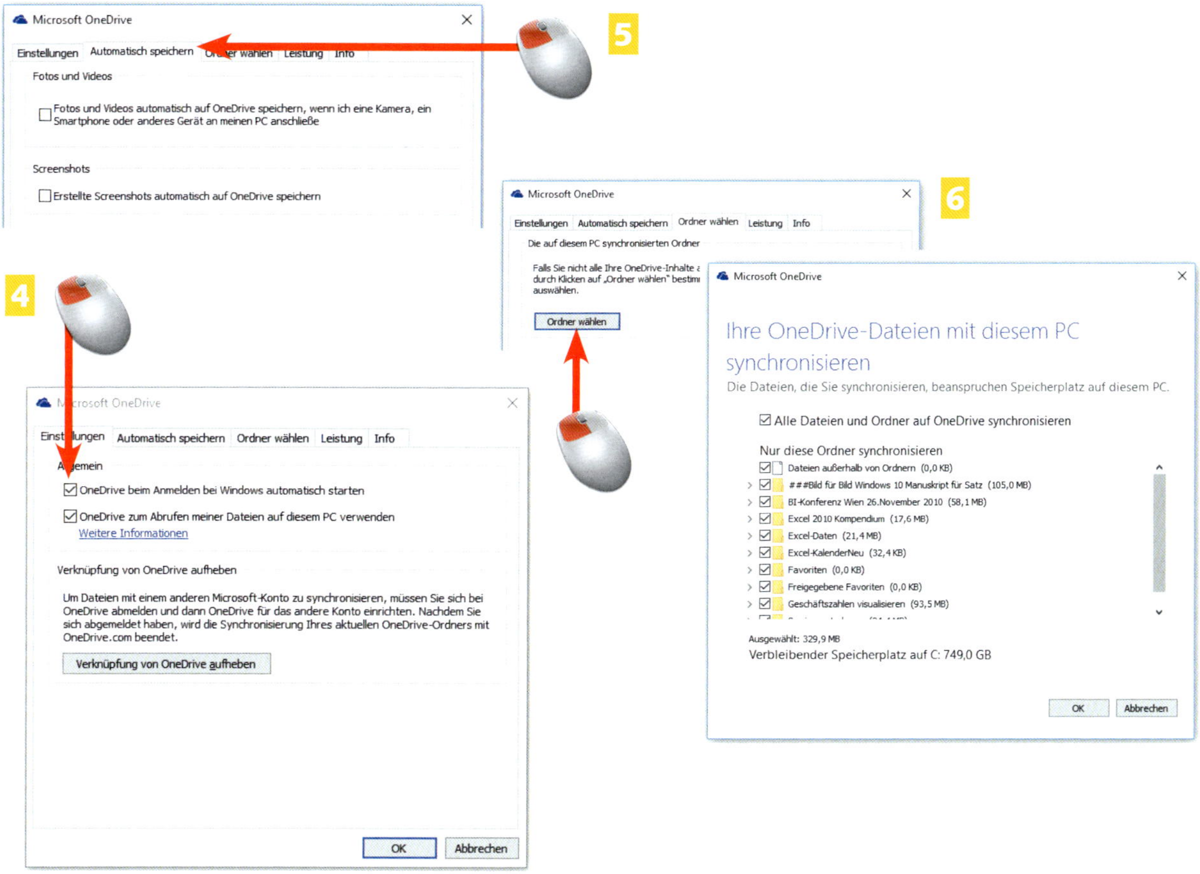

4 Richten Sie den automatischen Start ein und verbinden Sie sich mit dem aktuellen Konto.

5 Markieren Sie diese Optionen, um Fotos und Videos automatisch in der Cloud zu speichern.

6 Unter *Ordner wählen* markieren Sie die OneDrive-Ordner, die Sie mit Ihrem Computer synchronisieren.

Auf OneDrive können Sie mit allen Geräten zugreifen, die unter Ihrem Konto registriert sind. Die Adresse in die Cloud lautet *www.onedrive.live.com*.

HINWEIS

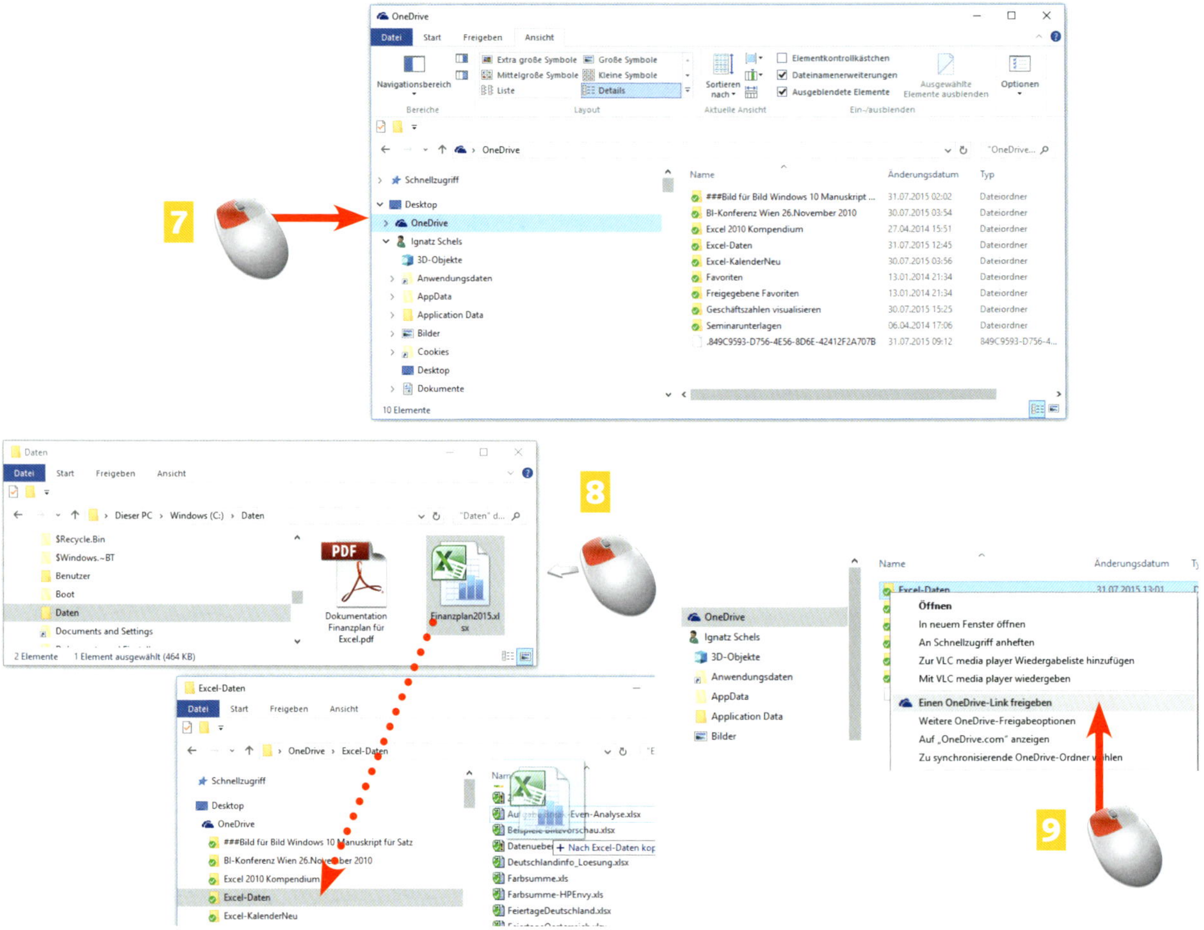

7 Starten Sie den Windows-Explorer und aktivieren Sie den Ordner *OneDrive*. Hier sehen Sie alle freigegebenen Daten.

8 Um Dateien von der Cloud oder in die Cloud zu verschieben, markieren Sie diese und ziehen sie mit gedrückter Maustaste auf den Ordner.

9 Klicken Sie mit der rechten Maustaste auf einen Ordner oder eine Datei in OneDrive und wählen Sie *Einen OneDrive-Link freigeben*.

Ordner und Dateien synchronisieren, Daten mit dem Windows-Explorer einfach in OneDrive schieben und die Cloud mit Freunden oder Geschäftspartnern teilen – mit OneDrive wird das Leben leichter.

WISSEN

11

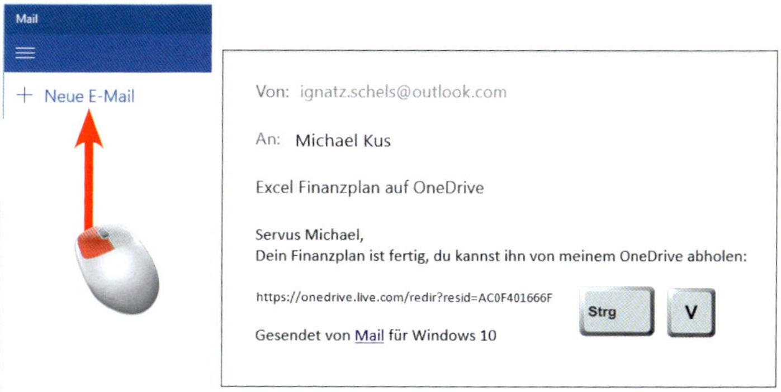

10

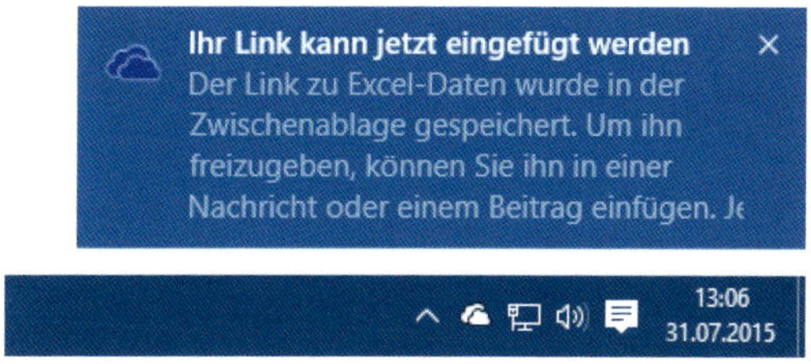

12

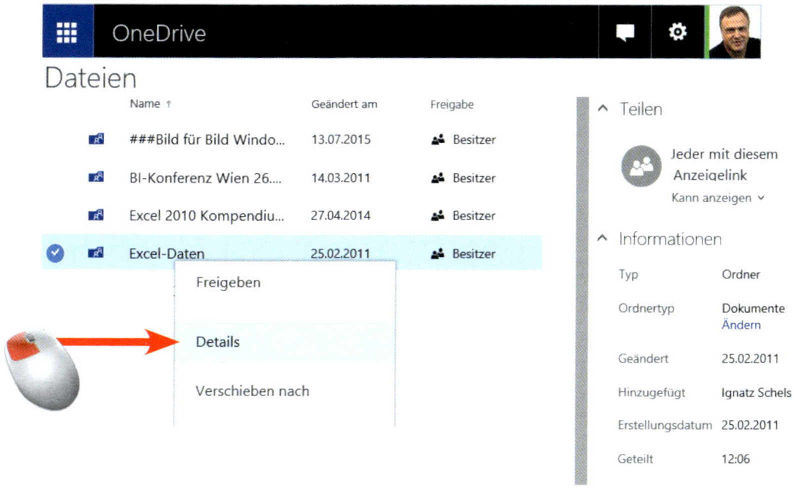

10 Nach kurzer Zeit erscheint eine Meldung in der Taskleiste, der Link wurde generiert.

11 Starten Sie die Mail-App und legen Sie eine neue Mail an. Drücken Sie Strg+V, um den OneDrive-Link an der Cursorposition einzufügen.

12 Alle Freigaben und Links finden Sie in den *Details* der Dateiliste von OneDrive. Hier erweitern Sie Ihre Freigaben oder heben Links wieder auf.

Ende

Drücken Sie die Strg-Taste, wenn Sie Dateien beim Transfer in die Cloud nicht verschieben, sondern kopieren wollen.

HINWEIS

Falls der OneDrive-Speicher nicht ausreicht: Öffnen Sie die Optionen und kaufen Sie zusätzlichen Speicherplatz in der Cloud.

HINWEIS

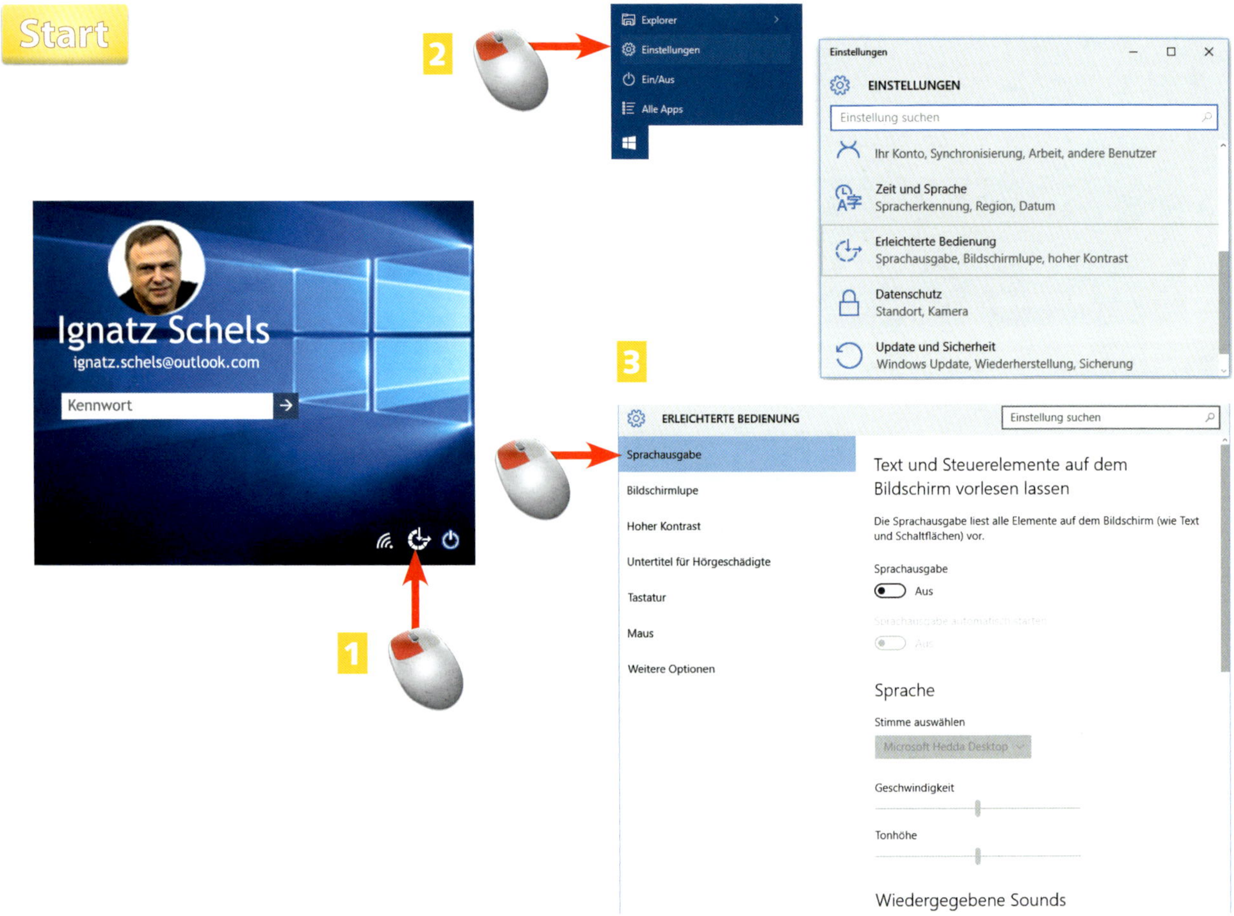

1 Klicken Sie im Anmeldebildschirm auf das Symbol für erleichterte Bedienung und richten Sie die Funktionen ein.

2 Drücken Sie im Startbildschirm Strg+C und wählen Sie *Einstellungen/PC-Einstellungen*.

3 Stellen Sie hier die Funktionen für Bildschirm, Sprachausgabe und Benachrichtigungen ein.

Erleichterte Bedienung bietet Hilfsprogramme für Menschen mit eingeschränktem Seh- oder Hörvermögen, eingeschränkter Beweglichkeit, Sprachstörungen oder kognitiven Behinderungen.

WISSEN

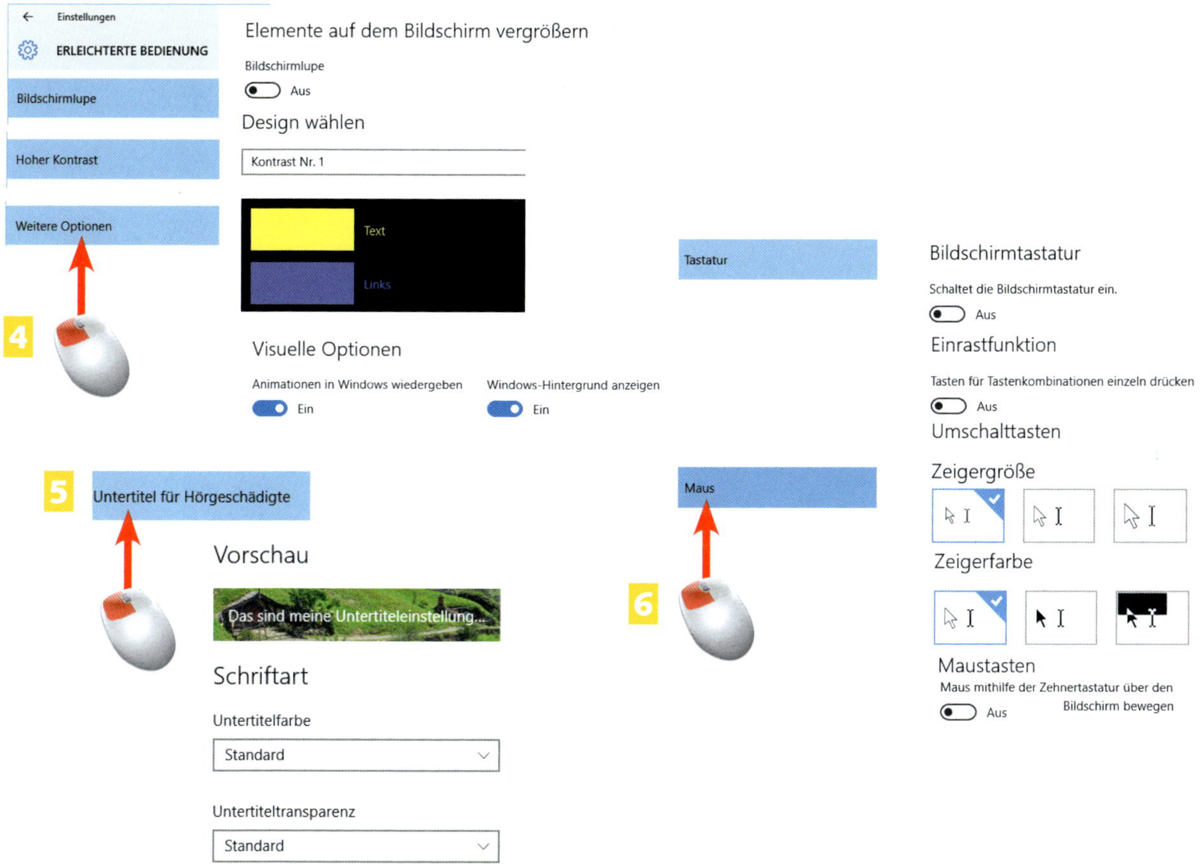

4 Für Sehbehinderte steht eine Bildschirmlupe bereit, Designs mit hohem Kontrast sowie Optionen für Animationen und Hintergrund.

5 Wer hörgeschädigt ist, kann hier Untertitel konfigurieren und anzeigen lassen.

6 Die Bildschirmtastatur gleicht motorische Probleme aus, Einstellungen für den Mauszeiger machen diesen besser sichtbar.

Ende

Drücken Sie fünfmal die ⇧-Taste, erscheinen die Einrastfunktion und die Einstellung für Tastaturhilfen.

TIPP

Ein schneller Aufruf für das Center für erleichterte Bedienung: Drücken Sie ⊞+U.

TIPP

Lexikon

Sprachrekorder		Programm aus der Systemsteuerung/ Zubehörgruppe zum Aufnehmen von Sound über Mikrofon. Speichert Aufnahmen in Form von WAV-Dateien.
Spyware		Bösartiges Programm, das persönliche Daten (Kontonummern, Passwörter etc.) ausspäht und versendet.
Startmenü		Wird per Klick mit der rechten Maustaste links unten aktiviert und enthält wichtige Elemente des Windows-Systems.
Systemsteuerung		Hier sind alle Programme zusammengefasst, die Windows für die Steuerung seiner Systembestandteile zur Verfügung stellt.
Taskleiste		Die Symbolleiste am unteren Bildschirmrand des Desktops. Sie enthält für jedes aktive Programm eine Verknüpfung.

Acrobat Reader

Software zum Anzeigen von PDF-Dateien. Gibt es bei Adobe (*www.adobe.de*) kostenlos als Download.

App

Abkürzung für Application (Anwendung), Bezeichnung für ein Programm, das auf mehreren Plattformen (PC, Notebook, Tablet, Smartphone) läuft. Apps von Apple sowie Googles Android-Apps sind nicht kompatibel mit Windows-10-Apps.

Arbeitsgruppe

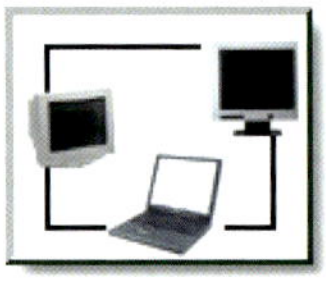

Bezeichnung für eine Gruppe von Computern im Netzwerk. Der Computer wird über die Systemsteuerung einer Arbeitsgruppe zugewiesen.

Arbeitsspeicher

Flüchtiger Speicher im Computer, in dem Programme und Daten abgelegt werden. Wird nach Abschalten der Stromzufuhr gelöscht.

Autostart

Ein Ordner im Startmenü. Alle Programme, die in diesem abgelegt werden, starten automatisch zusammen mit Windows 10.

Backup

Die Sicherung und Archivierung von Daten, früher auf Magnetbändern, heute auf DVDs. Windows stellt auch Software für automatische Backups zur Verfügung.

Benutzerkonto

Wenn mehrere Benutzer an einem PC arbeiten, wird für jeden ein Benutzerkonto eingerichtet. Damit hat jeder seine eigenen Bibliotheken.

Benutzerverwaltung

Verwaltung der Anmeldeinformationen aller Benutzer, wahlweise in den PC-Einstellungen des Startbildschirms oder (erweitert) in der Systemsteuerung.

Betriebssystem

Begriff für Software, die den Computer steuert. Windows 10 ist das Standardbetriebssystem für Personal Computer, Windows 8.1, Windows 7 waren Vorgängerversionen, Linux ist ein Konkurrenzprodukt.

Bibliotheken

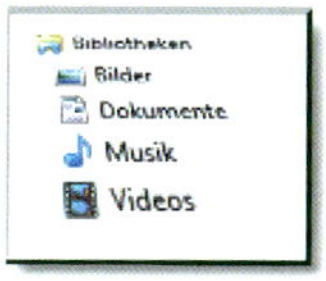

Ordnungsform für Daten im Windows-Explorer. Standardbibliotheken sind *Bilder*, *Dokumente*, *Musik* und *Videos*.

Bildcode

Anmeldeform für Benutzerkonten: Anstelle einer Kennworteingabe müssen drei Punkte auf einem Bild markiert werden (Benutzereinstellungen).

BIOS

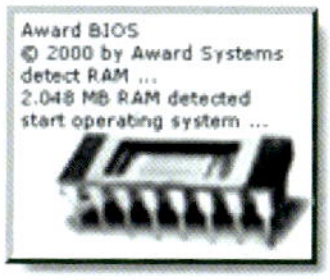

Abkürzung für **B**asic **I**nput/**O**utput **S**ystem. Software in einem Chip, die nach dem Einschalten des Rechners seinen Speicher und das System überprüft und Windows von der Festplatte in den Hauptspeicher lädt.

Blu-ray

Digitales optisches Speichermedium, Nachfolgestandard der DVD mit deutlich mehr Kapazität.

Browser

(von engl. to browse = blättern). Das Programm für die Anzeige von Internetseiten. Der Standardbrowser für Windows 10 heißt Microsoft Edge, Mozilla Firefox gibt es u. a. als Alternative.

Cookies

Kleine Textdateien, die Anbieter von Webseiten auf die Festplatte des Besuchers schreiben, um Zeit und Zweck des Besuchs festzuhalten. Lassen sich im Browser entfernen oder sperren.

Cortana

Die Sprachassistentin von Windows. Sucht intelligent nach Texteingaben, erinnert an Termine und lässt sich sogar per Sprache steuern.

Datenträger

Alles, was Daten speichern kann, ist ein Datenträger: Festplatte, CD, DVD, USB-Stick, Speicherkarte u. a.

Datenträgerbereinigung

Ein Programm aus der Systemsteuerung, das nicht mehr benötigte Daten und überflüssige Programme von der Festplatte löscht und damit Speicherplatz freigibt.

Defragmentierung

Ein Programm aus der Systemsteuerung, das die Daten auf der Festplatte neu anordnet und für Zugriffe optimiert (nur sinnvoll, wenn die Festplatte sehr voll ist oder geringe Speicherkapazität hat).

Desktop

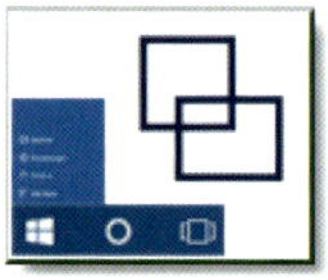

Die Oberfläche von Windows, auf der mit Startmenü, Kacheln, Taskleiste, Fenstern, Dateien und Ordnern gearbeitet wird.

Domäne

1. In großen Netzwerken eine Gruppe von Computern und Druckern.
2. Eine nationale oder internationale Internetadresse, die deutschen Domänen verwaltet DENIC (*www.denic.de*).
3. Teil der E-Mail-Adresse nach dem @-Zeichen.

Download

Der Vorgang, bei dem Dateien aus dem Internet auf den Rechner oder ein anderes Speichermedium kopiert und dort gespeichert werden.

DSL

Abk. für **D**igital **S**ubscriber **L**ine. Eine sehr schnelle Übertragungstechnik für digitale Daten. ADSL und SDSL sind Varianten, TDSL ist der Produktname der Telekom.

Editor

Ein Textverarbeitungsprogramm in Windows 10, mit dem unformatierte Texte erstellt werden.

E-Mail

Elektronische Post, mit der Mail-App erstellt und von Mailkonto zu Mailkonto verschickt.

Energieoptionen

Programm aus der Systemsteuerung, das Stromverbraucher wie Festplatte oder Monitor automatisch abschaltet, wenn sie nicht in Gebrauch sind.

Energieverwaltung

Einstellungen in Windows, die durch Abschalten von Bildschirm und Datenträgern in den Offlinemodus und Reduzieren der Helligkeit Energie einsparen.

Erleichterte Bedienung

Programme zum Anpassen der Desktopoberfläche und der Eingabewerkzeuge für behinderte Menschen.

Ethernet

Die Bezeichnung für eine Form der Datenübertragung im Netzwerk, gleichzeitig ein Standard für Netzwerkkarten im PC.

Family Safety

Ein Dienst in der Benutzerkontenverwaltung, mit dem Konten für Kinder und Jugendliche überwacht und eingeschränkt werden können.

Firewall

Die »Brandschutzmauer« für Windows überprüft alles, was versucht, in das System einzudringen, schützt und warnt vor schädlicher Software und Hacker-Angriffen aus dem Internet.

Freigabe

Damit ein Computer im Netzwerk Daten oder Geräte (z. B. Drucker) eines anderen benutzen kann, muss dieser sie freigegeben haben. Dabei kann er einen Kennwortschutz zuweisen oder dafür sorgen, dass Daten nur zu lesen und nicht zu ändern sind.

Geräte-Manager

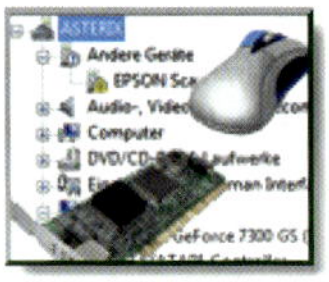

Mit diesem Programm aus der Systemsteuerung wird die auf dem PC installierte Hardware (Festplatte, DVD-Laufwerk, Netzwerkkarte) überprüft und bei Bedarf neu eingerichtet.

Heimnetzwerk

Privates Netzwerk, das mehrere Rechner in nicht öffentlichen Netzen verbindet. Ordner und Dateien werden über Freigaben für andere Benutzer freigegeben.

Hub

1. Gerät, das mehrere Geräte im Netzwerk sternförmig miteinander verbindet.
2. Menü in Microsoft Edge

Hyperlink/Link

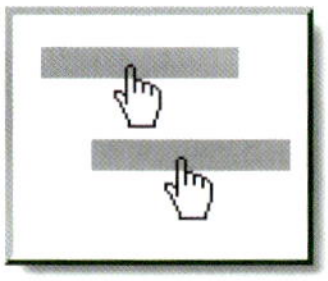

Internetseiten bieten Links an, die der Benutzer anklickt, um auf eine andere Seite zu schalten, eine Mailadresse aufzurufen oder eine Datei auf seinen Computer zu laden.

IP-Adresse

Abkürzung für **I**nternet **P**rotocol. Über die IP-Adresse, die einen Rechner eindeutig identifiziert, werden Daten im Netzwerk (Internet) versendet.

Kacheln

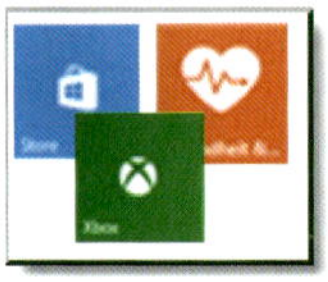

Elemente des Startbildschirms für den Aufruf von Apps. Live-Kacheln zeigen App-Inhalte (Fotos, Nachrichten etc.) als Vorschau an.

Mail

App zum Schreiben, Senden, Empfangen und Verwalten elektronischer Post. Voraussetzung ist ein Zugang zu einem Mailanbieter über einen Onlinedienst.

Menü

Texteintrag am oberen Rand eines Windows-Fensters, der auf Klick eine Reihe von Befehlen freigibt (ähnlich einer Menükarte mit Speisenauswahl). Mit der [Alt]-Taste wird die Menüleiste eingeblendet.

Microsoft-Konto

Clouddienst von Microsoft, mit dem ein kostenloses Konto mit Mailadresse und OneDrive-Speicher angelegt wird. Erforderlich, um Apps und den App-Store in Windows 10 nutzen zu können.

Netzwerk, lokales

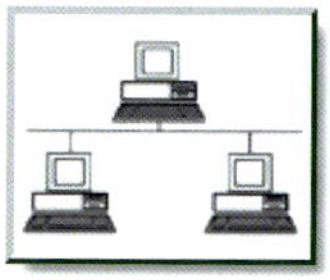

Computer werden miteinander vernetzt, damit sie Daten austauschen und Geräte gemeinsam nutzen können. Als lokales Netzwerk bezeichnet man alle verbundenen Computer und Drucker.

OneDrive

Onlinedatenspeicher in der Cloud, wird mit der Einrichtung eines Microsoft-Kontos automatisch eingerichtet und stellt 15 GByte kostenlos zur Verfügung.

Ordner

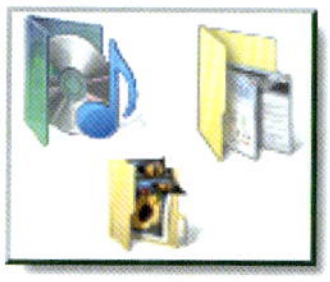

Alle Dateien auf der Festplatte werden in Ordnern abgelegt, ähnlich wie Schriftstücke im Büroschrank. Der Windows-Explorer ist das Programm, mit dem Dateien und Ordner verwaltet werden.

Phishing

Trojaner spähen Ihren Computer aus und suchen Passwörter, Webseiten oder gefälschte Mails fordern diese an. Der Browser Microsoft Edge schützt Sie mit einem Phishingfilter.

Provider

Firmen, die Mailadressen und Internetzugänge anbieten (Onlinedienstanbieter).

Prozessor

Die Zentraleinheit, das Rechenwerk des Computers, auch CPU (**C**entral **P**rocessing **U**nit) genannt. Ein Chip von Intel, Athlon oder anderen, dessen Leistungsstärke nach der Taktfrequenz (z. B. 3 Gigahertz) gemessen wird.

Router

Netzwerkgeräte, die mehrere Rechner oder Rechnernetze koppeln und mit dem Modem verbinden.

Server

Zentraler Computer in einem großen Netzwerk, der alle anderen PCs steuert. Im Internet ist ein Server auch der Computer, der Internetseiten speichert und Dateien zum Download bereitstellt.

Skype

Chatdienst von Microsoft, mit Videokonferenzen, IP-Telefonie, Instant-Messaging und Dateiübertragung.

Spooler

Der Zwischenspeicher für Druckausgaben. Speichert und sendet die gedruckten Daten an den Drucker, der Anwender kann im Hintergrund weiterarbeiten.

Sprachrekorder

Programm aus der Systemsteuerung/Zubehörgruppe zum Aufnehmen von Sound über Mikrofon. Speichert Aufnahmen in Form von WAV-Dateien.

Spyware

Bösartiges Programm, das persönliche Daten (Kontonummern, Passwörter etc.) ausspäht und versendet.

Startmenü

Wird per Klick mit der rechten Maustaste links unten aktiviert und enthält wichtige Elemente des Windows-Systems.

Systemsteuerung

Hier sind alle Programme zusammengefasst, die Windows für die Steuerung seiner Systembestandteile zur Verfügung stellt.

Taskleiste

Die Symbolleiste am unteren Bildschirmrand des Desktops. Sie enthält für jedes aktive Programm eine Verknüpfung.

Task-Manager

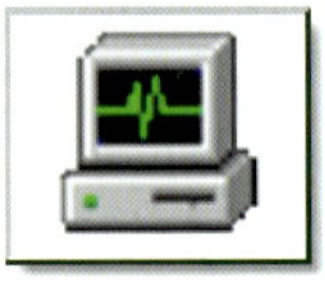

Ein Systemprogramm, das alle laufenden Programme (Tasks) anzeigt. Es kann mit [Strg]+[Alt]+[Entf] oder über das Startmenü aufgerufen werden.

Trojaner

Ein bösartiges Programm, das sich über E-Mail-Anhänge auf der Festplatte installiert und von dort aus vom Benutzer unbemerkt Daten zerstört, Mails versendet oder sonstigen Schaden anrichtet. Virenschutzprogramme wie Windows Defender verhindern Trojaner.

URL

Abk. für **U**niform **R**esource **L**ocator, bezeichnet eine Internetadresse oder einen Anbieter im Internet. Wird in die Adresszeile des Browsers zum Aufruf einer Seite eingegeben.

Virus

Ein bösartiges Programm, das sich über E-Mail oder Internet verbreitet und programmiert ist, um sich zu vermehren und Schaden anzurichten. Virenschutzprogramme verhindern und vernichten Viren.

Windows Defender

Ein Programm zur Abwehr von Viren, Trojanern, Spyware und jeder Art schädlicher Software.

Windows-Explorer

Programm für die Verwaltung von Dateien und Ordnern auf Datenträgern (Festplatte, CD, DVD) und in Netzwerken.

Windows Update

Automatischer Dienst von Windows 10, der neue oder geänderte Systemdaten automatisch online abruft und installiert. Kann auch auf manuellen Betrieb eingestellt werden.

WLAN

Abk. für **W**ireless **L**ocal **A**rea **N**etwork. Lokales Funknetz mit Reichweiten bis 300 Meter, Datenübertragungsrate abhängig vom Modem und Netz bis 54 Mbit/Sekunde.